환대산업입문

Introduction to Hospitality Industry

우경진 저

publishing and culture
피앤씨 미디어

머리말

Hospitality Management의 개념을 한마디로 정의하기는 쉽지 않다. 환대산업을 경영의 관점에서 연구하는 학문이라고 폭넓게 정의할 수 있지만, 시대와 지역에 따라 환대산업의 핵심 분야는 변화와 발전을 거듭해왔다. 유럽과 미국, 아시아의 많은 대학에서 Hospitality Management는 Hotel Management, Hotel and Tourism Management 또는 Hotel Administration과 혼용되어 사용되고 있다. 단과대학명이나 학과명 표기에 차이가 있을 뿐 세부 커리큘럼을 살펴보면 숙박, 식음료, 관광, 운송, 테마파크, MICE 산업 등을 공통적으로 포함하고 있다. 어쩌면 보다 근원적인 환대산업의 본질은 서비스정신을 바탕으로 고객을 진심을 다하여 정성스럽게 환대하고 서비스가 부차적인 기능이 아닌 핵심사업 요소가 되어 가치창출을 이루어내는 산업이라고 정의할 수 있을 것이다.

본 교재는 지난 30년 동안 호텔경영을 배우고 경험하며, 후학을 지도하면서 환대산업 전반에 걸친 내용을 담은 입문서가 있었으면 하는 바람에서 시작하였다. 저자가 미국에서 호텔경영학을 공부한 1980년대에도 미국의 교재들은 풍부한 사례와 최근 뉴스들을 담아내어 학생들이 트렌드를 파악할 수 있도록 구성되어 있었다. 오랜 기간 원서를 강의교재로 사용하면서 미국교재의 형식을 바탕으로 한글로 수업 내용을 정리한 것이 교재 작업의 출발점이었다. 그러나 최근 10여 년간, 환대산업이 비약적인 발전을 하면서 매년 수업을 진행할 때면 필요성을 절감하다가도 그 변화의 속도를 따라가는 게 불가능하다는 생각도 하였다. 2012년부터 속도를 내면서 정리를 하였으나 매년 마무리단계에서, 새로운 통계나 사회현상이 등장하면 내년에는 이 자료가 구식이 되지 않을까 하는 걱정으로 한해씩 미루어져 왔다.

수학의 노벨상이라는 필드상을 수상한 히로나카 헤이스케는 〈학문의 즐거움〉이라는 책에서 미국 사람들의 사고방식은 먼저 가설을 세우고 그것으로부터 여러 가지를 연역해보고, 타당하지 않으면 그 가설을 바꾸면 된다는 방법이고, 동양은 먼저 공부와 연구를 깊이하고 확장하여 유사 문제를 취합하면서 커다란 지혜의 보따리에 자꾸만 담는 방식인데 이렇게 하다보면 처음에 가진 문제도 해결 못하고 더 큰 문제만 발견하게 되므로 만족하지 않아도 지금 당장 작은 것부터 규명해나가는 용기가 필요하다고 역설하였다. 저자는 이 분의 생각을 늘 마음에 품고 있었고 그 분의 말씀 덕분에 부족한 본서를 세상에 내놓을 수 있는 용기를 얻을 수 있었다. 몇 년 후 이 책의 내용이 사회현상을 제대로 반영하지 못한다는 비판을 받더라도 말이다.

환대산업의 주요 분야인 카지노 산업만 보아도 70~80년대를 거쳐 2020년을 앞둔 현재까지 반세기의 세계적 변화를 직접 목격하고 연구할 수 있었던 기회가 있었는데, 한 분야가 환대산업 전체에 미치는 역할과 기능도 다양하게 작동한다는 사실을 알 수 있었다. 카지노는 게이밍산업의 한 업종에서 출발했지만 호텔산업을 한 단계 업그레이드 시킨 동력이었으며, 관광목적지로 도시를 변화시킬 수 있는 아이템이자 풍부한 자금의 유입으로 쇼와 엔터테인먼트, 마이스 산업까지 발전시키는 기폭제가 되었다. 2000년대 중반부터 아시아 호텔·관광 산업이 급성장을 일으킨 배경에도 카지노가 포함된 복합리조트의 건설은 중요한 역할을 담당했고, 마카오와 라스베이거스로 대변되는 아시아와 미국의 대결과 미래 동향은 향후 환대산업 전반에 걸친 변화의 바람을 예고하는 풍향계가 되고 있다.

이러한 역동적인 글로벌 경영 환경 속에서 미래의 인재들이 호텔, 관광, 외식 등의 세부영역에만 몰입하지 말고, 변화의 흐름 속에서 자신의 진로와 커리어 개발의 밑그림을 그리는 데 본 교재가 도움이 되기를 간절히 희망한다. 100세 시대를 살아갈 미래 세대는 한 가지 기술로 살기 어려운 시대가 될 거라고 전문가들은 예측하고 있다. 벌써 10년 이상 환대산업에서 일하는 제자들 중에는 2~3가지 이상의 유사업종을 경험하는 경우를 많이 볼 수 있다. 여행사에서 시작해서 호텔 세일즈부서로, 다시 OTA 사업체로 이직하거나, 호텔 식음부서에서 시작하여 음료 창업에 성공하기도 하고, 항공사에서 근무하다 호텔 인사부서로 이동하는 사례 등 다양한 커리어 경로를 설계하고 실천하는 제자들을 보면서 환대산업 전반에 대한 가능성을 탐색할 수 있는 것이 얼마나 중요한가에 대한 생각을 늘 하고 있었다.

본서가 환대산업을 공부하거나 미래 환대산업에서 진로기회를 찾고 싶은 사람들에게 작은 길잡이가 된다면 저자에게 더 이상의 보람은 없을 것이다.

본 교재를 완성하는데, 매년 수업을 통해 나에게 자극이 되어준 사랑하는 학생들과 특별히 자료수집과 편집에 힘을 보탠 신은지를 비롯한 제자들, 최신 자료로 여러 번의 수정작업을 기꺼이 해주시고 기대 이상의 책을 만들어주신 피앤씨미디어 심성보 편집이사님과 최준규 이사님께도 깊은 감사의 말씀을 전하고 싶다.

2019년 2월

저자 우경진

차례

hospitality management

학습 목표

- Hospitality Management 정의와 특징
- Hospitality 어원
- Hospitality Management 분류와 Hospitality Management의 특성
- Hospitality Management 학문적 발전과 특징－국내외 주요 관련학과
- Hospitality Management 진로개발
- Hospitality Management 주요 개념 이해: MOT / TQM / CSR
- Hospitality Management Trend 8가지 트렌드 읽기

CHAPTER 01

환대산업의 이해

Introduction to Hospitality

수업 개요

글로벌한 감각과 더불어 서비스 정신을 갖춘 환대산업 전공자들의 미래는 밝다. 호텔업, 여행업, 외식업, 테마파크, MICE 산업 분야에서 일하고, 관련 정부기관에 근무하며 지역민의 삶의 질을 높이는 정책을 개발하고 또는 학계에 종사하며 환대산업의 연구 발전에 기여할 수도 있다.

Hospitality Management 분야의 경력개발의 경로는 매우 다양하고 복잡하며, 대부분의 학생들은 10년 후에 자신이 어떤 모습일지 쉽게 예상하지 못한다. 선배들의 경력개발의 경로를 참고할 수 있지만, 모든 사람들이 같은 코스를 밟을 수는 없다. 따라서 Hospitality Management를 공부하는 학생들은 먼저 자신만의 철학이 무엇인지, 흥미 있는 분야는 무엇이며 서비스 지향적(Service-oriented) 마인드를 가지고 있는지 등을 돌아보고, 이를 바탕으로 목표를 세워야 한다. 본 장에서는 Hospitality Management의 학문적 특성과 주요 개념을 이해하고, 향후 자신의 진로에 대한 생각을 시작해 볼 수 있을 것이다.

환대산업 | Hospitality

The Hospitality Pineapple

Hospitality 산업은 '정주지를 떠나 온 고객에게 유·무형의 상품을 판매하고 있는 숙박산업뿐만 아니라 고객을 대함에 있어서, 진심으로 정성스럽게 대하며 또한 서비스 실현을 위한 조직을 갖추고 재화를 창출하는 영역들, 즉 외식산업, 여행업, 항공사, 컨벤션, 유람선, 테마파크, 카지노 등 관광산업 전반에 걸친 일련의 사업들'을 총칭하여 환대 산업이라 한다.

환대산업 주요 영역 및 영역별 직무

호텔: 호텔지배인, 프런트데스크, 숙박 관련 서비스직, 오더테이커(Order Taker), 컨시어지, 도어맨, 벨맨 등

외식: 외식업체 매니저, 파티쉐, 음식 메뉴개발자, 바리스타, 조리사, 소믈리에, 바텐더, 브루마스터, 큐그레이터 등

여행: 여행안내원, 여행사무원, 문화관광해설사, 관광통역안내원, 여행상품개발원 등

레저: 테마파크 디자이너, 놀이시설 종사원, 컨벤션 기획자, 카지노 딜러 등

항공·크루즈: 탑승수속사무원, 공항 의전원, 열차/선박/항공기 객실승무원, 면세상품판매원, 항공기탑승안내원 등

서비스전문가: 기업·금융 컨설팅 전문가, 은행 텔러, 공무원, 국제회의 통역사, 행사/회의 기획자 등

자료: 한국직업정보시스템(WORKNET)

환대산업 서비스 관련 주요 용어

MOT	TQM	CSR
Moment of Truth 진실의 순간	Total Quality Management 전사적 품질관리	Corporate Social Responsibility 기업의 사회적 책임

환대산업의 정의 및 특성

읽어 보기

The Hospitality Pineapple

사진: Pixabay

오늘날 파인애플은 전 세계 대표적인 환대의 상징이다. 아직도 많은 호텔의 Gift basket(Welcome basket)에는 파인애플이 담겨 있으며, 심지어 시애틀의 한 호텔은 파인애플을 로고로 사용하기도 한다. 환대산업에서의 파인애플이 의미하는 바는 손님에 대한 환영, 초대, 감사, 친근함, 중요성 그리고 이해 등으로 해석될 수 있다.

파인애플이 환대와 고급스러움의 상징이 된 것은 이 과일의 역사적인 희귀성으로부터 시작된다. 1493년 크리스토퍼 콜럼버스(Christopher Columbus)는 캐리비안해를 탐험하던 중 파인애플을 최초로 발견한다. 오늘날의 브라질과 파라과이 지역의 당시 카리브 원주민들은 파인애플을 "anana"라고 불렀는데, 이는 '훌륭한 과일'이라는 뜻으로 중요한 부족적인 기능과 기념적인 역할을 하는 과일로서 파인애플을 높게 평가했다.

이후 유럽에 소개된 파인애플은 1600년대 후반 - 1700년대 초빈 식민지 시대에 일종의 시위의 상징 역할을 했다. 습하고 더운 열대 지방을 지나오면서 항해 도중 과일이 상하기 쉬웠으므로, 파인애플은 비싸고 귀한 과일이 되었다. 사람들은 이 값비싸고 뾰족뾰족한 과일을 손님에게 내놓으며 테이블을 장식했고, 이는 곧 트렌드가 되었다. 파인애플로 손님상의 품격을 높이는 트렌드는 1950년대 미국에까지 이어졌다.

King Charles II of England posing for his royal portrait while being gifted a pineapple by the Royal Gardener, John Rose, 1675

이처럼 파인애플은 오랜 역사를 거쳐 보편적인 환대 — 단순히 산업적인 의미를 넘어선 진심어린 환영 — 의 상징물로 자리해왔다. 여전히 우리는 호텔 로고는 물론 문고리, 침대 헤드, 기타 호텔 장식물 등에 파인애플을 이용해 손님에게 특별하고 가치 있는 느낌을 전달하고자 한다.

출처: Exploring the Hospitality Industry, John R. and Josielyn, T. Walker

1) Hospitality Management의 정의

Hospitality Management의 개념을 한마디로 정의하기는 쉽지 않다. 환대산업을 연구하는 학문이라고 폭넓게 정의할 수 있지만, 시대와 지역에 따라 학문의 핵심 분야는 변화를 거듭하였다. 유럽과 미국, 아시아의 많은 대학에서 Hospitality Management는 Hotel Management, Hotel and Tourism Management 또는 Hotel Administration과 같은 개념으로 사용된다. 2013년 특급 호텔 간부급 매니저를 대상으로 Hospitality 분야 최우수 10개 대학을 조사한 결과를 살펴보면, 유럽 6개 대학, 미국 2개, 중동 1개, 아시아 1개 대학이 선택되었다.

유럽의 대학은 주로 Hotel School로 표기하는 반면, Management의 커리큘럼이 강한 미국의 대학들은 Hospitality Management로 단과대학명이나 학과명을 사용하는 경우가 많다.

이렇듯 환대산업을 경영의 관점에서 연구한다는 개념의 Hospitality Management는 숙박(lodging)과 식음료(food & beverage), 운송(transportation), 테마파크, MICE 산업 등 환대 서비스 정신의 제공을 필요로 하거나 서비스가 사업의 중요한 핵심요소가 되는 다양한 산업을 포함하고 있다. 즉 Hospitality Management는 "정주지를 떠나온 고객에게 유·무형의 상품을 판매하고 있는 숙박산업뿐만 아니라 고객을 대함에 있어서, 진심으로 정성스럽게 대하며 또한 서비스 실현을 위한 조직을 갖추고 재화를 창출하는 영역들, 즉 외식산업, 여행업, 항공사, 컨벤션, 유람선, 테마파크, 카지노 등 관광산업 전반에 걸친 일련의 사업들을 총칭하여 Hospitality Management이다"라고 정의할 수 있을 것이다.

Hospitality Management의 핵심은 고객지향적인 서비스이며, 이 부분의 경쟁력을 강화시키기 위해서 질적인 서비스 개선과 조직 목표에 대한 조직 구성원의 인식이 분명해야 한다.

① Hospitality의 어원

프랑스어 '오트(hôte)'는 '주인'이라는 의미와 '손님'이라는 의미를 아울러 가지고 있고, '호스피딸리띠(hospitalité)' 또한 '베푸는 이'와 '받는 이'를 아우르는 의미를 가지고 있다.

Hospitality(환대)라는 말은 고객에게 따듯하고 융숭한 접대로 편안하게 맞

사진: Pixabay

이한다(friendly and generous treatment of great)는 의미로 해석된다. Hospitality의 어원은 '타향민', '나그네', '손님' 또는 '그들을 접대하는 숙소의 주인'을 뜻하는 라틴어의 'Hospes'에서 비롯되었다. 한편 '융숭한 대접'을 뜻하는 'Hospitalis'가 '순례·참배자·나그네를 위한 숙소'라는 뜻의 'Hospitale'로 변천하였고, 다시 여기서 파생된 'Hospitality'는 고대 그리스의 '환대정신'이라는 의미를 담고 있다. 오늘날 Hospitality는 일반적인 서비스의 차원을 초월하여 고객에게 정성이 담긴 최고의 예우 있는 행동을 의미하는 말로 널리 사용되고 있다.

2) Hospitality Management의 분류

관광이나 여행의 개념이 관광객이 정주지를 벗어나서 하는 일련의 행동에 초점을 맞추면 Hospitality Management는 자기의 정주지로부터 멀리 떨어진 고객들에 상품 및 서비스를 제공하는 산업들, 즉 숙박산업(lodging industry), 외식산업(food service industry), 여행산업(tourim industry), 레크리에이션(recreation)과 카지노(casino)

그림 1-1 Hospitality Management 주요 영역 및 영역별 직무

자료: https://en.wikipedia.org/wiki/Hospitality_management_studies

산업 등이 통합·융합된 산업이라 볼 수 있다.

Lane& Van Hartesvelt는 호텔, 모텔, 클럽, 레스토랑, 패스트푸드(fastfood)와 급식산업, 그리고 Ninemeier는 숙박산업(lodging industry), 식음료산업과 여행산업을 Hospitality 산업으로 보고 있다. Lundberg는 관광산업을 Hospitality 산업과 여행산업으로 대별하여 Hospitality 산업에 숙박산업, 컨트리클럽과 외식사업을 포함시켰으며, 여행산업에는 항공사·여행사·렌트카 사업을 포함시켰다. Nykiel은 Hospitality Management의 개념을 '주소지로부터 멀리 떨어진 소비자에게 제공하는 상품 및 서비스'라고 정의하고, Hospitality 기업의 종류를 여행업, 숙박업, 외식사업, 레크리에이션, 게임업과 엔터테인먼트 사업으로 분류하였다.

Monachello & Baum은 외식사업과 호텔, 컨벤션 센터, 마리나(marina)를 Hospitality 산업으로 구분하였으며, 항공사·버스·렌트카 등은 교통업으로 구분하였다. 그리고 Kotler는 숙박업, 외식사업, 그리고 여행객을 위한 엔터테인먼트 사업이 Hospitality 산업에 속한다고 하였다.

그림 1-2 The Integrated Nature of Hospitality, Travel, and Tourism

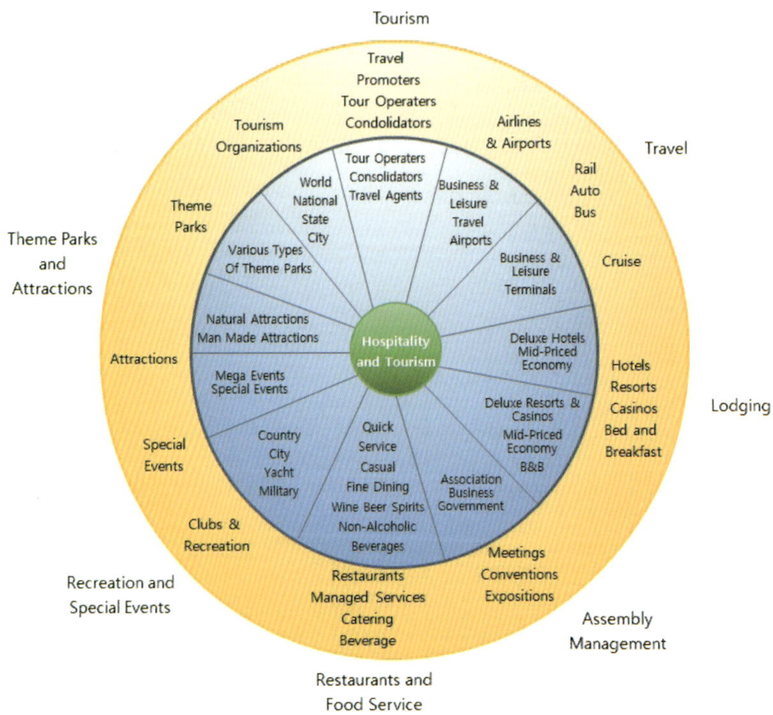

3) Hospitality Management 서비스의 특성

Hospitality Management는 끊임없이 상품·서비스의 제공을 통한 고객 만족을 추구하는 분야이다. 고객의 만족도는 고객의 충성도와 수익으로 이어지므로 기업은 높은 수준의 서비스를 제공하여 고객의 만족을 극대화하고자 한다. 이 때 반드시 고려해야 할 것이 환대산업 서비스의 특징이다. 환대산업 서비스는 무형성, 비분리성, 소멸성, 이질성의 네 가지 특성을 띠며, 기업은 이를 효율적으로 관리하기 위해 노력한다.

그림 1-3 Hospitality Management 서비스의 네 가지 특성

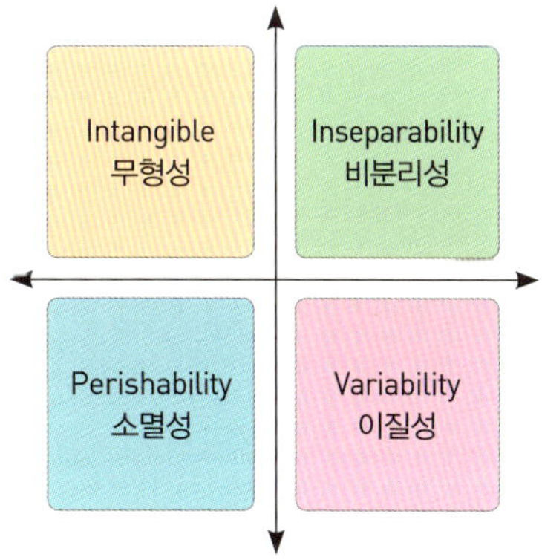

① Intangible(무형성)

환대산업의 상품과 서비스는 대부분 무형성을 가진다. 고객은 서비스를 구매하기 전에 미리 테스트해보거나 품질을 측정하기 어렵다. 즉 상품·서비스를 보거나 만질 수 없어 구매 전에는 인지할 수 없다. Hospitality Management 상품은 고객의 소유가 아닌 사용을 통해서만 존재할 수 있으며, 더 독특한 지점은 고객의 input이 있어야만 서비스가 생산된다는 것이다.

서비스의 무형성은 서비스 실패의 위험도를 높이는 요인이다. 따라서 기업은 이와 같은 불확실성을 줄이기 위해 기업 혹은 브랜드의 이미지를 강화해 신뢰도를 높이고, 판매 후 사후 관리에 집중하는 등의 노력을 기울인다.

② Inseparability(비분리성/불가분성)

서비스의 생산과 소비는 분리될 수 없으며, 서비스 제공자와 고객의 상호작용을 통해 발생한다. 소비자의 요구에 따라 즉각적으로 생산된 서비스는 동시에 고객에게 소비된다. 따라서 기업은 서비스 접점의 종업원과 고객 모두를 효과적으로 관리해야 하며, 이를 바탕으로 제시된 개념이 MOT(Moment of Truth, 진실의 순간)이다.

③ Perishability(소멸성)

저장 불능성이라고도 한다. 소멸성은 환대산업 서비스의 독특한 특성 중 하나로, 판매되지 않은 서비스는 저장되지 않고 사라진다는 의미이다. 예를 들어 1,400개

의 객실이 있는 호텔이 하루에 1,200개의 객실만을 팔았다고 가정해보자. 이 때 남은 200개의 객실은 저장해두었다가 되팔 수 있는 것이 아니라, 그대로 소멸한다.

서비스의 소멸성을 극복하기 위해 기업은 수요 패턴 분석, 예약관리, 프로모션 이벤트 등을 통해 고객 수요를 관리하는 한편, 종업원 교차 훈련, 비수기 활용 등으로 수용능력을 조절해야 한다.

④ Variability(이질성)

환대산업이 제공하는 서비스의 품질은 결코 일정할 수 없다. 같은 서비스라도 언제, 어디서, 누가, 누구에게 제공하느냐에 따라 서비스의 내용과 질이 달라지기 때문이다. 뿐만 아니라 서비스가 제공되는 시간, 장소, 상황 등의 외부적 요소도 서비스의 제공에 영향을 미칠 수 있다.

기업은 이 같은 서비스의 이질성을 최소화하고 일관된 품질을 유지하기 위해 서비스 과정을 표준화하고 종업원을 교육하며 개별 고객의 만족도를 조사하는 등의 노력을 통해 서비스의 질적 수준을 관리한다.

Hospitality Management 학문적 발전과 특징

1) 해외 Hospitality Management 주요 대학

대학의 전공과 개설 교과목은 해당 대학이 위치한 국가, 지역의 역사, 경제, 사회, 문화 및 생활양식과 밀접한 관련이 있다. Hospitality Management의 뿌리라 할 수 있는 호텔경영학은 유럽과 미국의 학문적 발달과정에 차이가 있다. 스위스의 로잔스쿨(1893), 글리옹 고등교육원(1962), 레로쉐 국제 호텔경영학교(1954), 영국의 써리 대학교(1966)는 유럽에서 호텔경영분야의 높은 명성과 전통이 있다. 유럽의 대학 교육은 도제 및 실무 경험을 중시하며 따라서 미국에 비해 현장 실무교육의 비중이 높다. 반면 미국의 많은 호텔경영학과는 경영대학의 핵심과목을 필수과목으로 이수해야 한다. 미국의 환대산업 분야의 우수대학으로는 미국에서 최초로 호텔경영학을 개설한 Cornell 대학(1922), 세계 최대의 관광도시이자 카지노산업으로 유명한 라스베이거스에 소재한 UNLV(1967), 농업대학으로 출발하여 역사와 규모를 자랑하는 Michigan State Univ(1927), 관광학 분야의 명문 Texas A&M 대학(1966), kansas state Hospitality Management(1952), 세계적인 명성의 콘라드 힐튼이 설립한 University of Houston(1969)의 호텔 & 레스토랑 경영대학이 있다.

① Cornell School of Hotel Administration

Cornell University
School of Hotel Administration

Cornell School of Hotel Administration은 오랜 역사를 지닌 Hospitality Management 및 호텔 경영학의 시초이다. 1922년 호텔경영학과가 개설된 후 Hospitality Management 분야의 전문가로 자리 잡으며 식음, 부동산, 재무, 기업 정신, 인력관리 및 관계관리 등으로 범위를 넓혀왔다. 지금까지도 Cornell School of Hotel Administration 대학은 세계 Hospitality Management 및 호텔 경영학의 선구자로 자리매김하고 있다. 이들의 mission은 교육, 연구, 산업 연계, 서비스를 통해 Hospitality Management에 대한 지식을 창조하고 보급하는 것이다.

Cornell School of Hotel Administration(SHA)은 과거에도, 현재도 언제나 세계에서 가장 혁신적인 대학으로 존재해왔다. 1920년대의 호텔리어들은 당시의 시대 상황에 맞물려 미래의 인재를 양성하기 위한 전문화된 교육 과정의 필요성을 인지하였다. 그들은 최초의 학술 기관을 설립함으로써 호텔과 레스토랑 운영 '과학'을 연구하고 새로운 개념을 탐구하고자 했다. 이에 따라 1922년 당대의 선구적인 호텔 관리자들과 The American Hotel Association(호텔협회)의 필요에 따라 Cornell School of Hotel Administration이 탄생했다. 세계 최초의 hospitality management 학위 과정은 한 명의 교수 Howard B. Meek와 21명의 학생들로 시작했다.

Cornell School of Hotel Administration의 핵심 커리큘럼은 아래와 같다.

- Operations
- Finance and Accounting; Real Estate Development
- Management Communication
- Management and Organizational Behavior; Human Resource Management
- Information Systems
- Properties Development and Management
- Marketing, Tourism, and Strategy
- Food and Beverage Management
- Law

② Texas A&M University Recreation, Park and Tourism Sciences(RPTS)

관광학 분야의 명문 Texas A&M University Department of Recreation, Park and Tourism Sciences(RPTS)는 50주년을 맞이하며 'recreation, park, community, and tourism resources 경영 및 발전에 대한 지식을 탐구하고 퍼뜨리며 개인의 발전과 사회의 행복, 나아가 환경과 경제적 지속가능성을 추구'하고자 하는 이념을 가지고 꾸준히 발전하고 있다.

1966년 9월 봄 학기에 공식적으로 학부가 개설되었고, 수년간의 논의 끝에 "park, recreation, tourism administration에 관한 학과의 필요성을 확인했다. 이에 따라 Associate Dean of the College of Agriculture인 Dr. R. C. Potts의 진행 아래 커리큘럼이 개발되었다. 1975년에는 outdoor recreation에 관한 새로운 커리큘럼이 추가되었다. 현재 Texas A&M University Recreation, Park and Tourism Sciences(RPTS)에서 진행하는 주요 커리큘럼은 아래와 같다.

- Interrelationships of Recreation and Leisure Concepts
- Financing and Marketing Park and Recreation Resources
- Community Organization
- Social, Economic and Cultural Issues in Outdoor Recreation and Natural Resources
- Interdisciplinary Seminar in Prevention Science
- Philosophy of Social Research
- Heritage Tourism
- Parks, Tourism and the Natural and Cultural Environment
- Latent Variable Model Applications in the Leisure Sciences
- Social Science Foundations of Recreation, Parks and Tourism
- Principles of Community and Community Development
- Overview of Tourism

- Analytic Techniques in Recreation, Parks and Tourism
- Social Impacts of Tourism
- Tourism Experience
- Applied Biodiversity Science

③ University of Houston, Conrad N. Hilton College of Hotel and Restaurant Management

휴스턴 대학의 단과대학인 힐튼 칼리지는 숙박, 식음, 게이터링과 이벤트, 카지노, 스파, 클럽 경영은 물론 식품 위생, 컨퍼런스, 스포츠와 엔터테이먼트, 마케팅, 홍보, 예산관리 등 글로벌 hospitality management에 관한 모든 분야를 다룬다. Hilton College는 hospitality industry에서 가장 독보적인 이름 중 하나, Conrad N. Hilton의 이름을 따 1969년에 설립되었으며, 지금까지도 hospitality 교육을 이끌어 오고 있는 세계적 명문이다.

Hilton College에는 다양한 부속 시설이 있는데, 이 중 1991년 창설된 The Hospitality Industry Hall of Honor는 hospitality industry에서 가장 눈에 띄는 업적 혹은 공헌을 남긴 인물이나 브랜드를 선정한다. 이외에도 hospitality 기업들에 관한 3,000개 이상의 기록물과 기타 자료를 소장하고 있는 세계에서 가장 큰 hospitality 관련 저장소 The Hospitality Industry Archives, 86개의 룸을 갖춘 학생 실습용 full-service 호텔, The American Hotel & Lodging Association(AH&LA) 안내 사무소와 The Hospitality Financial and Technology Professionals(HFTP) 연구소 등이 Hilton College 내부에 있다.

Hilton College의 Hospitality Management 주요 커리큘럼에는 다음과 같은 과목이 포함된다.

- Statistical Data Analysis in the Hospitality Industry
- Hospitality Financial Assets & Planning Meth of Res in Hospitality Ind.
- Legal Issues-Hospitality Ind.
- Food and Beverage Management
- Hospitality Management Strategies
- Pricing and Revenue Management in Hospitality

- Lodging Operations Mgmt.
- Services Management in Hosp.
- Strategic Decisions Making in the Hospitality Industry
- Hospitality Research Proposal
- Human Resources in Hospitality
- Hospitality Marketing Analysis
- Hospitality Real Estate Finance
- Beverage Management
- Gaming and Casino Mgmt.

④ The Hospitality Management Department at Kansas State University

Kansas State University의 The Hospitality Management Department는 국제적으로도 인정받는 교육과정을 통해 차세대 hospitality 리더를 양성하는 것을 목표로 한다. 체험 중심의 교육, 전문 과정, 국제적인 경험, 강력한 파트너십 등 다양한 교육과정이 준비되어 있다. 또 The Department of Hospitality Management는 Kansas에서 유일하게 hospitality management에 관한 undergraduate · graduate 프로그램을 운영하고 있으며, 동시에 Accreditation Commission for Programs in Hospitality Administration(ACPHA)에서 인증 받은 유일한 프로그램이기도 하다.

K-State Hospitality Management Department의 역사는 1952년으로 거슬러 올라간다. 당시 총장이었던 James A. McCain는 K-State에 레스토랑 경영학과를 설립하는 것의 중요성을 강조했다. 이에 따라 Dean Margaret Justin을 필두로 home economics, business administration, technical journalism, and accounting 등 지역과 주를 대표하는 다양한 분야의 교수진이 모여 Kansas주 최초의 레스토랑 경영학과를 설립했다. 이후 1980년대부터 호텔 커리큘럼이 포함되었고, 2013년에는 MICE 산업에 관련된 새로운 교육 과정이 추가되었다.

- Hospitality Law
- Entrepreneurship in Hospitality Management
- Convention, Meeting and Event Management Systems
- Information Technology Systems in Hospitality Operations

사진: Pixabay

- Practicum in Hospitality Management
- Research Techniques in Hospitality Management
- Problems in Hospitality Management
- Survey of Research in Hospitality Management
- Financial Management and Cost Controls for the Hospitality Industry
- Procurement in the Hospitality Industry
- Foodservice Systems Management
- Lodging Management Theory
- Readings in Hospitality Management
- Seminar in Hospitality Administration
- Administration of Hospitality Organizations
- Research in Hospitality Administration
- Research and Applied Theories in Hospitality Management
- Dissertation Proposal Seminar
- Grantsmanship and Publication
- Teaching Practicum in Hospitality Management

2) 국내 주요 대학의 교육 과정

한국에는 1975년 경희호텔경영전문학교로 개교하여 전문 호텔인력을 양성하는 기관으로 출발한 경희대학교, 1961년 수도여자사범대학에서 종합대학으로 발전한 세종대학교, 1963년 국내 최초의 관광학과를 개설한 경기대학교 등이 있다.

① 경희대학교 호텔관광대학

경희대학교 호텔관광대학은 2개 학부(Hospitality경영학부와 관광학부) 내에 8개 학과(Hospitality경영학부 4개 학과: 호텔경영학과, 컨벤션경영학과, 외식경영학과, 조리·서비스경영학과 / 관광학부 2개 학과: 관광학과, 문화관광콘텐츠학과/ 특성화학과: 문화관광산업학과, 조리산업학과)를 개설하고 있다.

② 세종대학교 호텔관광대학

세종대학교 호텔관광대학은 호텔관광영경학과, 외식경영학과, 호텔외식관광프랜차이즈경영학과, 호텔비즈니스학과 등 4개 학과로 구성되어 있다.

표 1-1 국내 주요 대학 교육과정 비교

경희대학교 Hospitality 경영학부 호텔경영학과 교육과정 편성표 (개정 2017.03.01.)	
Hospitality&Tourism개론	자기경영론
경제학원론	환대산업커뮤니케이션
CEO 특강	서비스사이언스
문화관광영어	인터넷마케팅
경영정보시스템	호텔브랜드경영론
마케팅원론	원가관리회계
인적자원관리	호텔컨셉&디자인연구
재무관리	호텔프로젝트기획경영
회계원리	리더십경영론
경영통계학	카지노사업론
다국적호텔경영론	투자론
마케팅조사론	호텔경영사례연구
국제경영	호텔연회기획
서비스마케팅	클럽&리조트경영론
조직행동론	호텔고객만족경영론
전략경영론	호텔경영분석과 M&A 전략
소비자행동론	호텔광고홍보론
서비스운영관리	환대사이버정보전략
e-비지니스론	호텔마케팅전략
호텔경영론	호텔식음료경영론
호텔객실경영론	

한양대학교 관광학과 교육과정	
관광론	녹색관광의 이론과 실제
지구촌비교문화관광	호텔마케팅
레저학의 이해	관광일어
관광개발의 이해	지역관광개발론
호스피탈러티산업의 이해	관광논리 및 논술
관광지리의 이해	축제이벤트론
국제관광의 이해	관광연구방법론
지속가능한관광론	엔터테인먼트산업
호텔경영론	관광저널리즘
관광계획 및 개발론	관광지리자원세미나
관광산업서비스론	레저놀이와 사회이슈세미나
컨벤션전시경영론	호텔프로젝트
관광산업인턴십 및 경력관리1	관광법의 이해
관광정책론	한국문화상품화전략
관광영어1	관광정책커뮤니케이션
외식경영론	관광자원기획실습
관광자원총론	호텔관광경영사례연구
관광산업환경네트워크	관광교곽재연구 및 지도
관광개발사례연구	관광개발프로젝트
관광산업인턴십 및 경력관리2	현대여행업론
관광경제학	인터넷관광정보론
레저관광심리학	축제이벤트기획프로젝트
관광교과교육론	관광정책이슈분석
관광통계학	관광개발세미나
비교관광정책세미나	호텔관광인적자원관리론

세종대학교 2017년도 호텔관광전공 교과과정표 호텔관광경영대학 호텔관광경영학부(과)	
호텔경영론	문화관광경영론
경영수학	세계주류문화의 이해
프로그래밍입문-P	여행사경영론
소프트웨어기초	관광교과교육론
전산개론-O	호텔관광커리어멘토링1
경영학원론	식음료경영론
경제학원론	호텔관광전략경영론
호텔관광산업의 이해	리조트경영론
회계원리	서비스마케팅
외식식품산업의 이해	카지노운영관리
관광경영론	고급카지노경영실무
호텔관광마케팅	관광행동론
호텔관광관리회계	와인과소믈리에론
호텔관광경제학	크루즈경영론
호텔경영정보시스템	국제회의 및 이벤트기획
축제경영인구	레저스포츠경영론
관광자원론	관광교과교재연구 및 지도법
호텔관광경영통계원론	호텔관광입지분석
호텔관광조직인적자원관리론	호텔관광자산관리
호텔관광재무회계	호텔관광연구방법론
관광법규	호텔관광의사결정방법론
호텔관광프랜차이즈경영론	호텔관광프로젝트관리론
서비스경영론	호텔관광사례연구세미나
여가사회학	호텔관광기업가정신과 리더십
호텔관광재무관리	특수목적관광론
호텔관광e-Business전략	관광개발론
MICE산업론	호텔관광데이터분석
여가공간계획론	호텔관광수익관리
서비스스케줄링	마케팅조사론
카지노산업론	경영분석세미나
기초카지노경영실무	Hospitality창업론
국제호텔관광세미나	Special Topics in Hospitality and Tourism

경기대학교 관광경영학과(서울) 교육과정	
관광경영학전공 및 진로탐색	관광정보지식론
관광학원론	관광학연구방법
관광법규	관광경영학개별진로연구
관광사업론	관광기업인적자원관리론
관광자원론	관광정책론
여행사경영론	국제관광전략론
항공산업론	지역관광개발론
호텔경영론	관광재무관리
MICE산업론	여행사실무론
관광경제론	외식산업론
관광마케팅	통일관광론
관광지현장답사	관광경영현장실습
리조트경영론	관광세미나
관광교통론	관광품질론
관광상품론	해양관광론
관광자행동론	

③ 한양대학교 관광학부

1981년에 설립된 한양대학교 관광학과는 사회과학대학의 한 학과로 시작하여, 한국 관광산업의 발전에 발맞춰 2004년부터 관광학부로 발전하였다.

④ 경기대학교 관광문화대학

경기대학교 관광문화대학은 한국에서 최초로 1963년에 초급대학 관광과로 출범한 이래 1964년부터 4년제로 개편되어 오늘날까지 4년제 대학 관광분야 최고의 교육 산실로서 위치를 확립하였다. 경기대학교 관광대학 편제 내 hospitality 관련 학과로는 관광개발학과, 외식·조리학과, 관광이벤트학과, 관광경영학과, 호텔경영학과, 외식조리과학과 등이 있다.

3) 환대산업 진로 개발

글로벌한 감각과 더불어 환대 서비스 정신을 갖춘 환대산업 전공학생들의 진로는 다양하다. 대표적인 관광산업인 여행업, 호텔업 등과 테마파크, 이벤트, MICE, 외식산업 등의 레저산업은 물론, 관련 정부기관에 근무하거나 학계에 종사하며 환대산업의 연구 발전에 기여할 수도 있다.

Hospitality Management 분야의 Career Path는 굉장히 다양하고 복잡하며, 대부분의 학생들은 5~10년 후에 자신이 어떤 모습일지 쉽게 예상하지 못한다. 〈표 1-2〉의 Career Path는 어디까지나 참고일 뿐, 반드시 모든 사람들이 같은 코스를 밟지는 않는다("A career path does not always go in a straight line."). 따라서 Hospitality Management를 공부하는 학생들은 먼저 자신만의 철학이 무엇인지, 흥미 있는 분야는 무엇이며 서비스 지향적(Service-oriented) 마인드를 가지고 있는지 등을 돌아보고, 이를 바탕으로 목표를 세워야 한다.

표 1-2 | Hospitality Management 진로

구분	진로
관광산업	여행사, 특급호텔 및 리조트, 카지노, 항공사, 관광개발 컨설팅
레저산업	국제회의 산업, 국내외 테마파크, 외식산업, 이벤트업, 레저산업컨설팅, 스포츠관련업, 컨벤션 뷰로 등
공공·정부기관	문화체육관광부, 한국관광공사, 국제관광기구(UNWTO 등), 지방자치단체, 방송, 언론사 등
학계·교육계	국내외 대학교수, 국책연구원, 기업부설 연구원, 지자체 산하 연구원 등
기타	일반 기업체, 외국계 기업, 금융업계 등

어떤 직업을 갖던, Hospitality Management 종사자들은 자신의 역할을 성공적으로 수행하기 위해 많은 기술을 필요로 한다. 그중에서도 가장 중요한 것은 언제나 미소를 띤 채 고객을 대면하고, 고객의 기대를 충족시켜주기 위해 노력하는 것이다. Hospitality Management에 필요한 능력에는 세심함, 팀워크, 헌신 등이 있다.

이 분야의 전문가에게 요구되는 소양에는 다음과 같은 항목들이 포함될 수 있다.

① Cultural Awareness

Hospitality Management의 고객 대부분은 관광객이다. 따라서 종업원은 다양한 문화적 배경을 가진 사람들과 함께 일할 수 있어야 한다. 고객들은 항상 같은 가치나 신념을 가지고 있지 않으므로 문화적 장벽을 넘어 고객에게 편안함을 제공하는 것이 중요하다.

② Multitasking

Hospitality Management가 어려운 이유 중 하나는 항상 변화하는 산업이기 때문이다. 단 하루도 조용한 날이 없고, 항상 사건사고가 발생하므로 Hospitality Management 종사자는 복잡한 여러 가지 일을 한 번에 처리할 수 있어야 한다. 따라서 Hospitality Management 종사자의 중요한 목표 중 하나는 '멀티태스킹의 마스터'가 되는 것이라 해도 과언이 아니다.

③ Can-do Attitude

'무엇이든 할 수 있다'는 태도는 고객들로 하여금 신뢰를 느끼게 한다. 이 같은 마음가짐을 달성하기 위한 팁 중 하나는 자신의 직업에 열의를 가지고 모두를 돕는 것에서 행복을 찾는 것이다. 또 스스로에게 상을 주는 규칙을 마련하면 언제나 긍정적인 태도를 유지할 수 있다.

④ Commitment

자신의 일에 헌신하고 전념하는 것은 Hospitality Management에 필수적인 능력이다. 많은 사람들이 열정적으로 일을 시작하지만 곧 굉장히 힘들다는 것을 깨닫고 빨리 지치거나 일에 대해 제대로 이해하지 못한다. 이런 사람들은 절대 말단 직원 이상 발전할 수 없다. Hospitality Management 분야에서 성공하기 위해서는 가능한 최선의 방법으로 고객에게 서비스를 제공하고자 하는 헌신적인 마음이다.

⑤ Organizational Skills

사진: Pixabay

앞서 언급했듯 Hospitality Management에서 다양한 관광 분야의 전문가가 되기 위해서는 멀티태스킹을 할 일이 잦다. 그중에서도 가장 중요한 능력은 조직력이다. 훌륭한 조직력을 가지고 있다는 것은 맡은 일을 체계적으로 해결할 수 있음을 의미하기도 하고, 조직 전체를 조화롭게 이끌어가는 능력을 의미하기도 한다. 조직력은 신중한 계획을 바탕으로 이루어지므로, 하루를 계획하는 습관을 들이거나 해야 할 일의 체크리스트를 만들어 관리하는 등의 작은 습관부터 시작하는 것이 도움이 될 것이다.

⑥ Language Skills

언제나 요구되는 것은 아니지만, 언어 능력은 Hospitality Management 분야에서 성장하기 위해서는 필요한 능력이다. 언어적 능력은 고객들과 더 원활한 소통을 할 수 있도록 한다. 또 고객과 더 나은 관계를 형성하고 이를 유지하는 데에도 도움이 된다. 뿐만 아니라 다국적기업의 경우 상사 혹은 부하 직원과 보다 잘 소통할 수 있다.

⑦ Flexibility

Hospitality Management 종사자들은 일하는 방식에 대한 융통성을 가져야 한다. Hospitality Management 관련 직무는 정해진 근무 시간이 잘 지켜지지 않는 경우가 종종 발생한다. 따라서 갑작스런 일정변동에 대응할 준비가 되어 있어야 한다. 또 전문가들은 많은 내·외부의 요소에 의해 변화하는 상황에 맞닥뜨리거나, 새로운 일을 시작하기 위해 기존의 일을 과감히 포기해야 할 때도 있다. Hospitality Management의 전문가가 되고 싶다면 이처럼 변화하는 상황에 유연하게 대처할 수 있어야 한다.

⑧ Communication Skills

탁월한 커뮤니케이션 기술은 많은 산업군에서 선호되지만, Hospitality Management 및 관광산업에서는 특히 중요하게 여겨진다. Hospitality Management 종사자는 매일 다양한 배경, 나이, 국적, 성격을 가진 사람들과 마주한다. 고객 개개인과 적합한 방식으로 소통하고 대화를 나눌 수 있는 능력이 필요한 이유이다.

⑨ Building Connections

Hospitality Management의 중요한 요소 중 하나는 효과적인 관계를 형성하는 것이다. 다른 전문영역과 달리 관계를 형성하는 기술은 단순히 승진을 거듭한다고 해서 나아지는 것이 아니다. Hospitality Management 전문가들은 꾸준히 고객들로 하여금 관계를 유지하도록 만들어야 한다. 호텔, 레스토랑, 여행업 등 Hospitality Management 분야에 지대한 관심을 가진 충성도 있는 고객과 지속적인 관계를 갖는 것은 곧 종사자의 능력을 대변하고, 장기적으로 경력 개발에 도움이 될 것이다.

그림 1-4 Probable Career Path in Hospitality

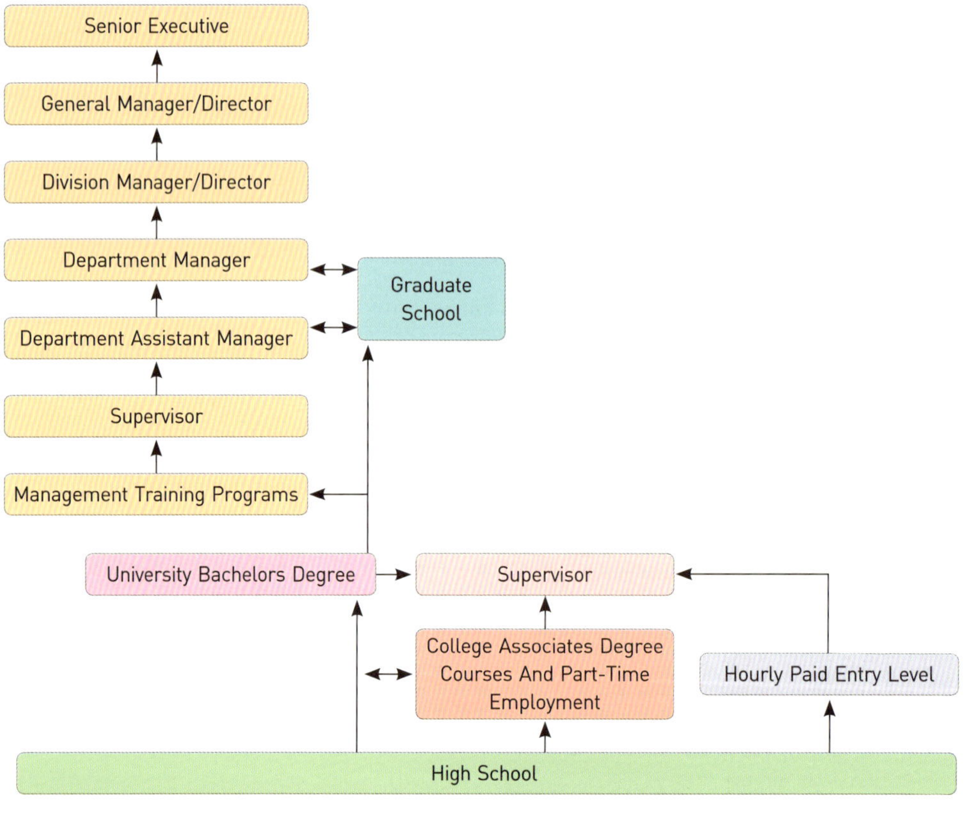

자료: Exploring the Hospitality Industry with Access Code

⑩ Customer Service

Hospitality Management 종사자의 일은 결국 고객이 기분 좋은 경험을 하게 만드는 것이다. 훌륭한 고객 서비스 스킬은 언제나 고객의 필요를 이해하고 그들을 보살피는 일에서 시작된다. 이 같은 능력을 키우기 위해서는 공감력을 키워야 한다. 다른 사람들과 상호작용하는 것을 즐긴다면 Hospitality Management 분야에 잘 맞는 사람일 가능성이 높다.

Hospitality Management의 주요 개념

Hospitality Management는 살아남기 힘든 산업으로 알려져 있다. 호텔, 레스토랑, 테마파크, 영화관, 운송업까지 광범위하게 아우르는 대규모 가치의 산업에는 성공하기 위한 전형적인(one size fits all) 방법이 존재하지 않는다. 하지만 가장 중요한 것은 상품과 서비스의 제공을 통한 고객 만족을 손꼽을 수 있다. 특히 소셜 미디어가 발달한 오늘날은 고객이 경험한 것들에 대한 리뷰는 그것이 좋은 것이든 나쁜 것이든 더 빠르게 퍼지고 기업에 영향을 미친다. 만일 고객이 좋은 경험을 했다면, 그들은 최소 다섯 명의 사람들에게 그것을 공유할 것이다. 하지만 그들이 나쁜 경

"지난 한 해 동안 천만 명의 우리 고객이 서비스를 받기 위해 다섯 번 정도 우리 직원들과 만났는데, 이 만남은 평균 15초 정도 지속되었다. 따라서 우리 스칸디나비아항공사는 한 번에 15초 정도, 일 년에 5천만 번 창조된다고 할 수 있다.
이 5천만 번이나 되는 진실의 순간(MOT)이 우리 회사의 성패를 결정하는 순간이다."

39세의 젊은 나이로 스칸디나비아항공(SAS: Scandinavian Airlines)의 사장에 취임한 얀 칼슨(Jan Carlzon)은 15초 동안의 짧은 순간 순간이 스칸디나비아항공의 전체 이미지, 나아가 기업의 성공을 좌우한다고 강조하였다. 이 같은 '결정적 순간'의 개념을 도입한 스칸디나비아항공은 불과 1년 만에 연 800만 달러의 적자로부터 7,100만 달러의 흑자경영으로 전환했다.

칼슨은 MOT의 개념을 소개하기 위해 불결한 트레이(접시 또는 쟁반)를 자주 예로 들었다. 만약 승객들이 지저분한 자신의 트레이를 발견하게 된다면, 그 순간 그들은 비행기 전체가 불결하다고 느끼게 된다는 것이다. 이처럼 칼슨은 MOT가 서비스 제공자가 고객에게 서비스품질을 보여 줄 수 있는 극히 짧은 시간이지만, 자사에 대한 고객의 인상을 좌우하는 극히 중요한 순간임을 강조한다.

험을 했다면, 그들은 스무 명의 사람들과 그 경험을 공유한다. 결국 고객에게 기분 좋은, 기억할 만한 경험을 선사하는 것은 갈수록 중요한 Hospitality Management의 목표가 되고 있으며, 고객들로 하여금 존중받는 느낌을 받게 하였는가, 혹은 무시당한 느낌을 받게 하는가가 결정적인 차이로 작용한다. 따라서 Hospitality 기업은 고객의 충성도를 높이고 구전을 장려하며 재방문을 유도하기 위해 예의 바르고 친절한 종업원을 교육하고, 서비스의 질을 관리하는 등 끊임없는 노력을 하고 있다.

1) MOT(Moment of Truth)

MOT(Moment of Truth)는 '진실의 순간' 또는 '결정적 순간'이라 불린다. 'Moment of Truth'라는 표현은 스페인의 투우 용어인 'Moment De La Verdad'를 영어로 옮긴 것이다. 원래 이 말은 투우사가 소의 급소를 찌르는 순간을 가리키나, 관용적으로 '피하려 해도 피할 수 없는 순간' 또는 '실패가 허용되지 않는 매우 중요한 순간'을 의미한다.

서비스 품질관리에 MOT가 처음 쓰인 것은 스웨덴의 마케팅 학자인 리차드 노만(R. Norman)에 의해서이다. 이후 스칸디나비아항공(SAS)의 얀 칼슨(Jan Carlzon)사장이 1987년 〈진실의 순간(*Moment of Truth*)〉이라는 책을 펴내며 이 용어가 널리 알려졌다. 서비스 품질관리에서 MOT 또는 결정적 순간이란 "고객이 조직의 어떤 일면과 직·간접적으로 만나는 접점으로서, 서비스를 제공하는 조직과 그 품질에 대해 어떤 인상을 받는 순간"을 말한다. 고객이 하나의 서비스 상품을 구매하기 위해서는 시작부터 끝까지 여러 서비스 접점과 몇 번의 짧은 순간을 경험하게 되는데, 이 15초가량의 짧은 순간에 서비스 요원은 모든 역량을 동

음식점에서 발생하는 MOT의 예

1. 고객이 예약을 위해 음식점에 전화를 할 때
2. 고객이 음식점을 찾아오고자 할 때
3. 고객이 주차할 때
4. 고객을 맞이할 때
5. 테이블이 아직 준비되지 않았음을 안내받을 때
6. 고객이 라운지에서 대기할 때
7. 앉을 자리를 찾지 못한 고객이 종업원의 주의를 끌고자 할 때
8. 고객의 이름이 스피커나 육성으로 불렸을 때
9. 고객이 자리에 앉았을 때
10. 종업원이 주문을 받을 때
11. 종업원이 음료나 음식을 서브할 때
12. 종업원이 빈 접시나 잔을 치울 때
13. 종업원이 계산서를 가져다 줄 때
14. 고객이 값을 지불할 때
15. 고객이 음식점을 떠날 때

원하여 고객을 만족시켜 주어야 하는 것이다.

MOT가 중요한 이유는 고객이 경험하는 서비스의 품질이나 만족도에는 '곱셈의 법칙'이 적용되기 때문이다. 고객이 여러 번에 걸쳐 경험한 서비스의 만족도는 각각의 순간마다 느낀 것들의 합이 아닌 곱에 의해서 결정된다. 즉 곱셈에서 '0'가 포함되는 순간 그 값이 '0'이 되듯, 단 한 번의 실망스러운 서비스로 전체 만족도가 '0'으로 떨어질 수 있다는 것이다.

이 같은 MOT의 중요성은 최근 기업 간 경쟁이 점점 더 치열해지고, 서비스 품질관리의 중요성이 높아지면서 부각되었다. 고객과의 접점에서 어떤 이미지를 심어주느냐에 따라 서비스의 성패가 좌우될 수 있으므로, MOT 관리는 기업 입장에서 또 다른 경쟁 우위를 획득할 수 있는 새로운 기회이자 당면한 과제이다.

① Ritz-Carlton(리츠칼튼)

> *"We are Ladies and Gentlemen serving Ladies and Gentlemen."*

리츠칼튼의 Golden Rule(황금률)이라 불리는 유명한 문구이다. 품격 있는 서비스와 세심한 배려에 있어 리츠칼튼 호텔(Ritz-Carlton Hotel Company)은 다른 호텔들보다 훨씬 탁월하다고 잘 알려져 있다. 세계 최고 수순 서비스 품질 경영의 대표 주자이자 호텔 산업 분야의 리더, 미국 〈컨슈머리포트〉가 선정한 서비스 만족지수 1위의 호텔 리츠칼튼에는 '골드 스탠더드(Gold Standard)'라는 서비스 표준이 있다. 이 골드 스탠더드는 리츠칼튼의 전 구성원들이 이해하고 준수해야 하는 것으로, 리츠칼튼 호텔을 특징짓고 경쟁업체와 리츠칼튼을 차별화하며, 지속적인 탁월한 서비스의 지침이 되어왔다. 리츠칼튼이 강조하는 세 가지 서비스의 단계는 다음과 같다.

1. A warm and sincere greeting. Use the guest's name.
   고객의 이름을 부르며 따뜻하고 진실되게 맞이하라
2. Anticipation and fulfillment of each guest's needs.
   고객의 요구를 미리 예상하고 충족시켜라
3. Fond farewell. Give a warm good-bye and use the guest's name.
   고객이 나갈 때에도 고객의 이름을 부르며 따뜻하고 다정하게 배웅하라

그림 1-5 리츠칼튼의 고객 서비스 프로세스

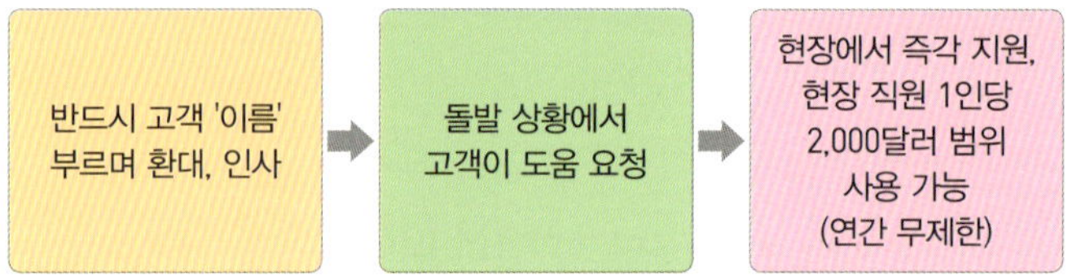

한편, 리츠칼튼의 모든 임직원이 갖고 다니는 '크레도(credo·信條) 카드'에는 다음과 같은 내용이 적혀있다.

1. The Ritz-Carlton is a place where the genuine care and comfort of our quests is our highest mission.

   우리의 최고미션은 고객에게 진정으로 편안하고 안락한 공간을 제공하는 것이다.

2. We pledge to provide the finest personal service and facilities for our guest who will always enjoy a warm, relaxed, yet refined ambience.

   우리는 고객이 언제나 따뜻하고, 편안하고 품격의 분위기를 즐길 수 있도록 고객 한 분 한 분에게 최고의 서비스와 시설을 제공할 것을 맹세한다.

3. The Ritz-Carlton experience enlivens the senses, instills well-being, and fulfills even the unexpressed wishes and needs of our guests.

   리츠칼튼에서의 경험은 고객의 삶에 활기를 불어넣고, 참다운 행복을 깨닫게 해주며, 고객의 숨은 욕구와 희망까지 충족시켜줄 것이다.

확고한 서비스 철학을 바탕으로 한 리츠칼튼(Ritz-Carlton)의 명성은 외부 평가에서도 증명된다. 미국 상무부가 최고의 제품생산·서비스 기업에 수여하는 '맬컴 볼드리지 국가 품질상(Malcolm Baldrige National Quality Award)'에서 모든 서비스 기업을 통틀어 2차례(1992년·99년)나 수상한 기업은 리츠칼튼이 유일하다. 럭셔리(luxury) 호텔 고객만족도 조사에서도 2010년부터 2012년까지 3년 연속 1등을 차지했다.

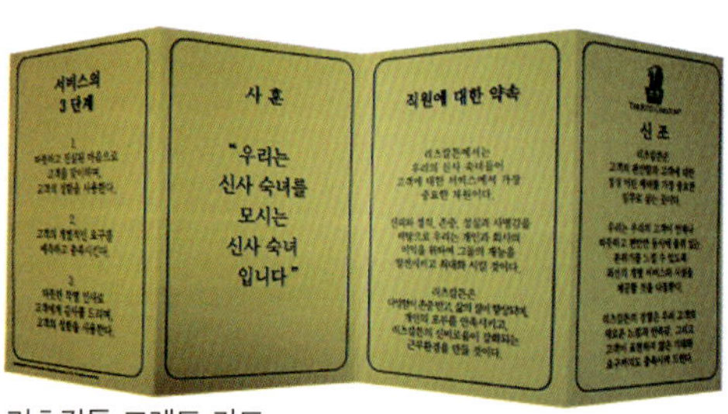

리츠칼튼 크레도 카드

한편 과거 스티브 잡스(Jobs) 애플 당시 CEO가 최고의 고객 경험을 선사하기 위

사진: Pixabay

해 최고 선진 사례를 벤치마킹하라는 특명(特命)을 내렸는데, 이 때 '최상의 롤모델'로 낙점된 기업이 바로 리츠칼튼이라고 한다. 애플스토어의 모든 직원들은 지금도 리츠칼튼의 '서비스 황금 표준(gold standard)' 가운데 하나인 '서비스의 3단계'를 교육받고 그대로 실천한다. 이처럼 다소 형식적이고 의례적인 느낌의 리츠칼튼 골드 스탠더드는 오늘날에도 임직원들에게 프로의 자부심과 서비스 정신, 교양, 고객을 향한 눈높이 맞춤 등을 상기시키며 리츠칼튼이 최강의 서비스를 제공하게 만드는 바탕이자 탁월한 서비스 제공을 위한 선도적인 지침으로 역할하고 있다.

② 호텔신라

한국 고유 브랜드로서 당당히 세계 속 명문호텔 반열에 올라, 한국의 예(禮)와 격(格)을 글로벌 고객들에게 알리고 있는 서울 신라호텔은 '일상이 최고의 순간이 되는 곳'을 모토로 전통미와 현대적 감각을 겸비한 Urban Lifestyle을 제안한다. 신라호텔은 세계 최고 수준의 글로벌 럭셔리 호텔 서비스를 제공하기 위해 시설 업그레이드와 서비스 강화를 통해 고객만족을 추구해왔다.

과거 '호텔리어 사관학교'라 불리기도 했던 호텔신라는 훌륭한 서비스로 이름높은 곳이다. 2002년에는 중장기 비전으로 세계적인 월드 클래스 호텔을 표방하고 'Hi, Shilla' 운동을 단계별로 전개했다. 이는 과거를 반성하고 현재 위치를 확인하는 작업인 1단계 의식개혁을 시작으로 인사·용모·복장·보행·전화 예절을 한층 강화하는 2단계는 '나부터 기본 지키기' 훈련, Sharing·Creating·Learning으로 구성된 3단계 지식 경영 등으로 구성된다. 개인이 보유한 서비스 노하우들을 갈무리해 회사 차원에서 공유하는 과정이다. 특히 3단계 지식경영을 추구하기 위해 지식맵(map), 변화관리 교육, 고객 데이터베이스 연계, 사이버 커뮤니티를 도입했으며 인센티브제를 정착시켰고, 내부 프로세스의 혁신을 통한 CS와 영업실적 강화를 위해 6시그마 운동을 추진하기도 했다. 2011년에는 호텔업계 최초로 호텔 현관에서 객실까지 물 흐르듯 안내하는 '도어 투 도어(Door to Door) 에스코트 서비스'를 도입해 고객들에게 좋은 평가를 받았다.

또 고객만족 CS(Customer Service)활동으로 자체 개발 품질관리 시스템을 통해 고객의견의 실시간 공유하며 고객 불만 발생 시 전담 인력을 통한 사후 관리를 진행한다. 신라호텔의 고객접점부서는 프로세스 및 스탠다드 공유 시스템을 통하여 모든 고객에게 일관된 서비스 및 상품을 제공한다. 또, 고객접점부서와 지원부서 직원을 대상으로 매일 서비스 표준 및 호텔 비전에 대한 자체 교육을 실시하며, 전 직원을 대상으로 안전 환경 마인드 정립과 안전사고 예방을 위한 온라인 사이버 강좌를 개설해 운영하고 있다. 이처럼 호텔신라는 철저한 직원 서비스 교육을 통해 서비스 품질을 높이고 고객만족도를 제고하고 있으며, 2011년, 2014년에 이어 2015년에도 NCSI 호텔서비스부문 1위에 올랐다. 특히 호텔신라는 세부 조사항목인 고객의 기대 수준, 인지 품질, 인지 가치, 고객 충성도 등에서 가장 높은 평가를 받았다.

③ Outback Steak House(아웃백 스테이크 하우스)

Outback Steak House(아웃백 스테이크 하우스)는 호주의 야생 자연(Outback) 콘셉트로 편안하고 목가적인 분위기에서 정통 스테이크를 즐길 수 있는 패밀리레스토랑이다. 아웃백은 'No Rules, Just Right(규칙만 고수하지 마라, 고객이 원한다면 그것이 옳은 것이다)'라는 슬로건으로 최상의 고객만족을 위한 서비스 정신을 통해 패밀리레스토랑뿐 아니라 전 외식업계의 벤치마킹 모델로 부각되었다.

차별화된 아웃백만의 색깔을 나타내는 'No Rules Just Right!' 서비스 전략은 아웃백이 미국에서 처음 사업을 시작할 당시 체질적으로 음식을 골라 먹어야 하는 한 할머니가 매장을 찾아 자신이 가져온 특정재료를 이용해 요리해줄 것을 주문한 데서 비롯되었다. 'No Rules Just Right!' 슬로건은 아웃백 문화의 기반이 되었으며 다소 정해진 규칙을 벗어나더라도 고객에게 최상의 외식 경험을 보장하는 아웃백의 정체성을 보여준다. 또 아웃백은 매장에 손님이 꽉 찼을 때 기다리는 고객들을 위해 스테이크, 닭날개 요리, 왕새우 튀김, 바비큐 립, 음료 등을 제공하는 '웨이팅 푸드 서비스'로도 유명하다. '웨이팅 푸드 서비스'와 '부시맨 브레드 무한 제공 서비스'는 식사를 주문하기 전에 배부른 에피타이저 제공을 꺼리는 외식업계의 금기를 깬 파격적인 서비스로 평가받고 있다. 이외에도 각 매장 점주들은 온라인 홈페이지 게시판을 통해 들어온 고객의 소리를 매일 아침 직접 체크하고 24시간 이내에 답신하는 등 고객의 작은 소리에도 귀 기울이고, 불편 사항에 대해서는 즉각적이고 실제적인 처리를 위해 노력한다.

고객만족 극대화를 위한 이와 같은 노력을 바탕으로 아웃백은 2007년 한국표준협회(KSA)주관의 '2006 한국 서비스 품질지수(KS-SQI) 1위 기업 시상식'에서 본원적 서비스와 신뢰성 그리고 친절성에서 타 경쟁업체보다 높은 점수를 받으며 6년 연속 패밀리레스토랑 부문 1위를 수상했다.

2) TQM(Total Quality Management)

빠르게 변화하는 고객의 요구에 적절하게 반응하기 위해 기업은 고객에게 초점을 맞추고 제품·서비스의 지속적 개선을 가능케 하는 도구들과 경영 관행을 가져야 할 필요성을 인식하게 되었다. 여기서 생겨난 TQM은 문제해결의 방법을 전 사원에게 교육함으로써 그들이 고객과 공정의 문제에 대하여 적절히 반응할 수 있도록 하는, 권능이 부여된 종업원(empowered employee)을 추구한다. TQM(Total Quality Management)은 새로운 기업 전략 중 하나로, 고객의 서비스 평가를 높이기 위해 기업 문화, 인프라, 시설, 기술 등을 관리하는 방식을 변화시켰다.

TQM이란 고객이 정의하는 품질에 중점을 두고, 전원참여에 의해 고객만족과 조직구성원 및 사회에 대한 이익창출로 장기적이고 지속적인 성공에 목표를 두는 조직 전체의 관리시스템이다. 이러한 TQM의 개념에는 다음과 같은 철학적 기반이 깔려 있다. 첫째, 품질은 고객에 의해 정의된다는 것이다. 즉 고객의 욕구에 의해 재화나 용역의 특성이 정의되어야 하며, 이렇게 함으로써 진정한 고객만족 나아가서 고객의 즐거움(customer delight)까지 창출할 수 있다는 것이다. 둘째, 고객만족을 창출하는 재화와 용역을 생산하는 데 있어서의 과정을 중시하여 인간 위주의 관리시스템(people-focused management system)을 지향하는 것이다. 즉 조직구성원이 작업공정에서뿐만 아니라 문제인식과 문제해결, 자료수집 및 의사결정, 리더십과 집단토의기법 등에서 충분히 훈련을 받고 교육을 받는다면 그들은 계속적인 개선 메커니즘의 기능을 제대로 수행할 수 있을 것이므로 그들의 능력을 강화시킬 필요가 있다는 것이다.

따라서 TQM이 성공적으로 운용되기 위해서는 최고관리자의 리더십을 기반으로 끊임없는 교육훈련과 참여의식에 의해 능력이 개발된 조직구성원이 과학적인 품질관리기법과 합리적인 사고방식을 활용하여 조직 내의 모든 절차를 표준화하고 지속적으로 개선함으로써 고객만족을 달성하며 궁극적으로는 조직의 장기적인 성장을 추구하는 관리시스템을 뜻한다.

1924년 Shewhart에 의해 창안된 품질관리(QC: Quality Control) 개념은 이후 통계적 품질관리(SQC: Statistical Quality Control)로 예방적 품질관리에 입각하여 품질개선에 기여하였다. 2차 대전 후에는 미국 방위산업체 및 우수기술기업에서 사용된 개념이 일본 산업화 시대 선도 기업에 적용되면서 전사적 품질관리(CWQC: Company Wide Quality Control)로 발전하였다. 이러한 CWQC는 일본제품을 세계적인 품질경쟁력을 갖도록 하는 원동력이 되었고, 미국은 이를 다시 경영과 관리의 주요 영역으로 인식하며 기업의 전략적 관리요소이자 경영의 필수적 요소로 재정립하였다.

따라서 성공적인 TQM의 기초는 ① 고객초점(Customer Focus), ② 전원참여(Total Participation), ③ 지속적 개선(Continuous Improvement)을 포함한다. 환대산업에서 TQM을 실천하는 사례로 도미노 피자를 들 수 있다. 1984년 도미노 피자(Domino Pizza)는 종업원들에게 품질의 중요성에 대한 인식을 제고시키기 위해 올림픽 대회를 계획했다. 정해진 기간 동안에 반죽 만들기, 운전 그리고 배달이 경쟁 이벤트로 선정되었고 결승전은 미시건주 앤아버(Ann Arbor)시에서 열렸는데, 대부

그림 1-6 | TQM 실행의 이점

- 기업의 명성을 높인다
- 서비스 실패와 문제점을 빠르게 특정할 수 있다(무결점, the "zero defects")
- 상품, 서비스 품질을 상당수준 향상시킨다
- 고객 만족을 높이고 추가 구매를 유도한다
- 자원 낭비를 큰 폭으로 줄인다
- 종업원이 시간을 효율적으로 관리하게 되면서 생산성을 높인다
- 장기적으로 시장 점유율을 높인다
- 종업원 의사결정권을 통해 추가적인 책임감, 팀워크, 관여도가 높아지고 동기부여된다
- 비용이 감소한다
- 지속적인 발전에 집중한다

분의 심판이 고객으로 구성되었다. 올림픽이 끝난 후 우승자는 3일 동안 경영진과 만나 기업발전을 위한 제안을 하였는데, 그중 하나는 배달 운전사들을 위한 일련의 안전세미나를 개최하는 것이었다. 이처럼 도미노 피자는 성공적 TQM의 세 가지 영역을 강조하며 모든 사원들이 올림픽에 참여하도록 격려하고, 고객을 심판으로 삼아 종업원들이 고객의 요구를 완전히 이해할 수 있는 계기를 만들었다.

오늘날 TQM은 기업의 전략 또는 기업문화의 한 부분으로 자리 잡았으며, 제품·서비스 품질 관리 측면에서 품질경영을 보증한다. 다수의 기업들이 TQM을 경영철학으로 삼고 있으며, 이러한 기업들은 TQM과 무결점 경영을 동일한 것으로 본다고 해도 과언이 아니다.

① 에버랜드

한국을 대표하는 테마파크인 삼성 에버랜드는 철저한 서비스 품질관리로 고객만족을 실천한다. 국내최초로 고객만족마크를 인증 받음으로써 CS 경영 실천의 대표적인 기업으로 성장한 에버랜드는 연중무휴 서비스 기본예절, 접객 사례연습, 어학, 전통생활예절교육 등을 제공하는 '서비스 교육의 메카' 삼성 중앙서비스 아카데미를 바탕으로 모든 직원의 질적 서비스 역량 강화에 집중한다.

보다 체계적인 서비스 품질관리를 위해 에버랜드는 모든 시설과 건물의 안전함, 편안함, 쾌적함, 청결함 등을 항시 피드백하고, 종업원의 친절 5대 항목인 인사, 용모, 복장, 보행, 전화예절의 기본적인 서비스에 대한 정기적인 실천도 측정과 드롭커튼과 오프 스테이지 등의 제도를 도입했다. 드롭 커튼 제도(Drop curtain)는 시설이 불량하거나 서비스맨의 태도가 불친절, 불성실했을 경우 매장의 영업을 전면 중단시키고 고객이 최대한 만족을 느낄 수 있는 환경이 조성된 후에 다시 영업을 할 수 있도록 조치하는 것이다. 이는 공장에서 불량사항이 발생했을 경우 생산라인을 중단시키는 라인스톱제에서 착안해 낸 것으로, 에버랜드를 작은 무대로 보고 최대의 고객만족창출을 위해 완벽한 서비스만을 제공하기 위한 제도이다. 또한 고객 만족도, 친절도 등을 토대로 불량한 서비스맨으로 지적받은 종업원을 서비스 아카데미에서 재교육 시키는 제도인 오프 스테이지(OFF-STAGE) 제도도 정착되어 있다. 오프 스테이지는 드롭커튼과 유사한 제도로, 에버랜드 내에서 친절 5대 항목을 잘 실행하지 않아 불량자로 지적받거나 서비스 기량이 부족한 캐스트로 하

표 1-3 에버랜드의 친절 5대 항목

5대 항목	내용
인사	• 내가 먼저 인사하고 인사말은 명랑한 소리로 한다 • 미소짓는 얼굴로 인사한다 • 손님에게 45도로 굽혀 인사한다 • 보행 시 마주치면 15도 굽혀 인사한다
용모	• 머리는 매일 감아 청결하게 한다 • 손과 손톱을 항상 청결히 한다 • 매일 아침 면도를 한다(남자) • 화장은 엷고 자연스럽게 한다(여자) • 화려한 액세서리는 착용을 금지한다
복장	• 매일 새 옷처럼 깨끗이 입는다 • 단추는 꼭 채운다 • 구겨지지 않게 다림질을 한다 • 구두는 항상 윤이 나게 한다 • 양말은 짙은색, 스타킹은 피부색으로 한다
보행	• 뒷짐 지고 걷지 않는다 • 주머니에 손을 넣고 걷지 않는다 • 앞을 보고 경쾌하게 걷는다 • 1초에 2보 속도로 걷는다 • 손님 앞을 지나치거나 뛰지 않는다
전화예절	• 벨이 두 번 이상 울리지 않도록 즉시 받는다 • 인사말과 소속, 성명을 밝힌다 • 친절하면서 정확하게 받는다 • 끝인사를 반드시 한다 • 손님보다 나중에 끊는다

자료: 에버랜드의 과학적 고객만족경영, 이두희·윤희숙, 한국경영학회 경영사례연구원, 1998, p.17.

여금 서비스 재교육을 받게끔 하고, 다른 매장을 돌아다니면서 동료 직원들의 고객서비스 현황을 견습하는 미스터리 쇼핑(Mystery Shopping)을 통해 자신의 미흡한 점을 인지시켜 재실수를 방지하는 제도이다.

에버랜드는 한국능률협회 주관의 고객만족 경영대상 전사부문 일반서비스부문에서 1996년부터 2000년까지 5년 연속 대상을 수상, 명예의 전당에 기록되며 서비스 품질 관리에 대한 노력을 인정받고 그 성과를 입증했다.

② 스타벅스

1971년 미국 시애틀에서 지역의 작은 커피전문점으로 시작한 스타벅스는 하워드 슐츠(Howard Schultz) 회장 취임 후 눈부신 성장을 거듭해 현재 전 세계 약 70개국에서 2만 5,000개 매장을 운영하는 글로벌 그룹이자 세계에서 가장 큰 커피 체인이다. 국내에서도 최근 1000호점을 돌파한 스타벅스의 성공 요인 중 하나는 전 세계 어느 지역의 스타벅스 매장에 가더라도 균일하고 체계화된 서비스를 제공한다는 점이다.

이처럼 완벽하게 균일한 서비스 제공이 가능한 것은 정교한 디테일로 유명한 '스타벅스 매뉴얼 북' 덕분이다. 음식을 만드는 과정에서부터 서비스의 모든 과정에 관해 그림, 사진과 함께 정확하고 세세하게 설명되어 있는 이 메뉴얼 북은 매장에서 일어나는 문제를 누구에게 보고하고 어떻게 해결하는지, 고객에게 어떻게 인사를 건네고 어떤 말투로 이야기를 해야 하는가 등의 내용을 포함한다.

> "오븐 위쪽에 있는 기름종이를 바로 옆에 있는 집게로 빼다가 선반에 있는 빵을 (120도로 예열되어 있는) 오븐에 넣고 문을 닫자마자 타이머를 맞추고 오른쪽에 있는 나무 도마에서 빵을 자르고 오븐 아래 쪽에 있는 테이크 아웃 박스에 담는다. 손님에게 제공할 때 물티슈 하나와 포크 나이프를 하나씩 챙기고 양손으로 '맛있게 드세요'라고 말과 미소를 띠며 건넨다."

이처럼 작은 것 하나까지 디테일하게 서술한 메뉴얼 북은 처음 일을 하는 사람조차도 정확하게 서비스의 과정을 이해하고 배운 대로 똑같이 실행할 수 있게끔 한다. 그리고 이를 바탕으로 스타벅스만의 독립된 아카데미에서 전 직원에게 80시

그림 1-7 스타벅스 교육시스템

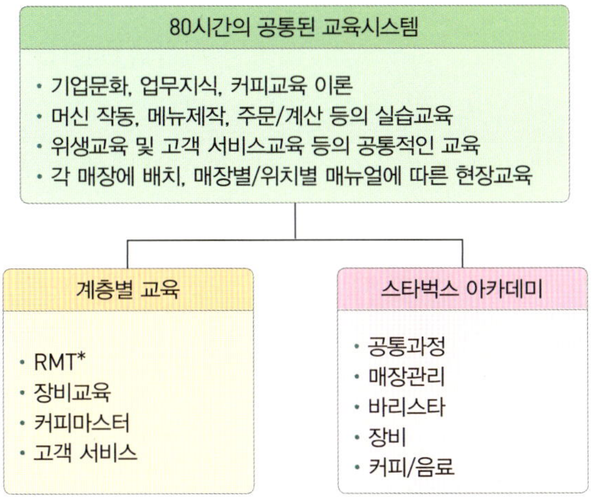

* RMT(Retail Management Trainee)

간의 교육 훈련을 진행된다. 공통 교육 외에도 바리스타, 슈퍼바이저, ASM, SM, DM 등 각 직급에 맞는 직급별 교육 프로그램이 존재하며 온라인과 모바일, 오프라인 등의 다양한 형태로 교육이 제공된다.

특히 일단 파트너로 채용이 되면 인사교육, 윤리경영, 스타벅스 경험, 스타벅스 커피, 스타벅스 고객, 스타벅스 업무 이해, 스타벅스 서비스 등으로 구분되는 9시간의 교육을 이수해야 한다. 뿐만 아니라 스타벅스는 100% 직영 체제로 맥도날드, 던킨도너츠, 도미노피자, 서브웨이 등 미국의 주요 외식 체인과 차별화된다. 가맹점은 아무리 철저하게 교육시켜도 본사 방침에 신속·정확하게 대응하기 쉽지 않아 제품·서비스의 품질 및 통일성 유지가 어려워진다. 기업의 입장에서는 다수의 가맹점을 두는 것이 더 많은 이익을 발생시킬 수 있으나, 스타벅스는 고객들에게 최상의 서비스를 제공하기 위해 전 세계의 모든 매장을 직접 관리한다.

스타벅스 커피 코리아 역시 철저한 서비스 관리를 통해 2015년 한국표준협회가 발표한 '한국서비스품질지수' 평가에서 5년 연속 커피전문점 부문 1위를 차지했다. 특히 스타벅스 커피 코리아는 전 세계 스타벅스 최초로 음료 제공 시 고객의 이름을 호명해주는 '콜 마이 네임'을 비롯, 모바일 앱을 통해 매장 밖에서 미리 음료를 주문하고 매장에 방문에 곧장 찾아가거나, '나만의 음료'를 저장해 편리하게 음료를 주문·결제할 수 있는 스마트 주문 시스템 '사이렌 오더' 등 한국적인 디지털 경험을 선보이며 높은 호응을 받았다.

3) CSR(Corporate Social Responsibility)

기업의 사회적 책임(CSR: Corporate Social Responsibility)은 Bowen(1953)의 저서 〈*Social Responsibility of the Businessman*〉에서 "사회의 목표와 가치에 바람직한 정책을 추구하고 그에 해당한 의사결정과 행동을 하는 기업인의 의무"라고 정의되었다. 오늘날 CSR과 관련하여 가장 대표적으로 정의되는 Carroll(1973)의 CSR 피라미드는 1단계 경제적 책임, 2단계 법적 책임, 3단계 윤리적 책임, 4단계 자선적 책임으로 구성되어 있다. 특히 기업 측면에서 과거의 자선적 책임은 비용이 발생한다는 점에서 부담으로 인식되었으나, 현재는 기업 운영상의 윤리적 책임 수행 및 이를 통한 고객관계 관리의 일환으로 기업에 대한 신뢰도를 형성하기 위한 장기투자로 인식되고 있다.

이 같은 기업의 사회적 책임(CSR)을 위해서는 선결적으로 공유가치창출(CSV: Creating Shared Value)이 필요하다. 마이클 포터 교수가 주장한 공유가치는 기업의 이익창출을 목표로 하는 전통적 기업 경영방식에서 벗어나 기업의 가치를 사회와 공유하는 데에 그 목적을 두고 있다. 즉 CSR은 기업이익을 바탕으로 한 사회 전반에 대한 선행 또는 나눔의 실천이며, CSV는 기업이 가지고 있는 핵심역량가치를 통해 기업을 둘러싼 다양한 이해관계자들과 서로 상생하는 방안을 모색하는 것이라고 볼 수 있다.

그림 1-8 기업의 자선적 책임(CSR) 피라미드

자료: Carroll, 1973

최근 학계에서 연구되고 있는 Hospitality Management의 CSR 활동은 경제적 책임 활동, 환경적 책임 활동, 소비자 보호 책임 활동, 자선적 책임 활동, 지역·문화 사업 활동의 5가지로 분류할 수 있다. 이를 바탕으로 많은 Hospitality Management 기업들이 기업과 사회의 동반적 성장에 대한 꾸준한 노력을 하고 있으며, CSR을 통해 긍정적인 기업이미지를 형성하고자 하는 PR 도구로도 활용하고 있다.

① 호텔 기업

호텔 업계에서도 CSR 경영은 호텔 기업의 지속 가능한 경쟁력 제고의 기반이 된다. 호텔 기업은 CSR을 경영 전반에 반영하고 호텔상품과 서비스를 통해 사회적 요구, 고객 및 이해관계자들의 기대에 적극 대응함으로써 다양한 경제적, 사회적, 환경적, 윤리적 요구와 변화에 효과적으로 대응하고 위험에 대한 노출 가능성을 줄일 수 있다. 또 CSR 활동을 통해 호텔 이미지, 브랜드 자산 가치, 신뢰도, 충성도 및 구매의도 등에 긍정적인 결과를 기대할 수 있으며, 보다 차별화된 호텔 CSR 활동을 위해 단순 기부 활동뿐만 아니라 헌혈증 기부, 문화·예술 활동 등 그 종류가 다양해지고 있다.

최근 가장 주목받는 호텔의 CSV 활동은 객실 내 친환경 프로그램이다. 이는 환경 친화적인 건축물을 갖추고, 물, 에너지 절약 및 폐기물 감소를 위한 프로그램을 도입하여 관리하는 호텔이다. 또 고객이 직접 친환경 활동에 참여하도록 만들어 호텔에 투숙객이 자발적으로 객실 내에서 본인이 사용하는 침대시트, 욕실 타월 및 가운의 린넨류를 매일 교체하지 않고 투숙기간 동안 재사용함으로써 물, 전기, 세제 등 세탁에 소비되는 비용을 절감하고, 수질오염을 줄여 지구 환경을 보존하고자 하는 재사용 프로그램(Reuse Program) 등이 있다.

일례로 롯데호텔은 2014년 6월 세계적 뉴에이지 피아니스트인 스티브 바라캇을 문화홍보대사로 임명하고 다양한 재능 기부 활동을 선보이며 예술 활동을 통한 사회공헌활동으로 주목받았다. 2014년 9월에는 롯데호텔제주에서 열린 '스티브 바라캇 갈라 디너 콘서트' 수익금 일부를 유니세프에 기증하고, 제주 소재의 '홍익 아동복지센터' 아동들을 초청해 작은 음악회를 열기도 했다. 한편 웨스틴조선호텔은 2014년 7월 '조선호텔 개관 100주년 D-100행사'에서 한국백혈병어린이재단에 조선호텔 임직원 1,000여 명이 2009년부터 5년간 모은 헌혈증 1,004장을 전달했다. 조선호텔은 2008년 개관 94주년 기념행사에서도 한국백혈병환우회에 1,004장의 헌혈증을 기부해 대한적십자사에서 선정한 우수 헌혈 기업으로 표창을 받은 바 있다.

② 하나투어

국내 최대 여행기업 하나투어는 20년 연속 해외여행 및 항공권 판매 1위를 달성하고 있는 여행종합기업이다. 또 여행전문 인력과 전 세계 30여 개의 해외 법인과 지사 등 현지 네트워크를 통해 높은 수준의 여행서비스를 제공함으로써 여행산업의 질적·양적 성장을 동시에 이끌어왔다.

그림 1-9 하나투어 핵심사회공헌사업

하나투어는 또한 업계 최초로 '하나되는 지구세상'이라는 슬로건 아래 'CSR팀(Corporate Social Responsibility)'을 신설했다. 수익의 일부를 적립해 소외 계층에게 꿈과 희망을 전하는 '희망여행 프로젝트', 다양한 장르의 아티스트들과 함께 하는 '문화예술 희망여행', 미래 관광인재를 육성하는 '투어챌린저'와 '투어챌린저 하이스쿨', 다문화 어린이들을 위한 스포츠 꿈나무 양성 프로젝트 '글로벌 프렌즈', 임직원

및 파트너사 직원들로 구성된 '희망봉사단', 고객들을 위한 의미 있는 봉사여행 '볼런투어' 등 다양한 사회공헌활동을 운영하고 있다.

특히 '문화예술 희망여행'은 다양한 장르의 예술가들에게 여행을 통한 영감을 주고 참가자 및 현지와의 교류를 통해 시야를 넓히는 기회를 제공했다. 또 해외 탐방의 결과물로 공익적 메시지를 담은 예술작품을 전시하며 여행지 고유의 문화와 자연의 아름다움을 대중과 공유하였다.

이처럼 하나투어는 여행을 통해 예술가들의 생산적 교류 및 작품 활동을 지원하고 대중과 교감할 수 있는 장을 마련하는 가교 역할을 하며 후원자와 수혜자가 함께 성장하는 새로운 형태의 문화예술 사회공헌 활동을 제시하고 있다는 평가를 받는다.

이를 바탕으로 '2016 존경받는 사회공헌기업대상' 시상식에서 여행과 문화예술을 결합한 사회공헌 활동을 활발히 전개한 점을 인정받아 2년 연속 메세나·문화예술 부문을 수상했다.

Hospitality Management Trend

1) Hospitality Management Trend 읽기

① 디지털 기술발전·SNS의 중요성 증가

디지털 기술발전은 여행과 Hospitality Management의 모습도 크게 변화시켰다. 소비자들은 여행, 외식, 공연 등 모든 과정을 준비하는 자료 조사부터 예약에 이르는 상당 부분을 디지털 채널과 플랫폼에 의존하고 있다. 따라서 여행 중 어떤 경험을 제공하는지가 중요했던 과거와 달리 지금의 여행과 호텔 업계는 여행을 시작하기 전부터 여행 후의 추억관리까지 어떻게 만족스러운 경험을 제공하고, 고민해야한다.

허핑턴 포스트에 따르면 레저 여행을 준비하는 이들의 95%는 예약하기 전 적어도 7개 이상의 리뷰를 확인하며 특히 소셜미디어는 여행지에 대한 정보를 얻는 주요한 채널이며, 자신의 경험을 공유하기 좋아하는 소비자들이 스스로 긍정적인 여행 경험을 소셜미디어에 공유하면서 최고의 홍보대사 역할을 하고 있다. 따라서 마케터는 고객이 소셜미디어상에 공유하고 싶어 할 독특하고 차별적인 경험이 무

사진: Pixabay

엇일지 상품에 담아내는 고민이 필요해졌다. 또한 디지털 기술발전은 소비자들의 소비양식을 바꾸어 놓았으며, 이는 여행산업 유통구조의 변화, 호텔 및 항공예약 경로의 변화, 레스토랑 예약 및 평가 시스템의 변화 등 산업계 전반에 걸친 대변혁을 가져왔다.

② '친환경·지속가능한 발전 Eco-friendly, Sustainability' 개념 확장

환경친화적, 지속가능한 발전의 개념은 환대산업에서 더 이상 구호에 머무르지 않는다. 초기 'green' 캠페인으로 불리며 소수의 브랜드 가치가 높은 기업들이 사용하던 홍보마케팅적 이벤트에서 발전하여 대다수의 환대기업들은 실천적이며, 세밀하며, 지속가능한 활동을 위한 지침과 정책을 꾸준히 개발하여 실시하고 있다. 다음은 국내 호텔 기업들의 사례이다.

- 쉐라톤 그랜드 워커힐은 사내에 〈Green Council〉 조직을 구성해 푸른 지구를 위한 다양한 그린캠페인 활동을 진행하고 있다. 세부 캠페인 활동으로는 우선 정부 주관 사례로 에너지 절약 및 온실가스 배출 감소를 위한 자발적 협약 체결을 비롯해 광진구청에서 시행 중인 'Green Start(저탄소 녹색성장을 위한 녹색생활 실천운동)'이 있으며, 스타우드 주관 활동으로 2020년까지 수도사용량 20% 절감, 전력 및 가스 사용량 30% 절감을 목표로 하는 'Road to 30/20 by 20' 캠페인을 진행한다.
- 그랜드 인터컨티넨탈 서울 파르나스와 인터컨티넨탈 서울 코엑스는 세계자연보호기금(WWF)이 주최하는 '지구촌 전등 끄기 2012' 행사에 참여해 8시 30분부터 한 시간 동안 외부 간판 및 외벽 조명, 계단을 제외한 공공 장소의 전등을 소등하며 고객이 이용하는 장소의 전등 밝기를 최소화했다.

  또한 인터컨티넨탈은 호텔 내에서 배출되는 생활하수 중 비교적 오염 상태가 적은 객실 목욕물과 사우나, 수영장 사용수는 위생적이고 경제적인 방법으로 정화 처리 후 공공 화장실과 냉각탑, 냉각수, 소화용수, 청소용수, 조경용수로 재활용하고 있다.

- 2011년 국내 최초로 친환경 호텔 인증을 받는 것을 계기로, 웨스틴조선호텔은 전사적으로 객실, 시설, 구매, 식음, 지원 부서별 친환경 활동인 '5 툴 스탠다드(5 Tool Standard)'를 만들어 실천해 나가고 있다. 먼저 친환경 인증 제품이 우선적으로 호텔에 사용된다. 구매부에서는 식재료뿐 아니라 연필, 이불 등 공산품에서도 유기농 인증 제품과 친환경 인증 상품 업체를 조사해 우선적으로 구매한다는 방침으로, 구매 비율을 친환경 식재료는 5%에서 33%까지, 일반 자재는 7%에서 25%까지 끌어올리고 있다. 객실팀에서는 기존에 시행하고 있는 '세이브 얼스 세이브 어스', '그린카드' 제도를 적극적으로 펼치고, 여기에 '친환경 객실 정비 시스템'을 도입했다. 객실 용품들을 순차적으로 친환경 제품으로 교체했다. 세탁도 친환경 용제를 사용하고, 이에 맞는 기기를 새로 도입했다.
- 밀레니엄 서울힐튼의 객실부에서는 '그린카드' 운동(하루에 한 번 제공되는 욕실의 타올이나 침대 시트를 고객이 하루 더 연장하여 사용하겠다는 의사표시를 위해 만든 카드/에너지 절약 프로그램)를 운영하고 있는데 한달평균 1,000방가량의 고객들이 그린카드 운동에 동참하고 있어서 에너지 절약과 환경보호라는 두 마리 토끼를 잡고 있다.

③ 안전과 보안에 대한 높은 경각심

2000년대 이후 문명 간 충돌, 지역 간 경제적 불평등과 심화된 양극화, 종교와 정치적 갈등, 세계화로 인한 인간의 이동 및 교류의 증가로 인한 새로운 질병의 발생, 기후 변화와 환경의 위협으로 지구촌은 안전과 보안에 대한 높은 경각심을 갖게 되었다. 2001년 미국 뉴욕의 세계무역센터 빌딩 폭파와 주요 관청건물이 동시다발적으로 테러를 당한 9.11 사건, 2002년 홍콩에서 발생한 SARS (급성호흡기증후군) 와 AI (고병원성 조류인플루엔자), 2004년 스페인 마드리드 통근열차 폭탄테러, 2005년 발리와 런던 지하철 폭탄 테러, 2009년 러시아 열차 폭발물 테러, 2013년 보스턴 마라톤 폭탄 테러, 2015년 프랑스 파리 7곳 동시다발 테러, 2016년 벨기에 브뤼셀 지하철 테러, 2017 맨체스터 아레

사진: Pixabay

사진: Pixabay

나 콘서트장 테러 등 인류는 전례 없는 테러의 위협을 겪고 있다. 한국도 남북간 해빙기간에 이루어진 금강산 관광이 2008년도 대한민국 여성관광객이 북한 군인에 의해 피살된 사건으로 중단되었고, 2015년 메르스(Mers: 중동 호흡기 증후군) 사태로 인한 한국 관광의 큰 폭의 침체, 2017년 사드(고고도미사일방어체계) 배치에 따른 중국관광객 감소 등을 겪으며 국내·외적으로 안전문제에 대한 관심이 증폭되었다. 많은 사회학자들은 현대사회의 주요 특성으로 '위험사회(risk society)'를 언급하는데, 한국사회는 2014년 4월 16일 제주도로 수학여행을 떠난 안산 단원고 학생들과 일반인이 탑승한 세월호가 침몰하면서 재난과 안전에 대한 총체적인 문제 인식과 사회구조에 대한 자성을 통해 사회변화를 이루어냈다. 급속한 양적 성장 위주의 경제발전에 따른 '안전'에 대한 미비한 대책은 환대산업의 전제조건인 '안전' 확보를 위해 반드시 마련되어져야 한다. 최근 관광선진국도 테러에 대한 불안은 관광객의 의사결정에 영향을 주어 심한 경제적 타격을 발생시킨다는 사실에 주목하면서, UNWTO, UNEP 등 국제기관뿐 아니라 미국, 유럽 국가들은 관광안전 확보를 위한 정책 마련에 더욱 주력하고 있다.

④ 인구구조의 변화

세계적으로 평균수명연장, 저출산, 베이비 붐 세대의 고령인구 진입 가속화 등으로 인한 인구구조의 변화는 경제와 산업구조의 재편, 소비와 생활양식에 많은 영향을 미칠 것으로 예상하고 있다. 평균수명의 증가는 전반적인 여가시간의 증가로, 고학력 은퇴자의 증가는 세분시장 내에서 다양한 상품 수요의 증가로 이어질 것으로 예측하고 있다. 즉 이러한 인구구조의 변화는 환대산업 내에서도 의료관광, 헬스투어리즘, 웰니스와 스파관광, 복지관광, 고령친화 외식산업 등 미시적 산업발전의 큰 변화를 이끌 것으로 예상된다. 따라서 세대와 연령별, 계층별, 생활권별, 그리고 이러한 요소가 복합적으로 작용하는 관광수요와 공급의 특성과 더불어 변화의 흐름을 세밀히 살피는 기업전략과 정부 및 지자체의 정책적 대응이 더욱 중요해졌다.

⑤ 가성비

소비자들의 경험 축적과 SNS 기술발전으로 인한 정보 공유 등으로 한층 스마트해진 소비자들에게 가격 대비 성능 개념은 중요한 소비의 화두가 되었다. 저성장 및 장기불황 속에서 모든 소비에서 효용을 따지는 소비행태가 여행 및 외식소비에도 뚜렷하게 나타난다. 같은 재화와 서비스도 상황과 목적, 대상에 따라 다른 기준을 적용하며, 소비자를 세분화하는 인구통계적, 사회심리적 변수와 같은 기존의 세분화 양식보다 선택적인 기치를 선호하는 다중적인 기준과 소비양식이 여행, 외식, 숙박과 같은 환대산업 전반에 영향을 미치고 있다.

⑥ 다양성 확대

노동인력시장과 소비자 측면에서 다양성이 높아졌다. 숙련된 고령의 호텔직원, 고학력의 임시직원, 자발적 파트타이머 등 다양한 고용의 형태가 공존하고, 소비자 행동양식 역시 나홀로 여행객, 혼밥족, 혼술족부터 취미나 관심사가 같은 낯선 사람들이 함께 여행하는 유형 등 복합적이다. 한국의 특급호텔의 경우 가족여행객, 국제회의 참석자, 여성 사업가 및 전문가, 국가, 종교, 인종, 나이, 직업 등의 세분시장이 더욱 정교하게 나뉘어져 있다. 이 같은 변화의 흐름에 따라 hospitality 기업들은 다양한 배경과 가치관을 가진 종업원들을 위한 문화적 배려, 복지 및 교육 등 여러 정책들을 시행하고 있다.

⑦ 아시아 시장의 부상

세계 관광시장에서 아시아의 성장이 가장 큰 폭으로 증가함에 따라 항공노선도 증가, 호텔 증가 등의 추세를 뚜렷이 보이고 있다. 또한 세계 10대 호텔기업에 중국 호텔이 추가되었고, 중국뿐 아니라 인도, 베트남, 말레이시아도 관광의 주요 시장으로 부상하였다.

사진: Pixabay

⑧ 멀티컬처 관광소비 확산

본격적인 다문화 사회로 진입함에 따라 그동안 우리에게 익숙하지 않았던 나라와 문화에 대한 관심이 커지고 있다. 이른바 '멀티컬처'에 대한 관심확대에 가속도가 붙어 이종문화 관련 상품과 서비스가 소비의 중요한 트렌드가 될 전망이다. 최근 미디어의 새로운 장르인 외국인들이 한국의 문화를 체험하는 방송이나, 한국의 음식문화를 해외 관광시장에 실험적으로 소개하는 프로그램등도 멀티컬처를 확장시키는 중요한 매개체의 역할을 담당하고 있다.

요약 Note

- 예로부터 파인애플은 환대의 상징이었다. 과일의 역사적인 희귀성과 독특한 모양으로 장식품으로도 사용되기도 하며, 지금까지 우정과 친근한 마음의 표시로 인식되고 있다.
- Hotpitality(환대)라는 말은 고객에게 따듯하고 융숭한 접대로 편안하게 맞이한다(friendly andgenerous treatment of great)는 의미로 해석된다. Hospitality의 어원은 '타향민', '나그네', '손님' 또는 '그들을 접대하는 숙소의 주인'을 뜻하는 라틴어의 'Hospes'에서 비롯되었다.
- 관광이나 여행의 개념이 관광객이 정주지를 벗어나서 하는 일련의 행동에 초점을 맞추면 Hospitality Management는 자기의 정주지로부터 멀리 떨어진 고객들에 상품 및 서비스를 제공하는 산업들, 즉 숙박산업(lodging industry), 외식산업(food service industry), 여행산업(tourism industry), 레크리에이션(recreation)과 카지노(casino)산업 등이 통합·융합된 산업이라 볼 수 있다.
- 환대산업 서비스는 무형성, 비분리성, 소멸성, 이질성의 네 가지 특성을 띠며, 기업은 이를 전략적으로 관리하기 위해 다양한 방법들을 개발해 실행하고 있다.
- Hospitality Management 종사자들은 자신의 역할을 성공적으로 수행하기 위해 많은 기술을 필요로 한다. 그 중에서도 가장 중요한 것은 언제나 미소를 띤 채 고객을 대면하고, 고객의 기대를 충족시켜주기 위해 노력하는 것이다. Hospitality Management에 필요한 능력에는 외국어능력을 포함한 소통능력, 조직력과 같은 경영능력, 세심함, 팀워크, 헌신 등의 인성부분의 능력 등이 있다.
- 최근 Hospitality Management 의 주요 개념인 MOT, TQM, CSR/CSV 용어들이 더욱 주목받고 있다. 기업간 경쟁이 치열해지고, 스마트한 소비자들이 많아지면서 이러한 개념들은 항공, 호텔, 외식 전 분야의 키워드를 차지하고 있다.

과제 Assignment

- 환대산업분야 중에 가장 관심이 가는 직업은 무엇이고, 그 분야에 취업하기 위해 필요한 자질은 무엇이라 생각하는가?
- 한국의 대표적인 환대 기업은 무엇이라고 생각하는가? 선정 이유는 무엇인가?
- 4차 산업사회를 정의하고, 환대기업에는 미칠 수 있는 긍정적, 부정적 이유를 논하라.

- 한국의 환대 기업 중에서 사회적 책임에 힘쓰는 기업이라고 생각되는 기업명과 활동을 설명하라.
- 환대산업의 8대 트렌드 중에 '멀티컬쳐 관광소비의 확산'의 의미를 미디어에서 경험한 사례를 들어보라.

참고 자료

- Cornell School of Hotel Administration https://sha.cornell.edu/
- Texas A&M University Recreation, Park and Tourism Sciences https://rpts.tamu.edu/about/history/
- University of Houston, Conrad N. Hilton College of Hotel and Restaurant Management http://www.uh.edu/hilton-college/
- The Hospitality Management Department at Kansas State University http://www.he.k-state.edu/hm/
- 경희대학교호텔관광대학 https://hot.khu.ac.kr/
- 한양대학교 관광학부 http://etourism.kr/etourism/
- 세종대학교 호텔관광대학 http://home.sejong.ac.kr/~hoteldpt/
- 경기대학교 관광문화대학 http://www.kyonggi.ac.kr/univInfoSrv.kgu?mzcode=K00M0105&orgCd=K0107
- 하나투어 사회공헌 http://www.hanatourcompany.com/kor/contribution/social.asp

- The SILLA Hotel Guide
- 〈호텔/레스토랑 식음료 서비스 관리론〉, 정청송 외, 대왕사, p.20, 2005
- 〈환대산업서비스론〉, 최풍운/변우진, 학문사, 2001
- 〈호스피탈리티회계〉, 변찬복, 대왕사, pp. 25-26, 1999
- 〈환대산업 CSR에 대한 연구 동향 분석〉, 안소영·한진수, International Journal of Tourism and Hospitality Research 31:7, pp. 149-163, 2017
- 〈기업 및 기업재단 대표 사회공헌프로그램 사례집〉, FKI전국경제인연합회, 2014
- 〈Implementation of total quality management - Case study: British Airways〉, Anca MADAR, Bulletin of the Transilvania University of BraşovSeries V: Economic Sciences, 8:57, 2015
- 〈서비스 품질개선 전략에 관한 연구 -에버랜드 위락 서비스의 사례를 중심으로-〉, 홍사흥, 인하대학교 학위논문, 2001
- 〈Hospitality 기업 이미지 제고 전략(H투어 사례)〉, 오정심, 숙명여자대학교 학위논문, 2007
- 〈품질에 대한 사고의 진화〉, 이명호, 글로벌경영연구 22:2, 2010
- 〈기업 생사 가르는 '진실의 순간', MOT 마케팅〉, 김수욱 서울대 경영대학 교수, 전략경영특강

- QUALITY MANAGEMENT IN HOSPITALITY- case study http://qualitymanagementinhospitality.zohosites.com/quality-in-hospitality-industry.html
- 〈How to Impress Customers With True Hospitality〉, Holdcom http://soundcommunication.holdcom.com/how-to-impress-customers-with-true-hospitality
- 〈[Weekly BIZ] [Cover Story] '서비스 황금 표준' 만든 리츠칼튼 어브 엄러 회장 "객실 청소원도 고객 위해 회사 돈 200만원 즉시 사용할 수 있어"〉 http://www.kduniv.ac.kr/tourism/index.php?pCode=1326423136&mode=fdn&idx=2102&num=1
- 〈[Weekly BIZ] 美 수퍼리치들, 보석·옷보다 럭셔리 호텔에 돈 더 써〉 http://www.kduniv.ac.kr/tourism/index.php?pCode=1326423136&mode=fdn&idx=2102&num=1
- 〈진실의 순간 MOT(Moment of Truth)〉, 티스토리 지구촌금융이야기 http://agapejoseph.tistory.com/271

- 〈MOT 마케팅〉, 다음 tip http://tip.daum.net/question/47157256
- 〈리츠칼튼의 고객감동 서비스 헌장〉, 한스경영기술원 http://www.hance.co.kr/pds/viewbody.php?db=pds&page=4&number=13
- 〈2005 대한민국 서비스품질 우수기업〉, 네이버블로그 http://blog.naver.com/cdyj73/140018402983
- 〈스타벅스 교육훈련시스템 〈사람이 답이다〉〉, 네이버 블로그 https://m.blog.naver.com/PostView.nhn?blogId=sungwunhyun&logNo=220440788229&proxyReferer=https%3A%2F%2Fwww.google.co.kr%2F
- 〈[해외진출]스타벅스 '운영 매뉴얼'에서 배우다(8탄)〉, Brunch https://brunch.co.kr/@sunan1206/8
- 2016.01.05., 〈불황을 녹인 건…고객 감동시킨 따뜻한 서비스〉, 매일경제증권 http://vip.mk.co.kr/news/view/21/20/1359844.html
- 2014.04.02., 〈불가능한 일도 가능하게 만든다 … 그게 바로 호텔 서비스〉, 중앙일보 http://news.joins.com/article/14327775
- 2015.12.08., 〈신라호텔, NCSI 호텔서비스 부문 2년 연속 1위 선정〉, 아시아경제 http://www.asiae.co.kr/news/view.htm?idxno=2015120816561496266
- 2010.10.18., 〈호텔신라, 전직원 서비스 드림팀화〉, 이코노미톡뉴스 http://www.economytalk.kr/news/articleView.html?idxno=25588#07AG
- 2013.09.05., 〈Outback launches 'No Rules, Just Right' campaign〉, Nation's Restaurant News http://www.nrn.com/advertising/outback-launches-no-rules-just-right-campaign
- 2007.09.19., 〈아웃백, 6년 연속 서비스품질지수(KS-SQI) 1위〉, 식품음료신문 http://www.thinkfood.co.kr/news/articleView.html?idxno=24563
- 2007.04.06., 〈[신춘대담]아웃백스테이크하우스 정희련 사장〉, 식품음료신문 http://www.thinkfood.co.kr/news/articleView.html?idxno=22104

- 2017.01.23., 〈[CASE STUDY] (3) 세계인의 사랑방 '스타벅스'-편안한 공간·행복한 직원…커피는 문화다 집과 직장 사이 '편안한 제3장소'…100% 직영점으로 품질 관리 철저〉, 매일경제 http://news.mk.co.kr/newsRead.php?year=2017&no=52789
- 2015.06.26., 〈스타벅스, 커피전문점 서비스 품질 평가 5년 연속 1위〉, 경향신문 http://news.khan.co.kr/kh_news/khan_art_view.html?artid=201506261247462&code=900303#csidx4225528311f9083a8220e1a27c9cb68
- 2014.08.08., 〈국내 호텔의 사회적 책임 활동(CSR; Corporate Social Responsibility)의 필요성〉, 호텔&레스토랑 http://www.hotelrestaurant.co.kr/news/article.html?no=153
- 2014.12.03., 〈호텔업계 '개성만점' 사회공헌활동〉, 한국백혈병어린이재단 https://www.kclf.org/archives/31345
- 2016.04.28., 〈하나투어, '존경받는 사회공헌기업대상' 수상〉, Travel Daily http://www.traveldaily.co.kr/news/articleView.html?idxno=4636
- 2008.12.04., 〈Book Summery-The New Gold Standard〉, 이코노미조선 http://economyplus.chosun.com/special/special_view.php?boardName=C05&t_num=3493
- 2014.02.28., 〈A Brief History of the Hospitality Pineapple Andie Powers〉, Apartment Therapy https://www.apartmenttherapy.com/a-brief-history-of-the-hospitality-pineapple-200667
- 2016.11.19., 〈Why is a Pineapple the Symbol of Hospitality?〉, RCS Hospitality Group https://www.rcsleadershiplounge.com/single-post/2016/11/18/Why-is-a-Pineapple-the-Symbol-of-Hospitality
- 〈Exploring the Hospitality Industry with Access Code〉, Walker, John R., Walker, Josielyn T., Prentice Hall, 2012
- 2017.7.11., 〈Top 10 Skills Needed for the Hospitality Industry〉, Careeraddict.com https://www.careeraddict.com/top-10-skills-needed-for-a-job-in-hospitality
- 2015.07.08., 〈환대의 극치는 '사람'입니다〉, 오마이뉴스 http://www.ohmynews.com/NWS_Web/View/at_pg.aspx?CNTN_CD=A0002125527
- 2014.04.10., 〈The Importance of Greeting Customers〉, RetailWise USA http://www.retailwiseusa.com/the-importance-of-greeting-customers/
- 2014.06.05., 〈To succeed in hospitality, focus on the customer〉, the Guardian https://www.theguardian.com/small-business-network/2014/mar/05/succeed-hospitality-focus-customer-james-caan
- 2012.04.25., 〈특급호텔 친환경 그린 경영으로 승부건다!〉, 스포츠경향 http://m.sports.khan.co.kr/view.html?artid=201204251639483&code=561901&med_id=sports#cb#csidx7dcb8a13c51d7c185583be7c33d6a9b

hospitality management

학습 목표

- 관광의 정의 및 역사
- 관광산업의 정의 및 특성
- 관광 관련 사업 분야–호텔업, 여행업 등
- 관광 관련 국제·국내 행정기구
- 국내외 관광시장 동향
- 국내외 관광시장 전망–지속가능한 관광, 의료관광, 1인관광, 4차 산업과 관광 등
- 2017~2018 관광 트렌드

CHAPTER 02

관광업

Tourism Industry

수업 개요

관광은 인류 역사와 함께 발전해왔으며, 오늘날 4차 산업, 경제와 안보, 인구 구조의 변화 등에 발맞춰 새롭게 변화하고 있다. 관광업은 호텔업, 여행업, 항공업, MICE 산업 등을 모두 포괄하는 산업이므로, 관광업에 대한 올바른 이해는 앞으로 학습할 각 분야에 대해 보다 깊이 이해할 수 있는 발판이 된다.

지속가능한 관광, 1인 관광 등의 변화는 우리 사회의 변화와 밀접한 관련을 갖고 그 영향을 주고받고 있다. 급변하는 사회의 흐름에 따라 미래의 관광업 역시 끊임없이 변화할 것이다. 따라서 우리는 관광업에 대한 올바른 이해를 바탕으로 앞으로 마주해야 할 변화의 흐름을 파악하고, 적응함으로써 산업 내에서 자신의 위치를 찾아가야 한다.

본 장에서는 관광업의 정의, 분류 등의 주요 내용을 이해하고, 관련 산업 및 유사개념에 대해 학습할 것이다.

관광 | Tourism

Excursion	당일의 짧은 여행
Journey	한 지역에서 다른 지역까지의 긴 여정
Sightseeing	구경, 단순히 보는 여행을 강조
Travel	포괄적 여행의 의미
Trip	비교적 짧은 여행
Tourism	Traveling for Pleasure

관광은 흔히 "즐거움을 목적으로 하는 여행"이라는 좁은 의미에서부터 "인간의 기본적인 욕구는 물론, 다양한 욕구충족을 목적으로 일시적으로 외지에 가서 체제하는 행위 및 그에 따라 파생되는 모든 현상과 체제의 총체"라는 넓은 의미까지 광범위하게 정의된다. 즉 관광은 "일상의 생활권을 떠나 다시 돌아 올 것을 전제로 영리를 목적으로 하지 않고, 타지역 또는 타국의 문물·풍습·제도 등을 관찰하려 이동하는 사회적 활동이다"라고 정의할 수 있다.

-관광 진흥법상 분류된 관광 사업의 종류 및 관광업의 종류

관광업

여행업 | 관광 숙박업 | 관광객이용시설업

국제회의 | 카지노업 | 유원 시설업 | 관광편의 시설업

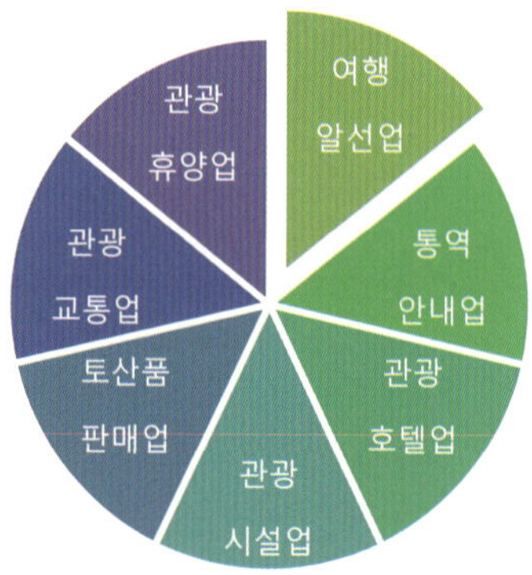

관광 8대 트렌드

중국인 관광객

2014년 중국인 약 613명이 한국 방문, 중국인 방한관광 시장은 앞으로도 지속적으로 성장할 전망

중장년층

고령화 시대의 새로운 여가문화 소비계층으로서 중장년층의 여행이 점점 더 증가할 것

밀레니얼세대

밀레니얼 세대는 1980년 초에서 2000년대 초까지 출생한 세대로 경험, 저렴한 가격, 셀프서비스, 높은 기술 등을 중시

모바일

관광객 정보 접근성이 스마트폰을 통해 급격히 확대됨에 따라 모바일의 중요성 및 역할이 강조됨

융합관광

의료관광, 농촌관광, MICE산업 등 새로운 가치가 있는 관광 비즈니스 모델의 창출이 기대됨

공유경제

공유경제란 물품을 서로 대여해 주고 차용해 쓰는 개념. 관광산업에서도 에어B&B나 우버 등이 이를 도입하고 있다

1인 관광

욜로, 포미와 같이 자신만을 위한 소비에 투자할 줄 아는 고객들은 매우 감각적이고 가치 지향적이며 현재 지향적인 소비를 원함

웰니스 관광

'개인 건강'과 '삶의 질'의 유지 또는 개선을 추구하는 여행방식

관광 관련 국제·국내 행정기구

세계 관광기구(WTO)
세계관광여행위원회 (WTTC) 등

아시아권 관광기구
태평양·아시아관광협회 (PATA), 동아시아관광협회 (EATA) 등

문화체육관광부

한국관광공사

한국문화관광연구원

지방행정조직
경기관광공사, 경기도청 문화관광국 등

관광사업자단체
한국관광협회중앙회, 한국관광호텔업협회, 한국카지노업관광협회 등

관광산업의 정의 및 특성

1) 관광의 정의

사진: Pixabay

관광은 국어사전에서 "① 다른 나라의 문물, 제도를 시찰하는 것, ② 다른 지방이나 나라의 아름다운 풍경, 풍습 등을 구경하며 유람하는 것"으로 풀이하고 있다. 그리고 백과사전에서는 "보양, 유람 등의 위락 목적으로 여행하는 것"이라 설명하고 있다. 그 밖에 외국의 백과사전에서는 관광을 "즐거움을 위한 여행"(Travelling for pleasure)"으로 정의하고 있다.

일반 사람들에게 관광이라는 용어는 레저, 행락, 여행과 혼재되어 사용되고 있다. 하지만 관광에는 두 가지 타입이 있다. 그것이 바로 'Pleasure travel'과 'Business travel'이다. 국내여행의 80% 이상이 Pleasure travel에 속하는 것으로 알려져 있다. 이는 레저, 레크리에이션, 휴일, 그리고 친구나 친척을 방문하는 여행을 포함한다. 또 절반 이상의 Pleasure traveler들은 친구나 친척을 방문하는 형태의 여행을 한다. 한편 Business traveler로 분류되는 이들은 미팅, 모든 종류의 세일즈, 컨벤션, 트레이드 쇼와 전시 혹은 이 모든 것들의 총체 등의 사업 목적으로 여행하는 사람들을 일컫는다. Business traveler는 Pleasure traveler에 비해 더 젊고, 더 많은 소비를 하며, 더 멀리 여행하고, 더 소규모로 움직인다. 하지만 BT 여행객들은 상대적으로 방문기간이 짧다

첫째, 관광목적이나 방문목적이 있어야 한다. 이는 관광동기를 말한다.
둘째, 시간적 요소를 정의 속에 포함시키는 것이 필요하다.
셋째, 특정목적에서 비롯된 특정상황도 고려하여야 한다.

사람들은 때때로 자신이 살고 있는 지역 또는 다른 장소에서 관광객이라고 생각할 수 있는 방문객들을 보곤 한다. 사람들은 휴일을 맞이했을 때 자신을 관광객으로 인식하곤 한다. 이처럼 관광은 자신의 관점에서나 타인의 관점에서 보았을 때 서로 다르게 인식될 수 있으므로 누구에게나 객관적인 현상으로 이해할 필요성

이 대두되고 있다.

관광을 정의할 때 다음의 3가지 요소를 고려해야 할 필요가 있다.

① 관광학적인 정의

관광의 개념화는 제2차 세계대전 전에 최초로 시도되었으며, 국제관광전문가협회는 스위스의 장크트갈렌 대학의 훈지커 교수와 스위스 베른대학의 크라프 교수가 제안한 관광의 정의를 채택하게 되었다. 이들 두 학자들은 "관광이란 영구거주나 수입활동과 관련되지 않고 그 곳에 거주하지 않는 사람이 여행 및 체류함으로써 발생하는 현상이나 관계의 총칭"이라 정의하였다. 그 이후 관광의 개념은 다양한 형태의 상업 및 직업적 여행까지 포함한다. 왜냐하면 이러한 여행은 영구거주도 아니고, 방문목적지에서의 수입목적의 고용도 아니기 때문이다.

② 경제적 관점에서의 정의

관광이란 사회현상에 대한 최초의 연구는 관광통계로부터 출발하였다. 1899년 이탈리아 정부통계국의 보디오가 잡지에 발표한 "이탈리아에 있어서 외국인 이동 및 소비된 금전에 관한 연구"가 오늘날 가장 오래된 연구이고, 이와 유사한 연구로 1923년 니체포로가 발표한 "이탈리아에 있어서 외국인 이동" 및 1926년 베니니의 "관광객 이동의 계산 방법 개선에 관한 연구"가 있다. 이들 관광통계 관련 논문들의 핵심 용어는 관광객의 수, 체재기간, 소비액과 같은 경제적 측면과 관련된 것들이었다.

관광 관련 정의 중에 가장 오래된 것으로, 1911년 슐레른은 관광이란 일정한 지역 또는 나라를 방문하여 체재하고, 다시 돌아가는 외래객의 유입, 체재 및 유출이라는 모든 현상과 그 현상에 직접 관련된 모든 사상, 그 가운데서도 특히 경제적인 사상을 나타내는 개념으로 정의하였다.

영국의 오길비와 같은 학자는 1933년 〈관광이동록〉에서 관광객을 '귀환할 의사를 가지고 일시적으로 거주지를 떠나 1년 이상을 초과하지 않고 여행 중 소비하는 금전은 거주지에서 취득했을 때"로 규정하고 있다.

③ 사회문화적 관점에서의 정의

독일의 보르만은 1931년 〈관광론〉을 통해 관광은 직장에의 통근과 같이 정기적 왕래를 제외하고 휴양의 목적이나 유람, 상용 또는 특수한 행사의 참여나 기타의 사정 등에 의하여 정주 지역에서 일시적으로 떠나는 여행이라 정의했다.

사진: Pixabay

그뤽스만의 경우도 1935년 그의 저서 〈일반관광론〉에서 관광은 체재지에 일시 직으로 체재하고 있는 사람과 그 지역주민 사이의 재관계 총체로 보았다.

④ 여가활동 관점에서의 정의

1966년 메드상은 "관광이란 사람의 기분을 전환시키고, 휴식을 취하며, 또한 인간 활동의 새로운 여러 국면이나 미지의 자연경관에 접촉함으로써 그 경험과 교양을 넓히기 위한 여행을 한다든가, 거주지를 떠나 체재하는 등으로 이루어지는 여가활동의 한 유형"으로 보고 있다.

이는 2차 대전 이후 현대사회로 접어들면서 관광이 여가활동의 한 유형으로서의 삶의 질을 강조한 것으로 풀이할 수 있다.

세계관광기구(WTO)는 관광을 "여가, 사업, 그리고 기타 목적으로 1박 이상 1년 미만의 기간 동안 비일상적인 곳에서 여행하고 체재하는 사람들의 활동"으로 정의하고 있다.

⑤ 시스템적 관점에서의 정의

맥킨토시와 골드너, 그리고 릿체는 관광을 "관광객들과 기타 방문객들을 유치하고 접대하는 과정에서 관광객, 관광기업, 관광목적지 정부, 지역사회와의 상호작용 과정에서 발생하는 현상과 관계들의 총체"로 정의하고 있다. 그리고 이들은 관광을 교통체계나 서비스 공급자, 레크리에이션 시설, 숙박업체, 소비제품, 그리고 전문 서비스를 포함하는 거대 복합기업적 성격이 강하다는 주장을 하고 있다.

레이퍼는 관광을 관광, 여행발생지역, 관광목적지, 관광목적지와 관광송출지 사이의 관광여행 통과 루트, 여행과 관광산업의 구성으로 보았다. 관광시스템은 공급자와 구매자 관점에서 관광여행 전 과정과 관광이 이루어지는 구성개념을 이해할 수 있도록 도와준다.

표 2-1 관광에 대한 학자들의 정의

학자	정의
Leiper (1979)	여행기간 동안 보수를 목적으로 한 고용활동을 제외하고 일상의 거주지를 떠나 자유로이 여행하며 1박 이상 동안 일시적으로 체류하는 것을 내용으로 하는 시스템" * 시스템의 5대 요소는 광객, 발생지, 교통루트, 목적지, 관광산업이며 이 5대 요소는 공간적, 기능적으로 상호 연결되어 있다고 강조
McIntosh (1977)	여행자를 유인하고 수송하고 숙박시키며, 그들의 욕구와 욕망에 영합하는 과학·기술·사업
Smith (1988)	일상생활에서 떨어진 곳에서의 사업, 휴식, 여가활동을 위한 재화와 서비스를 직접적으로 제공하는 모든 산업의 총체
Lundberg et al. (1995)	집을 떠나 있는 여행자와 사업, 그리고 여행을 좀 더 쉽고 즐겁게 해주는데 봉사하는 사람과 사업자를 포괄하는 개념

관광에 대한 정의는 연구자의 연구목적, 경제, 사회적 상황 변화에 따른 방문목적, 기간과 거리, 특정 기능을 강조하거나 추가하는 등 시대에 따라 다양한 관점과 방식이 존재한다.

〈표 2-1〉에서 보듯이 관광에 대한 정의는 연구자에 따라 다르게 나타나고 있지만, '취업, 통근 등의 경제행위 외의 일시적인 목적으로 거주지를 떠나 여행하고 돌아오는 행위 또는 현상'이라는 공통점을 가지고 있다. 즉, 연구자의 관점에 따라 기간, 거리 등에 대해 상이한 의견을 보이고 있지만, 관광은 위락·휴식·여가의 성격이나 목적을 주요 내용으로 하기 때문에 관광산업을 정의함에 있어서도 비즈니스 출장이나 레저 중심의 목적성이 반영되어야 한다는 견해가 많다.

2) 관광의 어원

① 중국

중국에서는 주역의 관국지광 이용빈우왕(觀國之光 利用賓于王)을 유래로 하며, "나라의 문화(형편)를 둘러보니, 왕에게 귀빈 대접을 받을 만하노라"라는 뜻을 담고 있는 아름다운 단어다. 여기서 관광이라는 용어가 처음 나오게 되었다. 이 때 관광은 다른 나라의 문물을 살펴보러 오는 사람들에게 나라의 임금을 모시듯 환대했다는 뜻으로 사용되었다. 여기에서의 관광은 '일국의 문화 및 풍속으로부터 그 나라 임금의 덕을 간파할 정도로 혜안을 가진 자가 그 나라 전체의 빛을 보고 이해함'을 의미한다.

② 한국

우리나라에서 관광이란 용어가 공식적으로 사용되었던 시기는 고려시대로, 고려 예종 11년(1115) 북송에 갔던 사신이 조서를 가지고 귀국하였는데 거기에 "오래된 풍습과 생활 자취를 가지고 있는 상곡을 관광케 하여 낡은 습관을 버리고, 새로운 풍습을 익히도록…"으로 기록되어 있다.

이 당시 관광은 중국에 간 사신, 유학 온 귀족계층의 자녀, 불법을 배우러 온 승려가 주류를 이루었다. 그 후 1385년 정도전의 〈삼봉집〉에는 중국 북경 신년 가정사(駕正使)의 여행기 제목을 〈관광집〉으로 소개하고 있으며, 조선왕조실록 〈태종권 9 및 세종권 148편〉에서는 "조선 건국 시 한성의 북부에 10개의 방을 설치하면서 그중 하나를 관광방으로 하였다"는 기록이 있고, 1910년에 유길준이 〈관광약기〉를 저술하여 오늘날의 여행기행문 내지는 답사기에 해당하는 기록물을 남겼다.

③ 서양

관광을 뜻하는 영어 단어인 Tourism은 "여러 나라를 순회여행한다"는 뜻이다. 1811년 *The Sporting Magazine*이라는 잡지에서 이 용어를 처음 사용하였다. 투어리즘은 '짧은 기간 동안의 여행'을 뜻하는 Tour의 파생형이다. 그리고 어원적으로는 그리스어로 '원을 그리는 도구'를 뜻하는 tornos가 라틴어의 tornus를 거쳐, 영어의 tour로 발전된 것으로 보인다.

영어에서 tour 이외에도 여행 또는 관광을 의미하는 몇 개의 단어가 있는데, 이를테면 journey는 한 지역에서 다른 지역으로 이동해가면서 여행하는 것을 의미하는 반면, travel은 포괄적 의미의 여행을 뜻하고, trip은 1박 정도의 단기여행을, sightseeing은 단순히 보는 것을 강조할 때 사용되고, voyage는 항해여행을 뜻한다.

그리고 tour와 tourism의 의미 차이를 살펴보면, tour는 폭넓게 행해지는 사회현상으로서의 관광, 즉 하나의 단위 행위라고 말할 수 있으며, 이러한 단위 행위를 포괄함과 동시에 거시적 사회현상으로 파악할 때는 tourism을 사용한다. 따라서 tour는 협의의 관광으로 ① 사람들이 일상

사진: Pixabay

의 생활권을 떠나서, ② 다시 돌아올 목적으로 이동하여, ③ 영리를 목적으로 하지 않고, ④ 풍물 등을 관람하는 것이고, 광의의 tourism은 그와 같은 행위에 의해서 발생하게 되는 사회현상의 총체로 보는 것이다.

3) 관광의 역사

① 세계 관광의 역사

Tour 시대 고대 이집트의 관광현상에 대한 기록은 역사가 헤로도투스(Herodotus)의 기록에서 찾아볼 수 있다. 이집트에서 시작된 고대 관광은 그리스·로마 시대로 이어진다. 고대 그리스 시대는 관광이 본격적으로 나타난 시기로, 종교·체육·요양 등의 목적이 주가 되었으며 관광안내원 제도(Porxemos system)가 성행하는 등 환대정신을 최고의 미덕으로 간주하였다. 한편 로마시대의 관광 형태는 주로 종교관광, 요양(보양)관광, 식도락관광(Gastronomia) 등이었다.

로마제국이 붕괴하면서 중세시대가 도래하였다. 이 시기를 '관광의 암흑기'라 부른다. 정치 및 경제 구조가 파괴되고 중산층이 몰락하면서 도로가 파괴되고 도시가 쇠퇴하였기 때문이다. 이 때의 관광은 성지순례와 바이킹족(Viking)의 해상여행으로 명맥을 유지한다. 관광산업이 부활한 것은 십자군 전쟁으로 인해 동방에 대한 호기심이 증가하면서부터이다.

15~16세기 근대에 접어들면서 대항해시대가 도래한다. 스페인, 포르투갈, 영국 등의 강대국들이 신대륙을 발견하여 식민지화하였고, 이는 타국에 대한 호기심을 불러일으키며 여행을 촉진시켰다. 또, 14세기 말에서 16세기에 걸쳐 문예 부흥기(르네상스)가 발생하며, 귀족 자녀들의 인격 수양을 위한 유럽여행이 유행하였다. 이를 교양관광 혹은 그랜드 투어(Grand Tour)라고 부르며 국제관광의 시초가 되었다.

18~19세기 산업혁명기에는 철도, 자동차, 선박 등의 교통 수단이 발달하면서 관광이 활성화되었다. 또, 소득이 증대하며 경제 활동이 활성화되고 숙박 시설이 정비되기 시작하였다.

그림 2-1 세계 관광의 발전(1)

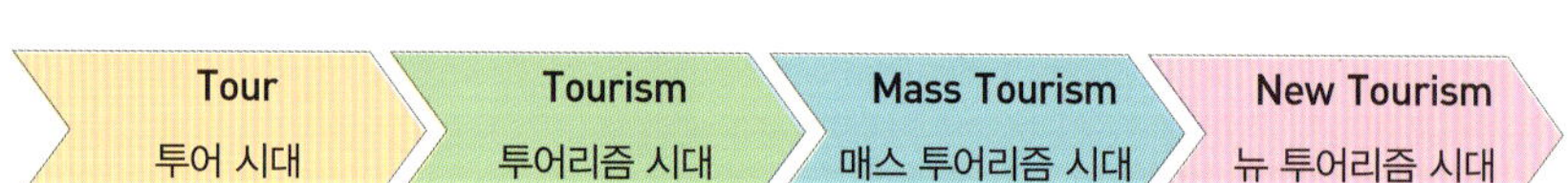

표 2-2 세계 관광의 발전(2)

시 기	Tour	Tourism	Mass Tourism Social Tourism	New Tourism
	고대~1830년대 말	1840년대 초 ~제2차 세계대전	제2차 세계대전 이후 ~1980년대	1990년대 이후
관광자층	귀족, 승려, 기사 등의 특권계급과 일부 평민	특권계급과 일부 평민 (부르주아)	대중을 포함한 전 국민	일반대중과 전 국민
관광동기	종교심	지식욕	보양, 오락	관광의 생활화
조직자	교회	기업	기업, 국가, 공공단체	개인, 가족
조직동기	종교 및 신앙심의 향상	이윤추구	이윤추구와 국민후생증대	개성 추구와 특정한 주제
주요 키워드	식도락관광, 관광의 암흑기, 르네상스, 산업혁명	토마스 쿡, 그랜드호텔, 리츠, 스타틀러, 힐튼	여가시간 증대, 대중관광시대	대안관광, 특수목적관광, 지속 가능한 관광

Tourism 시대(1840년대~2차 세계대전 이전) 산업혁명 후의 관광은 귀족과 부유한 평민을 위한 형태로 발전하였다. 관광 동기 또한 고대, 중세의 종교적 목적에서 개인의 지식욕과 호기심을 충족하기 위한 것으로 변화하였다. 특히 철도의 발달은 여행업을 출현시키는 계기가 되었다. 영국의 토마스 쿡은 1841년 Tomas Cook & Son Ltd. 여행사를 설립하고 최초의 여행알선업을 시작한다. 그는 1951년 런던 만국박람회, 1955년 파리 만국박람회에서 최초의 유럽대륙여행을 기획하고 관광객을 모집하였으며 전세 열차를 운행하는 등 역사상 최초로 영리 목적의 단체관광을 조직하였다.

이 시기에 호텔이 본격적으로 등장하였다. 여관이나 숙소(Inn)의 고급화 물결에 따라 단순한 숙박기능에서 탈피하여 숙박과 음식, 나아가 사교 장소로 발달하였다. 1850년 파리에 고급호텔인 Grand Hotel이 개장하였고, 1880년에는 리츠(Ritz)가 국제적 호텔 체인을 설립한다. 1900년 이후의 호텔시장은 스타틀러(Startler), 힐튼(Hilton) 호텔의 등장으로 호텔 시장의 주도권이 미국으로 넘어간다.

Mass Tourism 및 Social Tourism 시대 Mass Tourism 시대는 관광의 대중화 현상이 주요한 특징이다. 기술 발전과 교통 시설의 정비, 매스 미디어의 발달 등으로 일반 대중에게도 여행이 더 폭넓은 사회현상으로 받아들여졌다. 또 노동 운동이 확산되며 노동 시간이 감축되었고 유급휴가가 보편화되며 여가시간이 증가하여 대중 관광 시대가 열린다. 또 여행이 대규모화되고 관광시장이 확대되어 일반 대중의 관광 참여 기회가 보다 균등해졌다. 즉, 누구든지 여가 시간을 활용하여 자기

창조적인 활동 등의 동기에 의해 여행을 할 수 있게 된 것이다.

한편 이 시기에는 정부나 공공기관이 관광산업에 적극적으로 개입한다. Social Tourism은 여행할 만한 여유가 없는 국민들의 복지 증진을 위해 정부 또는 공공기관이 적극적으로 지원하는 형태로, 영리성과 공리성을 동시에 충족하는 종합관광 형태이다.

New Tourism 시대 New Tourism 시대에는 일반 국민 모두에게 관광이라는 현상이 일상생활에서 매우 중요한 위치를 차지하는 단계가 된다. 즉 관광이 삶의 질을 풍요롭게 하는 척도로 인식되는 것이다. 이 시대의 관광객 형태는 개성 추구, 자연 추구, 모험 추구, 문화체험, 건강 추구 등으로 다양화되었고 소집단 또는 개인 위주의 관광이 성행한다. 또한 체험·경험 위주의 관광이 중시되며 특별 목적 관광(Special Interest Tourism)이 등장한다.

한편, Mass Tourism의 폐해로 자연 환경과 인류 문화유산의 파괴가 증가하였다. 이 같은 대중관광의 부작용을 최소화하고, 관광의 효과를 해당 지역에 미치게 하고자 하는 대안관광(Alternative Tourism)이 등장하였다. 대안관광은 지속 가능한 관광(Sustainable Tourism), 생태관광(Eco Tourism), 책임관광(Responsible Tourism) 등의 다양한 형태로 발전하였다.

② 한국 관광의 역사

한국 관광의 역사는 크게 근대 이전과 이후로 나누어 살펴볼 수 있다. 〈표 2-3〉과 〈표 2-4〉를 살펴보자.

표 2-3 한국 관광의 발전-근대 이전

구분	내용
삼국시대	• 경제적 여유가 있고 신분적으로 지위가 높은 특권층과 자녀들 위주 • 신라시대의 화랑도에 의한 심신수련여행(중국 본토에서 서페르시아까지 여행) • 불교 유학: 원효와 의상이 바닷길을 통하여 당나라 유학, 혜초는 인도여행으로 '왕오천축국전' 집필 • 백제는 중국의 남북조와 문화교류 및 일본에 불교전파 및 교류
통일신라시대	• 청해진의 설치로 당나라와 일본의 중계무역항 및 해로·관광의 중심지로 성장 • '신라관·발해관' 숙박시설 운영
고려시대	• 신분적 차별이 철저하여 여행을 한 것은 귀족과 특권계층 • 전국에 22개의 도로망과 528개에 이르는 역참(驛站)이 생겨나면서 국민의 이동이 점점 늘어남 • 외국사신들의 숙소 '신창관(新倉館)' 운영
조선시대	• 양반인 사대부의 학문적 수양을 위한 여행 • 상업활동을 위한 평민계층의 여행과 여가 활동이 부분적으로 나타남 • 최초의 근대적 호텔인 인천의 대불(大佛)호텔 개업(1888년), 1902년 최초의 서양식 호텔인 손탁호텔(Sontag Hotel) 등장
일제시대	• 1912년 일본여행업협회설립. 일본인들의 여행 증가. 우리 국민의 여행은 제한되어 있었음 • 대륙침략의 목적으로 철도가 부설되어 철도여행이 성행함. 1912년 부산과 신의주에 최초의 철도호텔(Station Hotel) 건립 • 서울에 조선호텔(1914), 금강산(金剛山)호텔, 장안사(長安寺)호텔(1915), 반도호텔(현 롯데호텔, 1938)이 세워짐. 반도호텔은 당시 최대 규모, 최초의 상용호텔

표 2-4 한국 관광의 발전-근대 이후~현재

구분	내용
관광준비기 (1960년대)	• 각종 법률과 제도, 조직의 정비, 관광사업이 정착 & 종합산업으로 체계적으로 발전한 시기 • 1961년 관광사업진흥법 제정 • 1961년 외래관광객 11,108 유치(135만 달러) • 1962년 국영기관으로서 한국관광공사 발족(1962.6) • 지리산 국내 최초 국립공원 지정(1967.3)
관광발전기 (1970년대)	• 외화획득을 주 목적으로 일본인들을 대상으로 한 인바운드 관광의 기반이 마련되는 시기 • 1970년 경부고속도로 개통, 전국 일일 생활권, 관광지개발 촉진 • 1971년 한국관광학회 발족 • 1975년 관광기본법 제정 • 1978년 외래관광객 100만 명 돌파(4억 달러)
관광성숙기 (1980년대)	• 1986년 서울 아시안게임, 1988년 서울 올림픽 개최: 대폭적인 관광인프라 확충 • 1988년 제2민항기 아시아나 항공사 출범 • 1988년 외래관광객 200만 명 돌파 • 1989년 해외여행 완전 자유화 실시: 대중관광시대 개막
관광침체기 (1990년대)	• 관광여행업의 부흥기: 국민경제의 급속한 성장과 국민소득수준의 향상, 여가시간의 증대, 가치관의 변화 등에 따라 국내외 관광수요가 크게 증가 • 1993년 대전 엑스포, 1994년 PATA총회, 한국방문의 해(Visit Korea) 개최 • 1997년 IMF 외환위기: 국민의 소비심리 위축으로 관광 수지 악화 • 1990년대 후반의 관광시장은 침체국면
관광의 재도약기 (2000년~현재)	• 관광을 국가 전략사업으로 인식, 다양한 분야의 관광산업육성 정책 마련 • 6·15 남북공동선언으로 남북관광교류의 확대 • 2002 한·일 월드컵 개최, 이후 WTO 총회, ASEM 정상회담 등 국제 행사 개최 • 2004년 고속철도 개통, 2006년 주 5일 근무 실시 • 개별여행객의 증가, 여행구매 연령층 확대, 주 5일제 확대 시행 및 생활수준 향상으로 여행시장의 지속적인 확대, 관광산업은 IT산업, 문화산업과 함께 국가의 핵심산업으로 성장

4) 문화와 관광

현대사회에서 보편화된 관광현상은 인간의 문화를 직접적으로, 간접적으로 변화시키는 가장 중요한 요인 중 하나이다. 이 같은 문화적 영향은 어떠한 종류의 관광인가에 따라 다르게 나타난다. 즉 관광객이 어떠한 종류의 집단인가, 그들이 추구하는 것이 무엇인가에 따라 관광의 유형은 크게 민족관광, 문화관광, 역사관광, 자연환경관광, 오락관광 등으로 나누어지며(Smith, 1989), 이 중 민족관광, 문화관광, 역사관광이 문화와 관련된 관광 유형에 해당한다.

민족관광이란 에스키모, 아메리카 인디언, 오스트레일리아 원주민, 중국의 소수민족 등과 같은 원주민 내지 소수 민족 집단의 기이한 풍속이나 이국적인 의례, 공예품, 음식, 놀이 등을 관광 대상으로 하는 것을 말한다. 이에 비해 문화관광은 특정한 지역의 사라져 가는 삶의 모습, 즉 민속놀이, 축제, 향토음식 등을 포함하는 과거의 전통문화, 지방문화를 관광의 대상으로 삼는 경우이다. 세 번째로 역사관광 역시 넓은 의미의 문화관광에 포함되며, 관광객들은 박물관이나 대성당, 사원 등을 일주하며 역사유적에서 자신들의 과거의 역사, 조상들의 찬란한 문물과 위대함을 찾고자 한다.

이처럼 다양한 관광의 유형에 따라 문화적 영향도 매우 다르게 나타나게 되는데 그중에서도 특히 문화관광의 경우는 주민의 삶의 모습이 관광의 대상이 되는 만큼 그 영향도 가장 크다고 할 수 있다. 그것은 단순히 관광객의 침투로 인하여 나타나는 영향뿐만이 아니라 관광지 주민들이 자신들의 문화를 상품, 즉 볼거리로 판매하기 위해 새롭게 복원하고, 발명하며, 전시하고자 하는 노력이 수반되는 예가 많기 때문이다.

5) 관광산업의 정의와 분류

① 관광산업의 정의

유엔 산하 유엔무역개발회의(UNCTAD)에서 이루어진 관광산업에 대한 정의는 “재화와 서비스를 생산하거나 외래방문객 및 국내 여행자들에 의하여 소비되는 관광의 산업 및 상업적인 활동의 총합”이다. 산업 및 상업적인 관광활동에는 상용 여객 교통수단, 여행사, 투어 오퍼레이터(tour operator), 숙박 및 식음료, 레크리에이션 및 관광 매력물, 토산품 제조업, 관광산업을 통제하고 규제하는 정부기구 등이 포함된다.

또한 유엔 아시아태평양 경제사회위원회(UN ESCAP)의 경우는 관광산업을 "관광객에게 재화와 서비스를 제공하는 모든 산업"으로 폭넓게 정의하며 ① 호텔 및 숙박, ② 음식점, ③ 유흥시설, ④ 쇼핑, ⑤ 국내교통, ⑥ 국제교통을 관광산업에 포함시키고 있다.

미국 과학 및 교통 상원위원회(US Senate Committee on Commerce, Science and Transportation) 등도 유엔무역개발회의와 유사한 정의를 내리고 있다. 관광을 총체적으로 또는 부분적으로 교통수단, 재화와 서비스, 숙박시설과 기타 시설물, 계획 및 자원을 제공하는 기업, 조직, 노동이 상호 연합된 것으로 본다.

관광과 관광사업, 관광산업에 대한 개념은 일반적으로 경계가 없이 혼용되어 사용되기도 한다. 이는 관광이라는 개인적 활동이 사회적 현상으로 나타난 시기와 그것이 관광사업과 산업으로 성장하게 된 시대적 배경이 다르기 때문이다.

학자들에 의한 정의는 관광객에 초점을 두고 관광객의 지출과 관련된 재화와 용역을 포함한 경제적 접근, 지역주민과 관광객의 상호작용에 중점을 둔 사회문화적 접근방식 등 다양한 관점이 존재한다. 최근에는 산업부문 간의 경쟁이 심화되고 첨단기술이 발전함에 따라 산업과 산업이 유기적으로 결합한 형태의 융복합화 흐름이 관광산업에도 확대되고 있어 '융복합 관광산업'에 대한 논의도 활발하게 진행 중이다. 한국문화관광연구원(2013)은 '전통적인 관광산업과 타 산업 분야의 콘

표 2-5 | 주요 학자별 관광산업에 대한 정의

학자	정의
Gee, Makens & Choy(1989)	관광객의 욕구와 필요를 충족시키기 위한 상품과 서비스의 개발, 생산, 마케팅에 포함되는 공적 조직과 사적 조직의 혼합체
스즈키 타다요시(1988)	관광의 효용과 문화적, 사회적, 경제적 효과를 통합적 목적으로 촉진하는 조직적 활동
윤대순(1992)	관련 수요를 창출하고 관광자의 다양한 욕구를 충족시켜주는 사업을 통하여 관광의 효용과 효과를 최선으로 촉진함을 목적으로하는 공적·사적 조직 활동
정의선(1995)	국민경제를 구성하는 관광과 관련된 동종·유사상품의 생산적인 경제활동에 종사하는 생산단위 기업의 집합체
김광근(2007)	관광자의 관광활동과 직·간접으로 관련을 맺는 모든 사적·공적 기관들의 사업의 총합
한국관광정책(2013)	창조융합관광산업은 문화, 생태, 의료, 해양, 컨벤션 등 다양한 관광콘텐츠와 창조적 융합을 시도하여 관광산업의 구성요소에 창조성과 기술을 융합한 활동의 결과물

텐츠나 자원의 결합과 복합화를 통해 기존 관광산업을 혁신하거나, 사회적·경제적 가치가 있는 새로운 산업을 발굴하고 부가가치를 창출하는 것을 융합 관광산업으로 정의하고 있다.

1980년대 전후, 선진국을 시작으로 관광산업의 중요성에 대한 인식이 높아지면서 국내·외 연구자의 관광산업에 대한 정의는 〈표 2-5〉로 요약할 수 있다.

UNWTO의 관광통계 국제 권고안(IRTS: 2008)

'관광 상품'은 방문한 장소의 특성, 교통수단, 숙박의 종류, 목적지에서의 특정 활동 등 다양한 측면의 조합에 따라 달라질 수 있고, 이는 자연관광, 농장체험, 역사·문화적 유적지 방문, 특정 도시 방문, 특정 스포츠 활동, 해변활동 등과 같이 특정한 관심사항을 중심으로 하고 있다. '관광 상품'의 개념은 일반적인 경제 통계에서의 '상품' 개념을 넘어서 특정 여행패키지 및 여행목적지를 거래하는 관광사업 전문가들에 의해 사용되는 상품 개념과 관련이 있다(IRTS 2008, 3.2). 관광상품은 방문객의 관광수요를 충족시키는 관광관련 재화 및 서비스를 의미한다. 관광산업은 특정 관광핵심활동을 주요 활동으로 하며 직접적으로 방문객의 수요를 충족시키는 모든 사업체들로 구성되어 있다. 관광산업은 다양한 관광 핵심상품을 혼합하여 하나의 관광상품으로 제공할 수 있는데 예를 들면, 호텔산업은 숙박서비스 이외에 식음료 제공 서비스 공급자로서의 역할도 수행하고 있다.

② 관광산업의 분류

관광산업은 나라마다 산업분류체계가 서로 다르기 때문에 국제적으로 통일된 관광산업의 정의나 통계상의 분류체계가 명확하게 정비되어 있지 않다. 다만, 세계관광기구(World Tourism Organization)나 OECD 등은 관광부문에 관한 정의, 기준, 범위를 설정하여 제시하고 있고, 또한 자원개발 방향 및 관광산업의 활성화 등을 위한 노력을 기울이고 있다.

세계관광기구에서는 관광부문을 관광경제와 관광산업으로 구분하고 있으며, 관광경제는 여행수요의 직·간접적 효과로 규정하고 있고, 여행의 직접효과만을 산출한 것을 관광산업으로 정의하고 있다. 세계관광기구에서 제시하는 관광산업의 주요 구성요소 중 하나는 수송 및 인프라인데 여기서 말하는 인프라는 용수공급, 전력, 하수처리 및 배수시설, 음용수공급, 통신시설 등이고, 여타 구성요소로는 숙박시설 등의 관광객 수용시설 및 서비스, 관광객에게 직·간접적으로 제공되

는 재화 및 서비스 분야이다.

우리나라 관광진흥법상에 나타난 관광산업에 관한 정의는 “여행자의 편의를 위한 운송, 숙박, 오락, 휴양, 음식 및 관광 관련 용역을 제공하거나 기타 관광에 부수되는 시설을 갖추어 관광소비자에게 이를 이용하게 하는 업종으로 여행업, 관광숙박업, 관광객이용시설업, 관광편의시설업, 국제회의용역업, 카지노업 등”으로 다수의 개별업종들이 결합되어 있다.

관광산업 역시 여타 서비스업종과 마찬가지로 산업분류상의 문제점을 내포하고 있어, 관광부문을 하나의 서비스산업으로 칭하는 문제에 대해 상반되는 의견이 제기되고 있다. 관광산업에 대한 논지의 핵심을 보면, 관광산업은 제조업 업종과 달리 단일 생산공정에 의하지 않을 뿐만 아니라 동종제품을 생산하지도 않으며, 또한 입지적으로 한정된 지역에 시장이 형성되지 않기 때문에 하나의 산업으로 보기 어렵다는 견해가 있다.

이에 반해 다수의 관광대국들의 경우 세계경제의 전반적인 발전추세에 발맞추어 관광부문의 유관 업종 범위가 급속히 확대되고 있고, 세계관광시장 규모 또한 크게 성장함으로써 하나의 산업으로서의 중요성이 점차 부각되고 있다. 특히 관광부문에서의 재화 및 서비스의 공급 측면의 중요성이 강조되면서 많은 국가들이 관광산업을 주요 서비스 산업의 한 축으로 육성·발전시키는 것이 현실이다. 따라서 관광산업은 여러 업종의 복합체로서 위락, 레저, 비즈니스 등과 관련된 관광활동을 증진시키기 위해 재화 및 서비스를 직접적으로 제공하는 것으로서 하나의 산업으로 인식되는 것이 일반적인 추세이다.

관광산업을 산업분류 측면에서 보면, 유엔 국제산업분류에서는 관광과 관련된 업종으로 숙박업, 음식점업, 국내외 운송업, 여행서비스, 레크리에이션 및 문화·오락서비스업과 일부 금융업 및 부동산 업종도 포함시키고 있다. 우리나라의 한국표준산업분류에서는 숙박·음식점업(551,552), 여행알선 및 운수관련 서비스업(630), 기계장비 및 소모용품 임대업(711), 오락·문화·운동관련산업(921,923,924) 등으로 볼 수 있다.

사진: Pixabay

그러나 현실적으로 이 같은 분류에 의한 통계는 비관광부문이 포함되어 있기 때문에 순수 관광산업관련 통계로 사용하기 어려운 뿐만 아니라 관광쇼핑 등과 같이 누락된 부분도 지적되고 있다.

일례로 캐나다에서는 관광산업을 개인의 일상생활에서 지리적으로 떨어진 곳에서의 휴식,여가 및 비즈니스 활동을 위한 재화와 서비스를 직접적으로 제공하는 모든 업종의 총칭으로 정의하고 있고, 관광산업에 속하는 업종으로는 숙박업, 음식료업, 운송업, 여행서비스업, 오락·레크리에이션 및 소매업 등으로 분류하고 있다. 그리고 캐나다는 관광산업 분류를 관광부문의 의존 정도에 따라 순수관광산업과 부분관광산업으로 구분하고 있다. 관광부문의 의존도가 거의 100%에 가까운 호텔, 항공·여행사를 순수관광산업으로 분류하고 있고, 부분 관광산업은 관광이 없어도 존재하지만 관광 및 기업 활동에 포함되는 버스, 택시, 음식점, 자동차 렌트업이 포함되어 있다.

한편, 관광산업은 사적 관광산업과 공적 관광산업으로 크게 구분되는데, 사적 관광산업이란 다양한 관광욕구에 대응하여 관광객에게 직접적으로 재화와 서비스를 제공하는 직접적인 관광사업과 관광객에게 간접적으로 편의를 제공하는 간접 관광사업으로 나누어진다. 또한 공적 관광사업이란 대외적으로는 국제친선 및 관계 개선을 위하는 것이며, 대내적으로는 외래관광객 유치를 통한 외화획득과 건전한 국민관광을 도모하는 등 공익을 위한 관광사업을 추진하는 것이다.

6) 관광산업의 특성

세계여행관광위원회(WTTC: The World Travel and Tourism Council)의 2018년 경제영향보고서에 따르면, 2017년도 전 세계 GDP(국내총생산)의 10.4%가 여행과 관광 관련 산업군에서 생성되었으며(직접 GDP 기여도 4.6%), 고용의 9.9%, 즉 3억 1천 3백만 개의 일자리 제공, 특히 지난 10년간 새로 생긴 직업의 5분의 1은 여행관광 관련 직업으로 일자리창출에 크게 기여한 것으로 나타났다. WTTC는 2027년엔 전 세계 GDP의 11.4%와 전체 일자리의 11.1%가 관광산업을 통해 창출될 것으로 내

사진: Pixabay

다봤다. 1950년대에는 휴가여행을 떠나는 인원이 전 세계에서 2,000만~3,000만 명 정도에 불과했지만 2016년에는 12억 명으로 40배 넘게 늘었다. 전체적인 여행인구도 늘었지만, 중국과 인도 등 신흥국을 중심으로 한 중산층 수 증가와 저가항공사와 철도보급 등 교통 인프라의 비약적인 발전, 주5일 근무제의 확산과 노동시간의 감축 등으로 인한 여가의 증가 등이 큰 역할을 했다.

전 세계적으로 여행관광 산업이 향후에도 지속적으로 큰 폭의 성장을 이룰 것으로 예측되는 배경에는 다음과 같은 내용이 포함된다.

- 지구촌 탈지역화
- 전 세계적으로 소득 및 중산층 증가
- 저가항공을 포함한 다양한 운송 수단 등장
- 은퇴자를 포함한 노인인구의 증가와 연금 등 재정능력 향상
- 정보화로 인한 관광지에 대한 정보취득, 의사결정 프로세스 편리성 증대

이렇듯 향후 높은 성장가능성을 예상하는 관광산업은 기본적 특성으로 다음과 같은 요소를 내포하고 있다.

① 복합성

관광객이 정보취득부터 티켓팅, 귀가할 때까지의 여행 일정을 살펴보면, 여러 사업자들이 복합적으로 관여되어 있는 것을 알 수 있다. 사업주체로 보더라도 중앙정부, 지방자치단체 및 공사나 협회 등의 공적 기관과 여러 민간 기업이 협력하여 추진하는 복합성을 나타낸다.

② 입지의존성

관광사업은 관광자원에 의존하는 비중이 높다. 관광자원의 우수성 및 경영 환경의 입지에 따라 사업이 크게 영향을 받는다. 예를 들어 세계적인 휴양지인 하와이, 괌, 우리나라의 제주도와 같은 전통적인 관광지는 해변, 기후와 같은 자연자원, 편

리한 교통인프라 및 접근성이 높은 특징을 갖고 있다. 최근에는 아시아 지역의 휴양지들의 성장이 크게 나타나는데, 인근 지역의 경제적 능력을 갖춘 인구의 증가 및 사회적, 산업적 배후 수요 증가는 인근휴양지 개발의 긍정적 입지 조건으로 작용하고 있다.

③ 공익성과 기업성

관광사업은 여러 관련업으로 이루어지는 특성 때문에 공공의 이익과 사기업의 이익을 동시에 달성해야 하는 성격을 띠고 있다. 지역경제를 위해 특정 지역에 허가되는 카지노, 경마 등 게이밍 산업의 경우에 경제적 효과와 국제교류를 높이는 등의 공익적 효과를 기대할 수 있다. 예를 들어 인천 영종도에 조성될 예정인 인스파이어 복합리조트는 수조원의 해외투자로 사업이 진행 중이다. 정부는 리조트 개발에 속도를 내기 위해 국세와 지방세를 감면해주는 특혜를 주면서, 인천경제자유구역지구의 경제발전과 인천관광개발에 전력하고 있다. 산업통상자원부 경제자유구역위원회, 기획재정부, 인천경제청, 인천공항공사 등 여러 공공기관들은 리조트 건축과정에서 8천 명 이상, 2022년 개장시 1만 명의 고용효과를 기대하며 글로벌 관광 목적지로 성장하여 공익성을 실현할 수 있을 것으로 기대한다. 이렇듯 공공의 이익을 실현하기 위하여 기업의 수익성을 보장해주는 현실적인 방안이 필요한 사업체적 특성을 지니고 있다.

④ 변동성

관광행동은 인간의 기초생활을 위한 필수조건은 아니다. 따라서 테러와 같은 안전에 대한 위협, 정치적 불안정, 환율의 변동과 같은 경제상황 등 여러 외부적 요인에 의해 영향을 받는다. 최근 한반도를 둘러싼 정치적 불확실성의 증대, 사드갈등으로 인한 중국인 여행객 감소, 태풍과 같은 자연재해로 인해 단기간의 변동성이 매우 높은 특징을 보이고 있으나 대부분 강한 회복력을 나타내는 것으로 보고되고 있다. 세계 지역 간 분쟁이 심화되고 자연재해로 인한 변동성이 높아짐에 따라 많은 관광선진국들은 자국민의 국내관광을 활성화하여 지역의 균형 발전과 복지관광의 확대를 추구하며 높은 변동성에 전략적으로 대응하고 있다.

7) 관광산업의 영향

> 세계여행관광협회(World Travel & Tourism Council, WTTC)에 따르면, 2017년 여행 및 관광 분야의 세계 GDP와 일자리에 대한 직접적 기여도가 2.6조 달러와 1억 1,845만 개에 달하였다. 여행 및 관광 분야의 GDP에 대한 직접적 기여도는 약 4.6%, 고용에 대한 기여도는 약 8.2% 증가하였다. 좀 더 광범위하게 직·간접적인 영향력을 고려할 경우, 세계 경제에 대한 여행 및 관광 분야의 GDP에 대한 총 기여도가 8.3조 달러로 세계 GDP의 10.4%에 해당하며, 고용에 대한 총 기여도는 3억 1,300만 개로 조사되었다. 이와 같이 전 세계적으로 여행 및 관광 수요와 해외 관광지출이 지속적으로 증가함에 따라 여행 및 관광산업은 기타 산업에 비해 GDP 성장 및 일자리 창출에 높은 기여를 하였다.
>
> 세계여행관광협회(http://www.wttc.org) 2018 연차보고서

① 경제적 영향

외화획득　외래 관광객의 소비는 수용국의 입장에서는 외화를 획득하는 것으로서 국제수지를 개선하는 데 크게 기여하고 있다. 특히 부존자원이 빈약하고 상품수출이 어려운 국가에서는 관광산업이 외화획득의 유효한 수단으로서, 보이지 않는 수출 산업으로 인식되며 각광을 받고 있다.

소득증대 및 지역경제의 활성화　관광자의 소비는 소득창출 및 지역경제의 활성화를 촉진시킨다. 관광자의 소비는 관광업체에 직접 영향을 미치고, 그 영향은 종사원 및 협력업체의 소득에 직·간접적으로 영향을 주며, 지역경제에도 영향을 유발시키는데, 이를 관광소득승수효과(Tourist Income Multiplier Effect)라고 한다.

고용증대　관광산업은 인적 서비스의 의존도가 높은 산업이라는 점이 이를 뒷받침하고 있다. 관광사업의 고용에는 직접고용과 간접고용이 있는데, 직접고용이란 관광업계에 종사하는 사람과 관광과 관련되어 공공부문에 고용된 사람을 말한다. 간접고용이란 관광사업에 물품을 납부하거나 판매하는 업체를 말한다. WTTC에 의하면 전 세계 인구 가운데 약 3억 1,300만여 명이 관광업에 직·간접적으로 종사하고 있는 것으로 조사되었는데, 세계고용인구의 9.9%가 여행·관광관련 산업에 종사하는 수치이다.

타 산업의 촉진 관광지에서 쇼핑은 중요한 관광 인프라이며, 관광 지출액 중 쇼핑관광이 차지하는 비중은 지속적으로 증가하고 있다. 방한 관광객 중 쇼핑관광객의 비중은 2011년 36.6%에서 2015년 46.9%로 확대되었고 지출액도 40.7억 달러에서 98.0억 달러로 2배 이상 증가하였다. 외래관광객이 많이 이용하는 면세점도 연평균 13% 이상 증가하였고, 특히 외국인이 선호하는 화장품, 패션, 식품분야의 매출증가와 함께 문화와 오락부분의 지출도 증가한 것으로 나타났다.

이렇듯 관광은 타 산업의 촉진 및 유발효과를 지니고 있으며 정부는 면세제도 정비, 메가세일주간 등 다양한 정책을 추진하고 있다. 또한 관광객의 쇼핑환경 편의개선을 위해 시내면세점 확대뿐만 아니라 소비세환급(Tax-Refund) 방식을 위해 '면세판매장 즉시 환급제도'를 신설하여 내수 진작과 지역 소상공인 매출증대를 통한 연관 산업의 파급효과를 높이기 위해 노력하고 있다.

읽어 보기

평창올림픽 경제 효과 44조 5,000억, 역대 최대

평창 동계올림픽이 2002년 한일월드컵 등 과거 국내 개최 스포츠대회 가운데 가장 큰 경제적 효과를 냈다는 분석이 나왔다. 국민일보와 경제·인문사회연구회 등이 공동 주최한 '평창 동계올림픽 성과 과제 세미나'에서 이재형 한국개발연구원(KDI) 박사는 "과거 6번의 국내 개최 스포츠대회의 경제적 효과를 비교한 결과 평창올림픽의 생산유발액이 33조원, 부가가치유발액이 11조 5,000억원으로 과거 대회보다 경제적 효과가 압도적으로 컸다"고 말했다. 가장 성공적인 대회로 평가받는 2002년 월드컵(생산유발액 14조 8,000억원, 부가가치유발액 5조 8,000억원)의 배에 달하는 수치다.

다만 국내총생산(GDP) 대비 부가가치유발 효과 비중은 1988년 올림픽(1.1%), 2002년 월드컵(1.0%)에 비해 평창올림픽(0.6%)이 낮은 것으로 나타났다. 이 박사는 "과거에 비해 우리 경제의 규모가 커졌기 때문"이라며 "88년에는 우리나라 평균 국민소득이 6,000달러에 못 미쳤지만 지금은 3만 달러 가까이 된다"고 설명했다. 외국인 관광객 증가, 한류 확대 등 글로벌 역동성을 높이는 데 기여했다는 평가도 나왔다. '평창올림픽의 사회·경제적 효과' 토론에 참여한 김찬석 청주대 미디어콘텐츠학부 교수는 "평창올림픽 이후 15% 이상의 외국인 관광객 유입 증가 효과가 예상된다"며 "평창올림픽을 통해 한국 문화에 대한 관심도 높아질 것으로 보인다"고 덧붙였다.

KDI가 실시한 평창올림픽에 대한 국민 인식 조사에서 긍정적 효과로는 남북 화해 분위기

조성(29.2%)이 1위를 기록했다. 한국 문화 홍보(20.2%), 안전한 국가 홍보(18.1%) 등이 뒤를 이었다. 부정적 측면으로는 '평양올림픽' 등 과도한 정치공세(25.6%), 지역주민 이기주의(18.1%), 자원봉사자 등 대우 소홀(14.6%) 등으로 나타났다.

국민일보, 2018.11.22

靑 "평창올림픽 경제효과… 1분기 GDP 0.2%p 상승

* 올림픽, 월드컵 등처럼 메가 이벤트의 경제적, 사회·문화적 효과의 측정은 정부와 지자체, 관련 기관에 따라 분석의 방식과 추정치가 다르게 나타나기도 한다.

"청와대는 23일 평창동계올림픽 개최를 계기로 올해 1분기 국내총생산(GDP) 성장률을 0.2%p 상승시킨 것으로 추정한다고 밝혔다. 청와대는 이날 배포한 '평창동계올림픽 성과' 자료에서 "평창동계올림픽은 1조 4,000억원의 소비 지출을 통해 올해 1분기 GDP 성장률을 0.2%p가량 끌어올린 것으로 추정한다"고 밝혔다.

자료에 따르면 내·외국인의 경기장 방문과 주변 관광을 통해 5,000억원, 대회 경비 등으로 9,000억원 등 총 1조 4,000억원의 소비가 이뤄졌다. 이와 같은 소비로 연간 GDP 성장률이 0.05%~0.06%의 상승효과가 있을 것으로 청와대는 전망했다. 청와대는 한국은행과 기획재정부가 작성한 평창올림픽 소비지출 증대 효과 추정 자료를 근거로 삼았다. 이에 따르면 평창올림픽 입장권 판매(1,978억원), 관광 매출(1,022억원) 등으로 내국인의 소비가 3,000억원가량 이뤄졌다. 외국인 소비액 2,000억원과 대회 경비로 지출된 9,000억원을 더해 총 1조 4,000억원의 소비가 이뤄졌다. 2011년 평창올림픽 개최 확정 이후를 기준으로는 소비(2조 3,000억원) 및 인프라 투자(11조 4,000억원) 등 지출은 총 13조 7,000억원 늘어났다. 이에 따라 6조 5,000억원의 GDP가 증가했다.

2011년 이후 관광·음식·숙박·건설 등 관련 업종을 중심으로 총 14만 명의 고용이 늘어난 것과 동계스포츠를 중심으로 기대되는 항구적인 관광 증가도 긍정적으로 평가했다. 또 스키·스노보드 등 겨울스포츠와 이를 활용한 겨울 축제 확대 등 관련 산업의 성장, 올림픽 성공 개최로 인한 국가이미지 상승과 올림픽 후원 기업의 브랜드 인지도 상승 등을 평창올림픽의 기대효과로 분석했다.

중앙일보, 2018.2.23

세수의 증대 관광객이 방문하여 지불하는 숙박비·음식비·유흥비·기념품구입비 등에는 세금이 부과되고, 또한 카지노 이용에 따른 관광진흥개발기금과 출국세 및 공항세 등 준조세 성격의 세금을 지불하게 된다.

승수효과(The Multiplier Effect)

"10명 중 1명 꼴의 관광 종사원을 고용함으로써,
여행업과 관광업은 세계에서 가장 큰 산업이자 고용주가 된다."

관광은 해당 지역에 새로운 소득을 벌어줄 뿐만 아니라, 기존 수익원을 넘어서는 분야에까지 영향을 미친다. 관광객 한 사람이 방문할 때마다 여행을 하고, 호텔에 머물며, 외식을 하는 등의 소비가 이루어진다. 이러한 소비는 해당 기업이 다시 상품을 구매함으로써 더 많은 돈을 지불하는 방식으로 재사용된다. 이에 더해 관광 종사원들은 높은 비율로 해당 지역에서 상품과 서비스를 구매한다. 이 같은 연쇄효과를 승수효과라고 부른다.

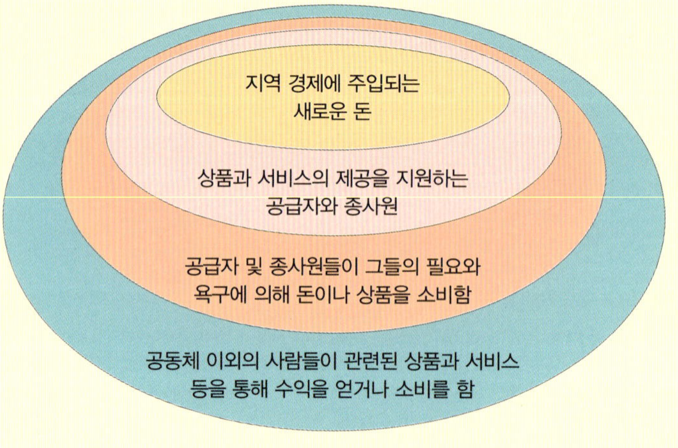

② 문화적 영향

문화의 관광자원화 문화가 관광자원화가 되기 위해서는 해당 문화가 고유성과 독특한 진정성을 지녀야 한다. 또한 문화는 과거의 유산물로서 정체된 것이 아니라 새롭게 창조될 수도 있다는 점에서 시대에 따라 관광자원으로서 개발될 여지가 있다.

사진: Pixabay

문화재 복원 및 보존 관광객에게 관광자원의 매력성을 유지하기 위해서는 훼손되거나 사라진 문화재를 복원하고 보존하는 노력이 뒤따르게 된다. 또한 문화의 상품화로 인하여 과거에 소멸된 전통 문화가 재현되기도 한다.

전통공예기술의 보전 및 발전 관광지 현지 주민들에게 쓸모가 없어 사라져가는 예술·공예품들이 관광자들의 관심을 끌면서 지역의 새로운 소득원으로 인식된다.

③ 사회적 영향

인구구조의 변화 관광은 경제인구의 외부유출을 막으며 외부인구의 유입을 불러온다. 이러한 인구구조의 변화는 여성인구의 증가와 경제활동이 가능한 젊은 층의 증가를 수반한다.

국제친선 및 평화증진 관광자체는 국가 간의 교류에 의하여 이루어지므로 상호문화에 대한 이해와 친선을 도모할 수 있다. 관광은 언어·정치·종교적 장벽의 해소를 가져다주므로 세계의 평화증진에도 기여하는 산업이라 할 수 있다.

교육기회의 증대 관광객을 수용하기 위해서는 해당외국어의 구사능력뿐만 아니라 관광 산업체에서 필요로 하는 실무지식과 서비스인으로서 자질을 갖춘 전문 인력을 양성하게 된다. 현재 국내외의 많은 대학에 관광관련학과가 개설되어 있으며 2, 3년제 대학과 전문대학원 및 특성화 고등학교에서도 전문 관광인력을 양성하고 있다.

의식수준향상 및 생활환경의 개선 세계관광객을 수용하기 위해서는 접객태도·매너·공중도덕 등 좋은 모습을 보여주려고 노력하므로 이에 대한 의식 수준이 높아지며, 생활의 환경도 개선되는 계기가 된다.

선진문화 및 기술의 유입 외래관광객을 수용하기 위해서는 각종 관광 인프라 및 편의시설을 갖추고, 관광업체 등에 선진문화 및 기술이 도입되어야 한다.

④ 생태적 영향

자연자원의 보호 자연자원을 보존함으로써 관광 환경의 질적 평가를 신장시키고 매력성을 높일 수 있다.

계획적이고 체계적인 개발 무분별하고 무계획한 자연자원의 이용에 대하여 제한하고 규제하며, 정책적이고 장기적인 계획을 통해 계획적이고 체계적인 개발을 할 수 있게 한다(지속가능하며 환경 친화적인 개발).

매립지와 불모지의 재활용과 개발 이러한 개발들은 쓸모없고 가치 없는 지역을 유용하고 가치가 높은 지역으로 바꾸어 놓을 수 있다. 또한 매립지와 불모지는 항상 자연경관과 미관을 해치는 불필요한 것으로 생각해오던 것을 개발의 대상으로 인식하게 만들었으며 바람직한 개발의 방향을 제시하는 좋은 예라 할 수 있다.

자연보호에 대한 관심과 자극 관광수요의 증가와 과도한 개발로 인한 자연자원의 훼손이 따르게 된다. 이런 오염과 파괴는 관광지의 매력을 감소시켜 관광수입의 감소와 생활의 질을 저하시킨다. 체감하는 불편과 피해들은 사람들로 하여금 자연보호에 대하여 더 많은 관심을 가지게 한다.

환경교육 청소년들뿐만 아니라 일반인들에게도 자연과 환경의 중요성을 인식시키는 일은 매우 중요하다.

그림 2-2 | 관광의 중요성

① 자유재량적 활동
② 관광을 통한 경제적 중요성 증대
③ 신규고용 기회 제공
④ 삶의 질 향상
⑤ 개발되었거나, 서구화된 산업국가들에 있어서는 인간생존의 기본권으로 인식
⑥ 개발도상국들에게는 관광이 빈곤을 해결해 줄 수 있는 것으로 주창
⑦ 교통수단의 발달로 접근성 제고
⑧ 여행과 관광은 가계예산 가운데서 보다 저렴하게 지출할 수 있는 자유재량적 활동
⑨ 인터넷의 발달로 여행관련 상품을 보다 쉽게 예약할 수 있음

8) 관광산업의 미래

사진: Pixabay

21세기에 접어들면서 많은 사람들은 여가시간 및 비노동시간을 어떻게 활용할 것인지에 대해 지속적인 관심을 보이고 있다. 그리고 학자들은 개인들이 여가시간을 어떻게 사용하고 있으며, 여가시간 활용을 통해 개인들은 물론 가족구성원들에게는 어떠한 효능감을 가져다주고, 여가시간에 집중하게 되는 여행이나 휴가에 어느 정도의 시간과 금전적 소비가 할애되고 있는지에 대한 연구에 관심을 보이고 있다.

특히, 여가시간에 임의의 장소나 목적한 지역을 방문하는 관광에 대해 개인들은 물론 국가적, 정책적으로도 그 중요성을 높게 인식하고 있다. 그러나 관광산업의 급격한 성장에 대한 우려와 함께 과잉관광(over-tourism)의 폐해도 지적되고 있다. 특히 인간의 대량 이동으로 인한 공해발생 및 천연자원의 고갈, 유적지의 혼잡과 훼손, 지역사회의 가치관 혼란 등 많은 문제를 일으킨다는 점에 주목하고 있다.

전 세계적으로 관광의 수요가 늘어나면서 여행지역의 환경보전과 지역주민들의 삶을 존중하는 공정여행이 각광을 받는 이유이기도 하다. 이는 관광산업의 생존과 경제적 이익 창출의 중요성을 인식함과 동시에 전 세계 지역사회 발전을 위해 '지속 가능성'을 고려한 개발과 혁신이 이루어져야 한다는 요구에 따른 대안적 관광양식이다. 유럽 지역을 중심으로 여행자의 책임을 강조하는 책임여행(Responsible Tourism)이 등장하고, 아시아와 아프리카 지역을 중심으로 현지 주민들이 여행을 주도하는 마을여행(CBT: Community Based Tourism), 그리고 자연환경 보전을 위한 에코투어리즘(Eco Tourism) 등 공정여행을 바탕으로 한 다양한 여행형태가 오늘날의 지속가능한 관광과 여행의 성장을 지지하는 힘이 되고 있다.

세계관광기구는 2018년 국제관광객이 급성장해 14억 명을 달성했으며, 이는 전년대비 6% 증가한 수치로 예상보다 2년 일찍 도달한 수치이다. 특히 유럽과 아시아 태평양지역에 관광객이 높은 성장률을 지속적으로 유지하는 것으로 나타났으며 경제성장의 가속화, 저렴해진 항공비, 기술적 변화, 신규 비즈니스 모델, 무비자 등으로 인한 관광 성장이 향후에도 지속될 것으로 예측하고 있다. 관광은 이제

특정 개인이나 국가에 한정되지 않고 세계적 차원에서 개인적, 경제적, 사회문화적, 국가 정책적으로도 우선순위를 부여받고 있고 성장 동력산업으로 인식되고 있다. 따라서 향후 관광산업은 환경보전과 경제적 기여를 동시에 고려하여, 여행자와 지역주민이 모두 만족하는 범지구적 노력이 더욱 활발해질 것이다.

관광관련 사업분야

1) 관광산업의 법률적 분류

우리나라에서 공식적으로 관광에 대한 관심이 처음 나타난 것은 1955년으로 그 해 2월 7일 대통령령 제1005호로 교통부 육운국에 관광과가 설치되었다. 1957년에 현재의 WTO(세계 관광기구)의 전신인 IUOTO(국제관설관광기구)에 가입하였으며 1958년에는 교통부에 중앙관광위원회 각 시·도에 지방관광위원회가 설치되어 관광행정을 관장하였다. 그러나 이러한 조직들은 형식적인 구조를 갖추었을 뿐 실질적인 활동을 벌인 것은 아니었다. 우리나라 관광발전의 기초는 1961년 8월 22일에 법률 제689호로 제정·공포된 관광사업진흥법에서 찾을 수 있다. 이 법은 태동 단계에 있는 관광여건을 개선하여 관광사업의 발전을 유도하고자 관광객의 유치 접대 관광시설 선전에 관한 사항들을 규정하였으며, 네 차례에 걸친 개정을 통하여 시기적으로 필요한 내용을 보충해나갔다. 네 차례에 걸친 개정을 통한 관광업의 종류는 다음과 같다.

그림 2-3 관광업의 종류

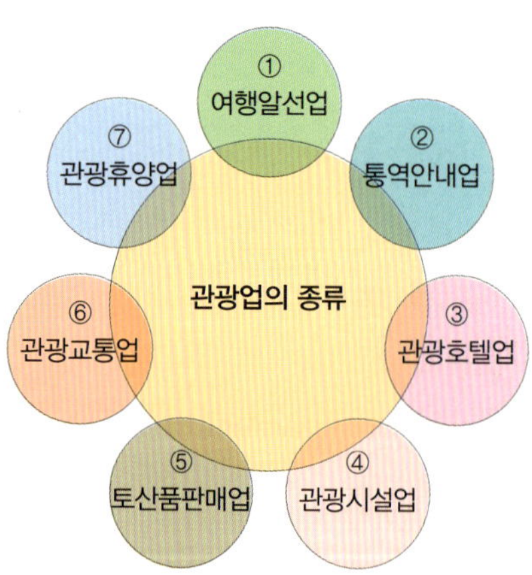

그림 2-4 관광사업의 종류

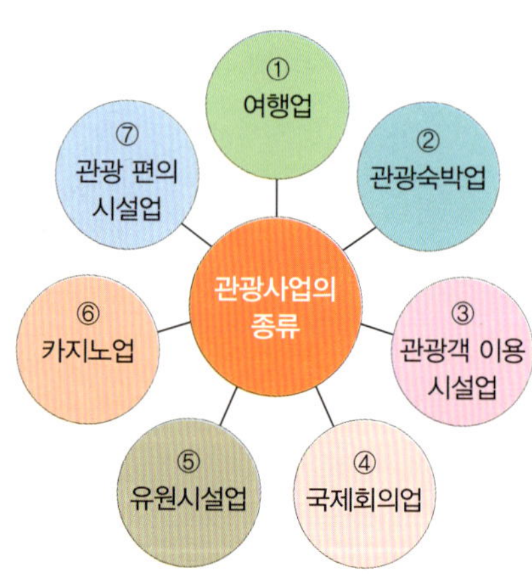

그러나 1970년대에 들어와서 국내 관광 수요의 급증 등의 현상이 나타남으로 인해 더욱 적극적이고 구체적인 관광정책의 수립과 추진이 요구되었고, 이를 위해서 적절한 법률적 뒷받침이 요구되었다 이러한 시대적 요구에 시의적절하게 대응하기 위해서 1975년 12월 31일 관광진흥사업법을 관광기본법과 관광사업법으로 분리, 제정되었다.

관광진흥법은 1986년 12월 법률 4065호로 제정되었다. 최영민(2001)은 "이 법은 관광단지 개발촉진법과 관광사업법을 흡수하여 관광여건을 조성하고 관광자원을 개발하며 관광 사업의 지도 및 육성을 도모함으로써 관광진흥에 기여함을 목적으로 하고 있다"고 소개하고 있다. 관광진흥법은 8차례의 개정을 하였으며 관광개발과 관련하여서는 1993년 12월 6차 개정 때 관광 특구 지정, 운영에 관한 사항, 전국관광개발기본계획 및 권역별 관광개발기본계획 수립을 시행할 수 있는 법적 근거, 민간개발자가 관광단지 개발 사업에 참여할 수 있는 법적 근거에 관한 사항이 마련되었다. 또한 1994년 8월 7차 개정 때에는 관광사업자가 관광사업계획 승인을 받아 도시계획법상의 시설로 지정한 후에는 일정지역에서 건축법 적용을 완화해 주는 조항을 추가하여 현재에 이르고 있다 관광진흥법에서 지정한 관광사업의 종류는 다음의 7가지로 분류될 수 있다.

7개의 항목으로 분류된 관광사업의 세분화된 종류는 〈표 2-6〉과 같다.

표 2-6 관광진흥법상 분류된 산업의 현황

구분	세부 업종
여행업	국외여행업
	국내여행업
	일반여행업
관광숙박업	관광호텔업
	수상관광호텔업
	한국전통호텔업
	가족호텔업
	휴양콘도미니엄업
관광객 이용시설업	전문휴양업
	종합휴양업
	자동차야영장업
	관광유람선업
	관광공연장업
	외국인전용관광기념품판매업
국제회의	국제회의 시설업
	국제회의 기획업
카지노업	
유원시설업	
관광편의 시설업	관광유흥음식점업
	한국관광음식점업
	관광극장식당업
	외국인전용유흥음식점업
	시내순환관광업
	관광사진업
	여객자동차터미널시설업
	관광토속주판매업

2) 호텔업

Webster's Dictionary에 따르면 호텔은 "대중을 위하여 숙식과 식사, 유흥과 다양한 개인 서비스를 제공하는 시설물(an establishment that provides lodging and usually meals, entertainment, and various personal services for the public)"이라고 정의하고 있다.

관광진흥법에서는 호텔업을 "관광객의 숙박에 합한 시설을 갖추어 이를 관광객에게 이용하게 하고 숙박에 부수되는 음식·운동·오락·휴양·공연 또는 연수에 적합한 시설 등을 함께 갖추어 이를 이용하게 하는 업"으로 규정하고 있으며, 국내 학자 중 많은 학자들이 호텔의 정의로서 이용하고 있는 내용은 "여행자를 위한 각종 편의를 제공하는 시설, 즉 객실, 식당, 주방 및 각종의 오락시설 등을 갖추고 사회의 공공기업으로서 사명을 다하는 서비스 사업체"의 정의를 들 수 있다.

이처럼 전통적으로 호텔은 여행자에게 숙박과 식사 서비스만을 제공하는 시설이었으나, 여행자의 욕구가 다양해짐에 따라 호텔업도 이에 대응하여 다양한 서비스를 제공하게 되었고, 호텔의 기능은 시대에 따라서 점차 확대되고 있다. 즉 호텔은 소비자를 위하여 숙박 및 외식 서비스 외에 소비자들의 경제·사회·문화적 욕구를 충족시킬 수 있는 다양한 서비스 상품의 생산 및 판매를 주목적으로 하는 기업이라고도 볼 수 있는 것이다. 이처럼 확대된 호텔의 역할 덕분에 호텔을 '하나의 작은 세계(Small World)', '하나의 작은 나라 (Small Country)', '도시 속에 있는 도시(City Within a City)' 등으로 부르기도 한다.

한편 오늘날의 호텔을 상업시설로서의 소극적 의미에서 나아가 사회와 공익을 위한 공용 서비스 시설로 정의하기도 한다. 숙박, 식사 등의 기본적인 기능과

그림 2-5 호텔의 정의 및 기능

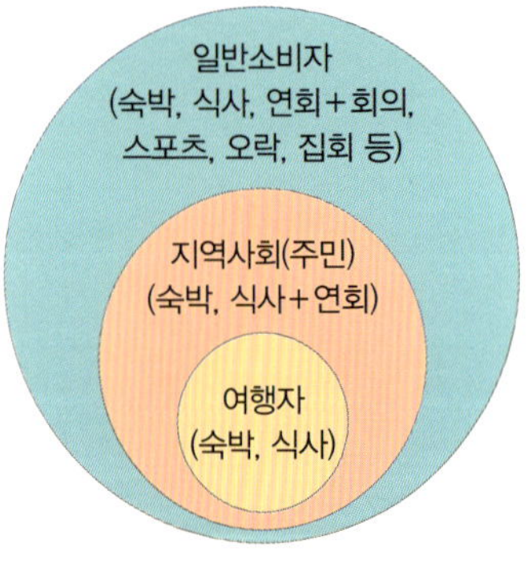

그림 2-6 현대호텔의 기능

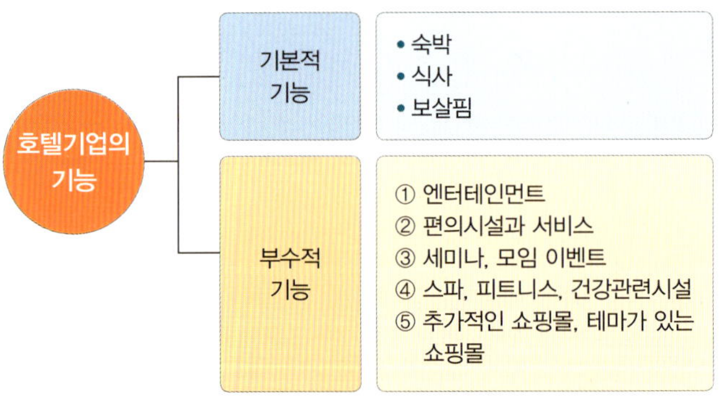

함께 지역 주민 및 이용객을 위한 엔터테인먼트, 쇼핑몰, 건강센터 등의 부수적 기능의 역할이 점차 확대되고 있는 추세를 반영한 것이다. 예를 들면 호텔 공간을 이용한 세미나 및 연회가 증가함에 따라 호텔은 지역사회에 다양한 서비스를 제공하는 복합적인 공공시설 역할을 한다.

사진: Pixabay

3) 여행업

여행업(travel agency)이란 여행소비자와 운송·숙박업자 등 여행소비자를 대상으로 사업을 하는 시설제공자의 중간에 서서 여행에 관한 이용시설의 예약·수배·알선, 여행에 관한 안내, 계약체결의 대리, 기타 여행에 편의(여행서비스)를 제공하고 일정의 대가(수수료: commission)를 받아 이를 영업으로 하는 사업체라고 할 수 있다.

또한 여행업자는 여행자를 위하여 여정(여행일정표: trip schedule 혹은 itinerary)을 작성하고, 식당·교통·숙박시설을 비롯하여 각종 입장권·관람권 등을 수배(operation)하며, 여행소비자의 흥미를 끌 수 있는 여행을 기획하여 단체 여행을 기획·실시(package tour)한다.

관광진흥법 제3조 1항의 1에 의하면 여행업이란 "여행자 또는 운송시설·숙박시설, 기타 여행에 부수되는 시설의 경영자 등을 위하여 당해 시설이용의 알선이나 계약체결의 대리, 여행에 관한 안내, 기타 여행의 편의를 제공하는 업"이라고 규정하고 있다.

표 2-7 여행업의 종류

일반여행업	국내 또는 국외를 여행하는 내국인 및 외국인을 대상으로 하는 여행업(여권 및 사증을 받는 절차를 대행하는 행위 포함)
국외여행업	국외를 여행하는 내국인을 대상으로 하는 여행업(여권 및 사증을 받는 절차를 대행하는 행위 포함)
국내여행업	국내를 여행하는 내국인을 대상으로 하는 여행업

4) 기타 관광사업

① 기타 관광사업

관광진흥법 시행령 제2조에 의한 관광사업은 여행업과 관광숙박업(호텔업과 휴양 콘도미니엄업) 외에 다음과 같이 관광객이용시설업, 국제회의업, 유원시설업, 관광 편의시설업으로 구분하고 있다.

표 2-8 기타 관광사업의 종류와 내용

관광사업	내 용
관광객 이용시설	• 관광객을 위하여 음식·운동·오락·휴양·문화·예술 또는 레저 등에 적합한 시설을 갖추어 이를 관광객에게 이용하게 하는 업 • 전문휴양업, 종합휴양업, 자동차야영장업, 관광유람선업, 관광공연장업, 외국인전용 관광기념품판매업 • 2종 이상의 시설과 관광숙박업의 시설(이하 "관광숙박시설"이라 한다) 등을 함께 갖추어 이를 회원이나 그 밖의 관광객에게 이용하게 하는 업
국제회의업	• 대규모 관광 수요를 유발하는 국제회의(세미나·토론회·전시회 등 포함)를 개최할 수 있는 시설을 설치·운영하거나 국제회의의 계획·준비·진행 등의 업무를 위탁받아 대행하는 업 • 국제회의시설업, 국제회의기획업
카지노업	• 전문 영업장을 갖추고 주사위·트럼프·슬롯머신 등 특정한 기구 등을 이용하여 우연의 결과에 따라 특정인에게 재산상의 이익을 주고 다른 참가자에게 손실을 주는 행위 등을 하는 업
유원시설업(遊園施設業)	• 유기시설(遊技施設)이나 유기기구(遊技機具)를 갖추어, 이를 관광객에게 이용하게 하는 업(다른 영업을 경영하면서 관광객의 유치 또는 광고 등을 목적으로 유기시설이나 유기기구를 설치하여 이를 이용하게 하는 경우를 포함한다) • 종합유원시설업, 일반유원시설업, 기타유원시설업
관광 편의시설업	• 이상의 업 이외에 관광진흥에 이바지할 수 있다고 인정되는 사업이나 시설 등을 운영하는 업 • 관광유흥음식점업, 관광극장유흥업, 외국인전용 유흥음식점업, 관광식당업, 시내순환 관광업, 관광사진업, 여객자동차터미널시설업, 관광펜션업, 관광궤도업, 한옥체험업, 외국인관광 도시민박업

② 관광교통업

관광산업에서 관광교통은 관광시스템을 구성하는 핵심요소로 관광자와 관광목적지를 연결해 주는 중요한 관광사업이다. 관광과 교통은 서로 불가분의 관계를 이루며 발전하여 왔으며, 적절한 교통수단의 보급은 관광 시장을 급격히 성장시키는 요인이 되어왔다. 관광교통수단은 크게 자동차, 철도, 버스, 렌터카, 시티투어버스가 포함된 육상교통업과 크루즈가 포함되는 해상교통, 항공교통으로 분류한다. 최근 국제관광의 성장을 견인하는 항공교통은 5장에서 세밀하게 다루어지므로 육상교통업의 요소와 해상교통업인 크루즈, 항공산업의 발전을 가져온 hub-and-spoke system의 개념을 알아보자.

기차 육상교통의 대표적인 운송수단으로 기차는 관광지 형성과 발전에 기여해 왔다. 일본과 유럽의 주요 국가들은 현대 철도 시스템의 발전을 선도했고, 지금까지도 높은 경쟁력을 갖고 있다. 일본국철(JNR)은 1965년에 주요 대도시를 연결하는 탄환열차로 고속열차 서비스를 시작했다. 유럽의 철도 서비스도 광범위한 접근성과 편리함으로 관광객의 이용이 높은 편이다. 유럽횡단철도를 대체한 유로 시티 노선은 12개 국가 200개 이상의 도시를 연결하고 있다. 유럽 외부에서 오는 국제빙문객은 유레일패스를 이용할 수 있으며, 이 유레일패스는 정해진 일정 기긴에 무제한 이용할 수 있는 권리를 주고 있어 관광객의 편리성을 높여주고 있다. 국내관광에서도 기차는 일익을 담당했으나 자동차의 대중적 보급 이후 급격히 위축되었다. 최근에는 다시 레저용 관광열차가 상품화되고, 코레일도 지방자치단체와 관광정보를 공유해 여행코스, 경비, 인원에 맞는 맞춤형 여행컨설팅을 전국 19개 여행센터에서 진행하며 관광산업의 발전에 기여하고 있다.

버스 단체관광자가 원하는 관광목적지로 이동하는 데 유용한 교통수단인 전세관광버스와 홍콩이나 샌프란시스코를 방문하는 관광객에게 인기 있는 시티투어버스도 중요한 관광지 교통수단으로 자리잡았다. 최근에는 해외 유명 관광지뿐 아니라 서울과 국내 많은 지자체에서도 '시내순환관광업'으로 규정하는 투어버스를 운행하여 지역관광지를 방문하는 관광객에게 좋은 호응을 얻고 있다.

렌터카 특정 여행장소에서 자동차를 임대하고 반환하는 자동차 임대사업이다. 국내에서도 여행객이 증가하고 대기업 진출이 이루어지면서 시장규모가 크게 확대되었다. 미국과 캐나다처럼 영토가 넓고 대중교통이 덜 발달한 나라에서는 오래전부터 공항에서부터 차를 렌트하고 반납하는 사업이 관광교통업의 주요 사업요소에 포함되고 있다.

크루즈 다른 교통과 달리 이동시간을 즐기면서 여행을 즐길 수 있는 교통수단으로 유럽과 미주, 일본과 호주에서는 일찍부터 큰 사랑을 받아왔다. 특히 최근에는 전 세계적으로 경제적 여유가 있는 관광객들이 '휴양과 여행'을 찾아 대형 크루즈 여객선으로 몰리고 있다. 국제크루즈선사협회(Cruise Lines International Association · CLIA)는 최근 2015년 크루즈 관광객 수가 2,245만 명으로 2000년(721만

4,000명)에 비해 3배 늘었다고 발표했다. 15년 동안 연평균 7.8%씩 늘었다. 이처럼 크루즈 산업은 여행지와 여행지 사이를 편리하게 이용할 수 있고, 크루즈 안에서 축제와 액티비티 그리고 파티까지 즐길 수 있어 편안함을 즐기려는 점에서 새로운 방식의 관광을 원하는 여행층에서 많은 인기를 누리고 있다.

크루즈 여행은 전통적으로 북미와 유럽인들이 중심이었으나, 최근 크루즈 시장의 중심이 유럽에서 아시아로 이동하고 있다. 아시아권 국가 관광객 중 크루즈 산업의 가장 큰 고객은 중국인 관광객이다. 세계 최대 크루즈 선사인 카니발크루즈라인의 운항관리책임자 알란 버클로(Alan Buckelew)는 2017년 "아시아의 크루즈 관광객이 앞으로 6년 간 5배 성장할 것"이라고 발표했다.

한국 크루즈 관광 키워드는 '고령·소박·양극화'의 세 가지로 정리할 수 있다. CLIA에 따르면 한국인 크루즈 승객의 평균 나이는 50세이며, 50대(22%), 60대(21%), 70세 이상(14%) 등 50세 이상 관광객이 전체 크루즈 관광객의 57%를 차지한다. 이처럼 한국에서는 경제력 있는 중장년층이 해외 크루즈를 주로 이용하는 데 비해 중국인은 40대 이하 젊은 층이 크루즈 관광을 주도한다.

Hub-and-Spoke System 규제 완화와 높아진 연료비에 의한 손실을 줄이기 위해서 주요 항공사들은 수익이 되지 않는 항공편을 없앴는데, 주로 소규모의 도시가 이에 해당한다. 새로운 항공편은 작은 도시들 사이의 가장 가까운 대도시 혹은 허브 도시에 위치한다. 이를 'Hub-and-Spoke System'이라 부른다.

Hub-and-Spoke System은 효용성이 높고 비용 효율이 높은 방식으로, 많은 장점을 가진다. 첫째, 비행사는 더 낮은 가격으로 더 많은 도시로의 여정을 제공할

그림 2-7 | Hub-and-Spoke System

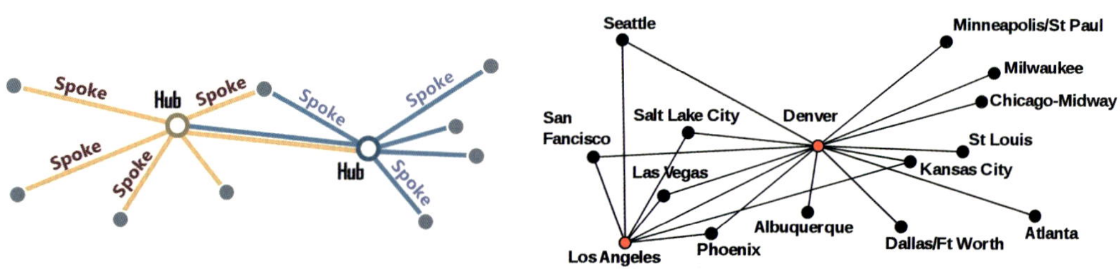

* Hub-and-Spoke System: 대표 거점 도시를 중심으로 자전거 바퀴살 모양의 운항노선을 구성하는 방식을 말한다.

수 있다. 둘째, 비행사는 소규모 도시들로부터 온 고객들을 늘림으로써 고객 점유율을 증가시키고, 연료를 절약할 수 있다. 이 개념은 항공사가 인력 수송뿐 아니라 국제적 교역에서 물류운송에도 중요한 개념으로 사용되고 있다. 특정 나라의 공항이나 항만이 허브로 부상하면 주변국가나 소도시들이 스포크가 되어 운송의 효율을 높이고 가격을 낮출 수 있도록 노선을 구성한다.

관광관련 국제·국내 행징기구

1) 국제기구

① UNWTO(United Nations World Tourism Organization, 세계관광기구)

'세계관광기구'는 UN 산하의 관광부문 전문기구로 전 세계 관광산업의 진흥을 목적으로 1975년에 설립되었다. 국제연합 및 국제연합개발계획과 기타 전문기관과 밀접한 협력관계를 유지하며 활동하고 있는 관광분야의 중심적 역할을 다하고 있는 국제기구이다. 세계의 정부기관(우리나라는 문화관광부)이 정회원이 되고 관광기관(한국관광공사)이 준회원이 된다. 각국의 관광정책을 조정하고 정보를 교환하며 세계관광진흥을 위하여 각국의 정부기관이 협의하는 기구이다. UNWTO는 157개 회원국과 6개 준회원국을 보유하고 있으며, 480개 이상의 관광관련 기구 및 협회가 찬조회원으로 가입되어 있다.

* 10YFP는 10-Year Framework of Programmes on Sustainable Consumption and Production Patterns의 약자로, 선진국에서 개발도상국에 이르기까지 지속가능한 소비와 생산으로의 전환을 가속화할 수 있도록 국제협력을 강화하기 위한 범세계적 행동계획이다.

② OECD 관광위원회

OECD 관광위원회(OECD Tourism Committee)는 1948년에 설립되었으며 OECD

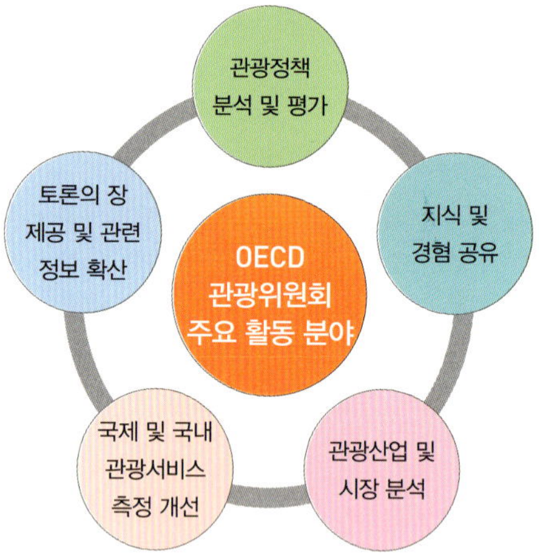

기구 내에서 관광부문을 담당하고 있다. OECD 관광위원회는 관광의 지속적인 경제성장을 도모하며, 국내 및 국제관광의 발전에 영향을 미치는 정책 및 구조적 변화들을 모니터링하고 의견을 교환하기 위한 논의의 장을 제공한다. 주로 관광정책을 분석하고 평가하며, 관광관련 정책 및 전략에 대한 우수사례 등 지식 및 경험을 공유하는 장을 제공하고, 관광산업 및 시장에 대한 분석을 수행하는 등 다양한 활동을 한다.

③ APEC 관광실무그룹

APEC 관광실무그룹(APEC Tourism Working Group)은 관광을 통해 APEC 지역의 성장을 도모하고자 1991년에 조직되었다. APEC(Asia-Pacific Economic Cooperation)은 아시아·태평양 경제 협력체로 아태지역의 지속적인 경제성장과 번영을 목표로 설립된 국제기구이다. 이 중 APEC 관광실무그룹은 APEC 회원국들의 관광 행정부서들이 정보를 공유하고 의견을 교환하며 협력영역을 개발할 수 있도록 하기 위한 플랫폼 역할을 하고 있다. APEC 관광실무그룹의 주요 목적은 지속가능한 관광을 통하여 아태지역 내의 경제 발전을 촉진시키는 것이다.

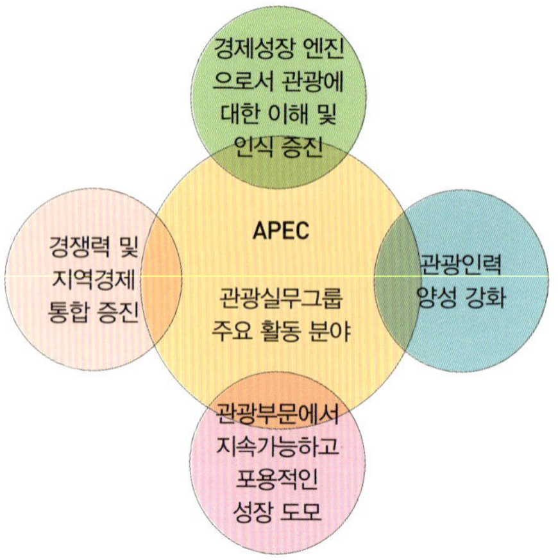

④ PATA (Pacific Asia Travel Association, 아시아·태평양관광협회)

PATA는 아태지역 관광인들의 제창에 의해 1951년 하와이에서 창설되어, 동지역 관광산업의 발전을 도모하기 위해 전 세계 73개국의 정부관광기관을 중심으로 1,000여 개의 다양한 회원들로 구성된 민관합동 국제기구로, 아시아태평양관광협회라고도 한다. 한 협회 내에 공공부문과 민간부문이 동시에 가입하고 있으면서 협력관계를 창출하는 유일한 기관으로, 정부·지자체의 관광사무소·항공사·크루즈사·공항·호텔·여행사·리조트·홍보기관·언론사·조사연구기관·관광지개발

회사·경영컨설팅회사·교육훈련기관 등 매우 다양한 회원들로 구성되어 있으며 이들은 모두 아태지역의 역내 관광을 증대시키려는 공통의 목적을 가지고 있다. 우리나라는 1963년 한국관광공사가 정부회원으로 이 기구에 정식 가입하였다.

⑤ EATA (East Asia Travel Association, 동아시아 관광협회)

동아시아 관광협회는 아시아 동부지역에 위치하고 있는 국가로서 한국, 일본, 싱가포르, 홍콩, 대만, 마카오, 필리핀, 태국 등 8개국의 대표가 동부 아시아지역의 관광발전을 도모하기 위하여 1966년 3월 일본 동경에서 결성된 관광기구이다.

이외에도 IATA(International Air Transportation Association, 국제항공운송협회), ICAO(International Civil Aviation Organization, 국제민간항공기구), AAA(American Automobile Association, 미국자동차협회) 등이 중요한 국제관광기구이다.

2) 국내기구

① 문화체육관광부(www.mcst.go.kr)

우리나라의 문화예술의 창달과 체육·관광 진흥 업무를 담당하는 중앙행정기관으로서, 문화·예술·영상·광고·출판·간행물·체육·관광, 전통문화 보전·계승, 국정에 대한 홍보 및 정부 발표에 관한 사무를 관장하고 있다.

현재 관광산업 육성을 위하여 대한민국 테마여행 10선 관광명소화 사업, 관광품질인증제 도입, 시행정보통신기술(ICT) 기술을 활용한 스마트 관광기반 구축, 혁신적 관광벤처기업 육성, 관광기업 금융지원 제도, 개선의료·웰니스관광 육성 등의 정책을 펼치고 있다.

② 한국관광공사(kto.visitkorea.or.kr)

한국 관광산업의 발전을 위하여 설립한 공기업이다. 국민 관광의식 제고, 지역 관광자원 개발, 관광요원의 질적 향상, 판매사업의 효율적 운영 등이 주 업무이며, 대표사업으로 관광마케팅지원, 관광홍보지원, 관광투자지원, 관광컨설팅지원, 관광교육사업 등이 있다. 또한 관광안내전시관을 운영하여 관광정보 제공, 여행상품 및 교통편 예약, 한류 및 전통문화 전시 체험, 관광 관련 세미나 및 행사 개최 등을 수행한다.

그림 2-8 관광 관련 주요 기관 조직도

③ 한국문화관광연구원(www.kcti.re.kr)

문화와 관광 분야의 조사·연구를 통하여 체계적인 정책개발과 정책 대안을 제시하기 위해 설립된 문화체육관광부 산하 연구기관이다. 한국 문화정책 개발원과 한국 관광 연구원이 통합해 만들어졌다.

문화관광산업의 재산권, 지역 관광자원 개발 방향, 국내 관광 수요예측 모형 구축, 대중교통을 이용한 국내관광 활성화 방안, 한국관광 거시전망 작성체계 등을 연구하고 있다.

④ 지방행정조직

지방행정조직으로는 제주·부산·인천·경기관광공사, 각 시·도청의 문화관광국 등이 있다.

그림 2-9 경기관광공사 조직도

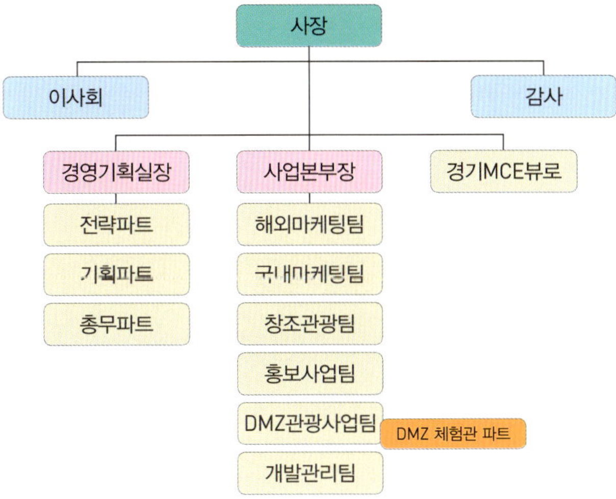

⑤ 관광사업자단체

문화체육관광부 소관의 특수법인인 한국관광협회중앙회가 있고, 이외에도 한국관광호텔업협회, 한국카지노업관광협회 등이 있다.

그림 2-10 한국관광공사 2017~2018 핵심 사업계획

표 2-9 국내 관광사업자단체와 그 역할

단체	역할
한국관광협회중앙회 (www.koreatravel.or.kr)	한국관광협회중앙회는 관광 사업의 건전한 발전을 위하여 관광업계를 대표하며, 업계 전반의 의견을 통합·조정하고 국내·외 관련기관과 상호 협력하여 관광산업의 진흥과 회원의 권익 및 복리증진에 기여하고 있음
한국관광호텔업협회 (www.hotelskorea.or.kr)	한국관광호텔업협회는 관광호텔업의 건전한 발전과 회원사 권익을 증진시키기 위하여 업종별 협회로 설립되었으며, 주요 업무는 정부 위탁업무인 호텔업에 대한 등급심사 및 등급결정 업무와 관광진흥개발기금(호텔업 운영자금) 업체 선정, 관광호텔 산업 정책 지원 및 현황 대책을 위한 대정부 건의 및 정책 자문, 관광호텔 종사원 교육훈련 등이 있음
한국여행업협회 (www.kata.or.kr)	한국여행업협회(KATA)는 여행업의 발전과 회원의 권익을 증진시킬 목적으로 설립되었으며, 여행불편처리센터를 운영하여 여행소비자 피해보상 업무를 중재처리하고 있음
한국카지노업관광협회 (www.koreacasino.or.kr)	한국카지노업관광협회는 카지노 분야의 업종별 관광협회로서, 카지노업의 업무 개선에 관한 지도감독과 이용자에 대한 서비스 향상, 카지노업 발전을 위한 조사·연구 및 홍보 활동 등을 수행하고 있음
한국휴양콘도미니엄경영협회 (www.condo.or.kr)	한국휴양콘도미니엄경영협회는 한국의 휴양콘도미니엄업계를 대표하고 업계 전반의 의견을 종합· 조정하고, 관련기관과 상호 협력하여 콘도미니엄 산업의 건전한 발전과 합리적이고 효율적인 운영을 도모하고 있음
한국종합유원시설협회 (www.kaapa.or.kr)	한국종합유원시설협회는 유원시설업 단체로서 유원시설업체 간 친목 및 복리증진을 도모하고 유원시설 안전 서비스 향상을 위한 조사·연구·검사·홍보활동을 활발히 전개하며 유원시설업의 건전한 발전을 위한 정부의 시책에 적극 협조하고 회원의 권익을 증진, 보호함을 목적으로 설립되었음
한국외국인관광시설협회	한국외국인관광시설협회는 주로 미군기지 주변 도시 및 항만에 소재한 외국인 전용 유흥음식점을 회원사로 관리하며, 정부의 관광진흥시책에 적극 부응하고 업계의 건전한 발전과 회원의 복지증진 및 상호친목에 기여함을 목적으로 하고 있음
한국MICE협회 (www.micekorea.or.kr)	한국MICE협회는 현재 200여 개의 MICE 관련 기업들이 회원사로 가입되어 있으며, 우리나라 MICE 업계를 대표하여 업계 전반의 의견을 종합 조정하고, 국내·외 관련기관과 상호협조함으로써 한국MICE산업의 진흥과 회원의 권익 및 복리증진에 이바지하고, 나아가서 국제회의산업 육성을 도모하여 사회적 공익은 물론 관광업계의 권익과 복리를 증대시키는 것을 목적으로 하고 있음
한국PCO협회 (www.kapco.or.kr)	한국PCO협회는 회원사의 권익 대변, 입찰정보 제공, PCO 홍보, 인력개발 등의 업무를 추진 중이며, 협회 회원사는 현재 49개로, 국제회의기획업으로 등록된 업체 중에서도 특히 국제회의기획을 전업으로 영위하고 전담 인력과 전담 조직을 갖춘 PCO만을 대상으로 한 자격심사를 거친 회원사임

관광산업의 동향 및 전망

1) 세계 관광시장의 동향

세계관광기구(UNWTO)의 통계에 따르면, 국제관광객 수가 2012년 최초로 10억 명을 돌파한 이래 2017년에는 전년대비 6.8% 증가한 13억 2,300만 명으로 집계되었다. 2017년의 국제관광 수입은 전년대비 4.8% 증가한 1조 3,320억 달러를 기록하였다. 2018년은 전년도 대비 6% 증가한 14억 명을 돌파했다.

그림 2-11 세계관광 성장추이

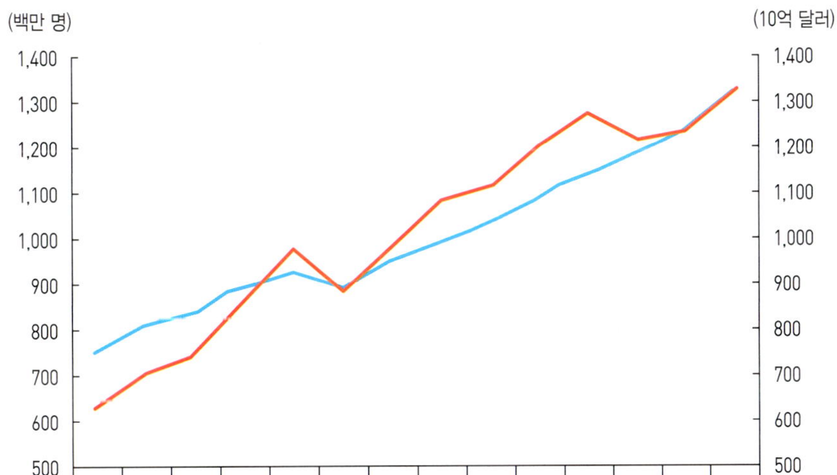

	2004	2005	2006	2007	2008	2009	2010	2011	2012	2013	2014	2015	2016	2017 (년)
여행객 수(백만 명)	761	809	842	898	930	892	952	997	1,043	1,095	1,142	1,195	1,239	1,323
관광수입(10억 달러)	633	704	744	856	973	886	977	1,080	1,117	1,204	1,274	1,217	1,239	1,332

자료: 관광지식정보시스템 세계관광지표(원자료: UNWTO World Tourism Barometer) 토대로 작성
주) 2017년은 잠정치임

대륙별 동향

2017년 기준 대륙별 국제관광객 유치 동향을 살펴보면 유럽지역은 전년 대비 8.4% 증가한 6억 7,110만 명의 외국인 관광객을 유치함으로써 전체 대륙 가운데 1위를 고수하였다. 아시아·태평양 지역의 경우 전년 대비 5.6% 증가한 3억 2,320만 명의 외국인 관광객이 방문하였고, 미주대륙은 전년 대비 3.3% 증가한 2억 730만 명의 외국인 관광객을 유치하였다. 아프리카는 전년대비 9.0% 증가한 6,300만 명의 관광객이 방문하였고, 중동지역의 외국인 관광객은 전년대비 4.6% 증가한 5,820만 명으로 집계되었다

표 2-10 연도별/지역별 세계관광객 수 (단위: 백만 명, %)

구분	관광객 수						성장률		구성비
	2000년	2005년	2010년	2015년	2016년	2017년	16/15	17/16	2017년
전 세계	680	809	952	1,195	1,239	1,323	3.7	6.8	100.0
유럽	392.9	452.7	487.7	605.1	619.0	671.1	2.3	8.4	50.7
아시아·태평양	110.4	154.1	208.2	284.1	305.9	323.2	7.7	5.6	24.4
미주	128.2	133.3	150.4	193.7	200.7	207.3	3.6	3.3	15.7
아프리카	26.2	34.8	50.4	53.6	57.8	63.0	7.9	9.0	4.8
중동	22.4	33.7	55.4	58.1	55.6	58.2	-4.3	4.6	4.4

자료: UNWTO World Tourism Barometer(Vol.16, Jun 2018)
주) 2017년은 잠정치임

표 2-11 지역별 세계 관광수입 (단위: 10억 달러, %)

구분	관광수입		성장률		구성비
	2016년	2017년	16/15	17/16	2017년
전 세계	1,239	1,332	2.6	4.8	100.0
유럽	461.7	511.6	1.2	7.8	38.4
아시아·태평양	370.8	389.5	4.1	2.6	29.2
미주	313.7	325.7	2.3	1.2	24.4
아프리카	33.4	37.8	4.8	8.1	2.8
중동	59.0	67.8	1.1	12.9	5.1

자료: UNWTO World Tourism Barometer(Vol.16, Jun 2018)
주1) 2017년은 잠정치임
주2) 성장률은 자국화폐 불변가격을 기준으로 산정한 것임

표 2-12 주요 국가 외국인 관광객 현황

(단위: 백만 명, %)

순위 (2016)	국가명	방문객수		증가율	
		2016년	2017년	15/14	16/15
1	프랑스	82.6	–	0.9	–2.2
2	미국	75.9	–	3.3	–2.1
3	스페인	75.3	81.8	5.0	10.5
4	중국	59.3	60.7	2.3	4.2
5	이탈리아	52.4	58.3	4.4	3.2
6	영국	35.8	–	5.6	4.0
7	독일	35.6	37.5	6.0	1.8
8	멕시코	35.1	39.3	9.4	9.3
9	태국	32.6	35.4	20.6	8.9
10	터키	30.3	37.6	–0.8	–23.3

자료: UNWTO World Tourism Barometer(Vol.16, Jun 2018)
주1) 2017년은 잠정치임

표 2-13 주요 국가 관광수입 현황

(단위: 10억 달러, %)

순위 (2017)	국가명	관광수입		증가율	
		2016년	2017년	16/15	17/16
1	미국	206.9	210.7	0.0	1.9
2	스페인	60.5	68.0	7.2	10.1
3	프랑스	54.5	60.7	–6.3	9.0
4	태국	48.8	57.5	12.2	13.1
5	이탈리아	40.2	44.2	2.3	7.7
6	영국	41.5	43.9	3.3	10.8
7	호주	37.0	41.7	9.3	9.3
8	독일	37.5	39.8	1.7	4.2
9	마카오	30.4	35.6	–1.8	17.6
10	일본	30.7	34.1	10.4	14.4

자료: UNWTO World Tourism Barometer(Vol.16, Jun 2018)
주1) 2017년은 잠정치임
주2) 성장률은 자국화폐 경상가격을 기준으로 산정한 것임

국내관광 동향

가. 외국인 관광객 입국 동향

2017년 방한 외국인 관광객은 전년 대비 22.7% 감소한 1,333만 명으로 집계되었다. 중국시장의 경우 2017년 3월 중국국가여유국의 한국여행 상품 판매 및 방한 단체여행 제한의 영향으로 전년 대비 48.3% 감소한 417만 명으로 집계되었다. 일본시장의 경우 전년대비 0.6% 증가한 231만 명을 기록하였는데, 이는 북한의 미사일 발사 및 핵실험 이슈 관련한반도 정세 등으로 인해 불안감이 가중되어 방한심리가 위축된 것으로 보인다.

대륙별로는 아시아지역의 경우 전년대비 27.0% 감소한 1,055만 6,605명으로 전체 방한외국인 관광객 중 79.2%를 차지했으며, 미주지역은 전년 대비 0.1% 증가한 111만 7,107명으로, 우리나라 전체 인바운드 중 8.4%를 차지하였다. 그리고 구주지역은 전년대비 0.7% 감소한 93만 6,057명으로 7.0%를 차지하였고, 중동지역은 전년대비 12.4% 증가한 21만 7,538명으로 1.6%를 차지하였다. 기타 대양주, 아프리카주, 교포 및 미상 외국인은 전체 인바운드의 약 3.8%를 차지하는 것으로 나타났다.

국가별로는 아시아지역의 경우 일본(0.6%), 대만(11.1%), 홍콩(1.1%), 태국(6.0%) 등은 상승세를 기록했지만, 중국(-48.3%), 필리핀(-19.4%), 말레이시아(-1.2%), 싱가포르(-2.4%), 인도네시아(-21.9%) 등은 큰 감소세를 보였다. 미국 및 캐나다는 각각 0.3%의 소폭 성장률을 기록했으며, 유럽지역 국가 중 러시아(15.6%), 프랑스(0.9%)등은 증가세를 보이고, 영국(-6.7%), 독일(-0.4%), 이탈리아(-31.0%)는 감소세를 보였다. 중국 관광객은 전년대비 크게 감소했음에도 불구하고 방한 외국인 관광객 1위 국가를 차지하고 있다.

2017년도 월별 방한 외국인 관광객 수는 1월, 2월을 제외하고 전년 동월대비 감소 경향이 뚜렷하게 나타났다. 이는 2017년 3월부터 중국의 한한령으로 중국 관광객의 입국객이 크게 감소한 것의 영향으로 보인다.

성별 입국 현황을 보면, 여성(55.2%)의 비중이 남성(44.8%)보다 높게 나타났고, 연령별로는 21~30세(26.3%)가 가장 비중이 컸고, 30대(22.3%), 40대(17.3%), 50대(14.5%) 순으로 나타났다.

표 2-14 연도별 외국인 관광객 입국 현황

(단위: 명, %)

연도	외국인 관광객 수	성장률	연도	외국인 관광객 수	성장률
1996	3,683,779	-1.8	2007	6,448,240	4.8
1997	3,908,140	6.1	2008	6,890,841	6.9
1998	4,250,216	8.8	2009	7,817,533	13.4
1999	4,659,785	9.6	2010	8,797,658	12.5
2000	5,321,792	14.2	2011	9,794,796	11.3
2001	5,147,204	-3.3	2012	11,140,028	13.7
2002	5,347,468	3.9	2013	12,175,550	9.3
2003	4,752,762	-11.1	2014	14,201,516	16.6
2004	5,818,138	22.4	2015	13,231,651	-6.8
2005	6,022,752	3.5	2016	17,241,823	30.3
2006	6,155,046	2.2	2017	13,335,758	-22.7

자료: 관광지식정보시스템(원시자료출처: 법무부 출입국 통계 재구성)

표 2-15 월별 외국인 관광객 입국 현황

(단위: 명, %)

월	외국인 관광객 수		성장률	구성비	
	2016년	2017년		2016년	2017년
1	1,077,431	1,220,695	13.3	6.2	9.2
2	1,126,250	1,252,080	11.2	6.5	9.4
3	1,389,399	1,233,640	-11.2	8.1	9.3
4	1,469,674	1,075,899	-26.8	8.5	8.1
5	1,492,680	977,889	-34.5	8.7	7.3
6	1,554,413	991,802	-36.2	9.0	7.4
7	1,703,495	1,008,671	-40.8	9.9	7.6
8	1,664,303	1,103,506	-33.7	9.7	8.3
9	1,523,928	1,078,653	-29.2	8.8	8.1
10	1,587,797	1,165,638	-26.6	9.2	8.7
11	1,309,055	1,093,217	-16.5	7.6	8.2
12	1,343,398	1,134,068	-15.6	7.8	8.5

자료: 관광지식정보시스템(원시자료출처: 법무부 출입국 통계 재구성)
주) 성장률은 전년 동월대비임

표 2-16 연도별/국적별 시장점유율 추이

(단위: %)

연도	일본	중국	미국	구주	교포	기타	계
2001	46.2	9.4	8.3	8.3	5.6	22.2	100.0
2002	43.4	10.1	8.6	9.4	5.9	22.6	100.0
2003	37.9	10.8	8.9	10.1	6.0	26.3	100.0
2004	42.0	10.8	8.8	8.6	5.2	24.6	100.0
2005	40.5	11.8	8.8	8.5	4.7	25.7	100.0
2006	38.0	14.6	9.0	8.7	3.7	26.0	100.0
2007	34.7	16.6	9.1	8.7	4.6	26.3	100.0
2008	34.5	17.0	8.9	8.6	4.5	26.5	100.0
2009	39.1	17.2	7.8	7.7	3.0	25.2	100.0
2010	34.4	21.3	7.4	7.3	3.6	26.0	100.0
2011	33.6	22.7	6.8	7.0	3.3	26.6	100.0
2012	31.6	25.5	6.3	6.4	3.0	27.2	100.0
2013	22.6	35.5	5.9	6.3	2.5	27.2	100.0
2014	16.1	43.1	5.4	6.0	2.1	27.3	100.0
2015	13.9	45.2	5.8	6.1	2.0	27.0	100.0
2016	13.3	46.8	5.0	5.5	1.6	27.8	100.0
2017	17.3	31.3	6.5	7.0	2.0	35.9	100.0

자료: 관광지식정보시스템(원시자료출처: 법무부 출입국 통계 재구성)

표 2-17 2018년 외국인 관광객 입국 현황

(단위: 명, %)

국적별	2018년		
	인원(명)	성장률(%)	구성비(%)
아시아주	12,363,734	17.1	80.56
일본	2,948,527	27.6	19.21
중국	4,789,512	14.9	31.21
대만	1,115,333	20.5	7.27
필리핀	460,168	2.6	3
홍콩	683,818	3.9	4.46
태국	558,912	12.1	3.64
말레이시아	382,929	24.5	2.5
싱가포르	231,897	7.3	1.51
인도네시아	249,067	7.9	1.62
인도	119,791	-2.9	0.78
베트남	457,818	41	2.98
미얀마	71,094	1.7	0.46
몽골	113,864	9.6	0.74
스리랑카	17,901	1.3	0.12
파키스탄	14,188	8.3	0.09
방글라데시	16,151	14.7	0.11
아시아주 기타	132,764	7.5	0.87
중 동	237,715	9.3	1.55
우즈베키스탄	82,984	9.3	0.54
터키	29,558	8.4	0.19
이스라엘	15,328	13.5	0.1
이란	6,627	-30	0.04
카자흐스탄	52,859	18.8	0.34
요르단	2,693	-0.1	0.02
사우디아라비아	11,553	2.2	0.08
이라크	2,811	14.9	0.02
중동 기타	33,302	9.4	0.22
미 주	1,242,792	11.3	8.1
미국	967,992	11.4	6.31
캐나다	194,259	10.2	1.27
브라질	19,745	10.6	0.13
멕시코	25,192	25.5	0.16
칠레	5,149	22	0.03
아르헨티나	4,832	0	0.03
콜롬비아	5,876	14	0.04
페루	4,140	-1.7	0.03
베네수엘라	1,961	3.9	0.01
에콰도르	2,229	23.1	0.01
쿠바	187	-7.4	0
미주 기타	11,230	-4.3	0.07
구주	1,003,620	7.2	6.54
러시아(연방)	302,542	11.9	1.97
독일	115,789	5.4	0.75
영국	130,977	3.9	0.85
프랑스	100,096	8.4	0.65
네덜란드	37,134	10.4	0.24
우크라이나	25,608	-6.6	0.17
이탈리아	46,546	5.6	0.3
불가리아	6,079	-15.5	0.04
스웨덴	19,503	13	0.13
폴란드	21,971	6.3	0.14
덴마크	12,044	5.6	0.08
그리스	9,290	-2.2	0.06
스위스	18,103	19.2	0.12
노르웨이	13,615	-14.2	0.09
스페인	27,314	17.2	0.18
루마니아	11,372	-10.4	0.07
벨기에	12,499	7.8	0.08
구주 기타	93,138	6.3	0.61
대양주	193,431	2	1.26
오스트레일리아	153,133	1.8	1
뉴질랜드	34,205	3.4	0.22
키리바시	871	-16.1	0.01
피지	3,116	4.8	0.02
대양주 기타	2,106	2.7	0.01
아프리카주	53,719	8.9	0.35
남아프리카 공화국	11,795	6.7	0.08
나이지리아	2,555	-18.3	0.02
이집트	7,630	-4.9	0.05
아프리카주 기타	31,739	17	0.21
기 타	251,868	-6.6	1.64
교포	251,073	-6.6	1.64
미상	795	9.8	0.01
전 체	**15,346,879**	**15.1**	**100**

나. 국민 해외여행 동향

2017년 국민 해외여행객은 26,496,447명으로 전년 대비 18.4%의 성장률을 보였으며, 아웃바운드 집계 사상 처음으로 국민 해외여행 2,000만 명을 기록한 2016년보다 더 큰 성장세를 보였다. 저비용항공사 성장 및 원화강세로 인한 해외여행수요 상승 등으로 국제여객이 증가하여 2017년도 월별 국민 해외여행 출국 현황을 보면 3월을 제외하고 매월 200만 명 이상 출국한 것으로 나타났다.

표 2-18 연도별 국민 해외여행 출국 현황 (단위: 명, %)

연도	출국자 수	성장률	해외여행 허용연령 확대단계
1988	725,176	42.0	45세 이상(1987.9.16) 40세 이상(1988.1.1) 30세 이상(1988.7.1) 연령제한 폐지(1989.1.1)
1989	1,213,112	67.3	
1990	1,560,923	28.7	
1991	1,856,018	18.9	
1992	2,043,299	10.1	
1993	2,419,930	18.4	
1994	3,154,326	30.3	
1995	3,818,740	21.1	
1996	4,649,251	21.7	
1997	4,542,159	−2.3	
1998	3,066,926	−32.5	
1999	4,341,546	41.6	
2000	5,508,242	26.9	
2001	6,084,476	10.5	
2002	7,123,407	17.1	
2003	7,086,133	−0.5	
2004	8,825,585	24.5	
2005	10,080,143	14.2	
2006	11,609,879	15.2	
2007	13,324,977	14.8	
2008	11,996,094	−10.0	
2009	9,494,111	−20.9	
2010	12,488,364	31.5	
2011	12,693,733	1.6	
2012	13,736,976	8.2	
2013	14,846,485	8.1	
2014	16,080,684	8.3	
2015	19,310,430	20.1	
2016	22,383,190	15.9	
2017	26,496,447	18.4	

자료: 관광지식정보시스템(원시자료출처: 법무부 출입국 통계 재구성)
주) 1998년부터 승무원 포함

표 2-19 한국 여행시장 규모 – 여행객 수

구분	국민 국내관광		국민 해외관광 (명)	방한 외래객 (명)
	참가자수(명)	국민여행 총량(일)		
2006	37,666,721	416,982,061	11,609,879	6,155,046
2007	36,443,445	477,372,260	13,324,977	6,448,240
2008	37,391,314	408,026,189	11,996,094	6,890,841
2009	31,201,294	375,340,664	9,494,111	7,817,533
2010	30,916,650	339,607,551	12,488,364	8,797,658
2011	35,013,090	286,947,961	12,693,733	9,794,796
2012	36,914,067	365,282,249	13,736,976	11,140,028
2013	37,800,004	339,220,312	14,846,485	12,175,550
2014	38,027,454	397,846,767	16,080,684	14,201,516
2015	38,307,303	406,818,700	19,310,430	13,231,651
10년간 연평균 성장률	0.6%	1.5%	7.7%	8.4%

자료: 한국관광공사 『한국관광통계』, 문화체육관광부 「국민여행실태조사」 각 연도

표 2-20 세계 관광의 주요 트렌드

BLeisure	BLeisure란, 비즈니스(Business)와 레저(Leisure)가 결합된 신조어로 업무차 타국·타지역을 방문하면서 개인시간을 이용하여 관광까지 즐기는 현상을 뜻한다. 업무와 생활의 균형을 중요시하는 밀레니얼세대(10명 중 9명)에게 각광받고 있으며, 종종 업무시간외 개인시간을 연장하여 가족과 함께 관광을 즐기기도 한다.
온라인과 모바일	관광객 및 상품구매자들은 온라인과 소셜 미디어에서 리뷰 등을 통해 관광정보를 얻고, 관광사업체(호텔, 항공사 등)는 온라인을 통해 고객 분석을 실시하고 있다. 또, 스마트폰 사용자는 2013년 약 1억 3천만 명에서 2018년 약 2억 6천만 명으로 빠른 속도로 증가할 추세이며, 이에 따라 영향이 가장 큰 관광 트렌드 1위는 모바일 기술일 것이라고 기대한다.
공유경제 (Sharing economies)	공유경제란 물품을 서로 대여해 주고 차용해 쓰는 개념으로 인식하여 경제활동을 하는 것으로 관광산업에서도 Airbnb나 우버 등이 이를 도입하고 있다. 공유경제는 밀레니얼세대 및 중국인관광객의 증가와 선호도가 증가로 인해, 급격히 성장하며 Airbnb와 우버 등 관련 기업이 증가하고 있는 추세이다. 보안 및 서비스의 질이 최대의 쟁점이나, 관광객에게 비용, 편의성, 맞춤형 경험 부분에서 우수함을 보이며 밀레니얼 세대와 "Bleisure" 여행자들에게 각광받을 것으로 예측된다.
도시여행 (City trips)	도시여행은 말 그대로 도시 또는 높은 인구밀도를 지닌 곳을 짧은 기간 동안(보통 1~3일) 여행하는 관광형태를 의미한다. 도시여행은 2007년부터 2014년까지 82% 성장했으며, 전체휴일(휴가)에 행해지는 관광활동 중 22%로 점유율이 상승하였고, 2014년 가장 인기 있는 여행지 TOP 3는 홍콩, 파리, 뉴욕이었다.
밀레니얼 세대 /베이비붐 세대	"TripAdvisor"의 "TripBarometer(2016 Travel Trends)"자료에 따르면 2016년에 5명 중 2명의 밀레니얼 세대가 전년 대비하여 관광에 더 많은 지출을 할 것이라고 응답하였다. 밀레니얼 세대의 구매력은 베이비붐 세대보다 낮지만 자신들의 재정상황에 낙관적이며 경험 등을 중시하기 때문에 여행은 그들에게 있어 중요한 영역이다. 밀레니얼 세대는 경험, 저렴한 가격, 셀프서비스, 높은 기술 등을 중시하기 때문에 실제 현지인처럼 체험할 수 있는 Peer-to-peer 플랫폼(ex. Airbnb)이 성장할 전망이다.

자료: 한국문화관광연구원, 2016

* 밀레니얼 세대: 1980년 초에서 2000년대 초까지 출생한 세대, 18~34세 사이

* 베이비붐 세대: 전쟁 후 태어난 사람들로 나라에 따라 연령대는 다르지만 60세 전후를 일컬음

2) 지속가능한 관광(Sustainable Tourism)

사진: Pixabay

지속가능한 관광은 기존 관광행태의 문제점을 보완 및 극복하고 장기적인 안목에서 책임감 있는 관광을 추구하는 것이다. 즉 미래 세대의 필요를 충족시킬 수 있는 가능성을 손상시키지 않는 범위 안에서 자신의 필요를 충족시키며 관광하는 것을 의미하는 것이다.

① 생태관광(Ecotourism)

지속가능한 관광의 일환으 로 생태관광이 있다. 생태관광은 1970년대의 '책임여행(Responsible Tourism)'에서 시작된다. 책임여행은 환경을 먼저 생각하고 지역사회에 책임감있게 소비하고 관광하는 여행을 의미한다.

생태관광 관광 개발로 인한 자연환경, 생태계, 그리고 문화적 목적지의 부정적 결과에 대한 반대 작용으로 시작되었다. 이러한 움직임은 1980년대 '환경관광(Environmentl Tourism)'을 거쳐 현재의 '생태관광(Ecotourism)'으로 발전하였다.

그림 2-12 지속가능한 생태관광 모델

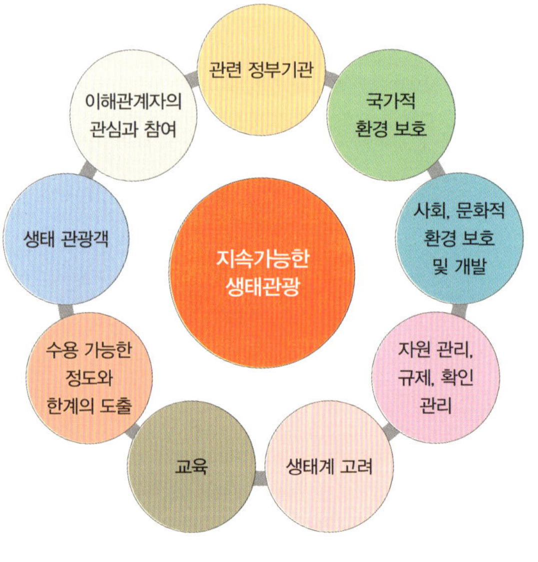

그림 2-13 생태관광의 기본 구조

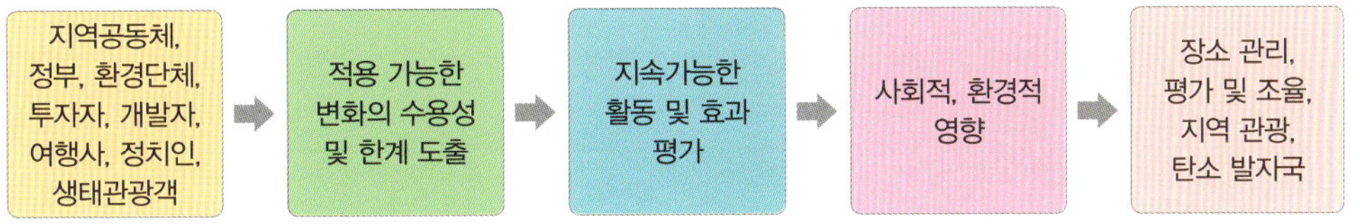

② 공유경제

2008년 미국에서부터 시작된 세계적인 경제위기를 필두로 세상의 이목을 받게 된 공유경제는 이 시기에 심화된 전반적인 산업의 저성장과 함께 취업난, 가계소득의 저하와 같은 복합적인 사회문제에 대한 극복 방안으로 제시되었다. 2011년 미국의 〈*TIME*〉지는 공유경제를 '세상을 바꾸는 10대 아이디어' 중 하나로 선정하기도 했다. 공유경제(협력적 소비 혹은 참여형 경제라고도 함)에 대한 엄격한 정의는 따로 없으나, 일반적으로 P2P 방식 혹은 공유사용을 기반으로 서비스를 제공하는 신규 시장을 일컫는다. 공유경제가 각광받게 된 이유는 다양하지만, 주된 원인은 기술의 발전에서 찾아볼 수 있다. 경제의 디지털화로 인해서 소비자와 서비스 제공자는 이전과는 다르게 서로 소통할 수 있게 되었으며, 그 결과 새로운 소비 및 생산 형태가 등장하였다.

공유경제 프레임은 관광 및 환대산업 분야에서 특히 발전하고 있다. 관광분야 내 공유경제 관련기업의 급속한 성장은 주로 숙박, 교통, 식사, 여행경험이라는 네 가지 하위 분야에서 두드러진다. 그중 공유 숙박은 에어비앤비(Airbnb, www.airbnb.com) 및 홈어웨이 (HomeAway, www.homeaway.com) 같은 플랫폼을 필두로 가장 확실히 자리잡은 분야이다. 개인이 집 전체 혹은 일부를 단기 대여하는 구조로, 방문객들은 온라인으로 예약할 수 있다. Airbnb의 기업 가치는 2015년 환대산업 분야에서 호텔, 항공 예약사이트인 Priceline, 호텔 체인인 Hilton에 이어 3위

사진: Pixabay

를 차지하였으며, 기업 성장은 전년도 대비 90%를 기록하였다. 또한 글램핑(고급 캠핑) 및 카우치 서핑을 비롯해 독특하고 색다른 곳에서 머무는 비전통적인 숙박 형태도 최근 몇 년간 인기가 크게 증가하였다.

공유숙박과 함께 확고하게 자리 잡은 또 다른 관광 공유경제 분야는 바로 차량 공유(carpooling), 승차공유(ride-hailing) 등을 아우르는 교통 분야이다. 특히 승차공유 서비스 플랫폼인 Uber는 전 세계 약 400개 도시에서 운영 중이며, 2016년 1월 약 625억 달러의 가치를 지닌 것으로 추산될 정도로 사상 최고의 수익성을 자랑하는 스타트업 중 하나이다(*Wall Street Journal*, 2015).

공유경제로 인기를 얻고 있는 관광의 또 다른 하위분야 두 가지는 식사와 여행 경험이다. 함께 요리하고 식사하면서 관광객들은 포장 음식 대신 집밥을 먹거나 현지인들과 저녁 식사 파티에 함께 참여할 수 있게 되었다. 식사공유 서비스는 관광객들이 편안하고 친밀한 분위기 속에서 현지 음식을 먹고 현지인들과 교류하면서 진정한 문화 체험을 할 수 있는 독특한 기회를 선보인다.

공유경제는 신규 관광객을 유치하고 새로운 여행자 경험을 창출함으로써 관광 분야에 혁신을 가져오며, 관광분야의 기존 사업자들에게도 새로운 기회를 제공할 수 있다. 공유경제가 더욱 폭넓은 선택을 제공함으로써 새롭고 다양한 관광객에 의한 소비를 유도 및 증진시킬 수 있다. 어떤 이들은 협력적 속성과 독특한 현지 경험에 매료되기도 하고, 젊은이들과 알뜰 여행족에겐 저렴한 가격과 디지털 접근성이 매력적으로 다가가기도 한다. 또, 공유경제의 발전은 대규모 투자 없이도 기존에 활용도가 낮았던 자산과 자원을 활용하여 새로운 가치를 창출하고 시장 규모를 확대할 수 있다. 또한, 공유경제 플랫폼은 관광 인프라의 부족현상으로 인하여 인기가 없었던 새로운 목적지로도 관광객들을 안내한다. 즉 공유경제는 관광산업 전반을 성장시킬 수 있는 잠재력을 지니고 있다.

읽어 보기

S 대학 호텔경영학과 학생 체험기

Airbnb, 낯선 만큼 즐거웠던 경험

대학 2학년 방학을 맞아 혼자 동유럽으로 떠날 계획을 세웠다. 당시에 동유럽은 크게 인기 있는 관광지도 아니었고, 혼자 2주 조금 넘는 시간을 보내는 것도 낯설었지만, '이왕 도전하는 것, 해 보고 싶었던 것은 전부 하자'는 생각으로 에어비앤비를 이용하게 되었다.

처음 체코에 도착했을 때부터 헝가리, 오스트리아를 거치며 총 네 곳의 에어비앤비 숙소를 이용했는데, 어느 한 곳도 만족스럽지 않은 곳이 없었다. 체코의 숙소들은 오래된 중세 건물의 틀은 남겨두고 내부만 수리해 사용하는 아파트여서 동유럽 특유의 체취를 고스란히 느낄 수 있었고, 오스트리아의 집은 웬만한 호텔보다 더 좋은 개인주택 전체를 빌려 사용했다. 대부분의 집이 일부러 찾지 않으면 관광 코스로는 생각도 못했을 현지인들의 생활 지역이라 짧은 기간이었지만 정말 그 곳에 살았던 것 같은 느낌이 아직도 생생히 남아 있다.

(왼쪽부터) 체코(2), 헝가리, 오스트리아에서 머물렀던 에어비앤비 숙소. 가장 첫 방을 제외하고는 집 전체를 빌려 호스트와 함께 사용했다.

그중에서도 가장 기억에 남는 곳은 헝가리 숙소이다. 당시 체코에서 헝가리로 넘어가는 교통편이 줄줄이 늦어지면서 자정에 가까운 시간이 되어서야 헝가리 외곽의 버스 정류장에 도착했다. 주변에 불 켜진 곳도 하나 없고, 지하철도 끊긴데다가 미리 사 둔 유심 칩까지 제대로 작동하지 않아 정말 무서웠는데, 그 시간까지 자지 않고 기다려준 호스트가 직접 택시를 보내 준 덕에 위기를 넘길 수 있었다.

"Eunji was such a lovely guest. Nice, quiet and totally respectful to my home... I would accommodate her again any time! Wish you all the best, lovely girl! :- "*

(왼쪽 2) 숙소 체크아웃마다 남기고 온 메모와 선물. 필수는 아니지만 호스트에게 고마운 마음을 표현하는 것은 서로를 더 기분좋게 기억할 수 있는 방법이라고 생각한다.
(오른쪽 2) 호스트가 준비해 준 선물과 숙박 후 남긴 리뷰. 에어비앤비는 호스트도 게스트에 대한 리뷰를 남겨 다음 호스트가 게스트를 받는 데 참고할 수 있게끔 한다.

흔히 에어비앤비 숙소는 저렴하다고 생각하지만, 경비만을 생각한다면 항상 값싼 것만은 아니다. 집의 위치나 사용 범위, 예약 시기 등에 따라 가격이 달라진다. 하지만 에어비앤비를 통해 머물며 얻을 수 있는 색다른 경험, 소중한 친구 등을 생각한다면 '가성비 좋은' 숙소로는 추천할 만하다. 호스트가 알려준 현지 빵집에서 오전에 갓 구운 빵을 사와서 아침을 보내거나, 늦은 저녁 호스트의 친구들과 함께 홈 파티를 하는 경험은 쉽게 해 볼 수 있는 것이 아니니 말이다.

아직까지도 많은 사람들이 에어비앤비에 대해서 '신기하지만 낯선 것', '흥미롭기는 하지만 실제로 사용하기에는 조금 두렵다'라는 반응을 보인다. 하지만 나는 첫 경험이 너무나 좋았던 덕에 이후에 코타키나발루나 싱가포르 등으로 여행을 갈 때도 일정 중 일부는 꼭 에어비앤비를 이용하게 되었다. 이왕 떠나는 여행, 오래오래 기억에 남을 나만의 사랑스러운 추억으로 남기기에 에어비앤비는 너무나 좋은 파트너임이 분명하기 때문이다.

3) 의료관광(Medical Tourism)

의료관광이란 최첨단 의료시설과 서비스, 기술을 기반으로 환자를 유치하여 단순히 치료를 하는 것뿐만 아니라 휴양, 레저, 문화활동을 연계하는 성장동력산업이다. 건강 증진이나 질병 치료를 목적으로 의료 고객의 타국에서 이루어지고 있는 의료관광은 의료(Medicine)와 관광(Tourism)이 결합된 경제 활동이다. 의료와 관광은 수요의 소득탄력도가 매우 높은 산업일 뿐만 아니라 노동집약적이고 정보에 의존하는 산업이라는 점에 있어서 매우 유사성이 있다. 그러나 의료산업은 관광 산업에 비해 첨단 기술의존성이 높은 고비용 산업으로 경제적 진입장벽뿐만 아니라 제도적 진입장벽 또한 매우 높다.

그럼에도 불구하고 의료관광이 트렌드가 된 이유로는 합리적인 가격, 의료수준, 빠른 치료, 부가적으로 얻을 수 있는 것 등이 있고, 이를 4A(Affordable, Available, Accessible, Additional)라 한다. 특히 의료관광을 통해 부가적으로 얻을 수 있는 것으로는 친절한 직원, 깨끗한 시설, 맞춤형 케어 및 철저한 프라이버시 보장 등이 있다.

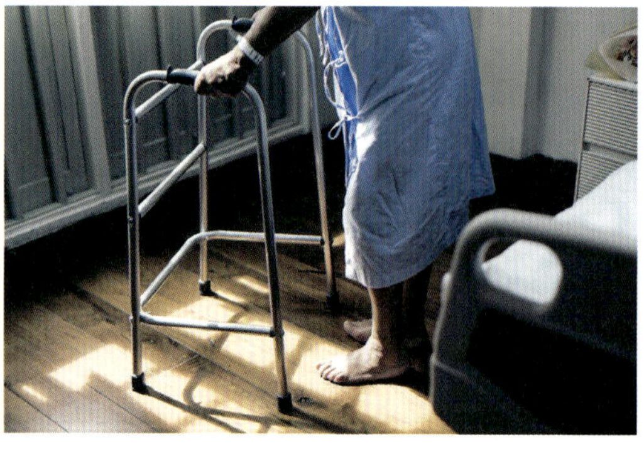
사진: Pixabay

우리나라는 비교적 저렴한 비용과 선진국 수준의 진료를 받을 수 있어 의료관광지로서의 발전 가능성이 농후하다. 하지만 정책과 법의 제한으로 인해 의료관광산업이 다른 나라에 비해 10~20년 정도 뒤처져 있다. 따라서 아시아의 다른 여러 나라와 차별화되고 체계화된 관광 스케줄 설립 및 비자 제도 개선, 전문인력을 육성 등을 통한 의료관광의 발전을 꾀해야 한다. 또한 제도적 개편, 예산 책정 등의 정부의 지원과 첨단시설 유치, 제도적 개편과 홍보가 중요하다.

의료기술과 정책, 휴양지로써의 기능 등에 대한 철저한 준비가 갖춰진 상황하에서 첨단기술과 질 높은 서비스 등을 통해 의료관광국으로서의 입지를 굳히는 것은 국가이미지 개선뿐 아니라 국제사회에서 한국의 국가경쟁력을 높이는 결과를 가져올 것이다.

4) 웰니스 관광

웰니스의 정확한 정의를 짚어보면 다차원적인 건강(신체적, 정신적, 감정적, 사회적 그리고 환경적 건강)의 조화를 위해 추구하는 라이프스타일, 가치관, 액티비티, 상품 등을 의미한다. 오늘날 웰니스는 단순히 질병과 허약에 대한 치료/관리가 아닌 사전예방을 위한 행위로서 받아들여지고 있으며, '어떻게' 살고, 먹고, 일하고, 놀고, 여행하고, 스트레스와 질병을 다룰 것인지 고민해 올바른 건강 패러다임을 일상생활에 융합시키는 것을 목표로 한다. 즉 '개인 건강'과 '삶의 질'의 유지 또는 개선을 추구하는 여행방식인 것이다.

웰니스 관광의 성장 배경에는 세 가지의 메가트렌드(Mega Trend)가 있다. 첫 번째는 관광을 포함한 라이프스타일에 높은 소비를 보이는 중산층의 규모 확산과

그림 2-14 웰니스 관광 핵심 키워드

Healthy Living	육체적, 정신적으로 건강한 삶을 추구
Rejuvenation & Relaxation	재생과 휴식 과정을 통해 전체적인 밸런스 개선
Meaning & Connection	과정 속에서 의미와 건강, 자연, 환경의 관계를 강조
Authentic Experience	적극적으로 진정한 문화적, 지역적 경험을 추구
Disease prevention & Management	'치유'가 아닌 사전 예방과 건강 관리에 집중

사진: Pixabay

소득상승이다. 두 번째는 웰니스와 건강한 라이프스타일에 관련된 것에 대한 소비자들의 끝없는 욕구이며, 마지막으로 경험주의 관광에 대한 관심도 상승이 있다.

따라서 웰니스 관광객은 일반 관광객보다 상대적으로 높은 평균 연령대와 교육 수준 그리고 가처분 소득을 갖는 것으로 나타나며 평균적으로 더 오랜 기간 동안 여행을 즐기기 때문에 이들의 소비패턴은 월등하게 더 높은 지출을 보이고 있다.

2015년 기준 GWI(Global Wellness Institute)의 웰니스 동향 보고서, Wellness Economy Monitors 2017에 의하면 웰니스 시장(Wellness economy) 가치는 3.7조 달러, 한화로 약 4,000조원에 이르며 전 세계 경제 생산의 5.1%를 차지하는 중요한 분야로 성장했다. 웰니스 산업 중에서도 웰니스 관광은 세계 관광산업의 관광지출 성장률인 3.4%의 두 배인 6.8%의 성장세를 2013~2015년간 보였으며, 특히 2020년까지는 연 7.5%의 성장세로 약 8,800억 달러 규모까지 성장할 것으로 전망되는 등 우리가 반드시 주목해야 할 관광분야다.

또한 웰니스 관광은 일반 관광에 비해 고부가 가치를 창출하는 산업이다. 2015년 웰니스 관광객의 해외여행당 평균 관광지출액은 1,613달러로 일반 해외 관광객보다 1.6배 높은 것으로 나타났으며 국내 여행의 경우 654달러로 이는 일반 관광객보다 2.6배나 더 높은 것으로 밝혀졌다. 2015년 전 세계 총 웰니스 관광수익은 5,632억 달러, 약 630조원에 다다르는 것으로 나타났다.

현재 국내의 주력 웰니스 관광 상품은 공통적으로 건강증진과 웰빙을 목표로 하고 있다. 스파, 전통의학 또는 대체의학의 상품인 한방 의료관광, 한류 열풍의 시너지 효과를 노린 한국의 K-뷰티 관광 상품과 영양관리 및 디톡스 상품 등이 주요 상품이다. 그러나 국내에서는 아직까지 웰니스 상품을 기존 의료관광의 의료서비스와 연계된 상품으로 다가가는 성향이 강하다. 즉 여전히 의료관광의 새로운 건강관리 영역확장으로서 해석되는 경우가 많다. 그렇기 때문에 웰니스 프로그램 또는 서비스의 적용범위가 제한적이고 1차원적 시점에 머물러 있을 수밖에 없다.

5) 1인 관광

사회 전반에 싱글 라이프·솔로 이코노미가 대두되며 이들이 소비 시장의 중심 고객이 되었다. 이에 따라 관광 산업에서도 1인 가구는 주요한 소비 주체로 떠오르고 있다. 1인 가구 구성원들이 '나'를 위한 소비에 대해 과감하기 때문이기도 하다. 소비시장은 점차 늘어가는 1인 가구의 입맛에 맞게 1인용 상품과 서비스를 내놓기 시작했다. 이른바 '솔로 이코노미'시대가 열린 것이다. 이 같은 1인 관광객을 일컫는 유사용어로는 자신을 위한 가치소비를 즐기는 '포미(For Me)족', 현재 자신의 행복을 가장 중요시하며 소비하는 '욜로족(YOLO, You Only Live Once)' 등이 있다.

초기 이들의 소비 행태가 1인 가구의 증가라는 사회적 배경에 의해 형성됐다면, 지금의 소비 트렌드는 소비가치에 대한 인식 변화를 기반으로 형성되며 조금 더 넓은 범위의 1인 소비 의미를 담고 있다. 욜로, 포미와 같은 자신만을 위한 소비에 투자할 줄 아는 고객들은 매우 감각적이고 가치 지향적이며 현재 지향적인 소비를 원한다. 이에 따라 호텔업, 여행업 등 관광 산업 또한 1인 가구를 위한 상품을 구성, 제공하고 있다.

6) 4차 산업과 관광

세계 관광산업은 온라인과 모바일을 넘어서 4차 산업 혁명 기술과 함께 발전하고 있다. 4차 산업은 데이터, 사물인터넷, 인공지능 등을 기반으로 사물, 사람, 공간의 세 가지가 함께 연결되는 만물 초지능화의 산업혁명이다. 4차 혁명에 따른 기술 발전이 빠르게 진화하고 적용됨에 따라 관광객의 라이프 스타일 또한 변화하고 있다. 이러한 진화 속 4차 산업혁명의 빅데이터, IoT(사물인터넷), AI(인공지능) 등이 관광산업 전반에 미칠 파급력은 다른 어느 분야보다도 클 것으로 전망된다. 관광 분야에서 이뤄지고 있는 주요 변화는 플랫폼 경제, 사물인터넷, 빅데이터, 자동화를 꼽을 수 있다.

사진: Pixabay

첫째, 플랫폼 경제를 기반으로 한 변화 대표적인 플랫폼 기업인 '에어비앤비'의 경우는 미국의 IT기업과 협력해 숙박객의 질문에 자동 답변을 해주는 '호스트봇'을 개발했다. 플랫폼 기업의 자동성과 연결성을 기반으로 비즈니스 모델을 확장하고 있는 것이다.

둘째, 사물인터넷의 적용 관광지 주차장에 센서를 장착해 실시간 주차 가능 여부 파악하고 APP을 통해 고객에게 알려주는 서비스를 제공하는 등 IoT 기술을 도입해 주차 문제를 해결했다.

셋째, 빅데이터를 기반으로 한 관광 패턴 분석 신용카드 사용 현황, 검색 엔진 등을 통해 지역별, 성별, 연령별 등의 관광지 선호도, 소비패턴 등을 분석해 고객 맞춤형 서비스로 진화하고 있다.

넷째, 인공지능과 로봇을 기반으로 한 자동화 국내에서는 아직 미비하나 일정 부분의 서비스를 대체하고 있다.

4차 산업의 주요 기술에 대한 해외호텔들의 구체적인 적용 사례를 알아보자. 2014년 미국 캘리포니아에 위치한 aLoft hotel은 로비 데스크에서 객실까지 운송서비스를 위한 로봇 'Botlr'를 개발했다. 인공지능이 아닌 IoT 수준의 로봇으로 스마트폰을 이용해 제어하며, 물품을 가지고 객실에 도착하면 객실로 전화를 해 도착을 알린다. 로봇에게 Tip 대신 스크린 화면을 통해 Review를 받고 그것들을 분석해 더 나은 서비스를 제공할 수 있다. 2016년에는 Hilton도 IT기업 IBM의 인공지능 컴퓨터 Watson이 장착된 로봇 컨시어지 Connie를 개발했다. 호텔들이 점차적으로 IT기업과 결부가 된 서비스를 제공해주기 시작한 것이다. Connie는 스스로 고객들의 데이터를 축적해 맞춤형으로 대응할 수 있다.

국내에서는 2016년부터 점차 4차 산업 기술들이 호텔산업에 적용되기 시작했다. 2016년 신라스테이는 삼성 SDS와 협력해 IoT 개념의 Keyless 시스템을 만들었다. 자체 APP을 제작해 객실 예약 및 체크인, Mobile Key 등의 서비스를 제공한다. 2017년 워커힐 비스타도 'VR ZONE LOUNGE'를 만들어 영화제작자와 협력해 스토리 기반의 VR 콘텐츠를 제작했다. 단순한 숙박의 개념의 호텔을 넘어 체험형

사진: Pixabay

미래지향 공간으로 바꾸기 위함이다. 또한 워커힐 비스타는 라스베이거스 윈처럼 NUGU라는 인공지능 스피커를 두게 된다. SK텔레콤과 협력한 NUGU는 국내 최초 객실 AI 서비스를 도입했다. 음악 감상, 날씨, 알람, 개인 일정 등을 알려주는 서비스 이외에도 객실 내 In-room Order의 기능도 가능하다.

2017~2018 관광 트렌드

1) 2017년 글로벌 여행 트렌드

① 1년에 1회 이상 떠난다

일에서 벗어나 여행할 시간을 가진다는 것은 더 이상 소수의 선택 받은 사람들을 위한 선택지가 아니다. 휴식 시간을 가지는 것은 개개인들에게 나이에 상관없이 점점 더 일반적인 일이 되어가고 있다.

아마도 이러한 트렌드의 이유는 점점 더 많은 사람들이 휴식과 안정의 가치를 깨달아 가고 있기 때문일 것이다. 잠시 쉬어가는 시간은 직장인들에게 긍정적인 영향을 주며, 업무 성과와도 직접적으로 연결된다.

그림 2-15 2017 Travel Trends

자료: Huffingtonpost UK

② 보다 질 높은 여행 경험을 원한다

단지 가족이나 친구들을 방문하기 위해 여행을 한다는 시대는 갔다. 많은 사람들은 스스로를 채우기 위해 여행을 떠나고, 새로운 목적지를 찾아 나서거나 새로운 기술을 배우기도 한다. 또 지역 문화에 녹아들어 현지의 방식대로 여행하고자 한다. 요가나 무술과 같이 운동 혹은 건강 관리의 차원에서 휴가를 보내는 사람들도 늘어나고 있다.

③ 나 스스로가 여행사의 역할을 하게 될 것이다

기술의 발달로 우리는 독립적인 여행자가 되어가고 있다. 소셜 미디어는 우리의 새로운 여행사가 되어주었다. Adweek infographic에 다르면, 52%의 페이스북 사용자들은 친구들의 사진을 보고 여행을 다짐한다고 답했다. 새롭게 론칭된 Google Trips travel 앱 또한 직접 관리할 수 있는 여행 일정표와 가이드 기능으로 개개인을 위한 개별 여행사 역할을 할 것이다. 이제 더 효율적인 여행의 시대가 온 것이다.

④ 혼자 떠난다. 혼행의 시대

홀로 여행을 하는 것에 대해 어떻게 생각하는가? 지난 해부터 홀로 여행하는 것, 혼행이 여행 트렌드로 떠올랐다. 이에 따라 Cox & Kings과 Caribtours 같은 여행사들은 혼자 여행하는 사람들을 위한 상품을 제공하기도 했다. 많은 사람들은 이미 혼자 여행하는 것의 매력에 푹 빠졌다. Fodor.com은 혼행이 '당신을 더 나은 여행자로 만들고 당신의 여행경험을 더 의미 있게 만들 것'이라고 강조했고, Wanderlust는 혼자 여행을 하는 것이 '당신의 자존감을 더 높여줄 것'이라 말했다.

⑤ 여성은 더 많이, 혼자 떠난다

점점 더 많은 여성들이 혼자만의 모험을 즐기고 있다. 한 연구는 지난 6년간 여성 혼자 여행한 비율이 230% 증가했다고 밝혔다. 소셜 미디어와 치안의 발달은 여성들로 하여금 홀로 여행을 떠날 수 있게 만들어 주었다. 이에 더해 더 많은 여성들이 여성만을 위한 휴가에 관심을 갖고 있다.

⑥ 일과 여행의 경계가 더욱 뚜렷해진다

아마도 오늘날 기술의 편리함 덕분에 일과 개인적 삶의 경계가 차차 사라지는 것이 명백해보였다. 이러한 현상은 수많은 매체들로 하여금 '직장인들이 휴가를 보내는 동안 업무 메일을 확인하지 않도록 도와주는 것'에 관한 수십 개의 기사를 쏟아내게 만들었다.

이제는 이러한 관점에서 벗어날 때이다. 사람들은 언제 어디서나 업무와 연결되어 있는 상태가 개인의 삶을 망칠 수 있다는 것을 이해하기 시작했다. 점점 더 많은 사람들이 여행을 하는 동안은 그들의 업무로부터 완전히 분리되어야 한다고 생각한다.

⑦ 여행 기록을 위해 소셜 미디어를 사용한다

우리는 현재 소셜 미디어의 시대에 살고 있다고 해도 과언이 아니다. 이전에는 정성스레 사진첩을 만들거나 혹은 사진폴더를 관리함으로써 우리의 여행을 기록했다. 하지만 이제는 페이스북, 인스타그램, 트위터, 스냅챗 그리고 페리스콥 등에 여행 일지를 공유하는 시대가 되었다. 밀레니얼 세대는 이 같은 소셜 미디어 시대를 이끄는 장본인이다. The G Brief에 따르면, 75%의 밀레니얼 세대는 소셜 미디어에 여행하는 동안 게시물을 올리고, 추천이나 공유, 리트윗 횟수를 체크하며 동시에 그들의 동료들에게 영향을 준다.

2) 2018년 글로벌 여행 트렌드

지난 2017년 한 해에만 세계의 관광 시장은 놀랍도록 진화했고, 다가올 2018년에도 이 같은 기세는 꺾일 기미가 없어 보인다. 그렇다면 2018년 관광산업에 나타날 주목할 만한 트렌드는 아래와 같다. 이 중 일부는 이미 주목 받는 현상으로 자리잡았고, 일부는 우리의 목전에 다가와 있다.

① 지속 가능한 관광

관광 인구가 증가하면서 지속 가능성을 염두에 둔 여행 태도가 훨씬 더 중요해지고 있다.

사진: Pixabay

② 기차 여행

철도에 대한 향수는 다시금 열차 여행을 유행시키고 있다.

③ 익스트림한 여행

여행자들은 더 강렬한 스릴을 원하고, 관광 산업은 이를 캐치해 익스트림한 경험을 할 수 있는 여행을 제시한다.

④ 익숙한 곳에서 벗어난다

많은 사람들은 여행을 그들의 시야를 넓혀주는 것으로 생각하게 되었다. 따라서 사람들은 전혀 새로운 장소에 찾아가 현지 생활에 적응하며 낯선 문화를 배운다.

⑤ 다세대가 함께하는 여행

부모에게도 쉬는 시간이 필요하다. 조부모와 손자, 손녀가 함께하는 여행이 증가하고 있다. 또, 어린아이와 함께 여행하는 이들을 위한 서비스가 증가하고 있다. 예를 들어 주요 항공사들은 2018 이후 순차적으로 'Sky Nanny' 서비스를 제공할 것이다.

⑥ 글램핑

멋진 야외 경험과 함께 집에 있는 것 같은 편안함을 동시에 즐길 수 있는 글램핑은 더욱 유행할 것이다.

⑦ 예술 작품 감상

예술은 마음을 정화하고 영혼을 채울 수 있는 훌륭한 방법이다. 더 많은 여행자들은 예술 감상을 위한 여행을 떠나고자 한다.

⑧ 크루즈 여행

사진: Pixabay

크루즈 여행은 다양한 방식으로 관광객들에게 다가가고 있다. 대규모 크루즈는 상상조차 할 수 없는 거대한 규모에 다양한 시설을 갖추고 있으며, 유럽 지역에서는 강 위를 여행하는 크루즈가 유행할 것이다.

그림 2-16 2018 글로벌 관광 트렌드

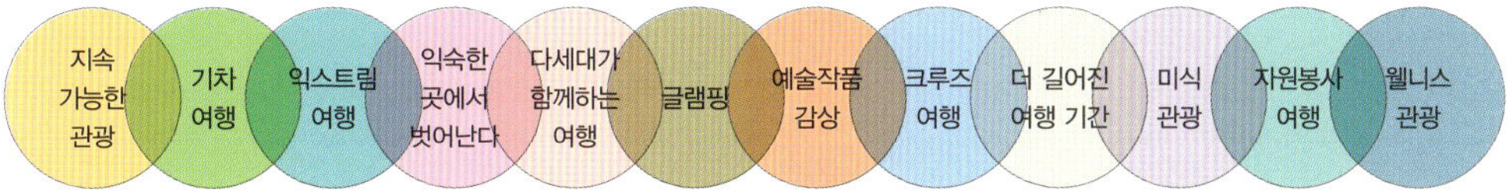

⑨ 더 길어진 여행 기간

디지털 업무환경은 사람들로 하여금 더 오래 여행할 수 있게 만든다. 특히 길어진 여행 기간 동안 세계 곳곳의 오지나 이국적인 여행지를 찾아갈 수 있게 되었다.

⑩ 미식 관광

사진: Pixabay

많은 사람들이 먹는 것의 기쁨에 대해 생각한다. 이에 따라 관광 산업 또한 미식경험을 제공할 수 있는 상품과 서비스를 제공하고 있다.

⑪ 자원봉사 여행(Voluntourism)

사람들은 자신이 누리고 있는 것을 세상에 돌려주고 싶어한다. 이 같은 이들은 여행을 하면서 동시에 자원 봉사 활동을 하고자 한다.

⑫ 웰니스 관광

수많은 리조트가 고객들에게 스파, 요가, 운동과 같이 건강을 위한 서비스를 약속하고 있다.

소셜 빅데이터로 살펴본 2019 국내여행 트렌드는 B.R.I.D.G.E.

– 여행과 일상의 경계가 모호해지고 연중 여행, 근거리 여행 경향이 보다 확대될 전망

– 한국관광공사, 최근 3년간 소셜 빅데이터 내 국내여행 관련 데이터 약 264만 건 분석

B(Break the Generation Gap #다세대 가족여행) 국내여행에서는 멀티제너레이션, 즉 베이비붐세대와 밀레니얼세대가 함께 즐기는 세대 간 벽을 허무는 다세대 가족여행이 점진적으로 확대될 것으로 보인다. 무엇보다 소셜미디어상에서 국내여행 관련 키워드로 가족여행에 대한 언급량이 3년 연속 증가세를 기록하고 있고, 국내 주요 여행사들 또한 효도관광 상품 마케팅을 강화하고 있다는 점이 주목할 만하다.

R(Recreational Activities, #레저 여행) 축제, 체험, 행사와 같은 레크레이션 관련 키워드가 국내여행의 목적 및 활동 부문 주요 키워드로 지속적으로 등장하고 있으며, '강원도 액티비티', '어른이 놀이터' 등이 여행 인플루엔서들의 페이스북 페이지 내에서 상위 키워드를 차지했다. 이와 함께 서핑, 루지, 짚라인 등과 같은 레포츠도 여행지에서의 인기 액티비티로 꼽혔다.

I(Influential Contents, #SNS 여행콘텐츠) 인스타그램 사진 한 장으로부터 여행이 시작되고, 주요 여행지 및 루트가 결정되기도 한다. 특히 최근에는 여행지에서 느끼는 다양한 감성들을 사진뿐만 아니라 영상으로 남기려는 경향이 증가해 유튜브 채널에 실시간 업로드 되는 등 여행 관련 영상 콘텐츠 확대가 지속될 것으로 보인다. 최근 3년간 국내 여행 버즈량 점유율을 포털 미디어와 소셜 미디어로 나눠서 살펴보면 2017년까지는 블로그가 강세를 보였으나 인스타그램, 유튜브, 페이스북을 필두로 한 SNS 비율이 지속적으로 증가하며 2018년에는 소셜 미디어 점유율이 절반(51.5%)을 상회, 포털 미디어를 앞선 것으로 나타났다. 이러한 1인 미디어와 영상 콘텐츠의 강세는 당분간 지속될 전망이다.

D(Delicious Foods, #맛집 탐방) 작년에 이어 올해도 먹방, 맛집, 여행이 결합된 예능 방송 프로그램의 인기가 여전하다. 국내여행 중 음식 관광의 비율은 2015년 13.2%, 2016년 24.7%, 2017년 34.7%로 연간 10% 이상 크게 증가하는 등 여행의 주요 목적 및 활동으로 맛집 및 카페 투어가 확고하게 자리매김한 것을 알 수 있다. 특히 TV에 나온 음식을 찾아 떠나는 'Foodie Travel(미식가 여행)' 트렌드는 2019년에도 지속될 것으로 보인다.

G(Go Anytime, #연중 여행) 골목·시장·거리 등 일상과 멀리 떨어져 있지 않은 친숙한 곳으로의 여행과 함께 비수기·성수기, 주중·주말 구분없이 여행을 떠나는 '연중여행' 트렌드가 지속될 전망이다. 최근 3년간 소셜 미디어 내 국내여행에 대한 연간 버즈량이 꾸준히 증가했고, 당일치기에 대한 언급량은 2016년 대비 2018년에 6배가량 급증한 것으로 나타나 특히 근거리 중심의 여행이 늘어날 것으로 예상된다.

E(East Coast, #강원도 여행) 2018 평창동계올림픽 개최를 계기로 KTX 경강선과 서울－양양간 고속도로가 개통되면서 수도권으로부터의 접근성이 보다 좋아지고, 우수 숙박시설이 확충되는 등 관광 인프라가 전반적으로 개선되면서 강원도 관광에 대한 관심 또한 크게 늘어났다. 특히 올림픽 개최지였던 평창과 더불어 강릉과 속초에 대한 관심 및 버즈량 증가가 두드러졌다. 강릉은 KTX 개통으로 당일치기 관광이 보다 확대되었고, 바다뿐만 아니라 커피의 도시로도 높은 인지도를 보였다. 설악산이 있는 속초는 산과 바다를 동시에 즐길 수 있고 물회, 닭강정 등을 맛볼 수 있는 강원도 대표 식도락 여행지로 자리매김한 것으로 나타났다.

요약 Note

- 관광은 국어사전에서 "다른 나라의 문물, 제도를 시찰하는 것, 다른 지방이나 나라의 아름다운 풍경, 풍습 등을 구경하며 유람하는 것"으로 풀이된다. 어원은 주역의 관국지광 이용빈우왕(觀國之光 利用賓于王), "나라의 문화(형편)를 둘러보니, 왕에게 귀빈 대접을 받을만 하노라"를 유래로 한다.
- 관광을 뜻하는 영어 단어인 Tourism은 "여러 나라를 순회여행한다"는 뜻이다. Tourism은 '짧은 기간 동안의 여행'을 뜻하는 Tour의 파생형이다. 유사어로 journey, travel, trip, sightseeing 및 voyage 등이 있다.
- 관광산업은 관광객에게 재화와 서비스를 제공하는 산업을 의미하며, 관광자의 관광행위 과정에서 그에 관련되어 발생하는 일체의 사업을 말하는 것으로 관광자의 유치에서부터 관광자에게 서비스를 제공하는 모든 일을 가리킨다. 오늘날 관광산업은 세계적 차원에서 개인적, 경제적, 사회문화적, 국가정책적으로 우선순위를 부여받고, 성장동력 사업으로 인식되어 그 중요성을 더해가고 있다.
- 관광 관련 국제기구로는 UNWTO, OECD 관광위원회, APEC 관광실무그룹, PATA, EATA, IATA 등이 있으며, 국내 기구로는 문체부, 한국관광공사, 한국문화관광연구원, 기타 지방행정조직 및 관광 사업자 단체가 있다. 이들은 유기적으로 협력하여 관광산업의 진흥을 위해 노력한다.
- 새롭게 등장한 관광방식 중 주요한 것으로 지속가능한 관광, 공유경제, 의료관광, 웰니스관광, 1인 관광 그리고 4차 산업 등이 있다.

과제 Assignment

- 관광산업의 다양한 분류 중 가장 관심이 가는 것은 무엇인지 선택하고, 세부적인 관련 분야 및 직업에 대해 조사해보라.
- 공유경제의 의미에 대해 정의하고, 관광산업에 공유경제개념이 적용된 구체적 사례를 설명하라.
- 1인 관광 트렌드의 부상이 관광에 따라 호텔, 여행, 항공 등 다양한 관광의 분야들이 어떻게 대응하고 있는지 구체적 예를 들어 설명하라.
- 4차 산업혁명이 관광산업에 끼칠 영향에 대해 설명하라.

참고 자료

- 경기관광공사 http://ggtour.or.kr/
- 한국관광공사 http://kto.visitkorea.or.kr/kor.kto
- 메디코리아포유 http://www.medikorea.com/

- 〈Policies for the Tourism Sharing Economy〉, OECD Tourism Trends and Policies 2016, 2016
- 〈관광을 통한 문화의 생산과 소비〉, 문옥표, 남한산성 역사아카데미 제4기 특강
- 〈관광부문 국제기구와의 협력 방향〉, 최경은, 문화관광인사이트 제92호, 한국문화관광연구원
- 〈관광레저〉, KOTRA INVEST KOREA
- 〈4차 산업혁명과 관광산업의 미래〉, 한국문화관광연구원, 2017
- 〈공유숙박 잠재적 이용자의 행동의도에 영향을 미치는 요인에 관한 탐색적 연구－확장된 목표지향적 행동모델을 적용－〉, 이예진, 윤지환, 관광학연구 41(5), 2017
- 〈세계 주요관광정책동향: 단절없는 여행과 공유경제〉, 투어고인사이트 제4호, 한국문화관광연구원, 2016
- 〈호텔의 지속가능경영 노력이 기업성과에 미치는 영향 연구, A study on the effect of hotels' sustainable management efforts on corporate performance〉, 안소영 한진수, 관광연구저널 31(3), 2017
- 〈키워드로 보는 2016년 세계 관광트렌드〉, 투어고포커스 제195호, 한국문화관광연구원, 2016
- 〈숫자로 보는 한국 관광〉, 한국관광공사, 2016
- 〈관광의 발달과 연구〉, 부산외국어대학교 김정승
- 〈세계 호텔산업의 동향과 미래연구〉, 한국지역문화콘텐츠연구원, 2012
- 〈여행업 관련 종합적인 법·제도 개선연구〉, 문화관광부, 2006
- 〈호텔업의 역사〉, 정규엽, 관광학연구 31(10), 2011

- 2016.10.19. 〈2017 Travel Trends〉, Elaine Clara Mah, Huffingtonpost UK http://www.huffingtonpost.co.uk/elaine-clara-mah/2017-travel-trends_b_12510674.html
- 2016.10.07. 〈Emerging Wellness Travel Trends For 2017 And Beyond〉, Anne Dimon http://www.travelmarketreport.com/articles/Emerging-Wellness-Travel-Trends-For-2017-And-Beyond
- 2017.12.05 〈[인터뷰] 여행박람회에서 본 2018년 여행트렌드 TOP3〉, 트레블바이크 http://www.travelnbike.com/news/articleView.html?idxno=49623

- https://goo.gl/images/ms4Bhw
- 2016.04.06 〈[크루즈가 뜬다]① 중국 크루즈 관광객 폭발...2012년부터 79%씩 성장〉, 조선Biz http://biz.chosun.com/site/data/html_dir/2016/04/06/2016040600162.html?Dep0=twitter2016.04.06 [크루즈가 뜬다]② 한국 크루즈 시장은 '황금밭', 조선Biz http://biz.chosun.com/site/data/html_dir/2016/04/07/2016040701840.html
- 2017.06.08 〈[Choice Hotel] 나를 위한 아낌없는 투자 YOLO! 호텔에서 시작한다〉, 호텔앤레스토랑 http://hotelrestaurant.co.kr/news/article.html?no=3700
- 2017.03.23 〈[Choice Hotel] 혼자여도 괜찮아. 1인 고객 품는 호텔〉, 호텔앤레스토랑 http://hotelrestaurant.co.kr/news/article.html?no=3420
- 2017.03.22 〈[Feature_ Hotel] 취향의 시대를 맞는 호텔의 자세〉, 호텔앤레스토랑 http://hotelrestaurant.co.kr/news/article.html?no=3414
- 2017.07.11 〈[최영덕의 Hospitality Notes] 글로벌 웰니스 관광에 주목할 때〉, 호텔앤레스토랑 http://hotelrestaurant.co.kr/news/article.html?no=3802
- 2017.09.11 〈[최영덕 Hospitality Notes] 4차 산업혁명과 호텔의 진화, 디지털 환경 주도할 Z세대, 변화 가져올 것〉, 호텔앤레스토랑 http://www.hotelrestaurant.co.kr/news/article.html?no=3967
- 2017.09.01 〈[Hotel Issue] 호텔, 사회공헌도 특별하게 '버리지 말고 모아보자'〉, 호텔앤레스토랑 http://www.hotelrestaurant.co.kr/news/article.html?no=3933
- 2017.11.16. 〈[The 4th Industrial Revolution in HOTEL] 호텔 속의 IT 어디까지 진화할까?〉, 호텔앤레스토랑 http://www.hotelrestaurant.co.kr/news/article.html?no=4115
- 2017.08.23. 〈[2018 평창] "올림픽 특수 누리자"…관광업계, 상품개발·홍보에 분주〉, 연합뉴스 http://www.yonhapnews.co.kr/bulletin/2017/08/22/0200000000AKR20170822081600030.HTML

- https://people.hofstra.edu/geotrans/eng/ch3en/conc3en/hubspokederegulation.html
- https://en.wikipedia.org/wiki/Spoke%E2%80%93hub_distribution_paradigm
- http://www.placesyoullsee.com/20-travel-trends-know-2018/
- http://www.adventurestudenttravel.com/8-most-important-travel-trends-for-2018/

- 2017년기준 관광동향에 관한 연차보고서. 문화체육관광부, 2018.8
- 고용구조 선진화를 위한 서비스 산업의 일자리 창출 역량제고 방안(II)－문화산업과 관광산업－, 한국노동연구원, 2010, 12, 30
- 한국관광정책, 2005 가을, 통권 제 21호, 한국문화관광정책연구원

- 관광산업 통계기반 개선사업 연구, KIET 산업연구원, 2015 보고서
- 한국문화관광연구원, '창조경제시대 산업 간 융합을 통한 관광산업 발전방안', 2013
- OECD Tourism Trends and Policies 2018
- 세계여행관광협회(http://www.wttc.org) 2018 연차보고서

hospitality management

학습 목표

- 호텔업의 정의 및 특성
- 호텔업의 역사
- 국내외 주요 호텔 브랜드
- 호텔 주요 부서 및 업무 – FOH / BOH
- 호텔산업의 전망
- 호텔산업의 주요 트렌드

CHAPTER 03

호텔업

Hotel Industry

수업 개요

현대 사회에서 호텔은 단순한 숙박과 식사를 제공하기 위한 시설의 의미를 넘어선다. 일찍이 사교문화가 발달한 유럽의 호텔은 귀족과 신사숙녀가 찾는 고급 레저문화의 교류장이었다. 이러한 상류층의 라이프 스타일은 시간이 지나면서 보통사람들의 생활 속에 자리잡는다. 다만 과거 소수의 사람들만 이용하던 시설이 현대에 와서는 대중화되었고, 그 사용 목적과 방식, 의미도 발전하였다. 지금도 호텔은 지역의 훌륭한 상징이 되고, 새로운 트렌드를 이끌고, 컨벤션과 같은 대형 행사를 유치하는 명소로서의 기능을 해내고 있다. 무엇보다 다양한 호텔의 시설과 건축물들은 그 자체로 여행의 목적이 되고, 지역주민의 생활양식을 변화시키거나 영감을 주기도 하는 매개체의 역할을 한다.

호텔업 | Hotel

<주요 관련 직무>

-Front of the house
- 리셉션
- 컨시어지
- F&B

-Back of the house
- 세일즈&마케팅
- 재무부서
- 인사부서

호텔업이란 관광진흥법 제 3조 제 2항에서 "관광객의 숙박에 적합한 시설을 갖추어 관광객에게 이용하게 하고 음식을 제공하는 업" 이라고 규정되어 있다. 하지만 현대에 들어서는 단순히 숙박과 음식을 제공하는 것에 그치지 않고, 부수적인 오락, 휴양, 공연, 연수 등에 적합한 시설까지 갖추어서 이를 이용하게 하는 산업이라 정의할 수 있다.

호텔업 6대 트렌드

혼텔족

혼자만의 즐거움과 휴식을 누리는 1인 호텔 소비자, '혼텔족'. 젊은 층을 중심으로 휴식과 레저에 중점을 둔 1인 호텔 이용이 증가.

새로운 형태의호텔

호텔 아파트먼트, 코워킹스페이스, 라이프스타일 등 새로운 형태의 호텔 속속 등장

4차산업과 호텔

4차 산업혁명 시대에 IT를 활용한 다양한 가치 창출은 궁극적으로 고객 만족과 감동을 위해 앞으로의 호텔업계가 가장 주목해야 할 분야.

공유가치(CSV) 경영

사회적 이슈에 대한 관심도가 높아지면서 국내에도 공유가치 경영을 내세운 신규호텔이 개관했고 지속 가능한 경영에 대한 창의적인 아이디어들이 등장

OTA의 성장

Online Travel Agency. 호텔 등 숙박시설 예약을 연결해주는 업체. 소비자는 여러 호텔을 비교하여 가장 싼 가격에 예약할 수 있다.

Local-friendly

오직 호텔에서만 제공할 수 있는 차별화된 지역 경험과 문화를 만드는 것이 트렌드. 현지 공동체와의 교류와 협력을 통한 새로운 호텔 문화의 형성.

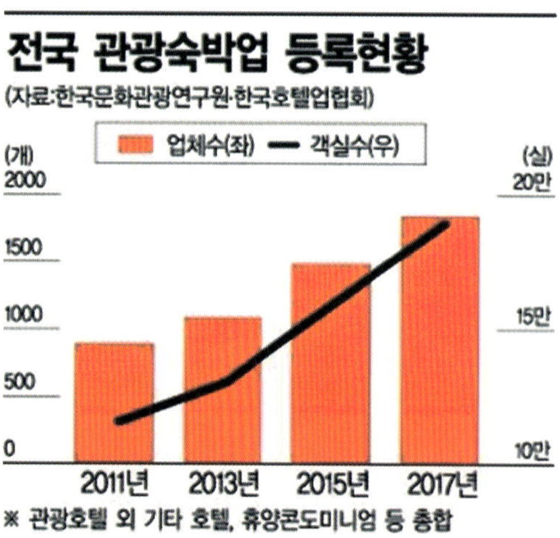

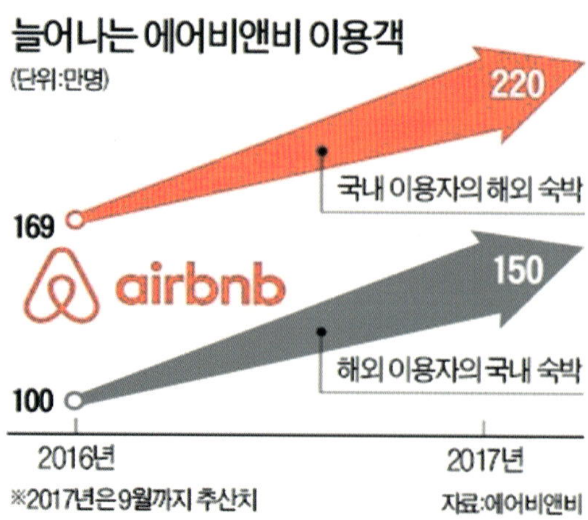

읽어 보기

호텔신라, 호텔 만족도 랭킹 1위 비결…한옥 호텔 건립도 순항

콘래드·반얀트리·인터컨티넨탈·쉐라톤·포시즌스 등 글로벌 호텔 체인도 국내시장에서는 호텔신라의 아성을 무너뜨릴 수 없었다. 호텔신라가 그리는 '글로벌 럭셔리 호텔'의 목표에 한 걸음 더 다가간 듯 보였다. 호텔신라의 전신은 국빈 숙소인 영빈관이다. 이 덕분에 호텔신라는 개관 때부터 국내 최고 호텔의 이미지를 거머쥘 수 있었다. 정부가 관광업 육성 의지를 보인 1970년대 정부는 고(故) 이병철 삼성그룹 회장에게 "한국의 얼굴로 내세울 만한 호텔이 없으니 영빈관을 인수해 한국을 대표하는 국제적인 호텔을 건설해 달라"고 했다. 이 회장은 전통적인 아름다움과 현대적인 시스템을 갖춘 국제적인 호텔을 세우기로 마음먹고 1973년 그룹 내에 호텔사업부를 신설했다. 공사가 시작된 지 5년이 지난 1979년에야 문을 열었지만 글로벌 체인 브랜드가 아닌 독자 브랜드여서 초기에는 많은 어려움을 겪었다.하지만 여느 호텔과 달리 이름부터 시설, 정체성까지 한국만의 전통과 차별화된 콘텐츠를 제공하며 개관 4년 만에 흑자로 돌아섰다. 1979년 오픈 직후 미국 지미 카터 대통령이 투숙한 것을 비롯해 미국 대통령이 방한할 때마다 머무른 '국빈 숙박 시설' 역할을 이어 왔다. 2015년 4월에는 국내 최초 5성급 호텔로 선정되기도 했다.

'신라'라는 브랜드에서 오는 이미지 때문에 타 산업과의 연계도 활발하다. 객실 판매 외에 전시·컨벤션·기업행사 등 국내 마이스(MICE) 산업을 주도하고 있다. 특히 자동차업계에서는 수입차 신차 발표 행사 시 브랜드 이미지 등을 고려해 호텔신라를 선호하는 성향이 강하다. 올해에만 볼보·마세라티·벤츠 등 다수의 자동차 행사가 서울신라호텔에서 개최됐다. 자동차업계는 특급 호텔에서 행사를 진행함으로써 호텔을 찾는 고객들에게 자사의 모델을 알릴 수 있고 호텔은 대관료를 받으니 실적 증대에 도움이 되는 구조다.

호텔신라는 향후 해외 럭셔리 호텔을 능가하는 세계 최고 수준의 '글로벌 럭셔리 호텔'로 도약한다는 계획이다. 그 초석은 2006년부터 다져왔다. 호텔신라는 2006년 로비·레스토랑·연회장 리뉴얼을 진행했다. 이후 2013년 대대적인 리노베이션을 통해 고품격 호텔 이미지를 더욱 끌어올렸다. 당시 서울신라호텔을 리노베이션하기 위해 이부진 호텔신라 사장은 6개월간 영업을 중단하는 초강수를 던졌다. 이 사장이 이런 결심을 한 이유는 호텔이 지어진 지 30년이 넘어 층 높이가 낮고 방이 좁아 대대적 보수를 해야 할 필요성이 컸기 때문이다. 당초 호텔신라는 호텔 일부를 운영하며 리노베이션 작업을 병행하려고 했지만 소음 등으로 호텔 이용객에게 불편을 줄 수 있다고 판단해 아예 문을 닫았다. 재개장을 앞둔 서울신라호텔에 대한 기대감에 주가가 급등하기도 했다. 2013년 7월 말 호텔신라의 주가는 연초 대비 60% 이상 오르며 기대감을 한 몸에 받았다.

호텔신라가 그리는 청사진은 '라이프스타일 호텔'이다. 객실·레스토랑·연회장·야외수영장 등 모든 부문의 시설과 서비스가 최고의 경쟁력을 가지는 것이 목표다.

이를 위해 객실은 뉴욕 포시즌스호텔 등을 디자인한 세계적인 디자이너 피터 리미디오스가 맡아 디자인했다. 미니바 대신 요트 콘셉트로 구성한 '프라이빗 바'가 도입됐다. 또 최상의 수면 환경 조성에 세심한 주의를 기울였다. 몸에 직접 닿는 침구류를 국내 최고 수준으로 구성해 실크처럼 부드러운 촉감을 제공하고 매트리스와 이불 사이에 거위 털 패드를 추가했다.

호텔신라만의 한국적 정체성은 식음업장에서도 이어진다. 서울신라호텔의 한식당 '라연'은 '미슐랭 가이드 서울 2018'에서 호텔 레스토랑으로서는 유일하게 2년 연속으로 미슐랭 '3스타'를 받았다. 정통 한식을 선보이는 한식당으로 맛·서비스·분위기 등 모든 면에서 한국을 대표하는 레스토랑으로 공인받은 셈이다.

고객들에게 가장 반응이 좋은 곳은 서울신라호텔의 야외 수영장인 '어번 아일랜드'다. 도심 한복판에서 야외 수영장이 갖는 집객력은 무시할 수 없다. 특히 서울 시내 특급 호텔 중 유일하게 온수풀을 가동해 봄부터 가을까지 즐길 수 있는 아웃도어 라이프스타일 공간으로 거듭났다. 수영과 태닝이 전부인 일반적인 야외 수영장이 아니라 다양한 카바나와 자쿠지에서 여유로운 휴식을 즐길 수 있다. 레저를 위한 공간으로 활용할 뿐만 아니라 가을철엔 비즈니스 리셉션이나 럭셔리 브랜드의 프라이빗 파티가 진행돼 마이스 공간으로도 활용된다.

호텔신라는 복합 문화 공간으로서 고객에게 새로운 가치를 전달하기 위해 다양한 협업을 진행하고 있다. 특히 국내 패션, 해외 명품 브랜드와의 컬래버레이션 패키지를 선보이고 있다. 또한 꾸준한 해외 셰프 초청 행사를 통해 세계 최고 수준의 미식을 맛볼 수 있도록 기획하고 있다.

현재 호텔신라의 숙원 사업으로 꼽히는 '전통 한옥 호텔' 건립도 순항하고 있다. 서울신라호텔 초입에 자리한 주차장과 신라면세점을 허물고 그 자리에 전통 한옥 호텔(지하 3층~지상 2층)과 새로운 면세점(주차장을 포함한 지하 4층~지상 2층)을 지을 계획이다. 한국의 전통미를 최대한 살린 전통 한옥 호텔을 건립해 한옥의 아름다움과 우수성을 알리는 동시에 호텔신라의 품격도 한 단계 높인다는 게 이 대표의 생각이다.

호텔신라는 2012년 본격적으로 한옥 호텔 건립 사업을 시작해 2016년 서울시 도시계획위원회 심의를 통과했다. 이어 1월에는 문화재청 심의도 통과했고 지난 7월 4일 열린 서울시 환경영향평가 심의를 조건부 통과했다. 호텔신라는 2020년 착공, 2022년 완공을 목표로 하고 있다. 한옥 호텔이 완성되면 대기업이 운영하는 최초의 한옥 호텔인 동시에 서울 시내에 자리 잡는 첫 한옥 호텔이 될 것으로 보인다.

한국경제매거진, 제1181호, 2018년 7월 18일

호텔산업의 정의 및 특성

1) 호텔업의 정의

호텔의 사전적 정의는 '보통 여행자들에게 숙박과 식사 등을 제공하기 위하여 운영되는 대형 건물 또는 시설(A usually large house run for the purpose of giving travelers food, lodging, etc)'이라고 정의되어 있다.

우리나라의 관광진흥법에서는 호텔업을 "관광객의 숙박에 적합한 시설을 갖추어 이를 관광객에게 제공하거나 숙박에 딸리는 음식·운동·오락·휴양·공연 또는 연수에 적합한 시설 등을 함께 갖추어 이를 이용하게 하는 업"으로 정의한다. 호텔업에 포함되는 산업의 종류는 다음과 같다.

2) 호텔업의 역사

① 세계 호텔의 역사

호텔의 역사는 중세시대로 거슬러 올라간다. 12~13세기 유럽에서는 그리스도교들의 성지순례가 성행했다. 비슷한 시기에 십자군 원정 또한 시작되었다. 당시에 먼 거리를 여행한다는 것은 상당히 위험한 일이었으며, 그 힘든 여정에서 사람들이 쉬어갈 곳이 필요해졌다. 수도원과 교회에서는 이들에게 간병과 휴식을 제공하는 시설을 마련했고, 이를 '호스피스'라고 불렀다. 이는 후에 병원을 뜻하는 '호스피탈(Hospital)'과 숙박시설인 호텔'(Hotel)'로 갈라졌다.

18세기 르네상스를 기점으로 귀족과 부르주아 계층은 과학, 예술, 음악과 같은 분야를 접하게 되었고, 이에 따라 살롱이나 저택에서의 사교활동도 더욱 활발해졌다. 동시에 교통수단이 발달하여 이동이 활발해지자 각 지방에는 이들이 여행 중에 머무는 궁전이나 저택이 생겼고, 주인과 손님에게 봉사하는 하인과 집사 등도 늘어났다. 이 중 영국에서 '버틀러(Butler)'라고 불리는 집사는 하인 가운데 가장 높은 직위이다. 그에게는 주인의 비서 역할은 물론이고 하인을 관리하는 등 집일에 대한 모든 책임과 권한이 있었다. 당시의 시대적 분위기에서는 주인이 신사라면 그를 섬기는 사람도 신사여야 했기 때문에, 버틀러에게도 주인 못지 않은 신사도를 갖출 것이 요구되었다. 버틀러는 오늘날 호텔에서 각 객실마다 배치되어 보다 개별화된 서비스를 제공하는 직원으로 이어진다.

표 3-1 관광숙박업의 정의 및 종류

분류	정의
관광호텔업	관광객의 숙박에 적합한 시설을 갖추어 관광객에게 이용하게 하고 숙박에 딸린 음식·운동·오락·휴양·공연 또는 연수에 적합한 시설 등(이하 "부대시설"이라 함)을 함께 갖추어 관광객에게 이용하게 하는 업(業)
의료관광호텔업	의료관광객의 숙박에 적합한 시설 및 취사도구를 갖추거나 숙박에 딸린 음식·운동 또는 휴양에 적합한 시설을 함께 갖추어 주로 외국인 관광객에게 이용하게 하는 업
소형호스텔	관광객의 숙박에 적합한 시설을 소규모로 갖추고 숙박에 딸린 음식·운동·휴양 또는 연수에 적합한 시설을 함께 갖추어 관광객에게 이용하게 하는 업
호스텔업	배낭여행객 등 개별 관광객의 숙박에 적합한 시설로서 샤워장, 취사장 등의 편의시설과 외국인 및 내국인 관광객을 위한 문화·정보 교류시설 등을 함께 갖추어 이용하게 하는 업
가족호텔업	가족단위 관광객의 숙박에 적합한 시설 및 취사도구를 갖추어 관광객에게 이용하게 하거나 숙박에 딸린 음식·운동·휴양 또는 연수에 적합한 시설을 함께 갖추어 관광객에게 이용하게 하는 업
한국전통호텔업	한국전통의 건축물에 관광객의 숙박에 적합한 시설을 갖추거나 부대시설을 함께 갖추어 관광객에게 이용하게 하는 업
수상관광호텔업	수상에 구조물 또는 선박을 고정하거나 매어 놓고 관광객의 숙박에 적합한 시설을 갖추거나 부대시설을 함께 갖추어 관광객에게 이용하게 하는 업

Great Western Royal Hotel

Hilton London Paddington

근대에 들어 철도와 자동차 등 교통수단이 발달하면서 여행사가 급증하자 숙박시설 수요도 늘어났다. 1854년에는 런던 해딩턴 역 근처에 최초의 철도 호텔(Station Hotel)인 그레이트 웨스턴 로열 호텔(Great Western Royal Hotel, 지금의 힐튼 런던 패딩턴)이, 1907년에는 파리에 최초의 대형호텔인 르 뫼리스(Le Meurice)가 탄생했다.

1869년 수에즈 운하가 개통되면서 유럽과 아시아 사이의 해상 무역이 발달하여 외교관, 무역상 등 수많은 유럽인이 아시아 지역에 진출했다. 이는 싱가포르의 래플스 호텔(Raffles Hotel), 홍콩의 페닌슐라(The Peninsula), 태국의 오리엔탈 방콕(The Oriental Bangkok, 현재의 만다린 오리엔탈 방콕)과 같은 콜로니얼 건축 양식 호텔이 탄생하는 계기가 되었다.

이처럼 유럽과 아시아에서 '호텔'이라는 시설이 일반에게 인식되기 시작하면서 호텔은 숙박시설인 동시에 왕족, 귀족, 신사숙녀가 즐겨 찾는 사교의 장이 되었다. 사교 문화의 중심지로 성숙해가면서 호텔은 높은 위상의 고상한 고객에게 어울리는 최고의 시설과 서비스를 제공하는 세련된 문화 공간으로 진화했다.

현대적 의미의 호텔은 유럽과 미국 두 대륙을 중심으로 발전하였다. 유럽은 산업혁명 및 귀족들의 온천여행 등을 중심으로 호텔산업의 터전을 마련하며, 유럽의 호텔은 크게 휴양지 호텔과 도심지 호텔의 특성으로 양분되어 발전한 것이 특징이다. 반면 미국의 호텔 산업은 대중적 취향의 저렴한 요금을 중심으로 세계 호텔 시장을 선도하였고, 효율성과 편의를 중시하는 저가 상용호텔의 발전이 특징이다.

그림 3-1 | 유럽 호텔의 발달

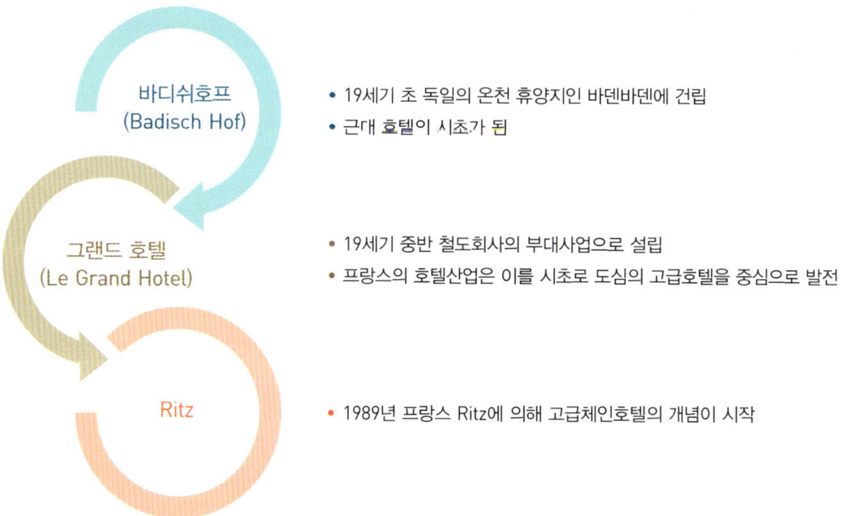

그림 3-2 | 미국 호텔의 발달

1795년	뉴욕에 건립된 시티호텔(City Hotel)은 미국 최초의 근대호텔
1829년	보스턴 트레몬트 하우스(Tramont House)는 최초의 싱글베드와 더블 룸, 객실 열쇠 및 소모품 비치, 벨맨들의 서비스를 제공함으로써 호텔경영에 기술 혁신을 이룸
1830~1850년	호텔건축 붐을 이루며 미국 전역에 호텔 건립 및 고급화 경쟁 과열
20세기 이후	미국의 국가 경쟁력 확장 및 교통의 발달로 저예산 상용여행자들의 증가로 새로운 서비스에 대한 요구에 맞춰 최초의 상업호텔인 스타틀러 호텔(The Statler Hotel) 설립
1930~1940년대	대공황을 겪으며 미국호텔의 85%가 파산하나 미국 경제회복과 함께 호텔산업도 상승세를 보이며 대규모 체인호텔이 등장

② 한국 호텔의 역사

한국 숙박의 역사는 삼국시대로 거슬러 올라간다. 신라시대의 '역관'은 관리들이 지방 순찰시 이용하는 숙소였고, 통일신라 시대의 '신라방'은 당나라를 찾는 신라인의 숙소로 이용되었다. 고려시대의 '역참제'는 공무로 왕래하는 관리에게 교통

그림 3-3 | 한국 근현대 호텔의 발전

근대호텔의 태동

대불호텔
우리나라 최초의 호텔

손탁호텔
우리나라 최초의 서양식 호텔

1888년에 인천항이 개항되면서 일본을 포함한 서구 열강들이 앞다투어 우리나라에 옴
그러나 숙박 시설이 없어 큰 불편을 겪었는데 이러한 이유로 근대적 숙박 시설인 여관과 호텔이 세워지기 시작

근대호텔의 발전

신의주 철도 호텔

반도호텔
우리나라 최초의 상용 호텔

1900년에 이르러 1905년 경부선 등 한반도의 주요 지역을 연결하는 철도 개통
철도국에서는 외국인 여행자들의 편의를 도모하기 위하여 주요 철도역을 중심으로 철도 호텔을 건립하기 시작

현대호텔의 발전(민영호텔, 관광호텔)

온양온천관광호텔

해방 직후의 사회 혼란과 남북 분단, 한국전쟁 등으로 1950년 초까지 호텔산업 정체
반도호텔, 조선호텔 등은 미 군정청에서 관리하다가 1948년 8월 15일 대한민국정부가 수립되면서 교통부로 이관

현대호텔의 발전(대형호텔, 올림픽호텔)

플라자호텔

하얏트호텔

'한국관광 종합개발 기본계획'을 수립하여 반도호텔, 조선호텔, 워커힐호텔을 민영화
1980년대는 서울올림픽 등 국제행사를 치르며 양적, 질적으로 성장

올림픽이 낳은 고급 호텔로는 힐튼호텔(1983년), 롯데호텔월드(1988년), 라마다르네상스호텔(현 르네상스호텔: 1989년), 스위스그랜드호텔(현 그랜드 힐튼 서울: 1988년) 등이 있다

및 숙박의 편의를 제공하는 역할을 했다. 조선시대에는 고려의 역이 지속되면서, 공무수행자나 관리를 위해 지방에 설치한 새로운 숙박시설인 '관', 하급 숙박시설 '원', 그리고 여기서 발달한 '점(주막)' 등이 발달하였다. 19세기 말 개항 후 국내에 서구 문물이 유입되면서 전통적 숙박시설이 변화한다. 근대 이후 한국 호텔의 발전사를 주요 호텔을 위주로 정리하면 〈그림 3-3〉과 같다.

1990년대가 되면서 대규모 연회 시설과 부대시설을 갖춘 특급 호텔들이 호텔 산업을 주도하게 되었다. 이어 2000년을 전후하여 국제적인 호텔과 유명 관광지와 휴양지에 제주신라호텔(1990), 롯데호텔제주(2000) 등의 리조트 호텔이 들어선다.

3) 호텔업의 특성

호텔산업은 유형(객실, 식음료, 부대시설 등), 무형(서비스)의 상품을 가지고 고객의 욕구에 부응하는 것을 기본으로 한다. 이외에 호텔업의 주요한 특성은 다음과 같다.

그림 3-4 호텔산업의 특성

- ① 인적 서비스에 대한 의존성이 높다
- ② 고정자산의 과다한 투자
- ③ 연중무휴영업
- ④ 시설의 조기 노후화
- ⑤ 최초 투자비용이 높다
- ⑥ 낮은 자본 회전율
- ⑦ 비전매성 상품
- ⑧ 상품 공급의 비탄력성(공급의 소멸성)
- ⑨ 계절성 상품
- ⑩ 공공장소적 기능

① 인적 서비스에 대한 의존성이 높다

호텔에서는 물적 서비스도 중요하지만 무엇보다 인적 서비스가 중요하다. 호텔은 고객의 요구와 기대를 파악하여 충족시켜 줌으로써 고객만족이라는 환대산업(hospitality)의 목표를 달성할 수 있기 때문이다. 따라서 호텔기업은 고객의 다양한 욕구충족을 위해서 프로정신을 바탕으로 한 전문 인력을 확보해야 하는 노동집약적 산업이기도 하다.

② 고정자산의 과다한 투자

호텔기업은 건물이나 시설 자체가 하나의 상품으로 간주되기 때문에 고정자산 점유율이 70~80%로, 총 투자액 대비 고정자산에 대한 의존도가 매우 높은 편이다.

③ 연중무휴영업

호텔기업은 하루 24시간, 1년 365일을 휴무 없이 계속해서 영업해야 한다. 종사원 또한 다른 산업에 비해 많이 고용해야 하고, 객실관리 및 식음료부분도 새벽과 야간업무를 위해 3교대(Shift) 근무를 시행한다.

④ 시설의 조기 노후화

호텔의 건물, 객실, 비품 등의 시설은 여러 사람이 이용하기 때문에 시설의 수명이 짧다. 호텔은 시설 자체가 하나의 제품이고 상품이기 때문에, 고객이 이용하든 이용하지 않던 간에 부단히 관리하고 마모되어 타 시설에 비해 노후화가 빠르다.

⑤ 최초 투자비용이 높다

호텔기업은 개업 이전에 토지, 건물, 설비 등 규모가 큰 것들에 투자가 먼저 이루어져야 한다. 따라서 일시적 최초투자가 높은 기업으로서의 특징을 지닌다.

⑥ 낮은 자본 회전율

대규모의 초기 자본을 요구하는 호텔 산업에서 투자자본의 회수는 매출에 의존할 수밖에 없지만, 상대적으로 투자된 자본에 의해 매출이 소액이므로 자본 회수에 수십년의 기간이 필요할 수도 있다

⑦ 비전매성 상품

호텔상품은 소비자가 직접 현장에 방문할 때만 판매가 가능하기 때문에 소비자를 따라 이동하면서 판매할 수는 없다. 한 곳의 입지와 환경에 정착하여 판매하므로 호텔을 비이동성 상품이라고 부르기도 한다. Ellsworth Startelr(스타틀러)는 호텔을 건축함에 있어 중요한 것이 세 가지 있다고 했는데, 첫째가 위치요, 둘째도 위치요, 셋째도 위치임을 강조했다.

⑧ 상품 공급의 비탄력성(공급의 소멸성)

호텔 상품은 소비자가 직접 현장에 와서 그 즉시 이용하는 방식으로 공급된다. 즉 상품의 생산과 판매, 공급과 소비가 동시에 일어나는 것이다. 또 호텔 상품의 가치는 24시간이 지나면 소멸되고, 오늘 팔지 못한 객실을 재고로 두었다가 다음날 다시 팔 수 없다.

⑨ 계절성 상품

호텔 상품은 성수기(On Season)와 비수기(Off Season)에 따라 많은 영향을 받는다. 특히 휴양지 호텔에서는 이러한 제약이 더욱 심하여 호텔상품의 수요와 공급의 조화가 잘 이루어지지 못한다. 일반적으로 도심지나 번화가에 위치한 호텔은 상대적으로 계절적 영향을 적게 받는다.

⑩ 공공장소적 기능

호텔은 숙박기능, 음식제공 이외에도 문화행사, 스포츠, 레저, 상업 공간, 예식장 등 지역사회의 커뮤니티의 공간으로 활용된다. 또 공중로비, 귀빈층라운지 등은 직접적인 수익은 발생되지 않는 비생산적이지만 공공적인 장소로서의 역할을 한다.

4) 호텔업의 분류

호텔산업은 규모, 장소, 서비스의 범위, 운영 주체 등을 기준으로 분류할 수 있다. 하지만 동일한 분류 기준에서도 학자 및 국가에 따라 세부적인 구분에 차이를 보이기도 한다.

사진: Pixabay

표 3-2 규모에 따른 분류

객실수를 기준으로 하는 분류 방식. 호텔을 분류하는 가장 기본적인 기준 현재 개실 수에 따른 분류는 Lavcnthol and Horwath의 기준을 통상적으로 사용	
소규모 호텔	150 객실 이하
중규모 호텔	150~299 객실 이하
대규모 호텔	300~600 객실
특대규모 호텔 (메가(Mega) 호텔)	600 객실 이상

표 3-3 장소에 따른 분류

분류	장소	주 이용객
도시호텔	비즈니스, 쇼핑 등이 원활한 도시의 중심가	상용여행, 도시를 방문하는 관광객
휴양지	휴양지	휴양과 여가를 목적으로 하는 관광객
터미널	철도역, 공항, 버스터미널 등	교통수단을 이용하는 사람들

표 3-4 서비스 범위에 따른 분류

객실 외 부가적으로 제공되는 서비스의 범위에 따른 분류. 서비스의 범위와 내용에 따라 주 이용객에도 차이를 보인다. Limited Service Hotel 중 중저가 호텔은 Budget Hotel이라는 용어로 사용되지만, 세부적으로는 기존의 가격과 시설수준을 고수하는 전통적 의미의 소규모 저가 호텔(Budget Hotel)과 기능 및 서비스의 고급화를 통해 제한된 범위 내에서 객실 서비스 수준을 높인 새로운 개념의 중저가호텔(Economy Hotel)로 나눠짐	
Full Service Hotel	다양한 부대시설과 서비스의 질적 만족에 높은 경쟁력을 가짐
	레스토랑, 라운지, 피트니스, 세탁 서비스 등 이용객이 필요로 하는 모든 서비스를 제공
Limited Service Hotel	호텔의 가장 기본적인 서비스만을 제공함으로써 이용료를 낮춰 높은 가격 경쟁력을 가짐
	간단한 아침식사 및 무료 음료 외 서비스를 제공하지 않는 호텔

표 3-5 경영형태에 따른 분류

<table>
<tr><td rowspan="2">단독경영호텔</td><td colspan="2">개인 또는 기업이 호텔업에 투자를 하고, 전문 관리인으로 하여금 호텔을 단독경영하게 하는 형태</td></tr>
<tr><td>• 로열티 등의 비용 절감
• 시장 변화에 신속한 대응
• 독창적 경영기법 개발을 통한 효율적 운영</td><td>• 낮은 소비자 인지도로 인한 시장 진입의 어려움
• 국제적 정보수집이 어려움</td></tr>
<tr><td rowspan="2">체인 호텔</td><td colspan="2">체인 본사와 가맹호텔이 계약을 통하여 경영하는 호텔로, 운영방식에 따라 프랜차이즈와 위탁경영 방식이 있음</td></tr>
<tr><td>• 규모의 경제에 따른 비용 절감
• 각종 매뉴얼을 통한 서비스 표준화
• 높은 브랜드 인지도를 통한 시장 진입의 용이성</td><td>• 로열티 등의 수수로 과다 지급
• 시장변화에 대한 유연한 대처가 어려움
• 파견 직원과 현지 직원의 갈등</td></tr>
</table>

표 3-6 운영방식에 따른 체인 호텔 분류

프랜차이즈	• 가맹호텔은 체인본부로부터 총 매출액 또는 객실 판매액의 일정 비율을 로얄티(royalty)로 지급 • 그 대가로 판매권(특허권), 경영자문, 유무형의 각종 서비스, 직·간접적 재정적 지원 등을 제공받는 형태 • 체인본부는 경영에 직접 참여하지 않고 브랜드 및 예약망만 공유 • 가맹호텔은 경영의 독립성 유지
위탁경영	• 호텔의 소유자와 호텔 경영에 전문적인 지식과 기술을 가진 전문경영회사 간 계약체결 • 경영기법이 효과적이지만 소유자가 운영결정에 통제력을 상실할 우려가 있음
레퍼럴(Referral) 조직 경영 호텔	• 체인 호텔의 전문화되고 조직적인 시장개척에 의해 어려움을 겪게 된 단독 호텔들이 상호 협력하에 공동 선전, 마케팅 전략 및 예약 서비스 등의 획일화를 위한 공동기구를 만들고 이를 레퍼럴 조직이라 부름 • 레퍼럴 조직은 예약망을 통하여 예약업무의 편의를 제공하고 조직에 속해 있는 호텔의 시설과 서비스의 수준을 정함

국내외 주요 호텔 브랜드

1) 글로벌 호텔 브랜드

① 힐튼 월드와이드(Hilton Worldwide)

사진: 힐튼 공식 웹사이트

호텔의 대명사라 불리는 힐튼은 폭넓은 브랜드력을 자랑하는 긴 역사의 글로벌 호텔 브랜드이다. 1919년, 힐튼 창립자 콘래드 힐튼이 미국 텍사스의 작은 호텔 모블리(The Mobley)를 인수한 후 1925년 댈러스에 자신의 이름을 딴 제1호 힐튼 호텔을 개관한다. 이후 힐튼은 샌프란시스코와 뉴욕 등지로 진출하며 미국 최초의 전국 규모 호텔 체인으로 성장하였다. 이후 1977년 콘래드 힐튼이 최고의 호텔로 칭찬한 뉴욕이 월도프 아스토리아 호텔(Waldorf Astoria Hotel)을 3,500만 달러에 인수하며 명실상부한 최고급 호텔 기업으로 떠오른 힐튼은 2009년에 힐튼 호텔 코퍼레이션에서 '힐튼 월드와이드(Hilton Worldwide)'로 명칭을 바꾸었다.

2019년 기준 힐튼 월드와이드는 14개 브랜드를 소유하고 106개 국가에서 5,400곳이 넘는 사업장을 운영하고 있다. 힐튼 호텔 앤 리조트(Hilton Hotel & Resorts), 콘래드 호텔 앤 리조트(Conrad Hotel & Resorts), 더블트리(Doubletree), 앰버시 스위츠(Embassy suites), 햄튼 호텔(Hampton Hotel), 힐튼 가든 인(Hilton Garden Inn), 힐튼 그랜드 버케이션(Hilton Grand Vacations), 홈우드 스위트 바이 힐튼(Homewood Suite by Hilton), 월도프 아스토리아 호텔 앤 리조트(The Woldorf Astoria Hotel & Resorts) 등 대형 리조트에서부터 전통과 격식을 갖춘 최고급 호텔에 이르기까지 폭넓은 라인업이 전 세계에 포진해있고, 국제적 서비스 표준을 숙지한 뛰어난 호텔리어들을 배출하며 힐튼 브랜드라면 어디에서든지 일정한 고품질 서비스를 받을 수 있다는 인상을 준다.

힐튼은 일본에 진입한 첫 외국계 호텔이라 일본에서 특히 지명도가 높다. 도쿄의 아카사카에 힐튼 도쿄(Hilton Tokyo)가 개관한 것은 1963년으로, 비틀스의 첫 일본 공연 때 비틀스가 묵은 호텔로 주목을 받으며, 외국 최상류층 고객이라면 꼭 머무는 곳이 되었다. 2005년 7월 도쿄의 시오도메에는 힐튼 최고급 브랜드인 콘래드 도쿄(Conrad Tokyo)가 문을 열었다. 구석구석에 일본풍을 가미한 세련미 넘치면서도 풍류 있는 객실과 2006년 미슐랭 가이드에서 모두 8개의 별을 획득한 고든 램지(Gordon Ramsay)의 일본 첫 레스토랑, 물과 달을 콘셉트로 한 미즈키 스파(Mizuki Spa) 등은 도쿄 고급 호텔의 새로운 기준을 제시하며 해외에서도 매우 높은 평가를 받고 있다. 『콘데 나스트 트래블러』는 콘래드 도쿄를 호텔 내 스파와 레스토랑까지 포함해서 가장 주목받는 새로운 호텔을 꼽는 '월드 핫 리스트'에 추가했고, 호주의 『그루메 트래블러(Gourmet Traveller)』는 '세계 베스트

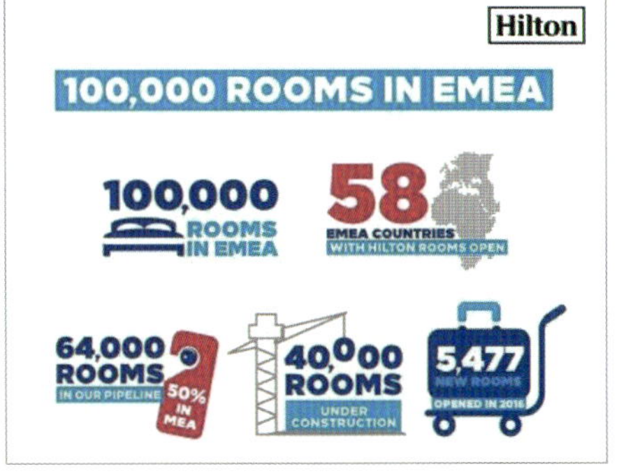

100,000 Rooms in EMEA, Hilton
(EMEA: Europe Middle East Africa)

일류 호텔 20'에 선정한 바 있다.

앞서 콘래드 힐튼이 극찬한 뉴욕의 월도프 아스토리아는 뉴욕 시 사적 건축물로 지정될 만큼 훌륭한 건물이다. 1893년에 문을 열고 오랜 세월 뉴욕 역사와 함께 해온 이곳에는 단순한 호텔 이상의 품격이 깃들어 있다. 또 세계 각국 수장이 머무는 곳으로 철저한 사생활 보호와 보안으로도 이름이 높은 곳이다. 보이지 않는 곳에서 철저하게 관리되고 있는 이곳은 눈에 잘 띄지 않는 입구와 타워 전용 엘리베이터 등 다른 어느 일류 호텔보다도 엄격한 보안으로 아이젠하워 대통령과 후버 대통령이 거주한 적도 있어 '뉴욕의 백악관'이라고도 불린다.

2017년 베를린에서 개최된 국제호텔투자포럼(International Hotel Investment Forum)을 앞두고 힐튼은 유럽, 중동 및 아프리카 지역에서 영업 중인 객실이 10만 개라는 대기록을 세웠다고 발표했다. 이 소식은 힐튼이 전례 없는 성장기에 접어든 것을 보여주었다. 특히 유럽, 중동 및 아프리카(EMEA) 지역에서 지난 3년 간 순수하게 2만 개가 넘는 객실이 늘어났는데, 현재 건설 중인 객실 역시 약 4만 개에 이르기에 이 추세는 지속될 것으로 보인다.

② 스타우드 호텔 앤 리조트 월드와이드(Starwood Hotels & Resorts Worldwide)

전 세계를 무대로 활약하는 종합 호텔 기업인 '스타우드(Starwood)'는 이례적으로 호텔명과 회사명이 다른 대형 호텔 기업이다. 스타우드는 부동산 투자 목적을 위해 설립한 신탁 기금, 스타우드 롯징(Starwood Lodging)이 모체로, 1998년 쉐라톤과 웨스틴을 인수하면서 회사명을 '스타우드 호텔 앤 리조트 월드와이드(Starwood Hotels & Resorts Worldwide)'로 바꾸고, 유수한 호텔 기업으로 급부상했다. 2013년 스타우드는 100여 개국에 1,134여 개 호텔과 리조트를 보유 및 운영하며, 직원 17만 1천 명을 거느린 거대 호텔 레저 기업으로 성장했다.

스타우드 Heavenly Bed

스타우드 산하에는 쉐라톤(Sheraton), 웨스틴(Westin), 르 메리디앵(Le Meridien), 세인트 레지스(St. Resis), 포 포인츠 바이 쉐라톤(Four Points by Sheraton), W호텔(W Hotels),

알로프트 호텔(Aloft Hotels), 럭셔리 컬렉션(The Luxury Collection), 엘리먼트 호텔(Elemest Hotels) 9개 브랜드가 있다. 또 '스타우드 베케이션 오너십(Starwood Vacation Ownership, Inc.)'에서는 별장을 기간 단위로 소유하고 공동으로 이용하는 고급 리조트를 개발하고 운영 중이다. 한국에도 W호텔 서울, 쉐라톤 그랜드 워커힐, 웨스틴 조선 서울 등 6곳의 스타우드가 있다.

이 중 W호텔은 스타우드에서 독자 개발한 유일한 브랜드이자 디자인 호텔 브렌드이다. 거대 호텔 기업이 디자인 호텔을 브렌드화한 것은 업계 W호텔이 업계 최초다. W호텔은 젊은 층의 호텔 이용을 늘리려는 목적에서 탄생하였다. W호텔은 'The Warmth of Cool', 즉 쿨하지만 따뜻한 서비스를 표방하고, 재미를 전면에 내세우며 새로운 컨셉트를 선보인다. 2008년에 새롭게 선보인 알로프트는 W호텔의 미래형으로, 더욱 독특한 공간을 연출해 2012년까지 전 세계에 62개 호텔을 개관했다.

스타우드는 독자적인 제품 개발에도 적극적이다. 그중에서도 유명한 것이 웨스틴에 도입된 '헤븐리 베드(Heavenly Bed)'이다. '구름 위에서 자는 느낌'이라는 뜻의 헤븐리 베드는 1년여에 걸쳐 자체 개발한 인체공학적 침대로, 부드러운 시트와 이불, 대형 베개와 보통 베개가 겹쳐 놓여 최상의 수면을 제공한다. 헤븐리 베드의 느낌을 잊지 못하는 고객이 많아 제품을 판매하기도 하는데, 이에 힘입어 비슷한 콘셉트로 쉐라톤에는 '쉐라톤 스위트 슬리퍼 베드(Sherton Sweet Sleeper Bed)'를 도입했다.

③ 하얏트 인터내셔널 코퍼레이션(Hyatt International Corporation)

창의성을 극대화한 공간 건축으로 유명한 하얏트는 아시아권에서 지명도가 높은 친근한 브랜드이다. 1980년대에 대형 시티호텔을 잇따라 선보이며 하얏트는 큰 규모와 고급스러운 공간의 조화로 당대 호텔의 트렌드를 이끌었다.

하얏트 브랜드의 시작은 1957년이다. 소유주의 이름을 따서 '하얏트 하우스(Hyatt

House)'라고 이름 붙인 로스앤젤레스 국제공항 근처 호텔을 인수한 것이 시초였다. 창립자인 제이 프리츠커(Jay A.Pritzker) 부부는 '건축계의 노벨상'이라 불리는 프리츠커 건축상(The Pritzker Architecture Prize)을 제정한 주인공으로, 건축 미학에 지대한 관심을 가진 프리츠커 일가는 호텔 또한 더없이 예술적인 공간으로 창조해냈다. 한편 하얏트의 명성을 세계적으로 알린 호텔은 바로 1967년 개관한 하얏트리젠시 애틀랜타(Hyatt Regency Atlanta)이다. 최상층까지 뻥 뚫린 아트리움 설계는 호텔 그 자체를 예술로 승화시키며 호텔의 이미지를 완전히 바꾸어 놓았다.

2012년 말 기준으로 하얏트는 46개국에 500개 호텔과 리조트를 운영하였다. 주요 브랜드인 하얏트 리젠시(Hyatt Regency), 그랜드 하얏트(Grand Hyatt), 파크 하얏트(Park Hyatt)와 함께 안다즈(Andaz), 하얏트 플레이스(Hyatt Place) 등 다양한 고객층을 고려한 브랜드를 보유하고 있다.

대담한 건축과 인테리어만이 하얏트 브랜드의 힘은 아니다. 하얏트는 그 지역의 문화와 건축 미학을 도입하는 데 탁월하다. 2005년에 문을 연 파크 하얏트 두바이(Park Hyatt Dubai)는 아라비아풍의 이국적인 분위기와 미니멀 아트의 조화가 인상적이며, 2006년 3월에 개관한 하얏트 리젠시 교토(Hyatt Regency Kyoto) 유명 디자이너 스키모토 다카시가 디자인한 감각적인 공간에 교토의 화조풍월을 더해 일본의 전통미를 하얏트답게 연출했다. 파크 하얏트 서울 또한 도쿄에 필적하는 훌륭한 호텔로, 2005년 개관 이래 전 세계 유명 인사와 상류층 여행객에게 지지받는 서울을 대표하는 멋진 호텔이다.

④ 메리어트 인터내셔널(Marriott International)

미국계 최대 호텔 기업 메리어트 인터내셔널(Marriott International)이 급성장하게 된 계기는 기내식 서비스를 시작한 것이었다. 설립자인 J. 윌러드 메리어트는 지역 공항 가까이 있는 자신의 레스토랑에서 탑승 전에 승객들이 샌드위치와 커피를 사 들고 타는 모습에서 착안해, 이스턴 항공에 기내식 사업을 제안했다. 메리어트 부부는 이를 기반으로 요식 사업을 확대하고 더 나아가 호텔 사업에 뛰어들었다. 1957

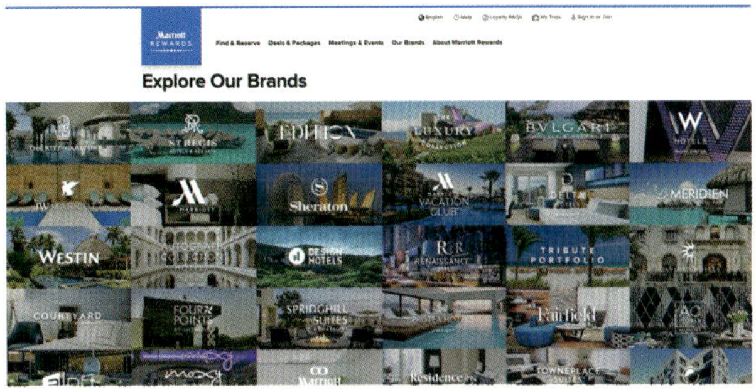

사진: 메리어트 공식 웹사이트

년 버지니아 주 알링턴(Arlington)에 문을 연 메리어트의 1호 호텔, 트윈 브릿지 모터 메리어트 호텔(Twin Bridge Motor Marriott Hotel) 이후 1981년에는 100호 호텔이 하와이에 탄생했고, 1989년에는 폴란드 바르샤바에 500호 호텔이 문을 열었다.

2018년 말 기준으로 국내에서 21개의 호텔 전 세계 130개 국가에서 6,700개 이상의 호텔을 운영중인 메리어트 인터내셔널은 세계 최대 규모의 호텔이다. 메리어트는 메리어트 호텔 앤 리조트(Marriott Hotels & Resorts), JW 메리어트(JW Marriott), 르네상스 호텔(Renaissance Hotels), 코트야드(Court-yard), 레지던스 인(Residence Inn), 페어필드 인 앤 스위트(Fairfield Inn & Suites), 스프링힐 스위트(Springhill Suites), 리츠칼튼(The Ritz-Carlton) 등 모두 17개 브랜드를 거느리고 있다. 이에 더해 한편 2016년 9월 메리어트는 스타우드 호텔&리조트의 인수를 완료하고 통합작업을 시작하면서 110개국에 5,700개 호텔, 110만 개 호텔 룸을 보유한 세계 최대의 호텔 기업으로 재탄생했다. W호텔과 웨스틴, 쉐라톤, 리츠 칼튼, 코트야드, 레지던스 인까지 메리어트 산하 브랜드로 합류하게 된다.

한국에는 리츠칼튼 서울(The Ritz-Carlton, Seoul), JW 메리어트 호텔 서울(JW Marriott Hotel Seoul), 르네상스 서울 호텔(Renaissance Seoul Hotel), 코트야드 서울 타임스퀘어(Courtyard Seoul Times Square), 메리어트 이그제큐티브 아파트먼트 서울(Marriott Executive Apartments-Yeouido Park Centre, Seoul)이 있다.

메리어트는 모텔부터 최고급 리조트까지 각각에 맞는 완벽에 가까운 균일한 표준을 제공함으로써 고객의 신뢰를 얻는다. 수준 높은 표준과 균일성은 메리어트의 경영이념 그 자체로, 메리어트는 호텔 운영상의 서비스 표준 관리 규정과 현장 시찰 등 섬세한 부분까지 매뉴얼을 작성하여 직원을 철저하게 교육한다. 'SOP(Standard Operating Procedure)'라는 표준 운영 시스템을 통해 철저히 체계화된 메리어트의 시스템은 전 세계 어디서든 고객에게 최적의 서비스를 제공하는, 그야말로 '메리어트 방식(Marriot Way)'이다.

2) 한국 호텔 브랜드

① 신라호텔

신라호텔은 한국을 대표하는 품격 있는 명문 호텔로, 전 세계 각국의 주요 정재계 인사와 유명인사들을 맞이해왔다. 신라호텔 영빈관은 국가적인 행사가 열리고 한국의 인기 스타들이 결혼식을 올린 곳으로도 유명하다.

서울신라호텔은 1973년 한국 정부에서 운영하던 장충동 영빈관을 삼성그룹이 인수해 6년 후인 1979년 문을 열었다. 1996년에는 『콘데 나스트 트래블러』에서 한국 최고 호텔로, 『유로머니(*Euromoney*)』에서 서울 최고 호텔로 선정되었으며, 이후 『포춘(*Fortune*)』, 『트래블 앤 레저』 등 세계 각국 경제지와 여행 전문지의 호텔 랭킹에서도 아시아 및 한국의 일등 호텔로 선정되었다. 1990년에는 제주도에 제주신라호텔을 개관하였다. 서울이 품격을 강조한 도심 속 고품격 호텔이라면, 1990년 개관한 제주신라호텔은 자연과 한껏 어우러진 고급 리조트 호텔로 커플에게 특히 인기가 높다. 또 최근 호텔 업계의 트렌드에 따라 프리미엄 비즈니스 호텔 '신라스테이'를 출시하며 합리적인 가격에 신라호텔의 품격 있는 가치를 전한다.

② 롯데호텔

롯데호텔 서울의 전신은 1938년 개관 당시 최고급 호텔이었던 반도호텔이다. 1973년에 '한국의 근대화와 관광 산업에 공헌하고 서울의 발전을 상징하는 세계 최고 수준의 시설을 갖춘 호텔을 세우겠다'는 목표로 주식회사 롯데호텔이 설립되어, 반도호텔을 매입, 철거하고 당시로는 최고층인 37층 건물을 지어 1979년 롯데호텔 서울이 탄생했다. 이어 서울 올림픽이 개최된 1988년에는 롯데호텔 서울 신관과 롯데호텔 월드가 탄생했다. 1997년에는 롯데호텔 부산, 2002년에는 롯데호텔 울산이 문을 열었고, 2010년에는 러시아 모스크바에서 롯데호텔이 들어서면서 한국

을 대표하는 국제적인 호텔 브랜드로 성장하고 있다.

롯데호텔의 플래그십이라면 역시 롯데호텔 서울이다. 관광 중심지인 명동과 가까우면서 지하철 을지로입구역으로 연결되어 있고, 바로 옆에는 롯데백화점과 롯데면세점 본점이 있어 쇼핑, 음식, 미용, 관광을 모두 걸어서 해결할 수 있는 최고의 입지에 있다. 본관과 신관으로 나뉘어 총 1,120개 객실을 보유하고 있으며, 2009년 대대적인 리노베이션 후 '네 가지 스타일의 호텔'이라는 콘셉트로 세계 일류 업체인 SOM, 비비 몰튼(Babey Molton), 윌슨 앤 어소시에이츠(Wilson & Associates), HBA에서 디자인을 맡아 층별로 다른 객실 스타일을 연출한다.

한편 2017년에는 러시아 제2의 도시인 상트페테르부르크에 '롯데호텔 상트페테르부르크'가 개관했다. 이로써 롯데호텔은 토종 호텔 브랜드로서는 최초로 러시아에 두 번째 호텔을 운영하게 되었다. '유럽으로 열린 창'인 상트페테르부르크에서 가장 유명한 관광명소인 성 이삭 성당 광장 내, 성 이삭 성당 바로 맞은편에 위치한 롯데호텔 상트페테르부르크는 세계 3대 박물관인 에르미타주 박물관, 마린스키 극장, 넵스키 대로와도 인접해 뛰어난 입지를 자랑한다. 개관 2년 만에 여행업계의 노벨상이라 불리는 콘데 나스트 트래블러 2년 연속 수상, 빌리제뚜르 어워드 유럽 최고의 호텔 수상 등 명실상부 유럽 최고 호텔의 자리에 오른 롯데호텔 모스크바의 한국적 서비스를 상트페테르부르크에서도 선보일 예정이다.

호텔의 주요 부서 및 업무

1) FOH(Front of the House)

① Front Office

FOH의 꽃이라고도 할 수 있는 프런트 오피스는 고객과 호텔의 모든 상호작용을 담당한다. 프런트 오피스 부서에서의 고객 경험은 전반적인 호텔 이용에 대한 고객만족도에 직결될 만큼 강한 인상을 주기 때문에 호텔 서비스 부문에서 가장 중요한 부서라고도 할 수 있다.

사진: Pixabay

프런트 데스크 고객이 호텔에 방문했을 때 가장 처음 호텔에 대한 경험을 하게 되는 부서이다. 체크인과 체크아웃을 주 업무로 하며, VIP 고객 서비스(영접, 객실점검 및 제반 업무 확인)나 고정 고객의 영업 및 환송 역할도 담당한다. 또 각종 고객의 불평 처리를 하고, 노쇼(NO Show), 취소(Cancel) 등의 수, 배율, 원인 분석, 스키퍼 발생 방지를 위한 숙박 체계 확립 등을 담당하고 있다.

프런트 데스크는 리셉션(RECEPTION)이라는 명칭으로 불리기도 한다.

Concierge 고객을 제일 먼저 맞이하고 최종으로 환송하는 부서로 고객의 안내, 수하물관리, 메시지와 통신물 전달, 로비지역의 점검 등을 주 업무로 한다. 이외에 체크인과 체크아웃의 보조, 짐꾸리기, 관광정보 안내, VIP 응대준비물 취급 등의 업무도 수행한다. 근래 고객의 교통 편의와 주차 편의를 위해 리무진 서비스와 발렛서비스 업무를 강화하였다.

특히 컨시어지 부서는 고객들이 다양한 필요와 요구를 처리해야 한다. 따라서

그림 3-5 호텔 조직도(1)

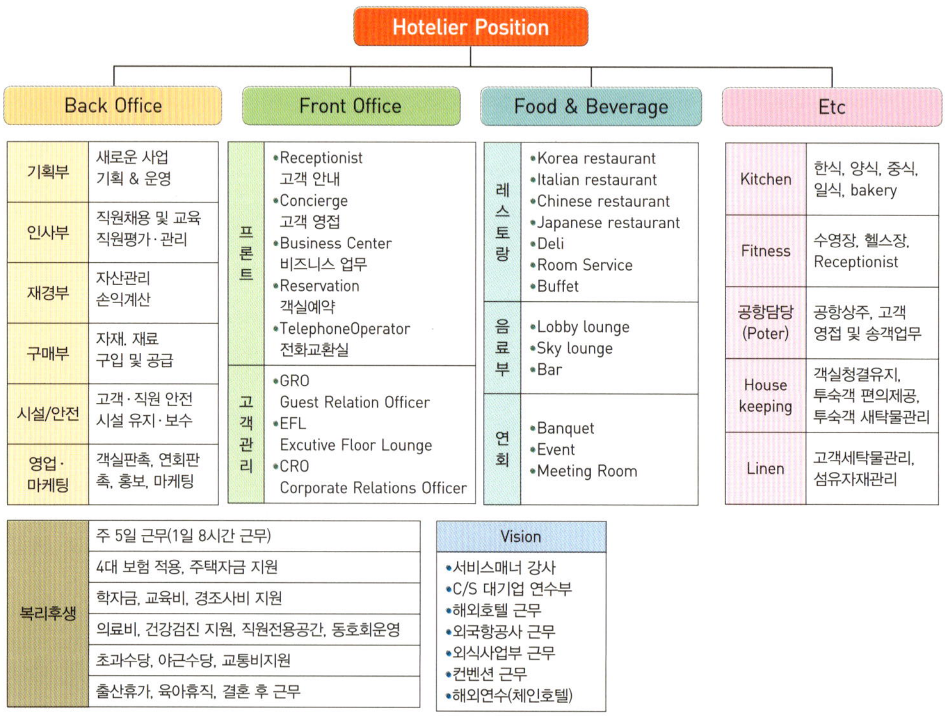

자료: 한국호텔교육원

호텔 주변의 레스토랑, 편의시설, 공공시설에 대한 해박한 지식은 물론 고객의 문의사항에 대해 순발력 있고 적절한 서비스를 제공할 수 있어야 한다.

Bell Desk / Door Man 벨 데스크는 크게 호텔 입구에서 고객을 환대하는 도어맨 역할과 고객의 체크인/체크아웃 시 고객의 수하물을 옮기는 것을 도와주는 것을 주 업무로 한다. 발렛 서비스(Valet Service), 승하차 고객 도움 등을 담당하는 도어맨은 고객을 최초로 맞이하는 상징적 직원으로 호텔의 첫인상을 좌우하게 된다. 벨맨은 체크인, 체크아웃 서비스 및 로비 관리 업무, Paging Service 등을 담당한다.

GRO(Guest Relation Officer) 호텔의 고객관리팀. 일반기업의 CS(Customer Service)와 비슷한 역할을 수행한다고 볼 수 있다. GRO에서는 호텔에 투숙하거나 방문한 고객들의 편의를 위해 고객관리, Guset Relation, VIP 고객 전담, 각종 컴플레인 해결 등 각종 서비스를 수행한다.

EFL(Executive Floor) 컨시어지 레벨(Concierge Level), 클럽 라운지(Club Lounge) 등의 다양한 이름으로 불리기도 하는 EFL은 이그젝큐티프 객실층(Floor)에 투숙하는 고객들을 위한 프라이빗 라운지이다. 호텔의 일반 객실보다 상위 카테고리의 객실층으로, 일반적으로 호텔 상층에 위치하고 이그제큐티브 층에 투숙하는 고객이 전용으로 사용할 수 있는 이그제큐티브 라운지(Executive Lounge)가 별도로 마련되어 있다.

PBX(Private Branch Exchange) 호텔 내의 전화교환 부서로, 과거 단순한 전화교환 업무만을 전담하던 형태였으나, 지금은 점차 전방위 고객 서비스 제공을 지향하는 호텔 브랜드가 늘어남에 따라 호텔의 서비스를 대표하는 부서로서의 중요성이 증대하였다.

브랜드에 따라 조금씩 상이하지만 일반적으로 호텔 대표전화로 걸려온 전화를 각각의 해당 부서에 연결해주는 기본적인 업무뿐만 아니라, 고객이 객실에서 어떠한 서비스를 요구하고자 호텔에 전화를 할 때 연결되는 고객 서비스 전담센터로서의 역할 또한 수행할 수 있다.

Business Centre 비즈니스맨의 업무적 목적을 효율적으로 실현할 수 있도록 개인비서 기능의 업무를 담당하는 부서이다. 고객의 편의를 위한 서비스 센터로서 복사, 스캔, 프린트와 같은 기본적인 사무업무부터 우편발송, 번역, 타이핑 등의 업무를 수행한다.

House Keeping 호텔 건물과 공공장소를 청결하고 안락하게, 안전하고 효율적으로 유지하고 관리하는 부서. 객실의 청소, 정리 정돈 및 각종 어메니티를 비치하는 등 고객들이 편리하면서도 안전하게 객실을 이용할 수 있도록 항상 최적의 상태를 유지하는 업무를 담당한다.

Fitness Centre / Spa 호텔의 부대시설인 피트니스 센터(Gym, 실내외 수영장, 사우나 시설)와 스파(마사지, 스파시설)는 호텔에 투숙하는 투숙객을 위한 서비스 제공을 주 목적으로 한다. 객실부에 소속되어 있는 것이 일반적이며, 호텔에 따라 회원권 판매 등을 통해 외부 고객을 유치하기도 한다.

② F&B(Food & Beverage)

식음료부서는 호텔에서 취급하는 모든 식음료와 관련된 업무를 총괄 부서이다. 일반적으로 식음료부서 업무라면 조리사에 의하여 만들어진 요리를 웨이터가 고객에게 서비스를 곁들여 제공하는, 조리와 영업을 함께 포괄하는 의미가 있다. 투숙객과 방문객을 위해 다양한 레스토랑뿐만 아니라 룸서비스, 연회, 케이터링 서비스 등 광범위한 분야의 업무를 취급한다. 최근 호텔의 전체 매출에 있어 식음료의 비중이 높아지면서 F&B 부서의 중요성이 더욱 새롭게 부각되고 있다.

- Outlet: 호텔 내에 있는 모든 고객을 상대하는 식음료 업장을 통틀어 Outlet이라 부른다.

All-Day Dining 아침식사부터 점심 저녁을 모두 제공하는 레스토랑. 세계 각국에서 다양한 인종·국적의 고객들이 투숙하므로 가장 기본적이고 표준이 될 만한 콘셉트(International Concept)로 메뉴를 구성한다.

Lobby Lounge 이름 그대로 로비에 마련되어 커피·차를 비롯한 간단한 스낵, 주류 등을 즐길 수 있게끔 설계된 업장을 로비 라운지라 부른다.

Signature Restaurant 각 호텔이 보유하고 있는 대표적인 고급 레스토랑을 시그니처 레스토랑이라 부른다. 호텔이 위치한 장소, 브랜드, 규모, 특징에 따라 다양한 레스토랑이 설계되기 때문에, 세계 각국에 위치한 호텔은 일반적으로 해당 지역의 문화적 특성이나 호텔의 이미지, 컨셉 등에 따라 시그니처 레스토랑의 콘셉트를 결정한다.

Bar 대규모 특급호텔들은 각종 차, 칵테일, 와인 및 음료를 판매하고 저녁에는 라이브 음악을 연주하며 엔터테인먼트의 기능을 담당하는 로비라운지, 식사와 각종 주류를 판매하는 레스토랑 바, 대중적인 분위기의 펍(Pub Bar), 회원제로 운영하는 멤버십 바 등 다양하게 운영한다. 바(bar)의 콘셉트도 클럽 형식이나 와인바, 세계 맥주와 수제맥주를 취급하는 등 사회트렌드를 반영하여 변화한다. 특히 최근에는 음료 매출이 커지고 수익성이 좋은 이유로 중저가 호텔들 중에는 과감히 레스토랑을 줄이고 인건비와 관리비 부담이 적은 모던한 스타일의 바(bar)만 운영하는 호텔들도 볼 수 있다.

Bakery 일반적으로 호텔 로비층에 위치하고 있으며, 투숙객들과 외부 고객을 위한 간단한 베이커리와 커피 등을 제공한다. 대개 테이크아웃을 주로 하는 'Grab n' Go'의 콘셉트로 운영된다.

Room Service 고객의 객실로 음식을 배달해주는 서비스. 특급호텔의 경우 24시간 룸서비스를 원칙으로 하고 있으며 고객의 기호에 따라 다양한 메뉴를 제공하는 것을 특징으로 한다. 고객의 다양한 문화적, 종교적 특성에 따른 메뉴 등을 별도로 준비해놓기도 한다.

룸서비스의 종류에는 24시간 수시로 투숙객의 요청에 따라 제공할 수 있는 메뉴와 아침식사를 미리 정해진 시간에 받을 수 있도록 요청사항을 적어 알려주는 Door Knob 메뉴가 있다.

Banquet 컨퍼런스, 회의, 예식 등 호텔에서 열리는 다양한 행사는 일반적으로 장시간 지속되며, 장소를 이동하지 않고 호텔 내부에서 식사와 다과를 모두 준비하는 경우가 많다. 이를 모두 기획, 총괄하여 서비스까지 담당하는 것이 연회부서이다.

연회부서의 업무는 연회장 관리, 연회이벤트, 각종 행사에 식음료의 제공, 진행업무 등이 주이며, 크게 연회서비스와 연회예약으로 구분된다.

③ Kitchen

식음료부서가 효율적으로 운영되고 고객만족과 영업성과를 내기 위해서 주방부서와의 협력은 필수적이다. 주방(kitchen)은 "음식을 만들거나 차릴 때 쓰도록 정해 놓은 방"을 의미하며 특급호텔의 주방은 일반 식당과는 비교할 수 없을 정도의 규모와 시설을 갖추고 있다. 대규모 호텔들은 고객층이 다양하여 국내 고객뿐만 아니라 외국인 고객들의 입맛도 충족시킬 수 있는 세계 최고 수준의 특색 있는 요리를 추구하기 때문에 다양한 기능과 시설이 필요하다. 일반적으로 호텔조리부서는 중앙 주방(Main Kitchen)과 더운 요리 주방(hot kitchen), 찬 요리 주방(cold kitchen), 제과제빵주방(bakery & pastry kitchen) 및 각 업장별 주방을 별도로 운영한다. 커피숍 주방부터 연회, 룸서비스 주방까지 대형 호텔들은 대규모 인력을 유지하며 최고책임자인 총주방장(executive chef) 아래로 여러 분야별 주방 책임자로 구성되어 있다.

Executive Chef(총주방장) 주방의 총괄적 책임자로서 경영 전반에 걸쳐 정책결정에 적극 참여하여 기획, 집행, 결재를 담당한다. 요리생산을 위한 재료의 구매에 관한 견적, 인건비를 포함한 원가관리, 종사원의 안전, 업장별 메뉴 개발까지 주방의 전 분야에 걸친 업무를 수행한다.

Executive Sous Chef(부총주방장) 총주방장을 보좌하며 상황에 따라 그 직무를 대행하는 실질적인 관리를 총주방장과 함께 진행한다. 각 업장별 주방의 메뉴계획을 수립하고 조리인원 적재적소 배치와 실무적인 교육, 훈련도 담당한다.

Sous Chef(단위주방장) 총주방장과 부총주방장을 보좌하는 단위주방부서의 장으로서 조리와 인사에 관련된 제반 책임을 담당하며, 경영진과 현장 직원 간의 중간 역할을 한다. 조리부문 단위부서의 교육과 훈련을 실질적으로 진행하며, 조리와 관련된 재료구매서 작성, 월별 또는 연별 계획서를 제출하고 집행하며, 현황을 분기 또는 단기별로 보고한다.

chef de partie(수석 조리장) 수석조리장-셰프 드 파티에는 한 섹션을 책임지는 요리사로 각 요리파트의 수장을 말한다. 단위주방장으로부터 지시를 받아 당일의 행사, 메뉴를 점검하여 고객에게 제공하는 등 생산에서 서브까지 세분화된 업무계획을 세우고 진행한다. 일간 및 주별 재료 불출서를 작성하고 직원들의 업무계획서를 담당하는 실질적 운영자이다.

사진: Pixabay

이 외에도 절반(demi)의 조리장(chef)이라는 뜻의 demi chef(부조리장)와 조리 경력과 실력에 따라 1st cook(1급 조리사), 2nd cook(2급 조리사), 3rd cook(3급 조리사) 등으로 나누어 직무를 수행한다.

2) BOH(Back of the House)

호텔이 잘 운영되도록 고객에게 노출되지 않고 뒤에서 지원을 하는 부서를 BOH라 한다. 호텔의 FOB가 고객에게 원활한 서비스를 제공하고 호텔이 성공적으로 운영되기 위해서는 이를 지원·관리해주는 다양한 BOH 부서들이 유기적으로 잘 운영되어야 한다.

① Executive Office

호텔의 모든 경영활동을 총괄하는 총지배인과 부총지배인, 그리고 비서단으로 구성된 부서이며, 호텔 경영과 관련된 모든 업무에 관여하는 호텔운영의 핵심부서라 할 수 있다.

General Manager(총지배인) 총지배인은 호텔의 모든 업무를 총괄하고 그에 대한 책임이 있는 최고 경영자이다. 외부에서 전문 경영인을 영입해오는 것과 일반 기업과 다르게 호텔의 다양한 부서에서 오랜 시간 동안 경험을 쌓아 승진해온 전문가가 총지배인의 자리에 오르는 것이 일반적이다.

Executive Assistant Manager(부총지배인) Hotel Manager, Residence Manager 등 다양한 명칭으로 불리는 부총지배인은 총지배인을 보조하고 총지배인의 부재 상황에서 업무를 대리하는 역할이다.

그림 3-6 호텔 조직도(2)

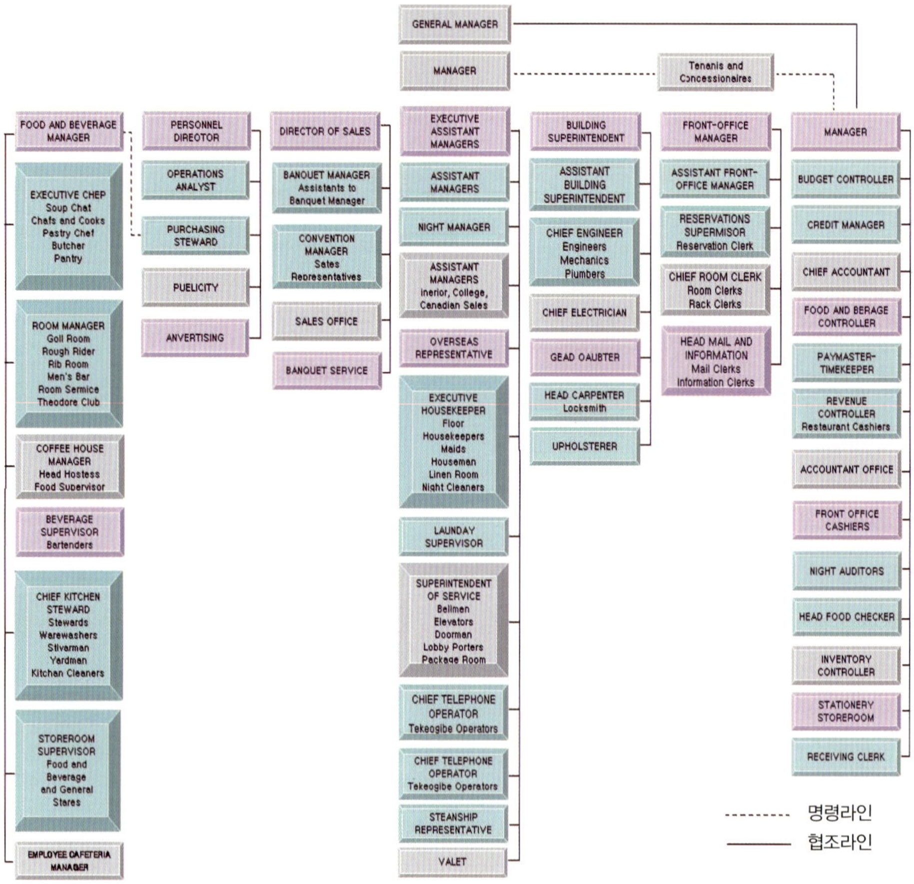

② Sales & Marketing

호텔의 영업과 마케팅을 총괄하는 부서. 호텔의 매출에 가장 결정적인 영향력을 미친다.

Sales 영업활동 담당하는 부서. 호텔의 대표적인 상품인 객실을 다양한 고객층에게 판매하는 것이 주 업무이다. 일반적으로 일반 개인 고객을 대상으로 영업활동을 하는 것이 아닌 기업 혹은 단체 등의 구매수량이 많은 대형 고객들을 상대로 영업활동을 하게 된다.

Marketing 마케팅 커뮤니케이션, PR, E-Commerce 등의 호텔이 노출되는 모든 경로에 대한 총괄 책임, 감독, 계획을 담당한다. 언론을 통해 외부로 노출되는 모든 정보, 사진, 이미지 등은 호텔 판촉부서의 감독하에 결정되며, 호텔에서 취급되는 모든 공식 배포물, 홍보물 등 또한 판촉부서에서 관리한다.

대형 호텔 브랜드의 경우 본사(Head Office)의 전체적인 마케팅 방향, 흐름, 도구 등을 감안, 이용하여 업무를 수행한다.

Reservation Centre 호텔의 예약을 담당하는 부서. 일반적으로 인터내셔널 호텔 체인의 경우 전 세계 공동 예약망을 갖추고 있으며, 이 예약망을 통해 유입되는 예약의 경우가 대부분이다.

현재 추세로는 브랜드 호텔의 대부분이 개인 예약을 별도로 담당하는 예약부서를 운영하지 않으므로, 호텔 내의 예약 부서는 주로 그룹/회사 예약 등을 담당하는 것이 일반적이다.

③ Finance

호텔의 재정과 관련된 모든 업무를 총괄하는 부서. 호텔이 어떤 식으로 경영을 하고 있으며 얼마나 이익을 내고 있는지 등을 분석하여 바람직한 경영 방향을 제시해 주는 역할을 한다. 호텔에서 사용되는 수많은 상품의 구입 등을 총괄하고, 종업원들의 급여를 관리하는 업무 역시 재정부 담당이다.

④ Engineering

시설관리부는 호텔 내외의 제반시설에 대한 보수 유지/관리를 담당한다. 기술적인 문제가 생겼을 경우에는 문제분석 및 해결책 제시 및 문제해결의 중요한 역할을 한다.

⑤ Security

보안부는 호텔 내외의 제반시설에 대한 보안을 책임진다. 또 호텔에 투숙하는 투숙객들의 안전과 프라이버시를 책임지며 호텔 시설을 보호하는 업무를 맡는다.

사진: Pixabay

⑥ HR(Human Resources)

인적자원 관리부는 호텔의 모든 부서에서

종사하는 종업원들의 채용, 복리후생, 직업 훈련 등을 총괄한다. 인적자원의 중요성이 증대되는 사회 분위기에 더불어 이직율이 높은 호텔업계에서 좋은 인재를 글로벌 리더로 키우는 중요한 역할을 하는 부서이다.

국내 호텔산업 전망 및 트렌드

1) 호텔산업 전망

국내 출입국 통계에 나타나는 외래관광객 입국자료는 호텔 및 면세사업 수요기반과 직결되므로 호텔산업의 중요한 지표가 된다. 2016년 말 사상 최초 1,700만 명을 돌파하며 2015년 대비 31.3% 증가했던 상승 기류는 사드문제로 중국인 관광객이 급감하면서 하강 전환하였다. 2017년 4월 이후 북핵 및 미사일 위협으로 방한객 전체가 위축되면서 외래관광객은 전년대비 22.7% 감소한 1,334만 명을 기록하였다.

2018년 평창동계올림픽의 성공적 개최와 북미정상회담 개최 등으로 인해 한반도 정세의 안정화가 이루어지면서 중국인을 포함한 외래관광객은 다소 회복 국면으로 진입하였다. 중국 정부의 한국 단체여행 금지(한한령) 조치가 부분적으로 풀린 가운데 2018년 상반기(1~6월) 한국을 찾은 외국인 관광객이 지난해 같은 기간보다 6.9% 증가한 722만 명을 기록했다. 외래 관광시장의 다변화 시도가 가시적인 성과로 나타난 결과로 해석된다(〈그림 3-7〉 참조). 일본인 관광객이 131만 명으로 전년 동기 대비 18% 증가했고 태국과 홍콩, 베트남, 말레이시아, 대만 등 중

그림 3-7 한국 방문 외국인 관광객 수

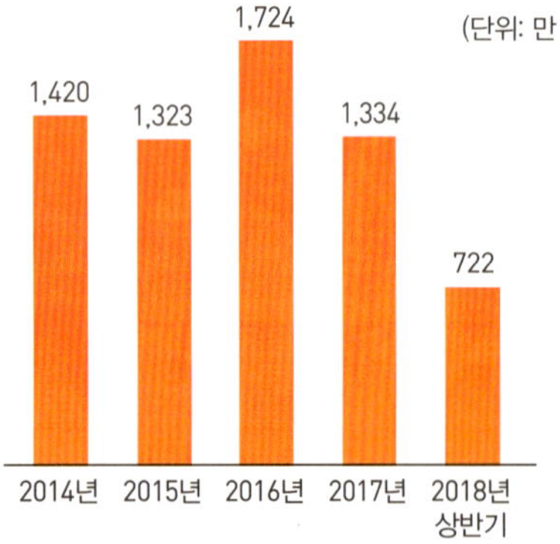

자료: 문화체육관광부, 한국관광공사

그림 3-8 2018년 상반기 주요 국가별 외국인 방한객 수

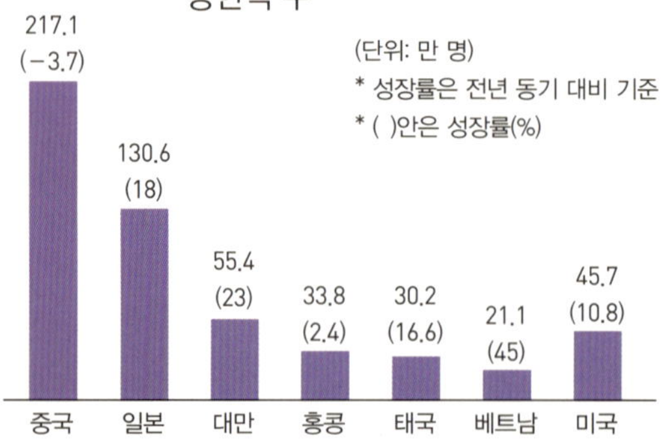

자료: 한국관광공사

화권과 동남아 지역은 지난해 상반기보다 12.4% 늘어난 242만 명에 달했다. 유럽과 미주 지역은 평창동계올림픽과 패럴림픽 특수로 전년 동기 대비 6.8% 증가한 132만 명을 기록했다.

2018년 상반기 중국을 제외한 외래관광객 규모는 사상 최대로 증가하였다. 한국을 찾은 중국인 관광객은 217만 명으로 지난해 동기 대비 3.7% 줄었으나 4~6월 석 달 동안은 51.7% 늘었다. 재방문율, 지출 규모 등 외래관광객 지표도 개선되고 있는 것으로 나타났다. 올 1분기 외래관광객 실태조사에 따르면 외래관광객의 한국 재방문율은 55.2%로 지난해 같은 기간보다 4%포인트 늘었다. 체류기간은 지난해보다 0.4일 늘어난 7.1일로 나타났다. 1인당 지출 경비는 지난해 평균 1431.3달러에서 올해 1,441.5달러로 높아졌다.

테마별 관광객 입국 현황을 살펴보면 전년 동기대비 크루즈 117.4% 및 인센티브 62.0%로 급성장했으며, 의료 관광객은 전년대비 13.8%, 국제회의가 국내 190건 개최, 참가자 수 9.3%가 증가했다(〈그림 3-9〉 참조).

그림 3-9 테마별 관광객 입국 현황

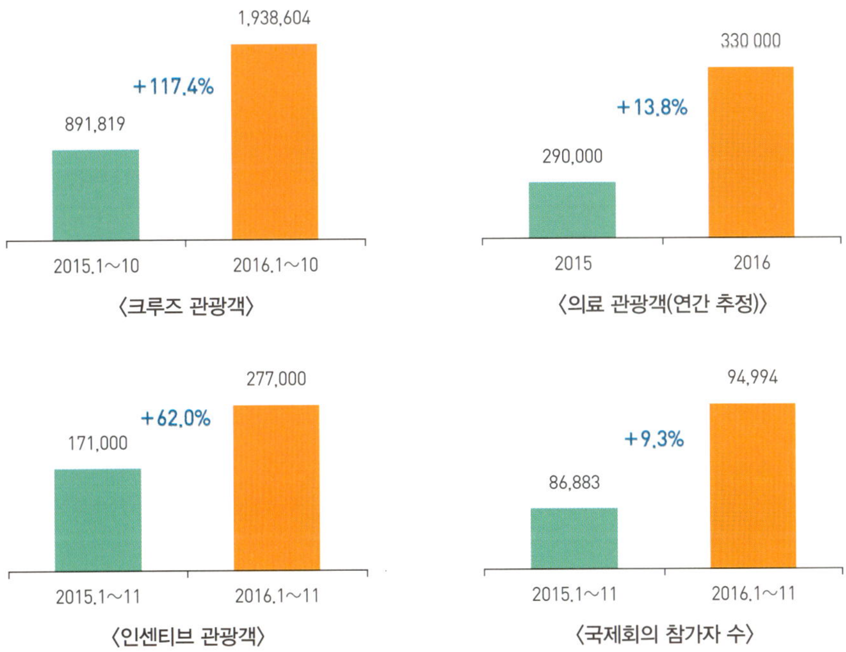

자료: 한국관광공사 보도자료(2016.12.6)

2016년 말, 외래 관광객 1,700만 명 진입시대가 열리면서 국내 호텔산업에는 많은 변화가 발생하였다. 최근 호텔산업을 둘러싼 대내·외적인 환경요인 중에서 대외적인 요인으로는 OTA(online travel agency)의 증가와 대내적으로는 최저임금인상으로 인한 인건비 상승, 인력운영의 어려움이 최대 이슈로 부상하였다. 한국문화관광연구원 자료에 따르면 외국계 OTA의 숙박시설 예약 점유율은 2016년 기준 53.7%로 가장 높았다. 그 뒤를 이어 국내 OTA 예약 점유율이 33.3%를 차지했다. 여행사(5.7%)와 협력업체(3.7%)를 통한 숙박시설 예약 비중은 미미했다.

특히 OTA 의존도가 높은 숙박 시설은 게스트 하우스 등 일반 숙박업이다. 외국계 OTA를 통해 일반 숙박시설을 이용한 고객 비율은 78.6%이며 다음으로 국내 OTA(21.4%) 순으로 나타났다. OTA를 제외한 다른 경로를 통해 일반 숙박시설을 예약한 고객은 거의 없다고 볼 수 있다. OTA를 통한 4~5성급 호텔 예약 비중도 압도적이다. 4~5성급 호텔 예약 경로 가운데 국내 OTA 비중이 2016년 기준 46.9%로 제일 높다. 그 다음이 외국계 OTA(30.8%)로 국내·외 OTA 예약률을 합치면 77.7%에 육박한다. 국내 특급호텔 투숙객 10명 중 약 8명이 OTA를 통해 예약한 셈이다. 외국계 OTA는 2011년 우리나라에 진출한 지 6~7년 만에 여행업계를 장악했다. 2011년 7월 미국 OTA 익스피디아가 우리나라에 처음 발을 들였다. 뒤를 이어 2014년 일본 OTA 라쿠텐과 중국 최대 OTA 씨트립(Ctrip)이 차례로 문을 열었다. 국내 OTA는 여행업계 강자였던 인터파크와 하나투어 등이 뒤늦게 OTA 사업에도 뛰어들었지만 해외 대형 예약업체들과의 경쟁은 점점 어려워지고 있다.

호텔경영 측면에서 OTA를 통한 예약율 증가는 수익률 감소와 연결된다. OTA에 지급해야 할 수수료는 대략 10% 이상이다. 한국관광 호텔업협회에 따르면 5성급 호텔이 국내 OTA에 지급하는 수수료 비율은 평균 11%이다. 외국계 OTA에 지급하는 수수료율은 15%로 더 높다. 그러나 대규모 자본을 바탕으로 대량 구매를 통한 가격경쟁력 확보, 광고홍보를 통한 높은 브랜드 인지도 때문에 OTA를 통한 예약률은 점점 더 높아지고 있다.

이미 OTA 시장이 급속도로 성장하여 중소 여행사의 폐업이 증가하였고, 특급호텔은 거대 OTA 세력에 대항하기 위해 단독 호텔 패키지 출시, 편리하고 매력적인 자체 웹사이트 구축, Direct Booking을 통한 예약시 룸 업그레이드 등 다양한 서비스 제공으로 로열티 프로그램의 혜택 강화로 대처하고 있다.

OTA 성장이 세계적인 경영환경의 변화라면, 호텔업계의 가장 큰 국내 현안은 최저임금 인상이다. 2018년도 시급이 전년대비 16%가 인상됐다. 이로 인해 단순히 직접비용만 올라간 것이 아니라 관련된 간접비용, 도급비용 등이 상승하여 많은 호텔기업들은 기업목표 달성에 어려움을 겪고 있다. 최저임금 인상 여파가 호텔수익구조에 미치는 영향, 인사정책에 미치는 영향 모두 지대하며 2019년도 최저임금 10% 인상이 예정되어 있어 업계의 비용절감을 위한 노력은 향후 더욱 높아질 것으로 진망한다. 이러한 대내외직 최대 헌인 외에 호텔산업의 현황과 전망에는 다음과 같은 요소들이 포함된다.

호텔산업의 양적 성장과 분극화 2012년 방한외국인 관광객이 1,000만을 돌파하고, 2016년 1,700만 명까지 기록하며 호텔수요 부족에 대한 문제가 대두되었다. 2012년 7월 정부정책에 의해 특별법이 진행되면서 신규 호텔들이 대거 오픈하였다. 관광숙박시설 확충을 위해 관련 규제 완화로 인해 기존 3% 수준에 머물렀던 평균객실 증가율이 이후에는 11%대로 증가했다. 한국관광 호텔업협회에 따르면 2017년말 기준 1,617개 업체가 14만 3,416개의 객실을 운영하고 있다. 전년도 대비 업체 수는 6.1%, 객실은 12.3% 증가한 수치다.

전체적인 볼륨이 커지면서 다양한 로컬호텔, 해외호텔 브랜드들이 국내 시장에 다수 도입, 진출했다는 사실은 다양성 측면에서 매우 긍정적인 현상으로 볼 수 있다. 투자자 측면에서도 주로 미국과 유럽계 자본 투자가 이루어진 과거에 비해 일본 브랜드의 등장, 중동, 아시아 자금의 유입이나, 미래에셋과 같은 투자회사가 포시즌 서울 호텔을 개관하는 등 투자의 다변화가 이루어진 것도 주목할 내용이다. 이러한 투자자들의 신규 투자가 이루어진 자체도 고무적이지만 이러한 투자 배경에는 한국 호텔 성장가능성을 높게 본 전망이 있기 때문에 더욱 의미가 크다고 할 수 있다. 그러나 이러한 양적 성장과 함께 6성급을 표방하는 럭셔리호텔, 특급체인호텔과 중저가 비즈니스호텔인 객실 중심의 호텔로 이원화되면서 시장 계층별(segment)로 분극화가 진행되고 있다. 또 로컬 브랜드의 비즈니스호텔이 다수 오픈함으로써 국내 로컬 브랜드의 성장도 가져왔다. 특히 국내외 중저가 비즈니스 호텔의 수가 증가하였다. 롯데, 신라, 신세계, 하나투어 등 국내 대기업 계열의 중저가 호텔진출이 증가하였고, 가격 경쟁력 확보와 테마개발, 타깃 고객 확보를 위해 기존 호텔과 차별화된 전략을 구사하며 성장하고 있다. 한편 호텔의 양적 성장과 달리 사드와 북핵문제로 인한 방한 관광객의 감소는 호텔의 전반적 투숙률과 객실 평균단가의 하락을 야기하며 호텔 수익성을 약화시켰다. 그러나 관광산업은 높은 회복성을 지닌 산업으로 단기간의 어려움을 전문 인력에 대한 투자와 실효성 있는 정책으로 극복하면 한국호텔산업은 국내 관광산업을 견인하는 인프라의 기능을 충실히 수행할 수 있을 것이다. 한편 이비스, 데이즈, 알로프트 등 외국계 중저가 비즈니스호텔, 테마호텔 등은 성공적으로 국내에 진출하여 국내 중저가 시장을 선점하고 체인화에 성공했다.

이는 실속형 호텔 이용 관광객의 증가 추세로 인한 움직임이다. 온라인과 모바일 활용에 능한 2030세대인 중국인 개별관광객인 싼커(散客)는 실시간 정보를 활용해 가격이 저렴한 숙소를 선정하고 있다. 또한 특별한 휴식과 즐거움을 위해 도심 속 호텔에서 제공하는 패키지상품을 이용하려는 호캉스(호텔+바캉스) 이용고객이 증가하고 있다. 즉 휴가를 여행보다 휴식으로 여기고 조용하고 안전한 호텔에서 지내고자 하는 이들이 늘어나고 있는 것이다.

지역관광시대를 견인하는 지역기반 호텔 증가 전 세계적으로 글로벌 교류의 증가와 동시에 진행되는 지역기반의 관광(community based tourism)으로 제주, 부산, 인천 등 주요 관광지 및 거점 도시의 호텔진출도 늘어났다. 국내호텔은 2016년 비해 2017년도에는 객실수가 1만 3,500실이 증가했는데 이는 전년대비 업체수로 6.24%, 객실수로는 10.39%의 증가율이다. 그러나 현재 운영중이거나 개관 예정인

그림 3-10 서울 관광호텔 객실 수 (단위: 개)

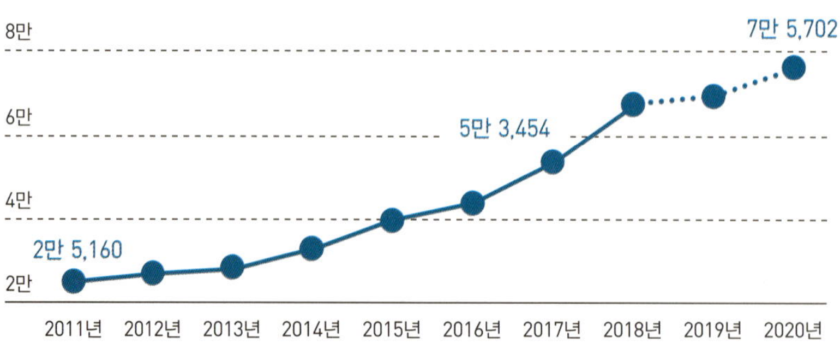

* 추정치(그래프 점선)는 허가받은 호텔이 모두 문을 열 경우

국내 호텔 사업장은 서울에 밀집되어 있다(〈그림 3-10〉 참조). 2017년 전국 호텔업 등록 현황에서 보듯이 관광호텔의 객실은 전국적으로 120,556실로 이 중 서울 소재 객실은 48,168실을 차지하여 전체의 약 40%를 점하고 있다. 그동안 호텔은 객실과 식음료, 연회의 제한적인 상품구성에 치중했으나, 향후 2,000만 외래관광객 시대에는 호텔이 위치한 지역문화를 적극 알리고 시장을 개척하는 등 지역관광 호스트로서의 적극적인 임무수행이 필요할 것이다.

그림 3-11 전국 호텔업 등록 현황(2017.12.31 기준) (단위: 업체/실)

구분			서울	부산	대구	인천	광주	대전	울산	세종	경기	강원	충북	충남	전북	전남	경북	경남	제주	소계
관광호텔업	5성급 특1급	업체수	25	9	2	7	2		2		2	6	1		1	2	5	2	12	78
		객실수	11,218	3,253	492	2,642	325		458		665	1,695	328		118	519	1,652	347	4,997	28,709
	4성급 특2급	업체수	45	2	4	7		1	2		15	5	1	4	4	5	1	2	19	117
		객실수	11,663	437	711	1,635		204	689		2,693	815	180	567	543	514	125	210	2,549	23,535
	3성급 1등급	업체수	74	15	6	2	4	7	1		17	10	8	3	3	10	12	10	29	211
		객실수	11,162	1,945	363	290	271	694	75		2,043	798	608	416	221	825	936	608	2,297	23,552
	2성급 2등급	업체수	56	22	6	12	1	4	2		33	5	6	3	11	11	7	15	15	209
		객실수	4,146	2,227	320	746	59	215	111		2,174	282	352	137	641	593	447	732	1,015	14,197
	1성급 3등급	업체수	50	14	2	26	6	2	3		28	1	3	3	5	8	10	15	11	187
		객실수	2,735	1,268	88	1,239	367	70	109		1,556	48	155	165	190	322	580	767	615	10,274
	등급 없음 (미등급)	업체수	58	17	3	21	1	5	2		28	17	2	6	6	6	8	6	38	224
		객실수	7,694	1,219	156	1,341	37	484	147		1,683	2,049	109	295	428	325	352	648	3,322	20,289
	관광호텔 소계	업체수	308	79	23	75	14	19	12		123	44	21	19	30	42	43	50	124	1,026
		객실수	48,618	10,349	2,130	7,893	1,059	1,667	1,589		10,814	5,687	1,732	1,580	2,141	3,098	4,092	3,312	14,795	120,556
수상관광 호텔업		업체수																		-
		객실수																		-
전통호텔업		업체수				2						1			1	2	1		1	8
		객실수				74						13			20	53	16		26	202
가족호텔업		업체수	17	1		3		1	1		7	11	2	4	6	10	2	20	61	146
		객실수	2,909	37		492		80	35		499	723	102	211	2,085	773	120	1,250	3,906	13,222
호스텔업		업체수	67	61	3	44	1				5	2	1	3	4	38	6	19	157	411
		객실수	1,751	607	33	727	6				179	33	29	29	68	1,035	39	334	3,917	8,787
소형호텔업		업체수	7	2		2					5	1			1	2	2		4	26
		객실수	176	57		46					131	24			20	57	46		92	649
의료관광 호텔업		업체수																		-
		객실수																		-
소계 (관광호텔업 외)		업체수	91	64	3	51	1	1	1		17	15	3	7	12	52	11	39	223	591
		객실수	4,836	701	33	1,339	6	80	35		809	793	131	240	2,193	1,918	221	1,584	7,941	22,860
호텔업 합계		업체수	399	143	26	126	15	20	13	-	140	59	24	26	42	94	54	89	347	1,617
		객실수	53,454	11,050	2,163	9,232	1,065	1,747	1,624	-	11,623	6,480	1,863	1,820	4,334	5,016	4,313	4,896	22,736	143,416

*수상관광호텔업·의료관광호텔업 : 등록시설 없음

→ 호텔업 : 16년 대비 업체 수 95개소 증가 및 객실 수 1만 3500실 증가(전년 대비 증가율 : 업체수+6.24%, 객실수 +10.39%)

자료: 문화체육관광부 관광산업정책과

이처럼 현재 수도권에 편중돼 조성되고 있는 호텔산업의 투자를 지방의 주요 거점도시로 확대해야 함이 주요하게 떠오르고 있다. 이를 위해 지역의 호텔산업을 활성화하기 위한 MICE 산업 연계, 명품이벤트 육성, 지역의 역사와 문화를 보여주는 차별화된 관광콘텐츠 개발 등의 병행과 함께 중앙정부와 지자체 또한 체계적인 지원이 지속적으로 이뤄져야 할 것이다.

중앙정부와 지자체의 지원 및 조정기능 중요 서울을 비롯한 주요 관광지의 호텔 공급과잉 현상에도 불구하고 정부는 숙박시설 확충을 위한 규제완화와 관련법 개정을 통해 신규 숙박업소 건립을 장려하고 있다. 외래 관광객이 이용하는 호텔객실 수요보다 공급되는 객실이 많아 시장은 포화상태이며, 정부가 특별한 대책 없이 수많은 호텔과 숙박시설을 새로이 조성하는 것은 업체 간 경쟁심화와 사업자의 경영난을 초래할 수 있다는 지적도 있다. 따라서 호텔업의 공정한 경영환경 조성을 위해 불법 숙박업소에 대한 정부의 지속적인 단속 및 처벌 강화가 필요하다. 국내호텔의 어려운 경영환경 개선을 위해 정부는 호텔업에 긍정적인 영향을 미칠 수 있는 장기적 관점의 정책(세제) 지원이 필요하다.

2) 호텔산업 주요 트렌드

① 4차 산업과 호텔

IT 기술이 호텔, 관광 사업과 접목되며 새로운 형태의 서비스들이 생겨나고 있고, 이로 인해 기존에 볼 수 없던 시장 환경이 조성되고 있다. 향후에도 빠르게 진화하는 IT 기술과 온라인 네트워크의 영향으로 호텔 업계는 더욱 빠르게 변화할 것이다. 4차 산업혁명 시대에 IT를 활용한 다양한 가치 창출은 궁극적으로 고객들의 만족과 감동을 위해 앞으로의 호텔업계가 가장 주목해야 할 분야이다.

키리스엔트리(Keyless Entry) 무인 체크인·아웃 시스템 키오스크(KIOSK) 등 스마트 키오스크를 포함해 새로운 기술을 적용한 락셋 시스템이 뜨거운 감자로 떠오르고 있다. 호텔객실관리시스템(PMS)과 연동해 데이터를 주고받으며 실시간으로 체크인·아웃 업무를 수행하는 키오스크는 편리성과 효율성은 물론 차별성까지 더해져 큰 시너지효과를 거둘 수 있는 호텔의 새로운 서비스 모델이다.

갈수록 치열해지는 경쟁상황 속에서 호텔 업계는 차별화된 경쟁력 및 비용 절

사진: Pixabay

감을 모색해야 한다. 이러한 상황에서 더 새롭고 편리한 시스템을 사용하고자 하는 호텔 측의 니즈가 높아지고 있다. 따라서 호텔 업계는 4차산업·IT와 결합해 직원들의 반복되는 잡무를 줄이고 이렇게 절감되는 시간과 에너지를 고객 서비스 제공에 할애해 고객의 만족감을 높이고자 한다.

국내에서도 나인트리 프리미어호텔 명동Ⅱ, 부산의 라마다 앙코르 해운대호텔 등이 키오스크를 선보였으며, 제주도 외에 약 10여 곳 호텔이 키오스크를 도입할 예정이다.

하이텍서비스 전 세계의 호텔들이 테크놀로지를 이용해 서비스의 제공방식을 더욱 진화시키고 있다. 챗봇이나 모바일폰 스마트 컨시어지 서비스 등, 호텔은 기존에 사람이 하던 서비스를 테크놀로지가 대행하도록 바꾸고 있다.

예를 들면 프런트데스크에서 직원이 손님들에게 어디에 가서 식사를 하라고 조언을 하는 대신 아이패드가 그 역할을 하게 된다. 인근의 가볼 만한 식당과 관광지를 추천하는 정보와 지도를 담은 아이패드를 손님들에게 대여하면 손님들은 일일이 직원들에게 문의할 필요가 없다. 그런가 하면 객실에 비치된 조정장치 하나로 TV를 작동하고 블라인드를 열었다 닫았다 하며 실내 온도를 맞출 수가 있다. 벨맨이 투숙객의 짐을 내려 놓으면서 객실 설비들을 어떻게 사용하는지 그 사용법을 설명하던 역할을 이제 기계장치가 대신 하는 것이다. 디지털 문화에 익숙한 젊은 고객들은 이처럼 기술적 변화를 반기고 있으며 고객 개개인의 맞춤형 서비스가 가능하므로 호텔경영자에게도 유익한 기능을 한다.

여기에는 손님들이 각자 원하는 대로 조간신문, 목욕 용품을 고르게 하거나 개별적 취향에 맞는 장식과 디자인을 갖춘 객실을 고를 수 있게 하는 것 등이 포함된다. 호텔 체크인과 체크아웃 시간을 융통성 있게 조절함으로써 손님들에게 맞춤형 서비스를 제공하는 호텔들이 점차 증가하고 있다. LA 국제공항 셰라톤의 포 포인츠 호텔은 손님들이 도착시간을 미리 알려주고 예약 시 일정 금액 이상을 미리 지불하면 아무 때나 체크인 하고 24시간 묵을 수 있도록 한다.

이처럼 디지털 서비스 추세 속에서 호텔은 직원들을 통한 서비스와 테크놀로지 서비스를 병행하는 방향으로 나아가고 있다.

② 새로운 형태의 호텔 등장

호텔과 아파트 사이, 호텔 아파트먼트(Hotel Apartment) 유럽의 많은 호텔이 최근 각광받는 '쉐어하우스'나 '코워킹 스페이스'의 개념을 일부 차용하는 형태로 신규 브랜드를 기획하고 있다. 주방시설이 과감하게 객실로 들어가고, 리셉션을 아예 없애거나 객실 등과 분리해 게스트의 경험에 최소한의 관여만 하는 '호텔 아파트먼트'가 바로 그것이다.

기존에 있던 숙소 형태인 레지던스와도 또 다른 개념의 호텔 아파트먼트의 예로는 핀란드의 Forenom apartment가 있다. Forenom apartment는 '집 같은 호텔'을 표방하며 전자레인지와 냉장고가 객실에 갖춰져 있고, 조식 레스토랑이 아예 없는 대신에 근처의 로컬 카페와 계약해 그곳에서 조식을 먹을 수 있도록 했다. 이 같은 호텔 아파트먼트는 호텔식 보안과 청결함이 보장되는 객실, 로컬 비즈니스(조식)와의 결합, 여기에 일반 호텔에는 없는 주방시설까지 결합된 새로운 형태의 숙소로 떠오르고 있다.

코워킹스페이스(Co-Working Space) 에이스 호텔 런던은 최근 코워킹 스페이스(Co-Working Space)의 붐과 맞물려 '디지털 노마드의 새로운 일터'로 재조명 받고 있다. 최근 이러한 코워킹 스페이스 개념을 전면에 내세운 호텔이 세계적으로 크게 늘고 있다. 홍콩의 오볼로 사우스사이드의 lo-lounge 역시 24시간 코워킹 스페이스를 제공하며, 대만의 엠버서더 계열 'Amba' 종산 브랜치는 아예 객실동의 매층마다 소셜 스페이스로 정의한 공간을 마련해 놓았다.

물론 이러한 공간은 기존 호텔의 클럽 라운지나 비즈니스 라운지와는 그 개념과 역할이 완전히 다르다. 호텔이 제공하는 코워킹 스페이스는 단순히 일을 하기 위한 공간이라기보다는, 자유로운 분위기 속에서 새로운 영감과 아이디어를 떠올리게 해 주는 공간에 가깝다.

라이프스타일 호텔의 인기 '비즈니스 호텔'로 대표되던 중저가 호텔업계에 나타난 새로운 브랜드 '라이프스타일 호텔'은 기존 중저가 호텔들 사이에서 부티크 형식의

사진: Pixabay

개성과 스타일리시함을 강조해 호텔 업계의 틈새시장을 공략하고 있다. 특급호텔은 최상의 서비스 및 시설을 제공하고 비즈니스 호텔들은 저렴한 가격대, 편리한 교통 위치를 제공한다면, 라이프스타일 호텔은 여기에 엣지를 더해 차별성을 갖고 젊은 고객층과 자유여행객들을 주 타깃으로 한다.

흔히 '라이프스타일 호텔', '부티크호텔'을 혼동하여 칭하지만, 두 가지 개념은 차이가 있다. 부티크호텔(boutique hotel)은 규모는 작지만 독특하고 개성 있는 건축 디자인과 인테리어, 운영 콘셉트, 서비스 등으로 기존 대형 호텔들과 차별화를 이룬 호텔이다. 체인호텔들이 대규모의 현대적인 시설과 표준화된 서비스를 제공한다면 부티크호텔은 각자의 개성을 바탕으로 고객의 요구에 부응한다.

이러한 부티크호텔을 브랜드에서 체인화해 운영하는 것이 라이프스타일 호텔

그림 3-12 유럽 호텔 브랜드 위계도(2017)

* 가격대와 호텔의 특성을 축으로 만든 호텔브랜드 위계도, y축에 soft branded hotel과 lifestyle hotel이 포함되어 있고, x축에는 가격대별로 다양한 브랜드들이 분포되어있는 것을 알 수 있다.
출처: THE HOTEL BRAND REPORT 2018 Jan, www.hotelanalyst.co.uk

표 3-7 부티크 호텔과 라이프스타일 호텔의 분류와 예시

Boutique Hotels	Lifestyle Hotels	Soft Brand Collections
• 체인브랜드 호텔이 아닌 독립경영 형식 • 300실 미만의 (유럽은 100실 미만) 소규모 • 개성 있는 디자인 중심의 건축과 인테리어 • 레스토랑과 라운지가 내부에 있거나 인근의 로컬 레스토랑과 엔터테인먼트 시설을 사용 • 보통 Upscale에서 Luxury 호텔로 운영 • 주로 역사적 도시나 독특한 자연지역에 위치한 소규모 형식으로 중상위 가격부터 고가 가격대로 이루어짐	• 세계 체인 형식 • 전통적 양식과 인테리어 준수 • 디자인 중시 • Boutique 형식의 숙박을 선호하는 고객층이 목표시장 • 가벼운 식사가 가능한 라운지 운영 • 보통 mid market에서 luxury 호텔까지 다양하게 운영	• 주요 세계적 체인호텔의 서브 브랜드 또는 제휴 형식 • 개별 네임과 브랜드를 사용하는 시그니처 호텔 • 상징이 되는 독특한 디자인 • 대부분 레스토랑과 라운지를 운영 • 대부분 upscale에서 luxury 호텔로 운영
World Best Boutique Hotels	**World Lifestyle Hotel Brands**	**Soft Brand Collections**
Best Classic Elegance Hotel: Relais & Chateaux Hotel Heritage, Belgium Best Culinary Experience: Awarta Nusa Dua Resort & Villas, Bali, Indonesia Most Inspired Design Hotel: Hotel Twenty-Seven, Amsterdam, Netherlands Best Relaxation Retreat: Carpe Diem Exclusive Boutique Resort, Santorini Greece	5-star: W 호텔 Upper Market: Aloft by Starwood Andaz by Hyatt Canopy by Hilton Centric by Hyatt Hotel Indigo by Intercontinental	• Autograph collection by Marriott • Curio-a collection by Hilton • Kimpton Hotels by Intercontinental • Luxury Collection by Starwood

이다. 라이프스타일(life style hotel)은 부티크호텔의 확장된 개념이다. 라이프스타일 호텔에는 중저가 호텔뿐만 아니라 특급 호텔도 포함된다. 중저가 라이프스타일 호텔의 예로는 롯데 L7, 이비스스타일앰버서더 호텔이 있고 특급호텔에는 W호텔이 포함된다. 이외에도 각각의 분류에 속하는 호텔의 종류는 〈표 3-7〉과 같다.

해외 유명도시를 찾고 저렴한 호텔을 예약, 잠만 자고 바로 길을 나서는 여행에서 최근에는 호텔 자체가 목적인 여행이 유행하고 있다. 스테이케이션(Staycation)은 머물다라는 의미(Stay)와 휴가를 뜻하는 Vacation의 합성어로 집에서 휴가를 보낸다는 의미이다. 이처럼 최근에는 호텔이 단순히 잠만 해결하는 공간이 아니라, 호텔에서 그 지역의 문화와 생활을 즐기며 휴식을 취하는 여행의 한 형태를 대변하는 언어가 됐다. 라이프스타일 호텔은 이 같은 세계적인 흐름과 맞닿아 앞으로 더욱 성장가능성이 높은 호텔의 한 형태로 자리매김하고 있다.

③ 호텔이 추구하는 Local-Friendly 개념의 진화

대부분의 호텔이 Local-Friendly(지역 친화)를 표방하고 있지만, 대부분 현지산 어

메니티를 도입하거나 산지 식재료를 활용한 요리를 선보이는 등 마케팅적인 일부 요소에만 이용하는 데 그칠 뿐이다. 최근 몇 년간 관광업계에서 가장 핫한 키워드는 단연 '현지', '로컬' 관련 이슈이다. 현지민의 일상을 직접 체험하면서 주민들과 함께 경험하는 것을 주요 광고 슬로건으로 채택한 에어비앤비의 성장만 보더라도 로컬 친화적 콘셉트의 화제성은 압도적이라 할 수 있다. 앞으로도 갈수록 FIT 여행자들은 현지 문화와 분리되는 여행은 점점 더 기피하게 될 것이다.

이 같은 추세에 따라 호텔 또한 오직 호텔에서만 제공할 수 있는 차별화된 지역 경험과 문화를 만들어야 한다. 단순히 형식뿐인 로컬 호텔이 아닌, 현지 공동체와의 교류와 협력으로 만들어지는 새로운 호텔 문화의 형성이 중요한 시점이다. 즉, 앞으로는 호텔 자체가 관광목적지가 될 수 있는 독보적인 가치를 지녀야 무한경쟁 시대에 생존할 수 있을 것이다.

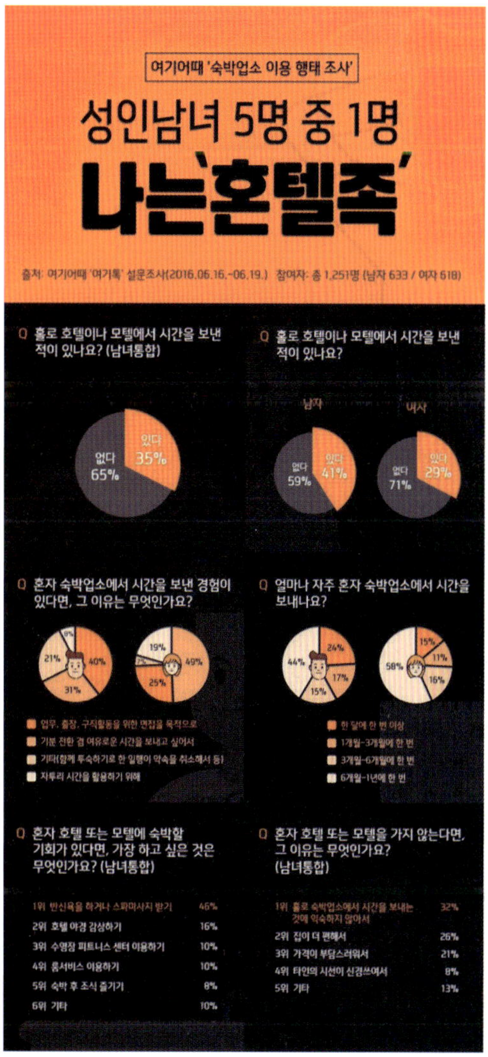

④ 혼텔족 증가

혼자만의 즐거움과 휴식을 누리는 1인 호텔 소비자, '혼텔족'은 호텔에 있어 반가운 새 고객층이다. 기존에는 비즈니스 고객 외에 혼자 호텔을 찾는 경우가 드물었다. 그러나 젊은 층을 중심으로 휴식과 레저에 중점을 둔 호텔 이용이 많아지는 추세에 따라 1인 고객 역시 매력적인 타깃으로 떠올랐다.

외국인 관광객 의존도가 높은 관광호텔은 방한 관광객 다수를 차지하는 주변국과 민감한 외교적 사안이 불거질 때마다 큰 변동성을 보이고 있다. 이렇게 불확실하며 불안정한 주요 외국인에 의존하던 국내 호텔들이 내국인 고객을 유치하려는 노력은 필연적인 현상이다.

모텔 예약 플랫폼인 '여기어때'의 2017년 조사에 따르면, '혼자 호텔이나 모텔에 투숙한 적이 있느냐'는 질문에 성인 남녀 35%(여성의 경우는 29%)가 그렇다고 답했다고 한다. 혼자 투숙하는 이유에 대해서는 출장 등 업무로 인한 투숙 비중이 큰 남성과는 달리, 여성 응답자들은 무려 절반에 가까운 49%가 '기분 전환 겸 여유로운 시간을 보내고 싶어서'라는 답을 골랐다. 조사 결과에서 엿볼 수 있듯 혼텔 패키지의 타깃은 대부분 여성 고객들이다.

외국의 경우 비교적 오래전부터 이와 맥락을 같이하는 마케팅 전략을 채택하고 있다. 직장이나 사업 때문에 혹은 관광 목적으로 혼자서 여행하는 여성은 날로 증가하고 있으며 업무 출장 여행객의 경우, 이미 50%에 이르렀다. 미국이나 유럽 등에서는 나홀로 여행하는 여성을 'woman solo traveler'라 일컫고, 이들에게 특화된 객실/층을 'woman (female) friendly room/floor'라 한다.

국내 다수의 특급호텔도 최근 '혼텔족'을 위한 패키지를 구성하여 제공하고 있다. 코트야드 메리어트 서울 남대문은 혼자만의 시간을 즐기고자 하는 고객을 대상으로 한 '나홀로' 객실 패키지, 타임 포 미(Time for Me) 패키지를 선보였다. 혼자 생활하는 1인 가구의 증가로 주변에 방해받지 않고 혼자만의 편안한 휴식을 즐기고자 하는 고객을 위한 이 패키지는 편안한 프리미어 룸에서의 1박과 함께 무료 조식, 해피아워, 하루 종일 커피와 차가 제공되는 22층 이그제큐티브 라운지 1인 이용 혜택, 오후 2시 늦은 체크아웃과 24시간 피트니스 센터 이용이 모두 포함된다. 쉐라톤 서울 팔래스 강남 호텔의 '미! 싱글 패키지(Me! Single)'는 홀로 즐기는 싱글라이프와 여유의 가치를 중시하는 싱글슈머(Single+Consumer)들이 바쁘고 북적이는 일상을 벗어나 편안한 휴식을 만끽할 수 있는 혜택으로 구성됐다.

⑤ 지속가능한 가치의 창출, 친환경 호텔

호텔업은 제조업 등 다른 산업에 비해 환경오염물질을 비교적 적게 배출하는 소위 'Smokeless' 산업으로 인식되어 왔지만(Kasim, 2004), 주거용이나 상업용으로 사용되는 건물과 달리 호텔은 24시간 에너지를 사용하며 폐수, 음식물 쓰레기 등 폐기물 배출, 1회용품 사용과 같이 다양한 환경 문제와 밀접하게 연관이 되어 있다.

친환경 호텔은 더 높은 가격을 지불하더라도 보다 의식 있고 환경 친화적인 소비를 하고자 하는 고객, 그린슈머(Green Sumer)의 등장과 환경문제에 대한 기업의 책임을 강조하는 사회적 요구를 모두 충족하고자 하는 방향에서 탄생한 호텔이다.

먼저 친환경 서비스는 '해당 서비스를 구성하는 요소가 환경에 긍정적인 영향을 주거나 관련 활동이 환경적 지속가능성을 추구하는 서비스'로 정의할 수 있다. 또한 친환경 호텔 서비스는 '호텔 서비스(물리적·인적 서비스)를 제공하는 전 과정에 걸쳐 환경부하를 줄이도록 체계화된 서비스'라고 정의할 수 있으며, 호텔의 건축부터 사용 물품, 설비의 유지 관리, 고객서비스, 폐기물 관리, 호텔 시설의 철거에 이르기까지 서비스 운영의 전 단계에서 환경적 지속가능성을 추구하는 서비스이다. Iwanowski & Rushmore는 친환경 호텔을 "고급스럽고 화려한 기존의 호텔의 이미지와는 상반되는 개념일 수도 있으나 시설이나 서비스의 기본은 변하지 않으면서 친환경 경영을 하는 호텔"이라고 정의하기도 했다.

읽어 보기

Green Seal

친환경 숙박 시설과 관련하여 세계의 여러 기관들이 친환경 인증을 운영하고 있다. 대표적인 기관으로는 미국의 Green Seal, 북유럽의 Nordic Swan, 유럽연합의 Eco-Flower 등이 있다.

Green Seal은 믿을 수 있고, 투명하며, 제조자, 구매자 그리고 소비자가 책임감 있는 소비를 하는 데에 필요한 신도적인 환경적 기준을 개발한다. 수백 가지 카테고리 속의 수천 가지 상품과 서비스가 Green Seal 기준에 의해 인증 받고 있다.

Green Seal의 상품, 서비스 그리고 기업에 대한 지속 가능한 기준은 라이프 사이클 연구를 기반으로 하며, 개방적이고 투명하며 이해관계자들을 고려하는 방식으로 개발되었다. 또한 Green Seal standards은 제조업자, 서비스 제공자, 기업 등에 지속 가능성과 Green Seal 인증을 지향할 수 있게끔 하는 척도와 가이드라인을 제공한다. Green Seal은 현재 400개의 상품과 서비스 카테고리에 대한 33개의 기준을 갖고 있다. 이 중 GS-33는 호텔과 숙박업에 관한 요구 사항을 정하고 있으며, Gold, Sliver, Bronze의 세 가지 등급으로 나뉜다. 1999년 처음 소개된 이래로, GS-33는 호텔과 숙박업을 대표하는 기준으로서 선도적 역할을 하고 있다.

이 기준은 또한 호텔과 숙박업계가 운영상의 타격은 적게 받으면서 실용적인 접근을 할 수 있는 도구로서 기능할 수 있다.

– 주요 평가 요소 –

- 쓰레기 최소화
- 에너지 절약 및 관리
- 깨끗한 상수도 관리 및 물 절약
- 오염 방지
- 환경 친화적 구매

⑥ 호텔산업과 타 산업의 융·복합

관광 트렌드는 다양한 관광여건의 변화로 관광 타깃, 관광행태, 선호 관광 상품 등이 빠르게 변화하고 있다. 이에 따라 호텔산업이 가지고 있는 한계를 극복하고 새로운 고객층의 확보, 고객 만족 제고 등을 위해 융·복합을 통한 호텔산업의 발전 방안을 꾀하는 추세이다. 산업과 관광, 의료와 관광, 문화와 관광, 예술과 관광 등 여러 분야에서 융·복합 관광산업이 이루어지고 있다.

복합리조트 복합리조트(Integrated Resort)는 "일정 규모 이상의 부지에 풀서비스의 숙박시설과 해변, 스키장, 골프장 등의 레저·스포츠 시설과 MICE 시설, 테마파크, 게이밍 시설 등을 선택적으로 포함하고 있는 목적지 리조트"로 정의된다. 즉 복합리조트는 호텔, 컨벤션 센터, 공연장, 쇼핑센터, 고급 레스토랑, 게이밍 시설 등을 집약한 관광핵심 인프라로 다양한 활동을 원스톱으로 즐길 수 있는 대규모 리조트이다.

대규모 복합리조트의 시작은 미국 라스베이거스다. 1990년대 이후 라스베이거스 관광산업이 카지노 위주에서 벗어나 국제회의·컨벤션·전시회 등 비즈니스 수요 및 가족·레저 관광 수요를 접목시켜 도입되기 시작해 2000년대 이후 마카오, 싱가포르가 복합리조트를 개장해 성공적으로 이끌어 나가며 일본, 대만, 필리핀, 베트남 등 아시아지역으로 확산되며 각국이 경쟁적으로 도입을 추진하고 있다. 세계의 복합리조트의 대표적인 사례는 MICE 중심 비즈니스 형태의 싱가포르 마리나 베이샌즈와 레저 중심의 테마파크형 리조트월드 센토사가 있다.

국내에도 동북아 최초 복합리조트 '파라다이스시티(PARADISE CITY)'가 인천 영종도 인천국제공항 국제업무단지에 개장했다. 파라다이스시티는 대한민국의 위상을 높이고, 전 세계인이 즐길 수 있는 한류의 대표 여행지(K-Style Destination)를 만들어가고자 하는 목표를 가지고 국내에 출범했다. 파라다이스시티의 전체 부지는 축구장 46배 크기인 33만m^2(약 10만 평) 규모이다. 호텔, 카지노, 컨벤션이 1차로 조성됐고, 이어 플라자, 스파, 클럽, 원더박스(가족형 엔터테인먼트), 공연장 등 다양한 관광·엔터테인먼트시설이 순차적으로 들어설 예정이다. 파라다이스시티의 차별점은 한류 5.0 기반의 아트테인먼트(Art-tainment) 리조트로, 동서양의 문화를 융합해 세계인이 모두 즐길 수 있는 K-스타일의 메카로 발전하는 것을 목표로 하고 있다.

메디텔 개념의 헬스리조트 – 제주 WE 호텔

메디텔(Meditel) 의료관광이 미래 성장동력 산업으로 주목받으면서 각국에서는 많은 관심을 가지고 의료관광을 육성하고 있다. 싱가포르와 태국에서 시작된 의료관광 산업은 세계적으로 급속한 성장세를 보이고 있으며, 2012년 기준 의료관광을 위해 자국을 떠난 관광객은 5,600만 명에 이른다. 세계 의료관광 규모는 2012년 약 100억 달러로 2004년 대비 2.5배가량 성장하였으며, 2019년 약 330억 달러 규모로 성장할 것으로 전망된다. 이에 따라 의료관광호텔, 메디텔(Meditel) 또한 빠른 속도로 성장하고 있다.

의료서비스와 호텔서비스의 연계, 즉 호텔서비스를 이용하면서 의료서비스를 제공받는 한국의 Meditel 개념은 세 가지 유형으로 구분할 수 있다.

첫째 유형은 기존 호텔 내부에 성형, 피부, 치과 및 검진 등의 서비스를 제공하는 의원을 유치한 형태이다. 단지 호텔이라는 장소에 의원이 입주한 형태로 호텔 이용객을 위한 편의시설로서의 역할만 하는 것이다. 대부분 유명 관광호텔은 이 같은 방식으로 건물 내에 의원을 입주시킨다.

두 번째 유형은 처음부터 한 건물에 의료기관과 호텔이 계획적으로 입주하는 형태이다. 첫 번째 유형과 달리 호텔과 의료기관이 동등한 위치에서 처음부터 상호 협조하에 각자의 목적을 가지고 입주한 형태이다. 즉 호텔과 단수 또는 복수의 의료기관은 각각의 독립기관으로 동일 건물에 입주하여 숙박 내지는 관광과 의료의 영역에서 상호 협조체계를 유지한다. 2011년에 개원한 부산의 스마트병원과 이비스 앰버서더호텔, 대구메디센터 등이 그 예이다.

세 번째 유형은 개정된 "관광진흥법 시행령"에 따라 2014년 3월부 이후 탄생한 의료관광호텔이다. 이 경우는 의료기관이 호텔을 직접 운영한다는 것이 기존의 메디텔과 다른 점이다. 즉, 동일 건물 내 또는 인근에 의료기관 기능과 호텔 기능을 가진 시설을 운영하되 운영주체가 의료기관이라는 것이다. 따라서 초기에는 대형병원이 환자의 편의를 위하여 병원 구내에 호텔을 건립하는 형태와 기존 의료기관이 두 번째 형태의 Meditel을 운영하는 경우가 될 것이다. 그러나 이처럼 의료관광호텔을 운영할 수 있는 의료기관과 규모에는 제한이 있어서 초기에는 한정된 수의 의료관광호텔 운영이 예상된다.

요약 Note

- 호텔은 '보통 여행자들에게 숙박과 식사 등을 제공하기 위하여 운영되는 대형 건물 또는 시설(A usually large house run for the purpose of giving travelers food, lodging, etc)'이라고 정의된다.
- 관광숙박업의 종류로는 관광호텔업, 의료관광호텔업, 소형호스텔, 호스텔업, 가족호텔업, 한국전통호텔업, 수상관광호텔업 등이 있다.
- 호텔 산업은 인적서비스 의존성이 강하며, 연중무휴 영업의 특성을 갖는다. 또 고정자산 과다 투자로 최초 투자비용이 높으며, 자본회전율은 낮다. 상품 판매에 있어 비전매성, 공급의 비탄력성, 계절성의 특징이 있다. 이에 더해 시설의 조기노후화, 공공장소로서의 기능 등이 호텔의 주 특성이다.
- 호텔 조직은 크게 FOH(Front of the House)와 BOH(Back of the House)로 나눌 수 있다. 먼저 FOH는 프런트 데스크, 컨시어지, 하우스 키핑 등으로 이루어진 Front Office와 레스토랑, 바, 연회장 등으로 구성된 F&B(Food & Beverage, 식음) 부서가 있다. BOH는 호텔이 잘 운영되도록 고객에게 노출되지 않고 뒤에서 지원하는 부서로, 예약, 영업, 마케팅, 인사관리 및 보안 부서 등이 이에 포함된다.
- 새롭게 등장한 호텔의 양식으로는 호텔 아파트먼트, 라이프스타일 호텔 및 부티크호텔, 친환경 호텔, 복합리조트, 메디텔 등이 있다.

과제 Assignment

- 호텔업의 특성 중 한 가지를 선택하여 이를 활용/극복하기 위한 호텔의 운영사례를 설명하라.
- 단독경영호텔과 체인호텔의 대표적 호텔 사례를 조사하고, 각각의 운영방식의 장단점을 설명하라.
- 가장 관심 있는 국내외 호텔 브랜드를 선정하여 조사해 보라.
- 호텔 내의 다양한 직무 중 가장 관심 가는 것은 무엇인가? 해당 직무를 위해 필요한 자질은 무엇인가?
- 기존의 대형 호텔에 대해 새로이 등장한 라이프스타일 호텔/부티크호텔의 경쟁력은 무엇이라고 생각하는가?

참고 자료

- http://www.greenseal.org/
- 한국호텔교육원 https://www.koha.co.kr:446/HotelViewPosition.me
- 롯데호텔 호텔박물관
- tourgo 관광정보시스템 〈관광숙박업의 정의 및 종류〉 https://know.tour.go.kr/ptourknow/law/expn/detail.do?exp_sq=2465
- 찾기 쉬운 생활 법령 정보 〈숙박시설〉 http://easylaw.go.kr/CSP/CnpClsMain.laf?popMenu=ov&csmSeq=580&ccfNo=2&cciNo=1&cnpClsNo=1

- 〈호텔 브랜드 이야기〉, 테라다 나오코, 이숲
- 〈세계 호텔산업의 동향과 미래연구〉, 한국지역문화콘텐츠연구원 문화체육관광부, 2012
- 〈호텔 동향 및 전망〉, 한국기업평가, 2017
- 〈특급 호텔의 친환경 경영이 고객만족과 재방문의도에 미치는 영향〉, 이성각 조현진 박정수, 호텔경영학연구 24(7), 2015
- 〈친환경 호텔 서비스의 환경표지 인증제도 도입 전략〉, 한국환경산업기술원, 2010
- 〈Meditel, 고 부가가치 융복합형 관광산업이 될 수 있나?〉, 의료정책포럼 11(4), 2013
- 〈한국 의료관광마케팅 2016〉, 문화체육관광부 한국관광공사, 2016
- 〈The Highland Group Reports 2015: Lifestyle Hotels Soft Brand Collections Boutiques Hotels〉, The Highland Group, 2015
- 〈한국형 복합리조트 제도화 방안〉, 류광훈, 한국문화관광연구원, 2012
- 〈4차 산업혁명(Industry 4.0)과 관광산업 대응 전략〉, 2016년 지역문화 관광포럼, 2016

- 〈한국 호텔의 역사〉, 다음 블로그 강태영의 서비스 경영, http://blog.daum.net/prosvc/11489505
- 〈호텔산업의 특성과 경영형태〉, 다음 블로그 몽돌의 호텔이야기 http://blog.daum.net/_blog/BlogTypeView.do?blogid=0a1Bc&articleno=10&categoryId=5&regdt=20120208144448
- 〈Hotel Organization: 호텔 조직도 시리즈〉, Glion 경영대학교 블로그 https://m.blog.naver.com/PostView.nhn?blogId=glionspirit&logNo=70147126835&proxyReferer=https%3A%2F%2Fwww.google.co.kr%2F
- 〈2017년, 호텔은 어떻게 변화하고 있는가? (1)〉, Brunch nonie https://brunch.co.kr/@nonie1/60

- 〈2017년, 호텔은 어떻게 변화하고 있는가? (2)〉, Brunch nonie https://brunch.co.kr/@nonie1/61
- 〈삶과 사람을 잇다, 라이프 스타일 호텔〉, Burnch 핫텔매거진 https://brunch.co.kr/@hottel/8

- https://s-ec.bstatic.com/images/hotel/max1024x768/306/30695515.jpg
- http://www.universaldesignstudio.com/wp-content/uploads/2015/10/Ace_Hotel_London_Shoreditch_Lobby_Andrew_Meredith_7.9.14_02-Crop2.jpg
- http://webzine.rihp.re.kr/webzine_201402/w_07_02.html
- https://goo.gl/images/8zMpyL
- https://goo.gl/images/vXfjoP
- https://goo.gl/images/z7xUiC
- https://goo.gl/images/ozPL8s
- https://goo.gl/images/DgkQpf

- http://www.lastella.biz/zeroboard/view.php?id=admini&page=1&sn1=&divpage=1&sn=off&ss=on&sc=on&select_arrange=headnum&desc=asc&no=8&PHPSESSID=83d9be1a6644e1b4e18100044f36b2d2
- 2017.03.09., 〈유럽·중동 및 아프리카, 힐튼 객실 10만 개 넘어〉, 호텔앤레스토랑 http://hotelrestaurant.co.kr/news/article.html?no=3448
- 2017.09.19., 〈롯데호텔, 모스크바에 이어 두 번째 '롯데호텔상트페테르부르크' 그랜드 오픈〉, 호텔앤레스토랑 http://hotelrestaurant.co.kr/news/article.html?no=3992
- 2014.10.09., 〈조선호텔 100주년, 한국 호텔의 역사를 새로 쓰다〉, 스포츠조선 http://www.sportsseoul.com/news/read/119610
- 2016.04.05., 〈[유용욱의 호텔 만들기 18] 호텔의 효율적인 운영〉, 호텔앤레스토랑 http://www.hotelrestaurant.co.kr/news/article.html?no=2053
- 2015.03.11., 〈한국 최고의 직장으로 선정된 호텔, 그 안의 사람들 -코트야드 바이 메리어트 서울 타임스퀘어-〉, 호텔 아비아 http://www.hotelavia.net/news/articleView.html?idxno=584
- 2017.02.27., 〈[HR Report] 한국관광호텔업협회, 2016년 한국호텔업의 회고와 전망〉, 호텔앤레스토랑 http://www.hotelrestaurant.co.kr/news/article.html?no=3329
- 2017.07.13., 〈[Local Networks_부산] 호텔 격전지 부산, 마케팅 강화에 힘쓰는 호텔들〉, 호텔앤레스토랑 http://www.hotelrestaurant.co.kr/news/article.html?no=3809

- 2017.07.28., 〈이제 선택 아닌 필수, 무인 체크인아웃 시스템 'CODY' 키오스크〉, 호텔앤레스토랑 http://www.hotelrestaurant.co.kr/news/article.html?no=4035
- 2013.04.05., 〈하이텍 시대 맞아 '스마트'해지는 호텔들〉, 한국일보 http://www.koreatimes.com/article/20130425/790783
- 2017.02.27., 〈[몽돌칼럼] 혼텔을 말할 때 고려해야 하는 것〉, 호텔 아비아 http://www.hotelavia.net/news/articleView.html?idxno=1124
- 2017.03.23., 〈[Choice Hotel] 혼자여도 괜찮아. 1인 고객 품는 호텔〉, 호텔앤레스토랑 http://www.hotelrestaurant.co.kr/news/article.html?no=3420
- 2016.02.21., 〈부티크+개성 '라이프 스타일 호텔'이 뜬다 -호텔업계,비지니스 호텔 전쟁속 틈새 공략... 롯데 L7 등 신개념 런칭 잇따라-〉, Economic Review http://www.econovill.com/news/articleView.html?idxno=282079
- 2015.08.20., 〈[Integrated Resort Forum 1] 관광핵심 인프라, 복합리조트 한국형 복합리조트 창출 요구〉, 호텔앤레스토랑 http://www.hotelrestaurant.co.kr/news/article.html?no=1292
- 2017.04.21., 〈동북아 최초 복합리조트 파라다이스시티 오픈 -아트테인먼트 리조트로 관광산업 새 시대 연다〉, 호텔앤레스토랑 http://www.hotelrestaurant.co.kr/news/article.html?no=3574
- 2016.04.05., 〈[2016 호텔 트렌드] ② 디자이너 정구호, 가수 김완선... 유명인이 디자인한 라이프스타일 호텔 인기〉, 조선 Biz http://biz.chosun.com/site/data/html_dir/2016/04/15/2016041502011.html#csidxd8bdb55e52f8bf8be81971b1e9555f8
- 2017.10.17., 〈[Creative Hotel] 호텔의 영화 콘텐츠 비즈니스, 조금은 특별한 호텔과 영화의 만남〉, 호텔앤레스토랑 http://www.hotelrestaurant.co.kr/news/article.html?no=4038
- 2016.09.23., 〈메리어트가 스타우드를 인수해 세계 최대 호텔기업이 됐다〉, 허핑턴포스트 http://www.huffingtonpost.kr/2016/09/23/story_n_12149598.html

hospitality management

학습 목표

- 외식산업의 정의 및 특성
- 외식산업과 관광
- 국내 외식업 주요 브랜드
- 외식업 관련 직무의 종류
- 국내외 외식업 동향 및 전망
- 2017~2018 외식업 트렌드

CHAPTER 04

외식업

Restaurant Industry

수업 개요

외식업은 환대산업의 주요 분야로 고객, 종사원, 경영진의 상호작용이 중요한 휴먼 비즈니스이다. 식·음료의 생산·조리와 서비스 제공 등 인적자원의 활용도가 높고, 생산 자동화의 한계성을 가진 노동집약적 사업이다. 또한 고객의 욕구 및 선호를 파악하고 기대 수준을 충족시킴으로써 고객가치를 창출해야 하는 고객지향적 사업이라고 할 수 있다. 국내 외식산업은 1980년대 초부터 개념화되었고, 사회경제적인 발전과 라이프스타일의 변화 등으로 지속적으로 성장하며 대기업의 진출도 활발해졌다. 이로 인해 외식산업에 기업경영의 주요 요소들이 응용되었지만, 시대가 변해도 외식업의 본질은 고객만족이라고 할 수 있다. 이러한 고객중심의 경영철학은 외식업의 규모와 관계없이 가장 강조되어야 할 원칙이다. 다만 식사와 음료, 인적 서비스, 물리적 시설과 분위기가 상품의 핵심 본질이던 시대에서 가성비와 가심비가 강조되고 맛보다 사진 찍고 공유하기 위해 외식을 하는 인스타그래머블 등장, 작고 소소한 행복을 추구하는 소확행, 한번뿐인 인생을 즐기자는 욜로(YOLO)족과 혼밥, 혼술의 트렌드는 외식사업에 새로운 기회가 되고 있다.

외식업 | Restaurant & Food Service

<주요관련직무>

-현장업무
:조리사, 소믈리에, 바리스타

-기획업무
바이어, 외식업 컨설턴트

-지원업무
슈퍼바이저, 상권분석가

외식업이란 '영리를 목적으로 음식을 만들어 고객에게 제공하는 서비스업'을 의미하며 식생활과 밀접한 생활문화 사업으로 일자리 창출과 지역사회 발전에 기여하는 대표적인 서비스업이다.

오늘날 외식업은 포화기에 이르렀고 공급과잉으로 인해 경쟁이 가속화되고 있다. 그럼에도 불구하고 외식분야에서 대형 프랜차이즈와 소규모 개인 창업은 계속해서 주목 받고 있으며 성장하는 추세이다.

외식업 특성

생활문화사업
•사회 변천에 따른 식생활 기능 발전
: 생리적 기능→ 선택적 기능→ 유희적 기능

노동집약적
•인적자원에 대한 의존도가 높음
-인적 사업(People Business)
•최근 '**감정노동**' 개념이 부각됨

지역사회와의 조화
•일자리 창출
•지역 농산물 소비
•지역경제 발전에 기여

입지 의존적
•고객의 접근성과
•가시성 고려
•사업의 성패를 좌우하는 매우 중요한 요소

제조/판매/소비의 동시성
•음식점이라는 일정한 장소에서 모든 기업활동과 소비행위가 완결되는 서비스 비즈니스

국내 외식업 주요 브랜드

CJ 푸드빌
독자적인 양식 패밀리 레스토랑(VIPS) 개발로 외식업의 기반을 다진 종합 외식서비스 기업

•빕스
•계절밥상
•뚜레쥬르
•투썸플레이스

더본코리아
The BORN ORIGINAL KOREAN TASTE

착한 가격, 대중적인 메뉴로 부담 없고 즐거운 한 끼 식사를 제공하는 외식 기업

•새마을식당
•본가
•한신포차
•빽다방

SPC
'삼립식품'에서 시작, 국내에서 가장 오래된 제과제빵 및 외식 기업

•파리바게트(카페)
•베스킨 라빈스
•던킨 도너츠
•카페 파스쿠치

신세계 푸드
위탁급식, 외식 사업, 육가공, 식자재 유통분야 최고 기업

•올반
•보노보노
•데빌스도어

외식산업의 정의 및 특성

1) 외식산업의 정의

먼저 외식이란 가정 외에서 조리된 음식을 가정 내외에서 소비하는 것을 의미하며 외식산업은 음식·음료 등을 조리하여 동일한 장소 내외에서 소비되도록 제공하는 업을 말한다. 이는 음식점을 방문한 고객에게 음식과 서비스를 제공하는 것뿐만 아니라 포장판매(take-out), 배달판매(delivery) 및 출장 외식업(catering) 등을 포함한다.

해외 외식브랜드의 국내진입과 식품관련사업을 하는 국내 기업들이 외식 사업에 진출하면서 보다 체계적이고 합리적인 운영이 시도되고 경영이라는 개념이 도입되었다. 국내에서는 1980년대 이전까지는 외식산업이 요식업으로 불리어지다 외식업이 사회환경에 미치는 영향이 증대하면서 외식산업으로 불리어지게 되었다고 할 수 있다.

먼저 외식업과 요식업을 비교해 보면 외식업은 기본방침을 표준화, 신속화, 서비스화에 초점을 두었으며 점포 분위기보다는 일의 효율성을 중시하고 매뉴얼에 의한 관리와 교육을 지향하며 상권범위를 지역상권보다는 대상권을 표방하고, 원료 대신 반가공된 식재료 등을 사용해서 균일한 품질을 유지할 수 있도록 기술이나 조리기기를 활용했다고 할 수 있다. 이에 반하여 요식업은 기본방침을 개성화와 아이디어에 중점을 두었으며, 점포는 업무의 효율성보다는 분위기를 중시하며, 매뉴얼보다는 경험과 감에 의한 관리와 교육을, 지역 소상권을 지향하고 식재료 대신에 원료를 사용하는 육감적인 외관의 기능을 중시했다고 할 수 있다.

외식이란 흔히들 집 외에서 음식을 먹는 것을 말해 왔는데 이제는 출장연회, 배달서비스의 발달과, 도시락 등이 완제품형태로 되어 가정 내에까지 배달이 되어 가정에서도 외식의 개념이 자리를 잡게 되었는지가 오래되었다고 할 수 있다.

사진: Pixabay

외식산업을 정의해 본다면 "사람이 음식에 대한 욕구를 요리나 음료를 통해서 직접 충족시켜 주기 위한 인적서비스가 연출되어지는 분위기에 휴식공간까지 제공되어 새로운 활력을 주는 것이라고 할 수 있으며, 즉 영리성을 추구하는 기업성과 가정적인 개념의 인적·물적서비스가 이루어지는 것으로 그에 따른 일정한 영업장과 시설을 구비해야 한다.

외식산업은 식재료를 이용해서 요리를 해냄으로써 제조업의 기능과 고객에게 판매함으로써 소매업의 기능을, 그리고 판매된 메뉴를 맛있고 즐겁게 경험할 수 있도록 부가되는 서비스업의 기능도 가지는 등 복합적인 성격을 가진 산업이다.

2) 외식산업의 분류

외식산업은 국가기관 및 업계, 학계 등에서 메뉴의 특성, 서비스 제공 형태, 영리 추구의 여부, 주류 판매 여부 등에 의해 다양하게 분류되고 있으며 국내 외식산업의 객관적인 분류는 통계청의 한국표준산업분류, 식품위생법상의 분류 등을 참조할 수 있다.

한국표준산업분류는 UN국제산업분류를 기초로 작성한 것으로 외식산업은 대분류〈1. 숙박 및 음식업〉 내 중분류 〈56. 음식점 및 주점업〉에 해당된다. 음식점

표 4-1 한국표준산업분류에 의한 외식산업 분류

대분류	중분류	소분류	세분류	세세분류
1. 숙박 및 음식업	음식점 및 주점업 (56)	음식점업 (561)	일반음식점업 (5611)	• 한식 음식점업 • 중국 음식점업 • 일본 음식점업 • 서양 음식점업 • 기타 외국식 음식점업
			기관구내식당업 (5612)	• 기관구내식당업
			출장 및 이동음식업 (5613)	• 출장 음식 서비스업 • 이동 음식업
			기타 음식점업 (5619)	• 제과점업 • 피자, 햄버거, 샌드위치 및 유사 음식점업 • 치킨 전문점 • 분식 및 김밥 전문점 • 그 외 기타 음식점업
			주점업 (5621)	• 일반유흥 주점업 • 무도유흥 주점업 • 기타주점업
			비알코올 음료점업	• 비알코올 음료점업

표 4-2 식품위생법 시행령에 의한 외식산업 분류

구분	분류	내용
음식점	휴게음식점영업	주로 다과류, 아이스크림류 등을 조리 판매하거나 패스트푸드점, 분식점 형태 영업 등 음식류를 조리 판매하는 영업(음주행위가 허용되지 않음)
	일반음식점영업	음식류를 조리 판매하는 영업(부수적으로 음주행위가 허용됨)
	위탁급식영업	집단급식소를 설치 운영하는 자와의 계약에 따라 그 집단급식소에서 음식류를 조리하여 제공하는 영업(영양사와 조리사를 두어야 함)
	제과점영업	주로 빵, 떡, 과자류를 조리 판매하는 영업(음주행위가 허용되지 않음)
주점	단란주점영업	주로 주류를 조리 판매하는 영업(손님이 노래를 부르는 행위가 허용됨)
	유흥주점영업	주로 주류를 조리 판매하는 영업(유흥종사자 고용, 유흥시설 설치가 허용됨)

및 주점업은 소분류 〈561. 음식점업〉, 〈562. 주점 및 비알코올 음료점업〉으로 구분되며 일반 음식점업, 기관 구내식당업, 출장 및 이동음식업, 기타 음식업, 주점업, 비알코올 음료점업으로 세분된다.

식품위생법 시행령 제21조에 의하면 외식산업은 식품접객업에 해당되며 음식점과 주점으로 구분할 수 있다.

음식점은 주류의 판매 여부에 따라 휴게음식점영업, 일반음식점영업, 위탁급식영업, 제과점영업으로 분류되며 주점은 유흥종사자 유무에 따라 단란주점영업과 유흥주점영업으로 분류된다.

3) 외식산업의 특성

① 사람 중심

외식사업은 고객, 종사원, 경영진의 상호작용이 중요한 사람(People) 중심의 사업이다. 또한 식·음료의 생산·조리와 인적 서비스 제공 등 인적자원의 활용도가 높고, 생산자동화의 한계성을 가진 노동집약적 사업이다. 고객과 종사원의 대인접촉을 통해 고객의 욕구 및 선호를 파악하고 기대 수준을 충족시킴으로써 고객가치를 창출해야 하는 고객지향적 사업이기도 하다.

그림 4-1 외식산업의 특성

경영주의 고객 중심 경영철학은 조직문화를 좌우하며 내부 종사원들의 고객

지향적 서비스 마인드를 고취시켜 주고, 동기 부여를 이끌어낸다. 종사원에 대한 서비스 역량 강화 훈련 및 지원, 효과적 보상은 내부 서비스 품질 수준 및 생산성을 향상시켜 고객만족을 유도하고 충성고객을 확보하게 하며, 기업의 긍정적인 경영 성과로 연계된다.

② 서비스 지향성

외식사업은 유형의 상품(음식)과 무형의 서비스가 결합된 형태로 서비스업의 특성을 그대로 지닌다. 서비스는 기본적으로 무형성(intangibility), 비분리성(inseparability), 이질성(heterogeneity), 저장불능성-소멸성(perishability)이라는 4가지 특성을 가지고 있다.

서비스 무형성이란 실체가 없기에 구매 전에 보거나 만질 수 없다는 것을 의미한다. 외식 고객은 서비스를 받기 이전에는 그 가치를 파악하기 어렵다.

외식서비스는 서비스 종사원에 의해 제공됨과 동시에 고객에 의해 소비되는데 이를 서비스 비분리성이라 한다. 고객과 접촉하는 서비스 종사원의 능력, 친절도, 서비스 생산과정에 직접 참여하는 고객의 역할도 서비스의 종합적 평가에 영향을 미치게 된다.

서비스 품질은 누가, 언제, 어디서, 어떻게 서비스를 제공하느냐에 따라 달라지는데, 이러한 서비스 이질성으로 인해 서비스 품질 통제가 어렵게 된다. 레스토랑에서 점심 때 팔지 못한 좌석은 저녁에 사용하기 위해 저장할 수 없는데 이는 저장불능성-소멸성에 의한 것으로 예약한 고객이 나타나지 않으면 그 좌석의 가치는 사라지게 된다.

③ 입지 의존성

외식사업은 점포의 위치가 사업의 성패를 좌우할 만큼 입지 의존성이 높다. 따라서 동일한 상호라 해도 입지에 따라 매출에 차이가 난다. 일단 입지가 정해지고 나면 많은 고정자본이 투입되어 변경이 어려우므로 체계적인 환경 및 상권분석에 기초한 점포의 입지 선정이 요구된다.

④ 높은 경쟁강도와 낮은 진입장벽

외식사업은 창업에 특별한 자격요건이 필요하지 않고 진입장벽이 낮아 폐업과 재창업이 빈번하게 일어난다. 경제적인 문제뿐만 아니라 과잉창업, 경영 노하우 부족으로 창업한 지 3~5년 내에 폐업하는 비율이 높다.

국내 외식업체 수는 매년 늘어나고 있으며 전체 매출은 증가하는 추세이지만, 점포당 매출은 크게 줄고 있다. 이러한 상황이 수년간 지속된다면 일본의 경우처럼 업체 수가 줄어들면서 전체 외식업계의 매출이 함께 하락하는 위기상황에 직면할 수도 있을 것이다. 외식업계의 어려운 환경 속에서 베이비부머 세대의 은퇴와 고령층의 증가, 높은 청년 실업률로 인해 외식업에 대한 경험과 준비 없이 창업을 시작하는 사례가 늘고 있어 정부와 지자체에서는 소상공인 컨설팅 지원 사업 및 외식사업자의 경쟁력 강화를 위해 많은 노력을 기울이고 있다.

4) 국내 외식산업의 역사

① 초기

한국의 외식산업은 1960년대 경제개발계획이 추진되면서 그 기초가 마련되었는데 1980년대 들어 해외 외식브랜드의 도입과 함께 서구식 음식문화가 소개되었다. 이와 더불어 국내에서 자생된 프랜차이즈 형태의 중소형 브랜드가 많이 생겨나면서 외식산업이라는 용어가 사용되었다.

1900년대는 주로 가내주도형인 이문설렁탕, 한일관, 조선옥, 남포면옥 등 전통 한국음식점과 제과점인 고려당이 태동한 시기이다. 1945년 해방과 함께 6·25 전쟁을 겪게 되면서 식량사정이 극도로 악화되어 미국의 원조품에 의존하게 되었는데 정부는 이의 해결을 위해 식생활의 개선문제와 더불어 분식을 장려하였다. 이 시기에 개인들이 음식을 판매하기 시작하면서 영세하고 소규모이지만 음식점들이 대거 출현하기 시작하였다.

1960년대에는 경제개발계획의 추진에 따른 국민소득의 점진적 증대와 문화수준의 향상으로 외식산업의 기초가 마련되었다. 1970년대에는 경제개발 시작과 더불어 식생활이 향상됨에 따라 단순히 생존을 위해 먹는 기본적 욕구에서 벗어나 교양 및 여가에 대한 관심이 나타나기 시작하였으며 이에 따라 외식소비지출이 증가하면서 많은 음식점들이 출현하였다.

② 도입기

요식업, 식당업, 음식업 등과 같이 여러 가지로 사용되던 용어가 외식산업이라는 단일화된 용어로 사용되기 시작하였다. 1977년에 림스치킨에 의해 국내 최초로 프

읽어 보기

서양요리가 우리나라에 전래된 경로

우리나라에 서양요리가 전래된 정확한 시기는 알 수 없지만 개화기를 맞아 서양인들의 왕래가 빈번해지면서 서양음식이 전해졌을 것으로 추측된다. 「조선기행」을 쓴 독일인 오페르트는 1866년 이후 우리나라를 방문하면서 자기 배에 찾아온 조선사람들에게 양식을 대접했다는 기록을 남기고 있다. 고종 말년에는 궁중에서 프랑스음식을 만들어 먹었던 것으로 전해지고 있지만 서양요리가 왕실과 몇몇 사람을 벗어나 널리 전파되기 시작한 것은 호텔에서부터라고 할 수 있다. 따라서 우리나라에서 서양요리의 변천사는 곧 호텔의 발달사와 밀접한 관련이 있다.

서양요리가 공식적으로 첫 선을 보인 것은 1888년 인천에 일본인이 최초로 외국인을 대상으로 한 대불호텔을 건립하면서부터인 것으로 추정된다. 물론 그 이전에도 조선을 방문한 외국인 선교사들을 위해 음식을 만들어 준 조선인이 있었지만 활동기록이 전혀 남아있지 않으므로 개인적으로 활동한 서양식 조리사가 있었다고는 볼 수 없다. 단지 우리나라 대사관의 외국인 조리사를 모방하면서 시작되었다고 할 수 있다.

한국의 서양조리가 시작된 곳은 1902년 10월에 러시아공사 웨비르(Weber)의 처형인 손탁(Sontag)이 정동에 세운 손탁호텔에 프랑스식 레스토랑이 출현하면서부터이다. 이 때 일본인들이 우리나라에 들어오면서 서양식당을 운영하였다.

한국의 서양조리는 1914년 3월 조선호텔이라는 서구식 호텔이 생기면서 일대 전환기를 맞게 되었다. 그 후 1925년에 철도식당인 서울역 내 〈그릴(Grill)〉이 탄생함으로써 서양조리의 기술을 향상시키는 데 크게 이바지하였다. 1930년 9월 경성부인회에서 국내 최초로 「션영대죠셔양료리법(*The Seoul Women's Club Cook Book*)」이라는 서양조리책이 영문과 국문 대역판으로 발간되었다. 한편 1936년 개관한 목정호텔이 호텔 양식당을 갖추어 서양음식을 제공하였다는 기록이 있다.

랜차이즈 형식이 도입되고 1979년 일본 롯데리아와 합작으로 국내 롯데리아가 개점하면서 국내에서도 본격적인 프랜차이즈 시스템의 시대가 열리게 되었다.

아시안게임(1986)과 서울올림픽(1988)을 전후하여 국내 외식산업은 괄목할 만한 성장을 이루어 하나의 산업으로서 자리를 잡기 시작하였다. 또한 국내 경제·산업구조의 호황으로 식생활에서도 고급화와 다양화에 대한 욕구가 증대되면서 해외 외식브랜드 도입과 프랜차이즈 시스템이 확대되었다.

한국 외식산업이 황금장으로 인식되면서 롯데(롯데리아), 미도파(코코스), 두산(KFC, 버거킹) 등의 대기업이 외식산업에 진출하기 시작하였다. 1980년대에는 버거킹(1984)이 국내에 체인점을 개설한 이후 브랜드 도입 등의 형태로 해외의 외식브랜드가 국내시장에 상륙하기 시작하였고 활발한 패스트푸드의 진출과 더불어 1985년 배스킨라빈스에 의해 벌크(bulk) 제품 중심의 아이스크림 전문점이 등장하였다. 또한 같은 해에 피자헛이 도입되면서 국내에 피자가 널리 보급되었으며 그 후 많은 피자업체들이 생겨났다.

③ 성장기

1989년 해외여행 자유화 조치 이후 1990년대에 접어들면서 국민소득이 향상되어 해외여행, 핵가족화 및 맞벌이 부부가 증가함으로써 가족단위의 외식이 증가하였다. 국내 대기업들에 의해 해외 외식브랜드가 본격적으로 도입되어 체계적인 외식기업으로 발전하였고 소규모의 개인 영세업체에서 벗어난 기업화된 다점포 외식기업이 증가하였다.

패스트푸드 진입이 국내 외식산업의 시작이 되었다면 패밀리 레스토랑은 본격적인 성장과 기술적.경영적 발전의 기틀을 마련하였다. 1990년대 중반 이후 외식의 고급화로 인해 셀프서비스(self-service)가 아닌 풀서비스(full-service) 레스토랑을 찾는 고객이 많아지면서 패밀리 레스토랑은 실내장식, 메뉴, 경영방식 등에 있어서 새로운 형태로 주목을 받았고 이로 인해 패스트푸드 시장의 성장이 둔화되었다. 또한 CJ 푸드빌은 해외에 로열티를 지급하지 않는 국내 자생 브랜드로서 한국 문화에 맞는 패밀리 레스토랑 빕스와 한국 전통음식을 상품화한 한국(Hancook)을 개발하였다.

④ 외식업의 오늘

국내 외식산업은 1986년 아시안게임과 1988년 서울올림픽 등 국제적인 행사를 계기로 급성장하였다. 1979년 일본 롯데리아와 합작 형태로 국내에 도입된 롯데리아를 시작으로 해외 브랜드의 국내 시장 진출이 본격화되면서 외식산업은 활기를 띠었다. 1990년대에는 대기업의 외식사업 진출과 해외 패밀리 레스토랑의 국내 진출로 외식산업이 질적으로 성장했으며, 1990년대 중반부터 프랜차이즈 업계가 성장하기 시작하였다.

사진: Pixabay

종합하자면, 현재 한국의 외식산업은 해외 외식브랜드의 진출, 시장경쟁의 심화, 업종의 다양화 및 현대화, 대기업 및 호텔의 외식시장 참여 확대 등으로 인해 구조적 변화가 나타나고 있으며 국민소득 수준의 향상, 주5일 근무제의 확산, 여성의 사회활동 참여 증가, 식생활 패턴의 변화 등으로 외식문화가 발달하면서 시장의 규모가 점차 커지고 있다.

이처럼 구조적 변화와 시장의 경쟁, 시장의 대규모화가 심화되면서 음식점 형태의 다양화, 메뉴의 다양화 및 전문화, 위생 및 서비스 수준의 향상, 효율적 경영 시스템의 도입 등으로 외식 산업의 질적 수준이 향상되었다고 볼 수 있다.

5) 외식산업의 중요성

① 국민건강권 보호 차원

식품·외식산업은 우리 국민 모두에게 해당되는 산업으로, 모든 국민은 안전하고 맛있는 식품을 섭취할 권리와 그런 환경 조성을 위해 노력해야 할 의무를 지니고 있다고 볼 수 있다. 특히 요즘같이 국민들의 건강에 대한 관심이 높아지고 있는 시점에서는 외식산업을 통한 국민건강권 보호가 국가의 중요한 책무 중의 하나라는 인식이 필요하다.

② 경제적 측면

외식산업은 그 자체로 40조 5천억원, 식품제조 35조 4천억원, 농업부문 24조원 등 모두 100조원이 넘는 거대산업이다. 또 식품·외식산업은 여성의 사회참여 확대와 주5일 근무제 시행 등으로 큰 폭의 성장세를 보이고 있는 분야이며, 150여만 명의 고용창출 효과 등 사회적 관점에서 볼 때도 중요한 산업으로 꼽히고 있다. 최근에는 세계적으로 건강기능식품이 새로운 성장산업으로 부각되면서 이 또한 엄청난 부가가치를 창출하고 있어 식품산업은 재래식 산업이 아니라 첨단 신 성장 산업으로도 주목받을 전망이다.

③ 문화적 차원

음식을 섭취하는 것은 문화다. 나라마다 국민성이 다른 이유 중에는 음식문화가 다르기 때문이라는 주장도 있고, 어떤 재료로 만든 어떤 음식을 먹느냐에 따라 사람의 성품이 달라진다고까지 한다. 이처럼 음식은 사회 구성원들이 언어와 같이 매일 접하고 사용하는 문화이기 때문에 영향력이 매우 크다고 볼 수 있다.

6) 외식산업과 관광

사진: Pixabay

관광산업 분야를 먹거리, 놀거리, 볼거리, 살거리로 구분하기도 하는데, 최근 미디어의 영향으로 인해 먹방, 맛집탐방과 같은 외식과 음식이 관광의 핵심요소로 재조명되고 있다. 특히 외식사업과 음식에 초점을 맞춘 관광을 음식관광(food tourism), 요리관광(culinary tourism), 혹은 미식관광(gastronomy tourism)이라고 하는데 3가지 모두 특정한 먹거리와 그 식문화를 즐기려는 목적으로 특정지역을 방문하는 여행의 의미를 담고 있다.

통상적으로 위의 3가지 용어 모두 어디에서나 접할 수 있는 체인화되고 일상적인 음식과 달리 정통성을 갖춘 원래의 음식과 식문화의 본고장을 찾아가는 것을 의미한다고 할 수 있지만 건강한, 가치 있는 먹거리를 향유하고 관련된 지식을 쌓아간다는 의미를 갖고 있는 미식관광(gastronomy tourism)이 조금 더 최근의 동향을 반영한다고 볼 수 있다.

최근 부각되고 있는 창조산업(creative industries)의 한 분야로서 미식과 미식여행이 중요하게 강조되고 있는데 미식관광은 전통적인 유적지역, 자연경관 등 볼거리 중심의 관광을 보완하고 최근의 독특한 경험을 중시하는 관광 트렌드에 어울리는 새로운 시장으로 부상했고 빠르게 성장하고 있다.

미식관광에서 경험할 수 있을 만한 콘텐츠는 크게 ① 좋은 음식을 직접 보고 먹고 느끼는 것과 ② 관심 있는 음식의 제조 과정을 살펴보거나 직접 만들어 보는 것, ③ 그 음식·식문화의 기원과 발전과정을 알아가는 것으로 나눌 수 있는데 산업경제 중심에서 서비스경제(service economy) 및 체험경제(experience economy)로 발전할수록 최종 산물보다 과정이 강조되고 있다.

와인관련 산업의 다양화를 예로 보면 산업경제 중심단계에서는 와인관련 산업이 유명한 와인 구매 또는 수출·입에 그쳤다면 서비스경제 및 체험경제단계에서는 와이너리 방문 및 시음, 와인 제조 교육 및 체험이 와인관련 산업으로 가능한데 와인·최종 산물보다 제조 교육 및 제조 체험·과정이 소비자의 장기 체류와 지출을 유도하게 되어 더 큰 가치를 산출하는 것을 알 수 있다.

관광서비스 소비에 있어서 단순한 식음료가 차지하는 비중은 2012년 기준 OECD 평균 17%이지만(2012년 기준, food and beverage 분야) 특정지역에서는 음식 분야가 관광 지출의 30% 이상을 차지하는 것으로 나타났는데 스페인 바르셀로나의 경우, 아직 미식관광이라는 개념이 흔하지 않던 2001년도에 관광객 지출의 30% 이상이 음식분야인 것으로 나타났으며 이탈리아의 경우, 2010년도 와인관광객이 하루 평균 200유로를 지출했는데 이는 이탈리아 국내 관광객의 하루 평균 지출액 55유로인 것을 감안하면 식·음료와 관련된 관광산업이 가치창출에 있어서 성공적인 분야라고 볼 수 있다.

이러한 식·음료 관련 관광에서 관광객이 지출하는 비용은 직접적으로 지역(향토) 비즈니스에 연결되며, 이러한 구조는 특히 농촌 및 변두리 지역의 발전에 기여를 한다. 이는 새로이 대규모의 시설이나 설비적인 투자를 요구하지 않기 때문에 특별한 발전의 요인이 없는 지역에도 농촌경제 다각화 차원에서 미식관광, 식·음료 관련 관광 사업추진이 가능하다. 농촌 및 변두리 지역이 그 식·음료와 문

읽어 보기

외식산업과 환대(hospitality)산업

외식산업은 환대(hospitality)산업을 구성하고 있는 핵심 산업이다. 개인의 여유시간과 가처분소득이 늘어남에 따라 삶의 질을 향상시키기 위한 지출활동이 증가하면서 하나의 산업으로 등장하게 된 것이 환대(hospitality)산업이다.

'호스피탈리티-환대(hospitality)'라는 말의 어원은 라틴어로 '손님(hospes)'이다. 이방인이나 손님에게 숙박이나 식사를 제공한다는 의미를 지니고 있다. 국내에서 호스피탈리티는 '환대'로 해석되는데 환대란 '반갑게 맞아 정성껏 대접한다'는 뜻이다.

프랑스의 철학자 자크 데리다(Jacques Derrida)는 환대를 아무런 조건 없이 가진 것을 타인과 아낌없이 공유하는 무조건적 환대와 자신의 이익이나 대가를 획득하기 위한 의무적인 행위로서의 조건적 환대로 구별하였다. 현대사회에서 환대는 제공자와 수혜자의 상호 공생관계를 기반으로 하므로 조건적 환대에 해당된다.

환대(hospitality)산업은 고객에게 최고의 환대를 제공함으로써 고객가치를 창출하는 것을 목표로 한다. 이 산업은 숙박(호텔, 모텔, 리조트 등)과 외식(레스토랑 등)이 주요 산업군이며, 이외에도 여가 및 관광산업 중 고객에게 서비스를 제공하는 오락시설, 카지노, 테마공원, 여객운송, 크루즈 등을 포함한다.

화의 정통성·신뢰성 측면에서는 도시보다 유리하며, 해당지역의 정체성을 확보하고 이를 강화하면서 유산이나 경관은 유지하게 되고 이것이 식·음료 관광상품과 연계되어 또 다른 관광객 유인요인으로 연결될 수 있다.

이러한 다양한 트렌드와 현상은 관광산업에서 식·음료와 관련된 외식산업의 중요도와 잠재가치가 높다는 것을 알 수 있게 한다.

국가의 대외적인 소프트파워와 브랜드인지도(brand awareness)를 높이는 수단으로써도 외식산업이 중요하다고 할 수 있다. 프랑스는 오랜 기간 동안 노력을 통해 프랑스의 특징적인 미식문화를 활용한 국가 이미지 제고에 성공했으며 이 외에도 유럽에서는 이탈리아, 스페인 등이 부각되고 있으며, 아시아의 대한민국, 타이베이, 인도, 말레이시아, 태국 등이 현재 떠오르는 "미식 여행 국가"로 이러한 국가 외에도 다양한 국가에서 자국의 미식문화의 발전을 위한 노력과 홍보를 통한 소프트파워 향상을 위해서 노력하고 있는데, 이러한 통합적인 현상과 결과를 미식외교(gastro-diplomacy)라고 말하기도 한다.

국내 외식업 주요 브랜드

1) 주요 브랜드

외식 산업은 낮은 진입장벽과 메뉴 모방의 용이성으로 인해 업체 수가 지속적으로 증가하는 추세이다. 타 산업에 비해 필요 자본규모가 크지 않으며, 기술적 노하우를 보유하지 않아도 진출하기가 용이하기 때문이다. 이에 따라 전문성 및 운영기법, 브랜드관리의 노하우를 이용한 프랜차이즈 시스템이 확산되었고, 국내 외식시장은 대기업

표 4-3 국내 대기업 외식업체 진출 현황

그룹명	브랜드명
롯데	롯데리아, TGI 프라이데이, 크리스피크림도넛, 나뚜루 등
CJ	빕스, 투썸플레이스, 뚜레주르, 콜드스톤, 비비고, 차이나팩토리 등
LG	아워홈, 하꼬야씨푸드, 사보텐, 헌터버거 등
신세계	달로와요, 스타벅스 코리아, 보노보노, 올반 등
농심	코코이찌방야
이랜드	피자몰, 애슐리, 더카페, 아시아문, 자연별곡 등
SPC	파리바게트, 파리크라상, 배스킨라빈스, 던킨도너츠, 카페파스쿠치, 빚은 등
두산	KFC(2014년 매각), 버거킹(2012년 매각)
GS	미스터도넛(2014년 운영권 매각)

계열 외식업체를 중심으로 재편되어 왔다.

하지만 최근 공정거래위원회의 프랜차이즈 규제 등에 의거하여 대기업 외식업체들의 신규출점이 제한되고, SNS 등을 통한 바이럴마케팅으로 검증된 소규모 음식점을 방문하는 것이 새로운 외식 트렌드로 자리 잡으면서 외식 시장은 조금씩 변화하고 있다.

① CJ푸드빌

CJ푸드빌은 1994년 패밀리 레스토랑 '스카이락'으로 출발해, 1997년 독자적인 양식의 패밀리 레스토랑 '빕스'의 론칭에 성공하면서 전문외식업체로서의 기반을 다졌다. 이후 2006년 그룹의 프랜차이즈 사업부문을 통합하면서 탄탄한 종합외식 서비스 기업으로 탄생한다. CJ푸드빌은 Food(음식)와 Village(마을)의 합성어로, 한 마을에 사는 가족과 이웃들이 단란한 식사공간을 통해 행복과 사랑을 나누듯이 편안하고 부담 없이 즐길 수 있는 가족레스토랑을 지향한다는 의미가 담겨 있다.

그림 4-2 CJ푸드빌 주요 브랜드 구성

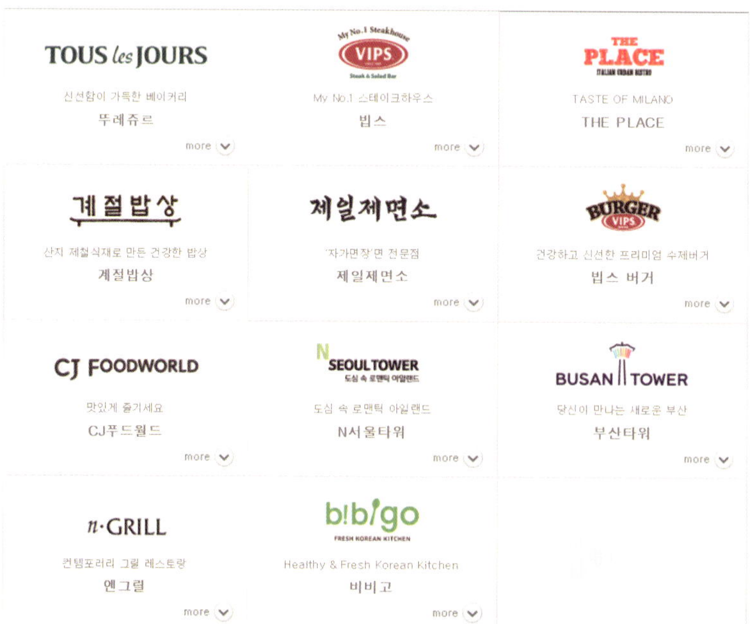

② SPC

가장 맛있고 건강한 빵으로 세상을 행복하게 만들겠다는 SPC 그룹의 꿈은 삼립식품의 창업자 초당 허창성 명예회장이 1945년 황해도 옹진에 문을 연 작은 제과점 '상미당(賞美堂)'에서 시작되었다. SPC 그룹은 2005년 이후 매년 20%가 넘는 매출성장률을 기록하며 성장을 거듭하고 있다. 또 2000년대 초반부터 적극적으로 해외시장 진출을 추진하여 중국과 미국, 프랑스, 베트남, 싱가포르에서 파리바게트 브랜드로 250개가 넘는 매장을 운영하고 있다.

그림 4-3 SPC 브랜드 구성

삼립은 가장 오래되고 유명한 대한민국 대표 제빵 브랜드이다. 50년 동안 17억 개가 판매된 크림빵을 비롯하여 호빵, 보름달, 아이차, 누네띠네, 하이면 등 이름만 들어도 알 수 있는 장수 제품으로 국민들에게 변함없이 사랑받고 있다. 이를 바탕으로 SPC는 샤니, 파리크라상, 파리바게트, 배스킨라빈스, 던킨도너츠 등 국내 1위의 강력한 브랜드 파워를 가지고 있다. 또 베이커리, 고급 아이스크림, 커피와 도넛 분야에서도 업계를 선도하며 지속적으로 성장하고 있으며, 제분에서 제조, 유통까지 제과제빵 사업의 수직계열화를 완성해 더욱 효과적인 시너지를 발휘하고 있다.

③ 신세계푸드

종합식품유통기업 신세계푸드는 대한민국 유통산업의 선두 신세계그룹의 인프라와 노하우를 바탕으로 푸드서비스(위탁급식), 식자재유통, 식품제조/가공, 외식, 연회 등 4대 핵심사업을 중심으로 업계 최고의 품질과 서비스를 제공한다. 이 같은 네 가지 사업영역 중 외식사업 분야에서는 신세계 이미지에 걸맞은 맛과 품격을 갖춘 차별화된 외식 브랜드를 갖고 있다. 프리미엄 식료품 브랜드 딘앤델루카,

그림 4-4 | 신세계푸드 브랜드 구성

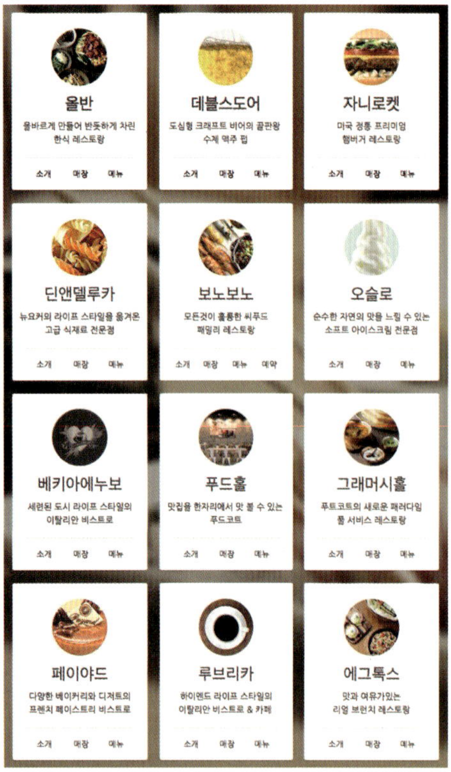

프리미엄 씨푸드 레스토랑 보노보노, 컨세션사업 리딩 브랜드 푸드홀, 명품 레스토랑 클럽하우스, 자니로켓 등이 이에 속한다.

④ 더본코리아

㈜더본코리아는 1993년 논현동에서 원조쌈밥집을 시작으로 1994년 법인을 설립해 현재 국내를 넘어 미국, 중국, 일본, 동남아시아에 다수의 브랜드를 개발·운영하고 있다. 저렴한 가격, 대중적인 메뉴의 브랜드가 대다수로 부담 없는 가격에 푸짐하게 음식을 먹을 수 있으며, 유명 요리연구가 백종원이 메뉴개발과 경영을 하고 있다.

서민친화적인 이미지를 중심으로 다수의 브랜드를 보유하고 있는 더본 코리아는 한식, 중식, 일식, 분식, 치킨, 주점, 카페에 이르기까지 약 28여 개의 브랜드를 보유하고 있다. 브랜딩을 통해 고급스러움은 버리고 오히려 서비스의 내용이 쉽게 드러나는 네이밍과 푸근한 요리사로 묘사된 백종원 대표의 이미지가 결합되어 소비자들은 브랜드를 보다 친숙하게 느낀다.

그림 4-5 | 더본코리아 브랜드 구성

2) 관련 직무

① 외식업체 매니저

고객관리에서부터 음식의 맛과 질, 직원들의 업무태도, 행사시간 조정 등을 체크하는 사업장의 책임자이다. 일반적으로 아르바이트로 시작해 경력을 쌓고 매니저가 되는 경우가 많은 편이며, 매니저 공개채용을 통해서도 입사할 수 있다. 강한 체력과 리더십, 서비스 정신 등이 필요하다.

그림 4-6 외식산업 관련직업

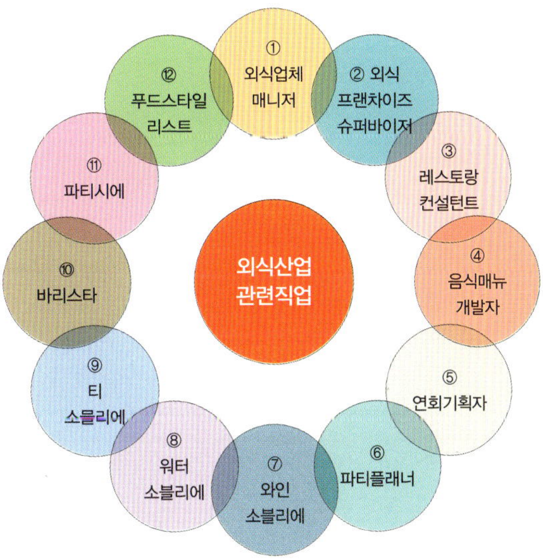

② 외식프랜차이즈 슈퍼바이저

프랜차이즈의 꽃이라 불리는 슈퍼바이저는 본사와 가맹점 사이에서 의사소통을 담당한다. 본사의 방침을 가맹점에 전달하고 가맹점의 영업 현황과 문제점을 파악하여 해결해주는 카운슬러의 역할을 수행하고 있다.

③ 레스토랑 컨설턴트

식당의 콘셉트, 시장분석, 설계, 인력채용, 서비스·시설관리, 음식 맛 관리 등 식당과 관련된 모든 분야를 종합적으로 관리한다.

④ 음식메뉴 개발자

현대인들의 제각각인 입맛을 사로잡는 메뉴를 만든다. 메뉴개발을 위해 꾸준한 시장조사 등이 필요해 국내외 출장이 잦다. 레스토랑, 음식점 등에서 조리업무를 해 본 사람이 다수이다.

⑤ 연회 기획자

결혼식, 돌잔치, 고희연부터 기업의 교육세미나, 설명회, 기자간담회, 만찬회 등 연회 행사의 음식, 시설 등을 처음부터 끝까지 담당하고 책임진다.

사진: Pixabay

⑥ 파티플래너

파티 문화가 보급화되면서 이를 전문적으로 기획하고 연출하는 사람을 필요로 하여 나온 신종 직업으로, 음식뿐만 아니라 파티의 메인테마 등을 정한다.

⑦ 와인 소믈리에

와인에 대한 전문가로서, 와인에 대한 지식만 가지고 있을 뿐 아니라 고객과 레스토랑의 요리법을 고려하여 분위기와 잘 어울리는 와인을 선택해 주는 역할을 한다.

⑧ 워터 소믈리에

워터소믈리에(Water Sommelier)는 물의 맛과 냄새를 전문적으로 평가하고 판별하는 '물 맛 감별 전문가'이다. 워터 웨이터(Water Waiter), 워터 매니저(Water Manager), 워터 어드바이저(Water Advisor)라고도 불리고 있으며 전문적인 직업의 범위를 점차 확대 중이다.

⑨ 티 소믈리에

티소믈리에는 다양한 종류의 차를 시음하고, 그 특징과 배경을 공부한 뒤 차를 찾는 이들에게 각자의 취향과 상황에 맞는 차를 소개하는 전문가를 말한다. 차 관련 업종은 점점 세분화되고 있다. 교육기관에서도 티소믈리에뿐 아니라 티블렌더, 티코디네이터 등도 양성한다. 소믈리에가 추천하는 전문가라면, 블렌더는 직접 서로 다른 찻잎을 섞어 새로운 향의 차를 만들어낼 수 있는 단계다. 티코디네이터는 다른 디저트류와 티의 마리야주(mariage, 궁합)를 맞춰주는 전문가다.

⑩ 바리스타

커피를 만드는 전문가로서, 좋은 원두를 선택하고 커피 기계로 고객이 원하는 커피를 만들어 서비스하는 일을 담당한다. 고객의 기호를 파악하여 맛을 창조할 수 있는 능력이 요구된다.

사진: Pixabay

⑪ 파티시에

제과제빵기술자로서, 밀가루를 주재료로 사용하여 과자류, 케이크, 쿠키 등을 만든다. 상품의 디자인을 얼마나 참신하게 하는지에 따라 실력이 평가된다.

⑫ 푸드 스타일리스트

'테이블 코디네이터'라고도 불리며 사회적 교류와 대화의 장으로 테이블 공간을 연출·조정한다. 식품매장 및 업체에 소속돼 식품 코디네이션, 메뉴개발, 식기 연출 등의 일을 하며 레스토랑, 호텔의 식공간 디자인, 책, 드라마 등에서 요리촬영장을 디자인한다.

외식업 동향 및 전망

1) 국내외 외식업 동향

시장조사 전문기관인 GlobalData에 따르면 2015년 진 세계 식품시장 규모는 6조 3,000억 달러(약 7,125조원, 외식업 제외)였다. 2013년 이후 약 6조 8,000억 달러 규모를 유지하다 약간 줄었지만 여전히 세계 자동차 시장(1조 3,000억 달러)의 4.7배, 정보기술(IT) 시장(9,000억 달러)의 6.9배, 철강시장(7,000억 달러)의 8.4배 규모다.

지역별로는 중국 등의 경제성장에 힘입어 아시아·태평양 지역이 연평균 5.9% 성장하였으며, 국가별 식품시장 규모는 중국과 미국이 각각 1조 2,000억 달러로 가장 컸다. 일본(4,000억 달러), 독일(3,000억 달러)이 뒤를 이었고, 한국(1,000억 달러)은 세계 15위 수준인 것으로 나타났다.

표 4-4 국가별 식품시장 규모(2015) (단위: 10억 달러)

순위	국가명	규모	순위	국가명	규모
1	중국	1,173.9	9	러시아	193.5
2	미국	1,166.3	10	멕시코	148.6
3	일본	369.7	11	핀란드	146.1
4	독일	298.8	12	스페인	140.9
5	영국	271.5	13	캐나다	132.1
6	브라질	260.5	14	인도	125.5
7	프랑스	234.6	15	한국	109.1
8	이탈리아	207.8			

자료: 농림축산식품부

농림축산식품부와 한국농수산식품유통공사가 발간한 '2017년도 식품산업 주요통계'에 따르면, 2015년 국내 음식점(주점업 포함) 사업체 수는 2014년 대비 0.9% 증가한 66만 개였다. 국내 주민등록인구(약 5,153만 명)과 비교하면 78명당 1개 꼴이다. 또, 2015년 식품·외식산업 시장규모가 192조원이었으며, 음식료품 제조업이 84조원, 외식업이 108조원이었다. 이는 최근 10년(2005~2015년) 연평균 각각 6.8%, 8.9%의 성장률로, 같은 기간 내총생산(GDP) 연평균 성장률(3.6%)을 크게 웃도는 수준이다. 종류별로는 한식 음식점이 30만 4,005개로 가장 많았다. 다음은 커피숍 등 비알코올 음료점(5만 9,656개), 분식·김밥전문점(4만 3,719개), 치킨전문점(3만 2,600개) 순이다.

그림 4-7 외식산업경기전망지수(2017년도 3/4분기)

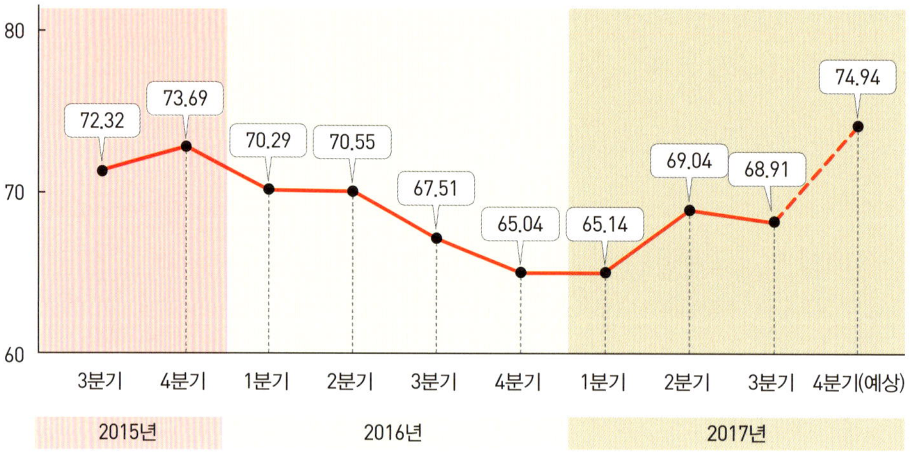

그림 4-8 외식산업현황

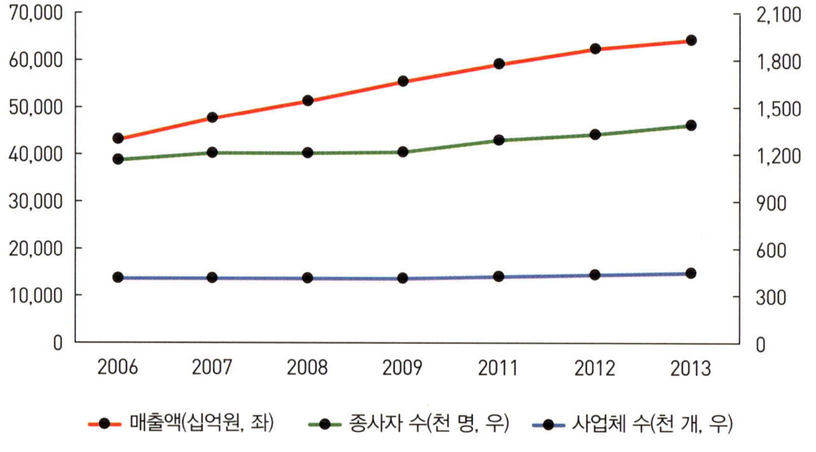

자료: 2015 식품산업주요지표, 통계청 도소매업조사

사진: Pixabey

한편 외식산업 종사자 수는 2015년 228만 명으로 10년 전보다 25.6% 증가했고, 전 산업에서 차지하는 비중도 10.9%에 달한다.

① 미식에 대한 사회적 관심 증가

최근 미식에 대한 사회적 관심이 높아지고 있다. 이는 해외 경험의 확대와 가치 소비에 따른 트렌드 변화, 미디어의 역할 등이 요인으로 꼽힌다. 먹방을 넘어 쿡방, 셰프테이너라는 신조어가 떠오르고 음식과 셰프에 대한 관심이 높아지며 우리나라 미식 수준을 높이는 데 기여했다.

요리사가 선망의 직업에 올랐고 먹방(먹는 방송)을 넘어 쿡방(요리하는 방송)이 화제를 몰아 셰프의 방송 출연이 잦아졌다. 중요한 것은 관심사가 셰프에서 셰프의 요리로 확대되고 있다는 것이다. 이에 따라 셰프가 만든 요리를 맛보기 위해 레스토랑을 찾는 경우도 늘어났다.

② 미쉐린 가이드 국내 발간

오랜 역사의 저명한 미식 평가서인 미쉐린 가이드가 한국에 들어옴으로써 실력 중심의 레스토랑 구도로 정돈될 것을 기대하는 한편, 우리나라의 미식문화가 세계인의 관심을 받게 될 정도로 발전했다는 평을 받고 있다. 해외의 유명 레스토랑에서 경력을 쌓은 한국인 셰프들의 귀국과, 조리 유학 열풍, 해외여행 증가에 따른 미식 경험, 한식 세계화 등이 주요한 영향 요소로 보인다. 〈미쉐린 가이드 서울 2017〉은 스타 레스토랑 중 한식이 절반 이상을 차지하며 한식이 재조명되는 계기를 마련했고, 퓨전 한식, 모던 한식으로 대표되는 한식의 발전이 기대된다.

읽어 보기

미쉐린 가이드(Michelin Guide)

미쉐린 가이드의 역사는 1889년 프랑스 중부의 끌레르몽 페랑(Clermont-Ferrand)에서 앙드레(Andre)와 에두아르(Edouard) 미쉐린 형제가 미쉐린 타이어 회사(Manufacture Francaise des Pneumatiques Michelin)를 설립하면서 시작되었다.

1900년, 프랑스에는 자동차대수가 3,000대에 불과했고 열악한 도로여건으로 운전을 하는 것이 모험으로 받아들여지던 시기였다. 미쉐린 형제는 운전자에게 타이어를 교체하는 방법, 주유소의 위치, 여행 중 맛있는 음식을 제공하는 식당, 잠을 청할 수 있는 숙박시설과 같은 정보를 담은 책자를 만들기로 결심했고, 이 책자가 미쉐린 가이드의 탄생이다.

미쉐린 가이드는 1911년부터 프랑스뿐 아니라 유럽 전역에서 발간되기 시작했다. 2006년부터는 대서양을 건너 뉴욕에 상륙, 39개의 스타 레스토랑이 선정되었으며, 2007년과 2008년에는 샌프란시스코, 로스엔젤레스와 라스베이거스, 2011년에는 시카고 판이 발간되었다. 2007년은 또 미쉐린 가이드가 아시아에 첫 발을 내딛게 된 해다. 2009년 홍콩과 마카오 판의 발간으로 미쉐린 레드가이드는 아시아 지역에서 단단히 자리 잡게 되었다. 2016년 미쉐린 가이드는 싱가포르, 서울과 상하이의 새로운 음식문화를 소개하며 계속해서 확대되고 있으며, 현재 26개국에서 28개의 가이드가 발간되어 지난 한 세기 동안 전 세계적으로 3천만 부 이상이 판매되고 있다.

미쉐린 스타(Michelin Star)는 미쉐린 가이드의 가장 유명한 상징이다. 1926년, 최고의 맛을 선사하는 식당을 소개하기 위해 시작되어 오늘날 미식 문화의 글로벌 표준으로 자리잡게 된 미쉐린 스타는 해마다 가장 뛰어난 레스토랑을 선정한다.

미쉐린 스타 이외에도 미쉐린 가이드는 합리적인 가격으로 훌륭한 음식과 맛을 선사하는 친근한 분위기의 레스토랑인 빕 그루망(Bib Gourmand)과 신선한 재료로 잘 조리된 음식을 기준으로 선정되는 '더 플레이트' 등을 선정하고 있다.

③ 가치소비 vs. 가성비

외식 산업에 대한 소비 트렌드도 변화하고 있다. 20~30대 1인 가구가 증가하면서 골드미스, 전문직 여성 등을 주축으로 한 '가치 소비족'과 가격대비 실속을 챙기며 합리적인 소비를 원하는 '혼술, 혼밥족'의 양극화가 두드러졌다. 이에 따라 외식 트렌드도 이태원, 신사동, 홍대 등을 중심으로 문화 소비가 활발해지는 한편 HMR, PB상품, 간편식 위주의 상품이 다수 출시되었다.

④ 4차 혁명과 푸드 서비스 테크놀로지의 진화

세계적으로 4차 혁명이 사회 전반에 영향을 끼치는 가운데, 외식업계에서는 요리 알파고라 불리는 셰프 왓슨의 등장이 이슈다. 셰프 왓슨은 IMB과 Bon Appetit가 만든 요리사 앱으로 1만 개의 조리법을 학습하고 재료와 맛에 대한 빅데이터를 갖췄다. 식재료만 투입하면 여러 가지 재료를 독창적으로 활용해 의외의 조합을 제안하기도 한다. 지난 9월 미국의 요리 트렌드를 소개한 Great American Culinary Camp 2016에서는 셰프 왓슨을 활용한 메뉴 'Mushroom Cheddar Soup with Candied Walnut & Finger Meat'가 소개됐다. 아직까지는 업계 다수가 요리는 셰프의 경험과 철학이 담긴 결정체이므로 인공지능이 인간을 모방할 수 있으나 대체할 수 없다는 의견을 보이고 있으나, 셰프 왓슨의 메타데이터가 쌓이게 되면 실제로 메뉴 개발에 많은 아이디어를 제공해 줄 수 있을 것으로 기대된다.

한편 국내에서도 커피전문점의 스마트 오더, 배달앱 전성기, 식재료 및 반찬 배달 서비스 확대 등 다양한 IT 관련 서비스가 증가하고 있다. 특히 1인가구 증가와 맞물려 배달음식과 테이크아웃의 증가율이 높아졌다. 2016년 배달과 테이크아웃 산업은 전년 대비 각각 56%, 47% 증가하여 높은 성장세를 보인다.

2) 외식업 주요 이슈

① 디저트 업계의 꾸준한 강세와 변화

최근 국내 외식 업계에서 가장 뚜렷하게 드러나는 현상은 단연 디저트의 강세이다. 디저트는 '식후 제공되는 음식 또는 음료류와 더불어 간식으로 먹을 수 있는 가벼운 음식'으로 정의한다. 국내 디저트 열풍은 티, 커피, 디저트를 소비하는 '살롱 드 떼'가 원류다. 디저트는 카페의 서브 품목에서 벗어나 메인 아이템으로 자리 잡았고, 식사대용으로까지 각광받으면서 전성기를 맞고 있다.

사진: Pixabay

농림축산식품부와 한국농수산식품유통공사가 발표한 '2016년 국내외 디저트 외식시장' 조사에 따르면 국내 디저트 외식시장은 2014년 매출액 기준 약 8조 9,000억원으로 전년 대비 13.9% 성장했으며, 전체 외식시장(약 84조원)의 10.7%를 차지하는 것으로 나타났다.

디저트 시장이 발전하면서 베이커리는 보다 시장이 세분화되는 추세를 보이고 있고, 커피전문점은 고급커피에 대한 수요가 증가하고 있으며, 주스와 차는 건강·웰빙에 대한 관심 증가로 전문화 및 프리미엄화 추세를 보였다. 한편 한식 디저트도 차차 성장하고 있는데, 2003년 떡 전문 프랜차이즈 브랜드가 첫 등장한 이후 다양한 떡과 음료를 함께 판매하는 카페 콘셉트의 매장이 다수이다. 전체 디저트 외식시장에서의 비중은 다소 낮으나, 한식 디저트와 프리미엄 디저트에 대한 수요가 늘면서 퓨전 떡과 수제 프리미엄 떡 제품 판매가 증가세를 보이고 있다.

이처럼 국내 디저트 시장이 커지면서 해외 디저트 브랜드도 한국 시장에 출사표를 던지는 가운데 프랑스, 미국, 호주, 일본 등의 유명 디저트 숍들이 프리미엄 디저트로 소비심리를 자극하며 점차 그 영역을 넓혀가고 있다.

② All Day Occasion

높아지는 임대료 등 고정비를 상쇄하고, 고객의 방문빈도를 높이고자 하는 외식업계의 노력은 소비자의 All-day occasion(시간대별 달라지는 고객 욕구)을 커버하는 방향으로 변화하고 있다. 특히 이 같은 현상은 디저트 시장을 위주로 뚜렷히 나타나고 있는데, 아침, 점심, 저녁으로 나뉘던 식사 시간을 제외한 시간대를 공략한 외식 시장이 속속 등장하고 있다. 이전에는 브레이크 타임(break time)으로 영업을 하지 않던 시간을 쪼개어 고객을 받으면서 수익성과 이용률을 높이는 것이다. 아침과 점심 사이의 '브런치' 열풍이 한 차례 불고, 이제는 점심과 저녁 사이를 파고든 '애프터눈 티' 시장이 떠오르고 있다.

브런치(Brunch) 브런치 카페의 시작을 살펴보자면, 먼저 2005년 '수지스'(이태원동), 다음 해 '버터핑거팬케이크'(청담동) '퀸즈파크'(청담동)가 잇따라 문을 열었다. 당시 브런치 카페를 찾는 이들은 대부분 외국인이나 유학 경험이 있는 사람이었다. 미국에서 생활하며 브런치 카페를 즐겨 갔던 경험이 있는 사람들이 주 고객이 되어 이들이 입소문을 내며 관심이

사진: Pixabay

증가하기 시작했다. 트렌드에 예민한 젊은 여성들이 이에 동참하였고, 유명 브런치 맛집은 '줄 서야만' 들어갈 수 있는 핫플레이스로 떠올랐다. 특히 고소득 전문직 여성과 예술가, 연예인 같은 셀레브리티가 브런치 카페의 주 고객층이다.

이후 브런치가 대중화되면서 고객층이 이동했는데, 아이를 학교에 보내고 난 후 엄마들이 모일 때 주로 찾는 장소가 바로 브런치 카페가 되었다. 10년 새 고객층이 변화하면서 브런치 메뉴 또한 다양해졌다. 예전엔 에그 베네딕트, 오믈렛, 팬케이크 등 미국 가정에서 즐겨 먹는 메뉴가 중심이었지만, 최근엔 셰프의 개성이 담겨있는 독특한 메뉴나 웰빙 식재료를 강조한 메뉴가 인기다. 브런치하면 달다는 이미지가 강했으나 최근에는 샐러드·수프·파스타까지 메뉴가 다양해지고 채소나 곡물 등 웰빙 식재료를 활용한 메뉴를 찾는 사람이 늘고 있다.

여기서 나아가 브렉퍼스트(breakfast) 미팅, 즉 조찬(朝餐) 모임 또한 틈새시장으로 떠오르고 있다. 바쁜 시간을 쪼개 업무상, 인맥 관리상 일의 연장선에서 하는 조찬이 아닌, '가족 조찬', '학부모 조찬'처럼 가족·친구와 하는 '친목 조찬'이 인기다. 아침과 점심 사이 먹는 '브런치'보다 조금 앞선 시간에 이루어지는 이 조찬 모임은 주로 호텔 레스토랑에서 이루어진다. 예를 들어 신라호텔의 경우, 오전 5시 30분부터 오전 10시까지 무제한으로 이용 가능한 '더 파크뷰' 조식 뷔페를 운영하고 있으며, 이를 이용하는 비투숙객의 비율이 20%가 넘는다.

브런치 대신 아침을 같이 먹는 브렉퍼스트(breakfast) 미팅이 유행이 된 이유는 무엇일까? 우선 앞뒤로 일정이 빽빽하지 않아 시간 맞추기가 편하다. 예약이 필요 없다는 것도 장점이다. 유명 레스토랑의 경우 점심·저녁은 예약하지 않으면 이용하기 어렵지만 아침에는 상대적으로 이용객이 적어 여유롭게 이용할 수 있다. 마지막으로 '가성비(가격 대비 성능)'도 빼놓을 수 없는데, 신라호텔 '더 파크뷰'는 주중·주말 저녁보다 주말 아침이 42% 정도 저렴하며, 서울 웨스틴조선호텔 뷔페레스토랑 '아리아' 역시 주중·주말 조찬이 주중·주말 만찬보다 53% 싸다.

애프터눈 티(Afternoon Tea) 애프터눈 티는 영국의 귀족문화에서 유래한 것으로, 오후 3~5시쯤에 차를 마셔 붙여진 이름이다. 18세기 영국에서 한 공작 부인이 점심과 저녁 사이에 출출함을 달래려고 차와 함께 가벼운 디저트를 먹으면서 지인과 사교의 시간을 보낸 것이 그 시초다. 영국 귀족들은 애프터눈 티 타임에 홍차와 다

사진: Pixabay

과를 함께 나누면서 감정을 공유하는 것을 중요하게 여겼다. 제2차 세계대전을 거치면서 점차 자취를 감추기 시작한 애프터눈 티 문화는 영국 식민통치의 영향을 받은 홍콩에서 화려하게 꽃을 피웠다. 고급 다기에 우려낸 홍차는 케이크와 쿠키가 올려진 3단 트레이와 함께 나온다. 애프터눈 티 문화는 홍콩에서 꼭 맛봐야 할 체험 거리로 알려져 있다.

우리나라도 홍콩과 비슷하게 호텔가에서부터 애프터눈 티 문화가 스며들기 시작했다. 멀리 해외로 떠나지 않아도 이국적인 느낌이 물씬 풍기는 티 살롱에서 외국 차와 디저트를 함께 나누면서 잠시나마 힐링 타임을 보내려는 수요층이 늘었기 때문이다. 커피에 싫증을 느낀 젊은층의 차 소비도 늘어나는 추세다. 최근엔 나를 위한 '작은 사치'를 누리려는 트렌드와 맞물리면서 애프터눈 티 문화가 서서히 자리잡아가면서 호텔뿐만 아니라 강남, 홍대 등을 중심으로 티하우스가 속속 등장하고 있다. 애프터눈 티가 유행하면서 그 종류도 다양해지고 있다. 애프터눈 티를 상징하는 화려한 3단 트레이에는 홍차 고유의 맛을 해치지 않으면서 미각과 시각을 동시에 사로잡는 핑거푸드와 디저트를 올리는데, 바로 이 핑거푸드에 변주를 주며 식상함을 탈피하는 것이다. 도자기로 만든 한옥 문살 무늬 트레이에 김치나 깻잎 등 한국 식재료로 만든 서양 디저트를 올려내거나 마카롱 대신 떡이나 초밥, 심지어 딤섬을 올린 동양식 애프터눈 티, 그리고 마음껏 가져다 먹을 수 있는 가성비 높은 애프터눈 티 뷔페까지 각양각색이다.

③ 음료시장; 커피 시장의 지속적 성장과 새로운 분야의 대두

국내 음료시장의 대표적인 분야는 단연 '커피'이다. 대한민국 커피시장은 2015년 기준 5조 4,000억원 규모(업계추산)로 10년간 연평균 15.3% 성장해 왔다. 아직까지는 대형 커피 브랜드가 시장을 이끌고 있으나, 커피시장이 눈에 띄게 성장하면서 커피 및 카페 산업 트렌드도 빠르게 변화하는 소비자의 입맛에 따라 끊임없이 변하고 있다.

특히 아메리카노에서 벗어나 스페셜티 커피, 싱글오리진 등 특색 있는 커피와

읽어 보기

커피전문점 선호도, 1위 스타벅스, 2위 이디야, 3위 빽다방

수도권에서는 스타벅스, 이디야커피가 강세, 지방에서는 다양한 브랜드를 선호

국민들이 가장 선호하는 커피전문점은 스타벅스와 이디야로 조사됐다.

여론조사기관 리얼미터가 만 19세 이상 성인 505명을 대상으로 가장 선호하는 커피전문점을 조사한 결과, 스타벅스가 22.0%로 오차범위 내에서 1위를 차지했다. 2위는 이디야커피(17.1%)로 조사됐다. 이어 빽다방(7.9%), 카페베네(6.6%), 투썸플레이스(6.6%), 파스쿠찌(5.8%), 엔제리너스(5.7%), 할리스커피(4.6%), 커피빈(4.5%), 요거프레소(4.4%), 탐앤탐스(3.7%) 순으로 나타났다. '기타 또는 잘모름'은 11.1%.

대부분에 지역과 계층에서 스타벅스를 가장 선호하는 가운데, 연령별로는 50대를 제외한 모든 연령층에서 스타벅스가 가장 인기 있는 것으로 조사됐다. 특히 30대(29.6%)와 60대 이상(26.2%)에서 높았고, 이어 20대(21.6%), 40대(17.1%) 순으로 인기가 높았다. 이디야커피는 50대(20.9%), 부산·경남·울산(17.2%)에서 스타벅스를 누르고 1위를 차지했다.

성별 선호도는 남성(1위 스타벅스 22.1%, 2위 이디야커피 13.2%)과 여성(1위 스타벅스 21.9%, 2위 이디야커피 20.9%) 모두 스타벅스가 1위였고, 이디야커피를 2위로 선택했다.

지역 선호도는 수도권인 경기·인천(28.8%)과 서울(26.2%)에서 스타벅스가 1위인 반면, 대전·충청·세종에서는 엔제리너스(15.3%)가, 부산·경남·울산에서는 이디야커피(17.2%), 대구·경북은 파스쿠찌(17.6%), 광주·전라에서는 카페베네(17.7%)가 우세했다.

한편 커피빈(4.5)과 요거프레소(4.4%), 탐앤탐스(3.7%)은 각 9, 10, 11위에 그쳤다.

커피전문점 선호도(단위: %)

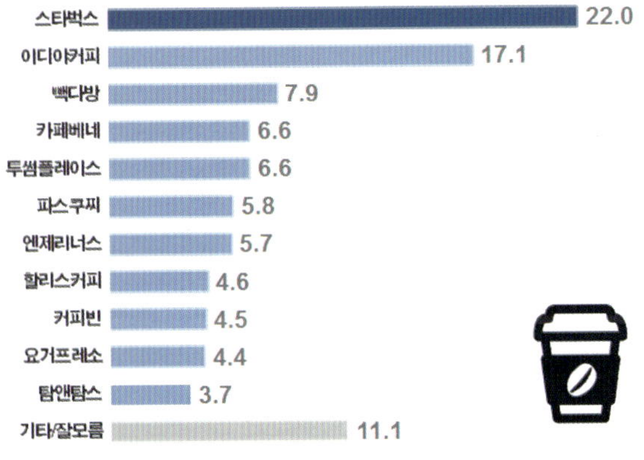

커피전문점 상위 6개사 지난해 매출(단위: 억원)

이번 조사는 2018년 4월 10일(화)에 전국 19세 이상 성인 13,755명에게 접촉해 최종 505명이 응답을 완료, 3.7%의 응답률을 나타냈고, 무선전화(80%)와 유선전화(20%) 병행 무작위생성 표집틀을 통한 임의전화걸기 방법으로 실시했다. 통계보정은 2018년 1월말 행정안전부 주민등록 인구통계 기준 성, 연령, 권역별 가중치 부여 방식으로 이루어졌고, 표본오차는 95% 신뢰수준에서 ±4.4%p이다.

리얼미터 트위터, 페이스북 : @realmeter

독특한 분위기의 카페를 찾는 소비자들이 늘어나며 개성을 느낄 수 있는 개인 카페도 점점 강세를 보이고 있다. 스페셜티 커피 전문 카페 커피리브레는 2009년, 한국인 최초로 커피 감별사 '큐그레이더' 자격을 얻은 서필훈 대표가 원두 산지에서 직접 유기농 원두를 들여와 스페셜티 커피를 선보이며, 프랜차이즈 커피에 익숙했던 한국에 스페셜티 커피 열풍을 일으킨 주역이다. 또한 마니아층 중심으로 알려져 있던 개인 로스터리 카페들이 독자적인 블랜딩 커피와 다양한 베리에이션 음료, 독특한 디자인으로 대중적인 인기를 끌고 있다.

한편 커피시장이 안정기로 접어들면서 커피산업의 지속 가능한 발전 방향을 모색하기 시작했다. 환경오염으로 인한 기후변화로 커피 생산량도 감소할 것이라는 전망이 대두되고, 커피에 대한 공정무역에 대한 관심이 높아지면서 커피 업계는 상생을 위한 노력을 보이고 있다. 대표적으로 스타벅스는 '착한 원두 구매팀'이 커피 원산지를 직접 찾아가 공정무역, 유기농 등 제3자 인증의 윤리구매방식으로 원두를 구입한다.

사진: Pixabay

커피 이외에 국내 음료시장에서 가장 두드러지는 것은 주스이다. 커피시장의 밀집된 경쟁구도 안에서 맛뿐만 아니라 건강과 새로운 분위기를 찾는 소비자들은 주스시장에 주목한다. 2015년부터 빠른 속도로 성장 중인 주스시장은 퀄리티 있고 건강한 고급주스 문화를 이끌고 있다. 또, 건강한 물에 대한 관심과 선호도가 높아짐에 따라 아토피, 고혈압 등에 효능이 있는 해양심층수와 항산화효과, 당뇨병 개선 등에 도움이 되는 알칼리수 등 기능성 생수 시장이 빠르게 확대될 것으로 전망된다.

④ 고령사회와 외식산업

외식산업은 다가올 고령사회에 대응할 수 있는 주요 분야로도 손꼽힌다. '2018 식품외식산업전망대회'에서 일본개호식품협의회 모리요시미츠 회장은 '시니어 100세 시대 식품외식 전망'이란 주제로 활기 있는 고령자의 생활 포인트를 '즐거움을 갖고 걷는 것, 잘 씹어먹는 것, 적절한 영양 섭취'로 들었으며, 일주일에 한 번은 지인과 외식을 통해 새로운 커뮤니티를 구축하는 것이 바람직하다고 말했다.

일본의 경우 이미 케어푸드(care food) 프렌치 레스토랑이 있는가 하면, 잘게 썬 음식이나 점도 있는 메뉴를 제공하는 중식음식점, 젤리식이나 페이스트식 메뉴를 제공하는 레스토랑 등 고령자에게 적합한 메뉴를 내놓는 곳이 상당수여서 긍정적 효과를 거두고 있다. 국내에서도 이 같은 고령자용 식품시장이 향후 주목을 받을 것으로 기대된다.

⑤ 건강한 음식 문화 조성

건강식에 대한 관심이 고조됨에 따라 슈퍼푸드, 슈퍼곡물이 주목받고 있다. 슈퍼푸드로 큰 조명을 받은 연어의 경우 국내 소비가 증가하면서 연어를 활용한 메뉴나 스시 바, 연어 전문 레스토랑들이 속속 등장했다. 또 슈퍼 곡물의 효능이 알려지며 귀리, 퀴노아, 렌틸콩, 치아시드, 병아리콩 등 슈퍼 곡물의 인기가 슈퍼 푸드를 뛰어넘었다. 이에 따라 슈퍼 곡물을 사용한 샐러드 바가 인기를 얻으며 소비 시장을 건강하게 이끌었다.

사진: Pixabay

한편 채식 역시 중요한 키워드이다. 최근 식품업 전문 컨설팅 업체인 이노바

마켓 인사이트가 2017년을 이끌어갈 식품 트렌드 다섯 가지 중에 하나가 바로 '채식'이며, 2017년 라이프 트렌드를 전망한 책인 〈라이프 트렌드 2017〉에서도 경우에 따라 육류를 섭취하는 '세미 베지테리언(semi vegetarian)'이 막강한 영향력을 행사하면서 채식주의가 주요 트렌드로 확대될 것으로 전망했다. 이에 더해 채식 위주의 식단을 즐기는 '베지테리언'부터 평소에 채식을 하고 경우에 따라 육식도 하는 '플렉시테리언'까지, 다양한 방법의 채식주의가 트렌드로 주목을 받으며 육류보다는 채소, 곡식, 과일, 견과류 등 식물성 재료에 대한 관심이 증가하고 있다.

요리 역시 친환경적으로 변하고 있다. 각종 자연 재해와 환경 파괴 등이 문제가 되면서 친환경적 소비가 주방에서도 나타나면서 하나의 요리를 만드는 데 필요한 식재료 운반, 저장, 포장에 쓰이는 에너지 즉 탄소 배출을 줄이자는 취지의 푸드 마일리지가 등장했다. 이전의 오가닉(organic) 트렌드가 가까운 거리의 로컬 푸드를 선호했다면 이제는 더 나아가 푸드 마일리지를 대폭 줄일 수 있는 팜 테이블(farm table)이 주목 받을 전망이다. 팜 테이블은 직접 재배한 식재료를 고객의 식탁에 바로 제공하는 것으로, 신선하고 건강한 요리라는 이미지를 전달한다. 레스토랑 옥상이나 정원에 텃밭을 만들어 허브, 쌈 채소 등을 재배하는 것이 가까운 예이다.

⑥ 한식에 대한 새로운 관심

현대의 '모던 한식'은 손맛과 정성만 내세우던 관습을 벗어나 재료의 선택부터 조리까지 건축적으로 설계해 맛의 짜임새를 강조한다. 식재료에 담긴 이야기를 풀어내고 창의적인 조리법, 모던한 플레이팅으로 재해석하는 것이다. 다양한 모던 한식 조리법 등이 속속 등장하고 있으나, 대중과 가장 가까운 한식의 재발견 경로는 바로 한식뷔페다.

사진: Pixabay

2013년 본격적으로 등장한 한식뷔페는 외식 소비자들의 폭발적인 호응을 이끌어내며 국내 외식시장에 성공적으로 자리잡았다. 현재까지도 웰빙, 채식 메뉴에 대한 소비자의 선호도가 높을 뿐만 아니라, 전문적인 식재 배송 및 운영 시스템을 갖춘 외식기업이 한식뷔페 붐을 주도적으로 조성하며 원활히 운영되고 있다. 한식뷔페는 메인 타깃인 30~50대 소비자에게 성공적으로 어필하였다. 기존 대부분의 한식당은 고가의 한정식 전문점 혹은 단순 끼니 해결을 위한 저가의 '밥집'이었으나, 합리적인 가격대로 모임을 가질 만한 한식 레스토랑인 한식 뷔페는 소비자의 이러한 니즈를 파고들어 외식 공간으로서의 새로운 가치를 창출했다.

이외에도 한식 디저트카페가 큰 인기를 얻고 있는데, 설빙의 인절미 빙수, 경성팥집 옥루몽의 팥빙수 등 한식을 새롭게 해석하여 진통에서 내뿜는 고리타분한 이미지를 벗어내고 세련되고 현대적인 이미지로 변신한 브랜드가 큰 인기를 얻었다.

한편 정부의 한식 세계화에 대한 관심 및 지원 확대와 함께 외식업체들의 해외진출도 활발히 이뤄지고 있다. 2010년대 들어 K-POP의 인기와 한식 세계화 등 국가 브랜드 인지도 향상에 힙입어 불고기 브라더스, 매드포갈릭, 파리바게트, 투썸플레이스, 비비고, 빕스, 본가 등 국내 외식브랜드들의 해외진출이 눈에 띄게 증가하였다. 또 하나 주목해야 할 점은 단순히 한식을 해외에 알리는 데 그쳤던 과거의 한식 세계화와 달리, 국내 외식업체들이 탄탄한 노하우와 시스템을 바탕으로 브랜드 차원의 전략적인 진출을 꾀하고 있다는 것이다.

2017~2018 외식업 트렌드

외식산업이 꾸준히 성장하면서 매년 바뀌는 새로운 트렌드에 대한 관심 또한 높아지고 있다. the food people은 외식 및 식음 산업에 대해 사회적, 문화적 영향 요소를 고려해 〈그림 4-9〉와 같이 10개의 메가 트렌드와 100개 이상의 하위 트렌드를 선정하였다.

이외에도 Forbes, National Geographic, 2017 Great American Culinary Camp, 호텔&레스토랑 그리고 CJ푸드빌 등에서 제시한 새로운 외식 트렌드를 정리해보면 다음과 같다.

① 1코노미–혼밥·혼술의 시대

지난 해 국내 1인 가구 구성비는 통계청 지역별 고용조사 기준 27.%에 달한다. 통계청에 따르면 1인 가구 구성비는 2000년 15.5%에서 2015년 들어 27.2%로 12%

그림 4-9 Mega Food Trends Map

자료: the food people

포인트가량 늘어왔다. 이를 바탕으로 1인 소비는 더이상 이머징(Emerging) 트렌드가 아닌 메가(Mega) 트렌드, 즉 20~30년 장기간 지속할 추세로 자리잡고 있다. 개인화되는 라이프스타일에 따라 혼자 사는 사람이 아니어도 혼밥, 혼술 문화가 일상화되고 있는 것이다.

국내 외식업계는 고쇼쿠(個食·혼밥) 문화가 성숙한 일본을 따라가고 있다. 1인 손님을 위한 음식점, 바 등이 늘어나고 있는 것이 대표적인 예이다.

프리미엄 추구 싱글다이너(Single Diner)들은 단순히 맛집을 공략하는 것이 아니라 파인 다이닝(Fine Dining)을 찾는다. 자신의 취향에 따라 미식을 즐기는 싱글다이너들은 셰프의 요리를 먹기 위해 예약 명단에 혼자 이름을 올리고 만찬을 기다린다. 이들이 추구하는 것은 힐링으로서의 미식 경험이다. 단순히 맛있는 음식, 고급스러운 음식을 먹는 것이 아니라 음식을 먹는 과정과 행위 전반의 '경험을 통한 힐링 요소'에 대한 가치가 높아지고 있는 것이다. '희소성'을 내세운 외식 팝업스토어를 통해 새로운 미식 체험을 한다거나, 파격적인 비주얼의 디자인 혹은 문화 콘텐츠를 음식과 함께 즐기는 등 '먹고 마신다'의 Eat과 '즐긴다'의 Entertainment의 합성어인 '이터테인먼트'는 앞으로도 계속 진화할 것으로 보입니다.

또, 웰빙 트렌드와 가치소비 트렌드에 따라 대중화된 아이템에 프리미엄 가치를 얹은 제품을 선호하는 경향도 더욱 커질 전망이다. 셰프들이 운영하는 패스트캐주얼(Fast Casual)이 기존 패스트푸드의 대안으로 떠오르고, 햄버거나 아이스크림 같은 평범한 아이템도 식재료를 업그레이드해 차별화된 레시피로 인기를 얻고 있다. 이에 더해 과거에는 사이드메뉴에 불과했던 채소요리가 건강과 영양을 고려한 메인 요리로 주목받으며 영양가 있는 다양한 토핑을 올려 든든하고 푸짐한 '고메 타입(Gourmet type)'의 샐러드볼 역시 주목 받고 있다.

가성비·편의성 추구 한편, 2030세대를 중심으로 구성된 1인 가구는 가성비를 중

사진: Pixabay

요시한다. 누구나 고급 레스토랑에서 우아한 식사를 꿈꾸지만 일상 생활에서는 궁극적으로 가성비가 '싸고 양 많은' 음식을 지향한다. 따라서 '가성비 좋은 외식'은 경제적이고 합리적 소비라는 이유로 미식보다 더 많은 지지층을 갖고 있다. 과거와 달리 최근에는 가성비가 소비 트렌드로 빠르게 떠오르면서 단순히 경제적인 측면 외에도 질적인 변화가 일어나고 있다. 무조건 가격을 낮추기보다는 음식의 품질을 최대한 유지하면서 원자재 직거래와 불필요한 메뉴 조정, 효율적 매장 관리 등을 통해 가격의 거품을 빼는 방식이다.

동시에 소비사의 외식 편의성을 극대화할 수 있는 다양한 서비스들이 제공되고 있다. O2O(online to offline) 기반의 배달서비스, 모바일 커머스 및 유통, IT와 같은 이종산업의 외식 업계에 진출하면서 스마트폰 앱으로 음식을 예약하거나 주문과 동시에 결제까지 '원스톱'으로 진행하는 서비스가 등장했다. 대표적인 예가 Amazon Go이다. Amazon Go는 새로운 콘셉트의 식료품 상점으로 굳이 마트에 가서 줄을 서지 않더라도 식재료를 쇼핑할 수 있게 만들었다. 이 같은 변화는 보다 편리하고 다양하게 외식을 즐길 수 있는 창구를 마련하였고, 테크놀로지와 결합한 스마트한 외식시장이 앞으로 더욱 발전하고 확대될 전망인 만큼 소비자의 편의성도 더욱 높아질 것으로 보인다.

② Z세대(Generation Z) 등장

새로운 세대는 외식 산업에도 폭풍과 같은 변화를 줄 것이다. 밀레니얼 세대와 달리 이들은 신선한 재료로 집에서 요리한 음식을 선호한다. 또, 더 건강한 QSR 재료를 사용하고 직접 요리하는 것을 즐긴다. 5살부터 20살까지, 약 5,000만 명 가까이의 Z세대는 가장 다채로운 에스닉 요리를 즐기는 세대가 될 것이다. 이 같은 이들의 행태는 더 안정적이고 편안한 미래를 위한 선택이다. 전 세계적인 테러와 불경기로 대체로 Z세대는 경제적으로 불안정하지만 오히려 더더욱 가치 있는 소비를 하고자 한다. 그들은 기업의 욕심을 믿지 않고, 브랜드를 맹신하지 않으며 투명성을 요구한다.

사진: Pixabay

같은 맥락에서 또한 20대~30대의 소비자들은 유전자변형식품(GMO)에도 민감하다. 그들이 소비하는 식품이 유전적으로 조작되었다면 반드시 라벨을 부착해 이를 알려야 한다는 것이 주장되며, 이보다 강력하게는 GMO 식품을 금지해야 한다는 주장도 있다. 이처럼 GMO 식품에 대한 논쟁은 계속되고 있지만, 확실한 것은 이 논쟁의 논지가 식품의 안정성을 최대화시키고자 하는 데에 있다는 것이다.

③ 지속가능성

외식산업이 지속가능성의 정의에 대해 논의하고 있을 때, 소비자들은 이미 그들의 외식 행태 결정에 있어 어떻게 식재료 혹은 음식이 누구에 의해 어떻게 만들어지고 재배되며 가공되는지에 무게를 두고 있었다. 사육되지 않은 친환경적인 양조 시스템이나 할랄(Halal), 코셔(Kosher) 음식에 대한 관심이 증가한 것은 이 같은 지속가능성을 기반으로 한 것이며, 앞으로는 이에 대한 수요가 더욱 높아질 것이다. 지속가능성을 추구하는 외식 행태적 이념은 사람들이 아보카도, 커피, 랍스타 그리고 심지어 초콜릿과 같은 식재료들이 다음 세대에는 없어질지도 모른다는 사실은 인지하면 할수록 더욱 중요시될 것이다.

식품 쓰레기는 지속가능한 측면에서 또 하나의 중요한 요소이다. 식품과 환경, 안전에 관련된 국제적 기구들은 버려질 수도 있었던 식품들이 어떻게 다른 방식으로 쓰일 수 있는지, 상품가치가 없는 못생긴 과일과 야채가 세계의 난민을 어떻게 도울 수 있는지 등 현실적인 대안을 찾기 위해 노력하고 있다. 유럽연합과 미국 역시 점차 식품 쓰레기를 줄이기 위한 목표를 설정하였으며, 이 과정에서 선진국 역할의 필요성에 대한 국제적인 인식이 생겨났다.

④ 에스닉(전통) 요리의 지속적인 인기

전통 필리핀 아침식사, 일본 지방색이 있는 오코노미야키와 같이 각 문화의 요리 전문가가 전통적 식재료로 만든 음식이 많은 호응을 받고 있다. 다양한 인종과 문화가 공존하는 글로벌 시대의 주역인 미국에서부터 시작해 전 세계적으로 이처럼 각양각색의 에스닉 요리를 선호하는 이러한 경향은 앞으로 더욱 두드러질 것으로 보인다.

그중에서도 세계적인 에스닉 요리로 손꼽히는 한국 음식은 된장, 고추장, 간장 등의 장류를 비롯해 김치, 장아찌 등 수많은 발효음식들로 구성된다. 음식의 저장성을 높이기 위해 시작된 이러한 발효음식들은 깊은 맛과 특별한 풍미, 유산균 등의 건강유익물질 등 긍정적인 요소들을 더한다는 측면에서 더욱 다양한 요리에 응용되고 있는 추세다. 미국인들에게 널리 알려져 사랑받는 불고기와 갈비구이 등에도 간장이라는 발효음식이 사용되고, 미국의 식료품 진열대에서 '김치 만들기용 키트'를 구매하는 미국인들도 찾아볼 수 있다. 따라서 이러한 한국 발효음식에 대한 수요와 '모던 한식'으로 일컫어지는 새로운 레시피의 개발에 대한 관심은 앞으로도 계속될 것으로 보인다.

⑤ 보라색 음식의 물결

미국에서 뜨거운 이슈가 되고 있는 보라색 식품군은 최신 건강 트렌드 중 하나다. 가지, 적양배추, 보라색 옥수수, 자색 고구마, 적양파, 흑미, 블루베리, 포도, 체리, 블랙베리, 무화과 등의 보라색 식품군은 단순히 색깔을 넘어서 풍부한 맛과 영양으로 주목받고 있다. 특히 그중에서도 블루베리는 젊음을 지키는 과일, 보라색 슈퍼푸드로 널리 알려져 있다. 미국 농무부에 의하면 보라색깔의 식품에는 안토시아닌 성분이 다량으로 함유되어 항암과 항산화 작용, 혈당 조절, 면역 체계 활동량 증가 등에 도움을 주고, 시력 회복에 탁월한 효과가 있어 한국에서도 눈 건강 보조제로 유명하다. 보라색의 안토시아닌은 진할수록 영양성분이 높으며 껍질째 먹어야 더 많은 영양소를 섭취할 수 있다. 아직 한국에서는 보라색 채소들의 조리 및 섭취방법이 생소해 상대적으로 보다 손쉽게 먹을 수 있는 보라색 과일이 더 많은 관심을 받고 있기는 하지만, 향후 다양한 보라색 채소를 이용한 음식은 더욱 주목 받을 것이다.

사진: Pixabay

요약 Note

- 외식산업은 "사람이 음식에 대한 욕구를 요리나 음료를 통해서 직접 충족시켜 주기 위한 인적서비스가 연출되어지는 분위기에 휴식공간까지 제공되어 새로운 활력을 주는 것", 즉 영리성을 추구하는 기업성과 가정적인 개념의 인적·물적서비스가 이루어지는 것으로 정의할 수 있다.
- 외식산업의 특성은 사람 중심, 서비스 지향성, 높은 경쟁강도와 낮은 진입장벽 그리고 입지 의존성의 네 가지로 정리할 수 있으며, 국민건강 보호차원 및 경제적 측면, 문화적 차원에서 그 중요성을 가진다.
- 외식사업과 관광산업은 긴밀한 관계를 갖는다. 특히 외식사업과 음식에 초점을 맞춘 관광을 음식관광(food tourism), 요리관광(culinary tourism), 혹은 미식관광(gastronomy tourism)이라고 하며, 이처럼 다양한 외식여행 방식은 관광산업에서 식·음료와 관련된 외식산업의 중요도와 잠재가치가 높다는 것을 알 수 있게 한다.
- 외식산업 관련직업으로는 외식업체 매니저, 외식 프랜차이즈 슈퍼바이저, 레스토랑 컨설턴트, 음식메뉴 개발자, 연회 기획자, 파티플래너, 와인/티/워터 소믈리에, 바리스타 등이 있다.
- 최근 국내 외식업계에서 가장 뚜렷하게 드러나는 현상은 단연 디저트의 강세로, 디저트는 카페의 서브 품목에서 벗어나 메인 아이템으로 자리 잡았고, 식사대용으로까지 각광받으면서 전성기를 맞고 있다. 또 디저트시장을 위주로 아침, 점심, 저녁으로 나뉘던 식사 시간을 제외한 시간대를 공략한 브런치, 애프터눈 티 등의 외식시장이 속속 등장하고 있다.
- 외식산업은 다가올 고령사회에 대응할 수 있는 주요 분야로도 손꼽힌다. 건강식에 대한 관심이 고조됨에 따라 슈퍼푸드, 슈퍼곡물 및 친환경적 요리 방식, 채식 등이 주목받고 있다. 한편 다양한 '모던 한식'의 개발을 시작으로 한식 뷔페, 한식 디저트 카페 등이 각광받으며 한식에 대한 새로운 관심이 커지고 있다.

과제 Assignment

- 국내 주요 외식업체 중 한 곳을 골라 그 특징과 주요 전략에 대해 조사해보라.
- 외식산업 관련 직무 중 가장 흥미로운 것은 무엇인가? 해당 직무를 위해서는 어떠한 자질을 갖추어야 하는가?
- 외식 산업의 변화 동향 중 두드러지는 것을 한 가지 선정하고, 구체적인 사례를 들어 설명하라.
- 다가올 고령사회에 대비한 외식산업의 역할에 대해 서술하라.
- 국내 외식기업이 한식의 발전에 기여하기 위해 실천하고 있는 방안에는 무엇이 있는가?
- 외식업 관련 다섯가지 트렌드 중 한 가지를 선정하여 구체적인 사례를 들고 설명하라.

참고 자료

- 〈산업별 브랜드전략 연구 - 외식산업〉, 특허청, 2015
- 〈Methology Report - 외식산업〉, 한국기업평가, 2016

- 수원외식관광직업전문학교 http://cookiecook.co.kr/bbs/board.php?bo_table=e03&wr_id=6
- k water 융합연구원 http://kiwe.kwater.or.kr/supp/sub08/introPage.do?s_mid=1617
- the외식 https://www.atfis.or.kr/fip/foodindustry/M000010200/list.do
- SPC http://www.spc.co.kr/
- 신세계 푸드 http://www.shinsegaefood.com/main.sf
- 미쉐린 가이드 서울 https://guide.michelin.co.kr/ko/about/history/

- 〈5 Global Food Trends to Watch in 2017〉, National Geographic https://www.nationalgeographic.com/people-and-culture/food/the-plate/2016/12/5-food-trends-to-watch-in-2017/
- 〈Ten Food Trends That Will Shape 2017〉, Forbes https://www.forbes.com/sites/phillempert/2016/12/14/the supermarketgurus 2017 food trend forecast/2/#2749c50c7c9d
- 〈Food & Beverage Trends 2016-17〉, thefoodpeople https://thefoodpeople.co.uk/infographics/food-beverage-trends-2016-17
- 〈일상의 소풍, 여유를 선사하는 티소믈리에〉, TOPCLASS http://topclass.chosun.com/board/view.asp?catecode=&tnu=201604100028

- 2017.09.10., 〈외식산업 시장규모 첫 100조원 돌파…치킨·분식 등 영세 음식점이 86.5%〉, 중앙일보 http://news.joins.com/article/21922030
- 2015.12.17., 〈2016년 외식, 먹을거리 해결 넘어 문화로 성장〉, 한국 외식산업 협동조합 http://kfsc.re.kr/bbs/board.php?bo_table=board1&wr_id=6
- 2016.12.19., 〈2017년 커피창업시장 트렌드변화 예고! 이제는'카페형 주스브랜드'가 뜬다〉, NEWS1 http://news1.kr/articles/?2853799
- 2016.11.09., 〈디저트 시장 '쑥쑥'…외식시장의 11% 8조9천억 규모〉, FoodNews http://www.foodnews.co.kr/news/articleView.html?idxno=61091
- 2017.01.11., 〈2017년 식품 트렌드로 '채식' 식물성 재료! '플렉시테리언'를 잡아라〉, MNB http://mnb.

moneys.mt.co.kr/mnbview.php?no=2017010709288020788

- 2017.08.28., 〈2017년 외식업계 트렌드, 그 키워드 5가지〉, REAL FOODS http://realfoods.co.kr/view.php?ud=20170828000599&ret=section
- 2017.10.06., 〈외식업계 트렌드는? 2017년 CJ푸드빌 선정 외식 트렌드 키워드 6〉, Channel CJ http://blog.cj.net/2129

- 2017.12.01., 〈"건강한 100세 생활 해결책은 외식산업"〉, Food Icon http://www.foodicon.co.kr/news/articleView.html?idxno=254
- 2014.03.20., 〈[커피전문점] 스타벅스 브랜드지수 큰 폭 반등, 근래 최고치〉, REALMETER http://www.realmeter.net/2014/03/%EC%BB%A4%ED%94%BC%EC%A0%84%EB%AC%B8%EC%A0%90-%EC%8A%A4%ED%83%80%EB%B2%85%EC%8A%A4-%EB%B8%8C%EB%9E%9C%EB%93%9C%EC%A7%80%EC%88%98-%ED%81%B0-%ED%8F%AD-%EB%B0%98%EB%93%B1-%EA%B7%BC%EB%9E%98-%EC%B5%9C/
- 2013.10.22., 〈[취업톡톡]외식산업이 뜬다, 관련 직업들은?〉, 경기일보 http://www.kyeonggi.com/news/articleView.html?idxno=714201
- 2015.02.02., 〈한국 호텔 레스토랑의 과제는 고품질 유지와 한식 메뉴 강화다〉, Hotel Avia http://www.hotelavia.net/news/articleView.html?idxno=508
- 2017.07.14., 〈[Weekend Interview] 외식업계 미다스의 손 백종원 더본코리아 대표〉, 매일경제 http://news.mk.co.kr/newsRead.php?no=473981&year=2017
- 2016.05.09., 〈[인터뷰]'韓 칵테일 선도자' 김용주 앨리스 청담 대표〉, 아이뉴스24 http://m.news.naver.com/read.nhn?mode=LSD&mid=sec&sid1=004&oid=031&aid=0000375283
- 2016.12.09., 〈[2016 결산_ Dining] 2016년 외식 업계 결산〉, 호텔앤레스토랑 http://hotelrestaurant.co.kr/news/article.html?no=3049
- 2017.10.11., 〈굿모닝~ 브런치 대신 브렉퍼스트 모임〉, 프리미엄 조선 http://premium.chosun.com/site/data/html_dir/2017/01/10/2017011001114.html
- 2015.05.27., 〈[커버 스토리] 브런치 대중화 10년, 뉴욕 스타일에서 강남 스타일로〉, 중앙일보 http://news.joins.com/article/17888863
- 2017.06.13., 〈서울선 애프터눈티도 색다르다〉, 중앙일보 http://news.joins.com/article/21659477
- 2015.12.29., 〈애프터눈 티 즐기기〉, 중앙일보 http://news.joins.com/article/19319760
- 2013.08.28., 〈사찰음식의 쓴맛, '長壽 유전자' 깨우는 맛〉, 조선일보 http://news.chosun.com/site/data/html_dir/2013/08/27/2013082704644.html

- 2014.03.18., 〈[Goldengirl]오늘 하루는 영국 귀족처럼… 애프터눈 티〉, 동아일보 http://news.donga.com/Culture/more24/3/all/20140317/61779289/1#csidx0ca8fb91324828dae2fef6a50693c8a
- 2016.10.21., 〈[Dining History] 국내 파인 다이닝의 계보를 읽다〉, 호텔&레스토랑 http://hotelrestaurant.co.kr/news/article.html?no=2840
- 2017.01.12., 〈음식점 '차별화' 위해 트렌드를 읽어라 ②편〉, 한국외식신문 http://www.kfoodtimes.com/news/articleView.html?idxno=2244
- 2017.10.24., 〈[Dining Trend] 2017 Great American Culinary Camp, 미국 최신 외식트렌드를 한 눈에〉, 호텔&레스토랑 http://hotclrcstaurant.co.kr/ncws/articlc.html?no=4061

hospitality management

학습 목표

- 여행업의 정의 및 역할, 주요 관련 직업
- 여행업의 전망과 트렌드
- 테마파크의 정의 및 주요 관련 직업
- 테마파크의 동향과 트렌드
- 항공업의 정의와 주요 관련 직업
- 항공업의 동향 및 전망
- 카지노산업의 정의 및 특징, 국내외 주요 카지노산업
- 카지노산업의 동향 및 트렌드
- MICE 산업의 정의 및 특징
- MICE 산업의 동향과 트렌드

CHAPTER 05

관광특수분야

Special field of Hospitality Industry

수업 개요

현대인에게 여행과 관광은 더 이상 특별한 활동이 아닌 일상적인 일로 받아들여지고 있다. 점차 높아지는 여행에 대한 소비자의 기대를 만족시키고, 편리하고 안전하게 도와주고 촉진하는 여행업의 본질을 이해하고, 초연결사회에 요구되는 사업적 역량에 대해 새로운 대안을 고민해야 할 시점이다. 여행시장의 저변이 확대되면서 저가항공사의 성장으로 인한 산업적 변화, 아시아 시장의 대규모 투자와 시설 확충으로 주목받는 카지노산업 등은 세계 관광시장의 성장 동력이자 국내 관광산업의 발전을 위해서도 반드시 주목해야 하는 분야이다. 전통적 테마파크에서 진화한 5G 어드벤처 테마파크와 2016년 UIA(국제협회연합)가 집계한 국제회의 개최 순위에서 사상 첫 세계 1위(997건)에 오른 한국 MICE 산업의 전략을 탐구하는 것도 미래의 관광 전문가에게는 놓칠 수 없는 부분이다.

여행업 | Traveling Business

<주요관련직무>

- 트래블 플래너
- 투어 코디네이터
- 투어 오퍼레이터
- 투어 컨덕터
- 트러블 어드바이저
- 투어 가이드
- 여행 카운터
- 리조트 인스트럭터
- 공정여행 기획자

여행업은 관광의 구성요소 중 관광매체의 역할로 관광주체(관광객)와 관광 객체(관광대상)를 연결시켜 주는 역할을 수행하는 관광사업의 중추사업으로서 중요한 위치를 점유하고 있다.

" **여행업**은 여행자 또는 운송시설 · 숙박시설, 그 밖에 여행에 딸리는 시설의 경영자 등을 위하여 그 시설 이용 알선이나 계약 체결의 대리, 여행에 관한 안내, 그 밖의 여행 편의를 제공하는 업"

- 관광진흥법 제3조 제2항 -

여행 트렌드 S.T.A.R.T (한국관광공사, 2018)

Staycation

여행이 일상화되고, 근거리 여행이 증가하면서 여행이란 더 이상 특별한 날에 떠나는 '행사'가 아니라 일상 중 틈틈이 짧은 시간으로도 즐길 수 있는 것

Travelgram

인스타그램이 '대세 SNS'로 급부상하면서 여행 행위는 즉각적으로 사진 이미지로 편집·기록됐고, 여행자 개개인은 자신만의 스토리를 갖게 됨

Alone

최근 '욜로 라이프'가 젊은 층을 중심으로 급격히 확산하면서 아름다운 풍경 감상과 맛집 탐방, 레포츠 활동 등 다양한 힐링 체험이 가능한 여행지 부상

Regeneration

익히 알려진 유명 여행지가 아닌, 우리가 일상적으로 거니는 거리, 골목, 시장 등에 문화, 예술, 역사가 적절히 배합된 지역 밀착형 도시 재생 모델

Tourist sites in TV programs

tvN 드라마 '도깨비'의 강원 강릉 주문진, JTBC 프로그램 '효리네 민박'의 제주도 애월 등 촬영지 인기가 두드러짐

여행업 관련 이색 직업

<공정 여행 기획자>

공정 여행이란 현지의 환경을 해치지 않으면서도 현지인에게 혜택이 돌아가는 여행을 말한다. 여행 산업 내부의 각종 관계에서의 공정성 및 책임성을 강조한 개념이다.

<숲 해설가>

숲의 구성, 숲의 형태, 숲의 특징을 전문 교육을 통해 습득한 지식과 현장에서 접한 자연생태 등을 다양한 안목과 경험을 바탕으로 방문객에게 만족한 숲 여행이 될 수 있도록 정보를 전달하는 역할을 한다.

한국인 연도별 출국자 현황

*한국관광공사 자료, 승무원 포함 기준

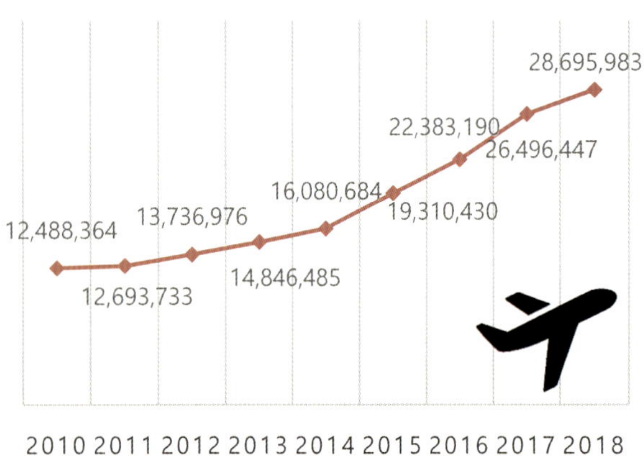

2017-2018년 출국자 성별 현황

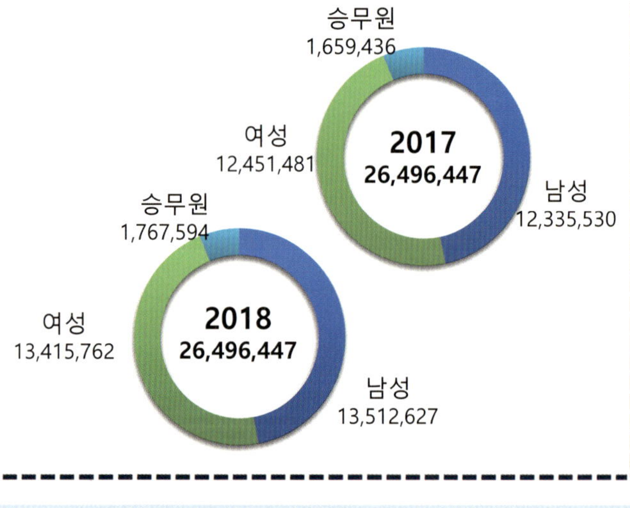

Chapter 05

01

여행업

여행업의 정의

1) 여행업의 정의

사진: Fixabay

사전적 의미에서 여행은 '일이나 유람을 목적으로 다른 고장이나 외국에 가는 일. 특히, 특별한 볼일이 없이 즐기거나 견문을 넓히기 위해 운송 수단을 이용해 이동하는 것'이라고 정의되어 있다. 대중적으로 여행은 자신의 삶에 활력을 불어넣고 새로운 배움에 도전하며 휴식을 위해 즐겁게 놀거나 구경하는 것으로 인식되어 있다.

우리나라의 관광진흥법에서는 여행업을 "여행자 또는 운송시설, 숙박시설 그 밖에 여행과 관련된 시설의 경영자 등을 위하여 그 시설 이용 알선, 계약 체결의 대리, 여행에 관한 안내, 그 밖의 여행의 편의를 제공하는 업"으로 정의한다. 여행업자는 여행자를 위하여 여정(여행일정표: Trip schedule 혹은 itinerary)을 작성하고, 식당·교통·숙박시설을 비롯하여 각종 입장권·관람권 등을 수배(operation)하며, 여행소비자의 흥미를 끌 수 있는 여행을 기획하여 단체여행을 기획·실시 (Package tour)한다.

그림 5-1 미국 여행업의 유형

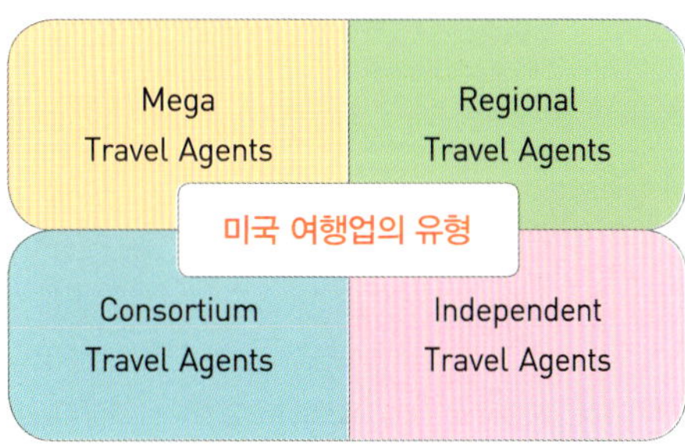

세계화·국제화가 진행되면서 국가 단위의 여행이 급증하고 있으며, 그로 인해 여행업의 의미가 다양하게 정의되고 그에 관련된 업종들이 크게 발전하고 있다. 지금의 여행사는 여행객이나 관광업자들에게 매우 중요한 위치로 자리잡았다.

2) 여행업의 역할

① 여행자 측면

여행자 측면에 있어 여행업의 역할 첫 번째는 신뢰성 확보이다. 여행객이 여행에 필요한 모든 사항을 사전예약을 하여 여행객의 심리적 불안감을 덜어준다.

두 번째는 정보판단력이다. 정보의 홍수로 인해 여행자 자신에게 유효한 정보를 선택하려면 판단이 요구된다. 여행사는 전문적인 지식과 노하우를 가지고 있는 인재들을 활용하여 가장 필요한 정보만을 제공한다.

세 번째는 시간과 비용의 절약효과이다. 여행자가 스스로 여행을 계획한다면 항공권 구매부터 숙박 예약, 여행에 관한 모든 정보를 수집해야 하기에 많은 시간과 비용이 소요된다. 하지만 여행사를 통하여 계획을 세우게 되면 시간과 비용의 절약을 할 수 있다.

네 번째는 여행요금의 염가성이다. 여행사는 여행관련 시설업자로부터 대량의 구매를 통하여 경쟁력 있는 가격을 제공받을 수 있기 때문에 여행자가 개인적으로 가격을 알아볼 때보다 조금 더 저렴하다.

② 경제적 측면

국제수지 개선의 효과 관광객의 수용은 바로 수출의 효과이며, 외화 획득 효과에 큰 영향을 미친다.

자원 절약의 효과 1, 2차 산업처럼 공해를 초래하지 않으며, 자연과 문화를 자원으로 하여 소모, 상실이 없다.

고용의 효과 관광객 수요 증가로 공급의 증가가 필요하기 때문에 관련 기업들의 고용 증대의 효과가 있다.

재정 수입의 효과 관광소비에 각종 세금이 부과됨으로써 안정된 재정수입원을 확보할 수 있다.

③ 사회적 측면

외국 관광객이 자국을 방문하여 직접 보고, 듣고, 느낌으로써 다양한 홍보가 가능하다. 또한, 내국인과 외국인, 지역주민과 관광객의 접촉을 통해 서로의 이해를 높이고, 친선을 도모한다. 마지막으로는 낙후된 지역이나 미개척 지역은 관광개발을 통하여 지역의 균등한 발전을 촉진한다.

사진: Pixabay

3) 여행업의 특성

① 여행업의 구조적 특성

입지적 특성 여행사 사무실의 위치는 고객이 찾기 쉬우면서 고객의 눈에 쉽게 띌 수 있어야 한다.

규모적 특성 소규모 자본으로도 사업을 할 수 있다.

노동집약적 특성 여행 산업의 서비스는 기계화될 수 없기 때문에 인적 서비스에 대한 의존도가 매우 높다.

인간중심의 경영 특성 인적 서비스에 의한 의존도가 높은 만큼 전문화된 인재 중심의 경영이 이루어진다.

과다 경쟁의 특성 여행업은 소규모 자본이면 누구나 등록요건만 갖추면 사업을 시작할 수 있도록 되어 있기 때문에 과다 경쟁의 문제를 가지고 있다.

그림 5-2 여행업의 구조적 특성

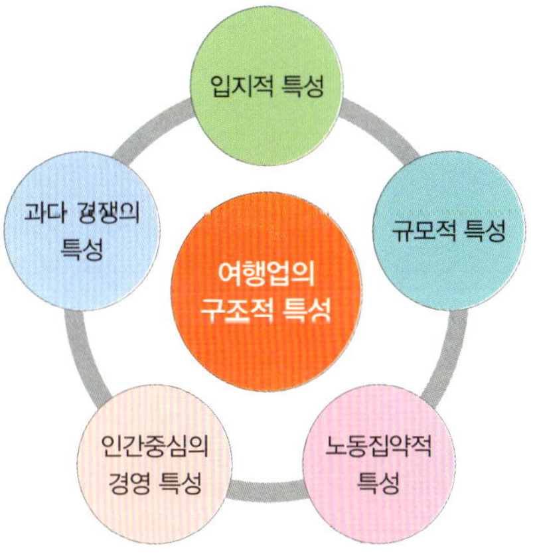

여행업 관련 주요 직업

1) 여행업과 관련된 기존 직업

현대에 접어들면서 여행의 형태가 발전함에 따라 여행업과 관련된 직업들이 다양하게 많아졌다. 여행소비자에게 좀 더 전문적이고, 수준 높은 정보를 제공하기 위해 직무도 세분화되고 있다. 여행업과 관련된 직업은 다음과 같은 것들이 있다.

① 여행 사무원

고객에게 여행 상품을 추천하고, 상품별 비용 등 각종 자료를 제시한다. 또한 숙박

시설 예약, 교통편 예약 등 여행에 따르는 대행 업무를 준비하고 여행일정을 계획하기도 한다. 이 때, 고객과의 충분한 협의 후 행선지·교통편·여행일정·경비·숙박시설 등을 결정한다. 또한 단체여행을 계획하고 명시하여 판매하기도 하며, 고객 불만사항을 해결한다.

② 여행 상품 개발자

여행 상품을 기획·개발하고 고객을 위하여 여행 계획을 세우며, 단체관광 여행을 조직한다. 또한 고객을 위하여 여행 계획을 세울 땐 기획된 코스를 답사하고 문제점을 보완하여 코스를 확정 짓는다. 그리고 여러 가지 이용 가능한 교통수단, 비용 및 편의성에 관한 정보를 획득하고, 여행 계획에 관하여 조언한다.

③ 여행 안내원

국내·외를 여행하는 개인 또는 단체에 교통기관, 숙박시설, 관광객 이용시설 및 편의시설의 이용에 대하여 안내하는 등 각종 여행편의를 제공하며, 관광지 및 관광 상품을 설명하거나 여행을 안내한다. 또는 국내를 여행하는 개인 또는 단체의 외국인에게 외국어를 사용하여 관광지 및 관광대상물을 설명하거나 여행을 안내한다.

④ 투어컨덕터

국외여행인솔자로서 외국을 여행하는 내국인을 안내하는 역할을 수행한다. 여행 출발일에 공항이나 집합 장소에 먼저 도착하여 관광객을 맞이하고 여행일정에 대해 설명하며,출국 수속을 돕고 현지 도착 시에는 숙소 수속을 대행한다. 관광 중에는 역사적 유물, 유적지 등에 대한 정보를 제공하며, 예상치 못한 사고 발생시 본사와의 연락을 통해 협의하고 신속하게 문제를 해결한다.

사진: Pixabay

⑤ 관광통역안내원

국내를 여행하는 외국인 관광객 또는 국외를 여행하는 내국인 관광객을 대상으로 관광지 등을 안내하고 여행에 필요한 정보와 서비스를 제공한다.

⑥ 기타 직업

사진: Pixabay

- 항공기 객실승무원: 항공기 여객의 편의와 안전을 도모하기 위해 각종 서비스를 제공한다. 객실승무원의 활동을 감독하는 객실사무장도 여기에 포함된다.
- 선박 객실승무원: 선박에서 음료를 제공하는 등 여객이 안전하고 편안한 여행을 할 수 있도록 각종 편의를 도모한다.
- 열차 객실승무원: 열차에서 음료를 제공하는 등 여객이 안전하고 편안한 여행을 할 수 있도록 각종 편의를 도모한다.

2) 여행업과 관련된 이색 직업

① 공정 여행 기획자

공정 여행이란 여행자와 여행대상국 국민들이 평등한 관계를 맺는 여행이다. 현지의 환경을 해치지 않으면서도 현지인에게 혜택이 돌아가는 여행을 말한다. 지속 가능한 여행, 책임 여행 등의 한국적 표현으로 여행 산업 내부의 각종 관계에서의 공정성 및 책임성을 강조한 개념이다.

② 숲 해설가

숲의 구성, 숲의 형태, 숲의 특징을 전문 교육을 통해 습득한 지식과 현장에서 접한 자연생태 등을 다양한 안목과 경험을 바탕으로 방문객에게 만족한 숲 여행이 될 수 있도록 정보를 전달하는 역할을 한다. 관광안내원과 비슷하게 느껴지지만 숲이라는 분야에 전문적인 인재이며, 관광객을 대상으로 문화유적해설과 숲 해설을 함께하는 이들도 있다.

③ 자연 환경 안내원

숲, 곤충, 사찰, 산성, 갯벌 등 우리가 살고 있는 주변 생태환경에서 우리에게 자연, 역사문화, 해안생태 등 자연환경을 안내하고 설명하며 교육한다. 일명 에코가이드라 한다.

3) 국내 주요 여행사

소비자들의 브랜드 참여와 소통량을 바탕으로 여행사 브랜드 평판 빅데이터 분석 결과, 2017년 2월 여행사 브랜드 평판 순위는 1위 하나투어, 2위 인터파크투어, 3위 모두투어로 분석되었다. 하나투어는 안정적인 브랜드 평판을 유지하면서 지속적으로 업계 1위를 고수하고 있다.

브랜드 평판지수는 브랜드 빅데이터를 추출하고 소비자 행동분석을 하여 참여가치와 소통가치, 소셜가치로 브랜드 평판지수를 분석한 것이다. 여행산업에서 경쟁력을 좌우하는 요인은 회사의 신뢰도, 여행지에서 제공되는 서비스의 질, 가격 경쟁력 등이다.

① 하나투어

하나투어는 전 세계 1만 4,000여 개의 여행상품을 전국 8,000여 개의 협력여행사, 온라인포털, 쇼핑몰 등 다양한 유통채널을 통해 판매하는 종합여행 홀세일러(wholesaler) 회사다. 하나투어의 주요 사업은 여행알선 서비스 사업, 여행 홀세일(도매) 사업, 광고대행서비스, 여행 용품을 전문적으로 판매하는 전자상거래 사업, 여행 관련 출판 및 인쇄물 제작사업, 여객자동차 운수사업, 숙박시설 운영수탁업, 호텔업, 여행 관련 B2B 소프트웨어 기술개발 사업, 물품의 판매 및 일반 전세 여객자동차운송업 등이다.

그림 5-3 2017년 2월 여행사 브랜드 평판

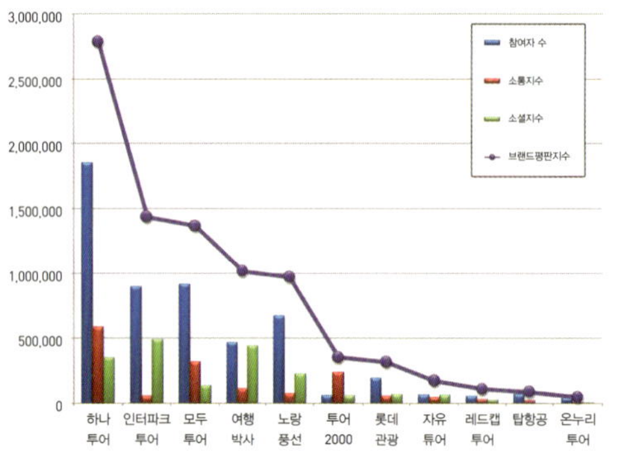

그림 5-4 여행사 브랜드 평판 변화

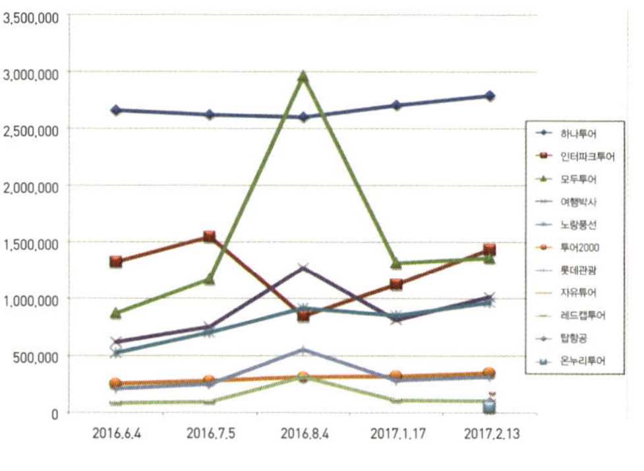

② 모두투어

(주)모두투어네트워크의 전신은 1989년 2월 세워진 (주)국일여행사이다. 2005년 2월 지금의 상호인 (주)모두투어네트워크로 법인명을 변경했다. 코스닥시장에 주식을 상장한 것은 2005년 7월이다. 전국 32개 지점 및 영업소(사무소)와 괌, 사이판, 런던, 파리, 도쿄 등지에 해외지사를 두고 있다. 주요 사업은 일반여행 알선업, 항공권 및 선표 발권 판매업 등이다.

③ 롯데관광

롯데관광개발은 여행사업, 부동산 개발 및 빌딩관리 사업, 동화면세점을 통한 면세점사업, 교육사업, K.W.W.O(Korea Women's Wind Orchestra)를 통한 국제 음악 교류사업 등을 한다.

여행산업 전망 및 트렌드

1) 국내·외 여행시장 동향

① 세계 여행시장 동향

세계 곳곳의 전쟁과 테러 위협, 전염병 확산이나 국가와 지역간 경제 여건 격차에도 불구하고, 세계 관광객수는 2012년 최초 10억 명을 돌파한 후, 2017년까지 7년 연속 꾸준히 증가하였다. 2017년 세계 관광시장이 경이적인 7%의 성장을 이루었고, 2018년 6%의 성장과 14억 명이 관광활동에 참여한 것으로 나타났다.

또한 유로모니터 인터내셔널(Euromonitor International)은 Megatrends Shaping the Future of Travel's 보고서에서 2030년도에는 중국의 아웃바운드 여행시장이 미국과 독일의 여행규모를 앞설 것이라고 전망했다(〈그림 5-5〉 참조).

이 같은 안정적인 성장세는 최근 안전에 대한 위험으로부터 벗어나며 빠른 회복세를 보인 주요 아웃바운드 송출국가의 경제 사정의 호전과 멕시코와 러시아 연방 국가들이 수년간의 침체기를 벗어나며 강한 수요 회복률에 영향을 받은 것으로 분석하고 있다.

그림 5-5 세계 10대 관광 송출국(2018년 현황과 2030년 예측)

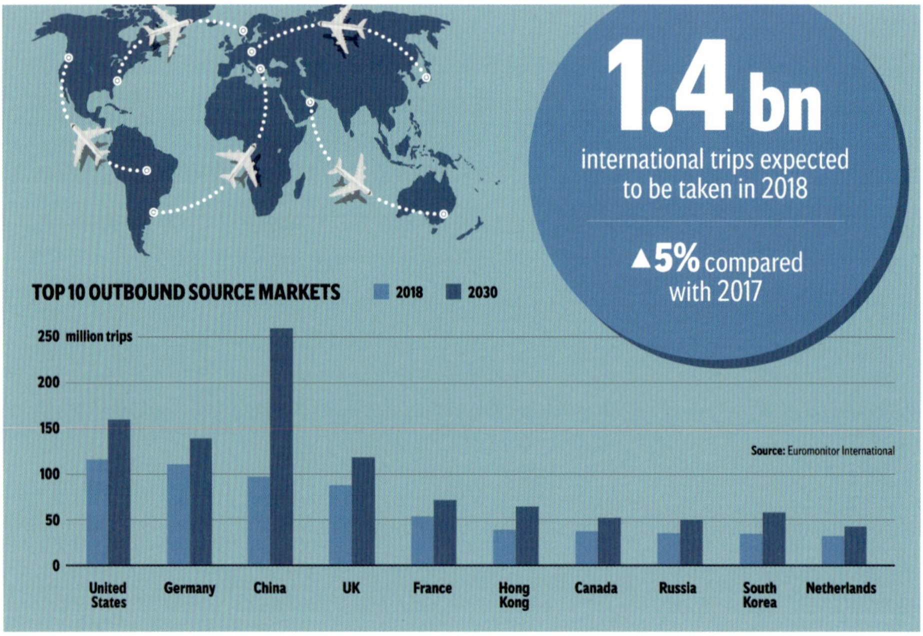

자료: Business World, 2019. 1. 14. "Visitor boom: Trends predict China will become the largest source of outbound tourism by 2030"

2017년 세계 관광동향에 따르면, 지역별 관광객 유치규모는 유럽(51%), 아시아·태평양(24%), 미주(16%), 아프리카(5%), 중동(4%) 순이다. 독일은 꾸준히 세계 최대 아웃바운드 여행시장으로 자리매김하고 있으며, 이어서 미국과 중국이 각각 2, 3위의 시장 규모를 유지하였다.

지난 5년간 전 세계 휴가 여행의 유형별 성장세를 살펴보면, 가장 큰 비중을 차지하는 것은 Sun & Beach 여행이다. 그러나 휴가 여행 유형 중 가장 큰 폭의 성장세를 기록한 시장은 City 여행으로, 투어 여행이나 Countryside 여행에 비해 훨씬 높은 여행 수요를 보인다. 지난 5년간 전 세계 City 여행 수요는 58%로 급증한 것으로 드러났으며, 전체 휴가 여행 시장에서 차지하는 비중도 20%로 확대되었다. 2014년 세계 6대 city 여행 목적지로는 파리, 뉴욕, 런던, 방콕, 바르셀로나, 싱가포르가 있다. 한편 비즈니스 여행 부문에서는 MICE(Meetings, Incentives, Conferences & Exhibitions)시장의 성장세가 두드러지게 나타났는데, 전체 비즈니스 여행 시장에서 MICE시장이 차지하고 있는 비중은 54%로서 전통적인 비즈니스 여행시장 규모를 이미 추월한 것으로 나타났다.

한편 전 세계 여행시장의 큰 화두 중 하나는 온라인 예약이다. 전 세계 여행 예약시장에서 온라인 예약시장이 차지하는 비중은 2013년 59%에서 2014년 67%, 2018년 12월 기준 70%를 넘어선 것으로 조사되었다. 여행사를 통한 해외여행 예약 비중은 대체로 24% 내외에서 안정세를 찾아갈 것으로 예상된다. 특히 스마트폰을 이용한 해외여행 예약이 급증하였고, 이에 더해 갈수록 많은 소비자들이 소셜미디어를 해외여행 계획 수립이나 정보 획득 도구로 이용할 것이 예상된다.

② 국내 여행시장 동향

국내 여행시장의 동향도 긍정적이다. 여행업계의 견조한 시장 성장이 계속되는 가운데 황금 연휴 효과, 여행지역의 다변화 등으로 내국인 여행 횟수가 증가하고 있다. 중장기적으로도 소득 수준 개선, 소비 심리 변화, 베이비부머의 본격적인 은퇴, 실버 세대의 여행 증가 등 사회 전반적인 분위기가 변화하고 있어 여행 수요 상승은 더 지속될 것이다. 2020년까지 내국인 출국 자수는 연평균 8.3% 늘어날 전망이다.

특히 소득 수준 개선과 여행업계의 성장 관계가 주목할 만하다. 일반적으로 소득이 증가하면 여가 생활에 대한 관심은 자연스럽게 높아진다. 과거 일본, 영국 등의 사례에서 볼 때, 1인당 GDP 2만~4만 달러 구간에서는 해외 여행의 구조적인 성장세가 나타났다. 2016년 기준 한국의 1인당 국민 총소득은 $27,561로 구조적 성장의 초입 단계에 진입했다. 통계청이 발표한 2016년 가계동향에 따르면 실질소득이 7년 만에 감소하며 소비지출 역시 감소했으나, 오락, 문화 지출은 소비지출 대비 비중 상승세를 이어가며 달라진 소비 트렌드를 확인시켜 줬다. 본인의

그림 5-6 | 내·외국인 출국 및 입국 관광객 수

그림 5-7 | 세계 관광소비국 순위

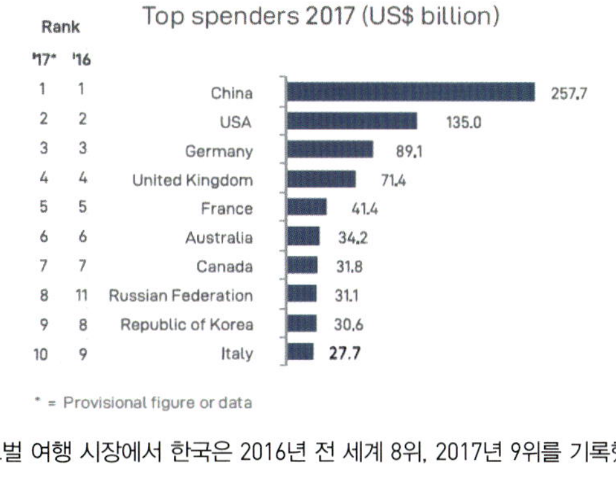

* 글로벌 여행 시장에서 한국은 2016년 전 세계 8위, 2017년 9위를 기록했다.

생활 만족도를 높이기 위한 해외여행, 취미활동 등 오락/문화 지출은 적극적으로 늘리는 변화한 소비 패턴이 나타나고 있는 것이다.

이에 더해 비수기의 성수기화도 여행 시장 성장에 중요한 역할을 한다. 여름, 겨울 방학 또는 설, 추석 등에 여행이 몰리는 국내 휴가 구조상 여행시장은 성수기와 비수기가 뚜렷한 산업이었다. 그러나 계절적 비수기로 여겨졌던 3~4월에 여행을 떠나는 내국인이 크게 늘어나며 비수기의 성수기화가 나타났다. 이 같은 비수기 여행업 호황은 변화하는 달라진 소비 트렌드를 반영하는 한편 여행 시기의 분산 효과를 통해 수요를 늘리고 있다.

내국인 해외 여행시장 성장 전망은 공급 측면에서도 긍정적이다. 인천국제공항 제2터미널의 개장으로 연간 여객 처리 능력은 현재 5,400만 명 수준에서 7,200만 명으로 늘어난다. 여객 처리 능력이 향상되면서 항공사들의 국제선 취항 노선이 증가함에 따른 항공 좌석 공급이 늘어나는 데 기여할 전망이다.

2) 주목해야 할 트렌드

① FIT(Free Individual Tourist, 개별 자유여행)

개별 자유여행(FIT)은 기존의 패키지여행과는 반대되는 개념으로, 여행사가 계획해 놓은 코스를 그대로 따르는 패키지여행과는 달리 여행자 스스로가 계획하고 만들어가는 여행을 의미한다. 소득의 증가에 따른 여가 활동의 증가로 인해 여행이 급격하게 증가하였고, IT 기술이 발달하여 여행의 정보 습득이 용이해진 환경에서

표 5-1 해외여행방법과 여행상품 구입채널

	여행방법	2017 상반기(%)	2018 상반기(%)
여행방법	개별여행	55.7%	59.3%
	단체 패키지여행	35.1%	33.7%
	에어텔 패키지여행	9.2%	7.0%
	숙박구입채널	2017 상반기(%)	2018 상반기(%)
개별여행구입채널	OTA/메타서치	61.3%	69.5%
	숙박업소 직접예약	18.8%	14.1%
	종합여행사	10.2%	7.4%
	기타	9.8%	9.1%

출처: 컨슈머 인사이트, 2018. 7

사진: Pixabay

여행자들은 스스로가 자신의 의견을 반영하여 여행을 하고, 그 안에서 만족감을 느낀다. 또 단순히 저렴한 여행을 찾기보다 조금 비싸더라도 더 의미 깊은 여행을 즐기고자 하는 소비자들이 늘고 있다.

해외 비행기표와 숙박만 예약한 후 해외로 떠나는 자유여행객이 늘고 있다. 일부는 항공과 숙박 정도만 묶는 부분 패키지를 소비하고, 나머지는 자유롭게 여행하고자 한다. 2018년 상반기 국민해외여행 상반기 실태를 2017년 상반기와 비교한 자료를 살펴보면 개별여행은 55.7%에서 59.3%로 3.6%포인트 증가하였고, OTA/메타서치를 통한 예약은 8.2%포인트로 큰 폭으로 성장하였고, 숙박업소 직접예약은 4.7%포인트 감소한 것으로 나타났다.

이런 현상은 유럽과 미국 등 여행 선진시장에서는 이미 시장을 지배하는 트렌드로 자리잡았다. 유럽과 미국의 젊은 층은 방학 때 배낭여행을 메고 해외로 나가는 게 일상화되어 있고 한국을 찾는 외국인 여행객들도 부분 패키지 상품을 포함한 개별 자유여행을 선호한다. 2014년 한국을 찾은 중국인 관광객의 57.8%도 개별여행 형태로 방문한 것으로 조사되었다.

이처럼 FIT가 주목받게 되면서 여행사에서도 온라인 여행사가 급성장하였고, 더욱 다양한 여행상품이 등장하게 되었으며, FIT 상품을 전문으로 하는 소규모 여행사들의 출현이 빈번해지는 등 여행업계 전반의 판도가 크게 바뀌었다.

② SIT(Special Interest Tourism, 특수목적관광)

최근 여행자들은 여행지의 문화, 특별한 체험, 나아가 숙박시설의 스페셜 오퍼(Special Offer) 등의 다양한 이유에 따라 여행지를 선택한다. 전 세계적으로 47%의 여행자가 특정 국가의 문화와 사람들 때문에 여행지를 방문했다. 또 여행자 5명 중 1명(21%)은 호텔에서 제공하는 스페셜 오퍼나 패키지 때문에 여행지를 선택하는 경향을 보인다. 이처럼 단순한 관광 이외에도 특별한 목적이 있는 의료관광, 쇼핑관광 등이 성행하는 것은 관광객 유입이 많아지고 관광 수입이 증가할 수 있다는 긍정적인 신호로 해석할 수 있다.

윤리적 여행·공정여행 공정여행이란 현지인들에게 적절한 비용을 지불하여 공정하게 거래하고, 환경에 미치는 영향은 최소화하고, 현지 문화를 존중하는 여행 문화를 말한다. 공정여행의 큰 틀은 첫째, 자연에는 최소의 영향을 주고, 둘째, 지역에는 최선의 기여를 하며, 셋째, 여행자에게는 최고의 기회를 선사한다는 것이다. 이는 지역경제의 지속가능성을 고려한 것이며, 환경에는 영향을 최소화하여 환경을 보존하고, 현지의 문화를 존중할 수 있다. 최근 가치 있는 여행이나 윤리적 여행 행태를 중시하는 사람들이 늘어나면서 공정여행, 지속가능한 관광 역시 주목받고 있다.

Dark tourism(다크 투어리즘) 휴양과 관광을 목적으로 하는 일반 여행과 달리 재난이나 참상지를 찾아가 보며 반성과 교훈을 얻는 여행이다. 미국 뉴욕 9.11 테러 사건의 '그라운드 제로', 유대인 대학살 현장인 폴란드의 '아우슈비츠 수용소', 수백만 명이 학살된 캄보디아 '킬링필드', 원자폭탄이 투하됐던 일본의 히로시마와 나가사키가 이 여행의 대표적인 사례다. 다크 투어리즘은 공정여행과 마찬가지로 보다 의미있는 여행을 하고자 하는 사람들을 중심으로 주목받고 있는 여행 방식이다.

의료관광 의료관광은 개인이 자신의 거주지를 벗어나 다른 지방이나 외국으로 이동하여 현지의 의료기관이나 요양기관, 휴양기관 등을 통해 본인의 질병을 치료하거나 건강의 유지, 회복, 증진 등의 활동을 하는 것으로 본인의 건강상태에 따라 현지에서의 요양, 관광, 쇼핑, 문화체험 등의 활동을 겸하는 것을 의미한다. 국내에서도 의료관광은 중점적인 개발 분야로 손꼽히며 성장하고 있는 분야 중 하나이다.

문화·예술 관광 문화예술 작품 속 장소를 직접 찾아가보거나, 유명한 작가·작품 등을 찾아 여행하는 여행 방식은 관광객들의 감성을 자극하고 삶의 질을 풍부하게 해 준다. 대표적으로 미술가 고흐가 사랑한 도시인 프랑스 남부의 아를은 작품 속 장소가 가진 정서를 최대한 살려 관광객의 방문을 유도하고 있다. 특히 고흐의 유명한 작품인 '밤의 카페 테라스'를 재현해내며 명성을 얻었고, 아를의 호텔 객실에는 반 고흐의 작품을 비치하여 단순한 숙박공간이 아닌 그 지역의 문화를 체험하는 공간으로 의미를 확장시키는 등 다양한 문화적 요소를 통해 관광지로 성장했다.

이러한 관광형태는 국내에서도 차츰 떠오르고 있다. 가평에 위치한 쁘띠 프랑스는 '어린 왕자'라는 문학콘텐츠를 테마로 하여 프랑스 문화를 체험할 수 있는 공간으로 조성되었다. 마리오네트 인형극, 오르골 연주, 마임공연, 중세악기 연주 등은 관광객의 문화 체험 욕구를 자극한다.

밤의 카페 테라스

아를 포름광장에 있는 카페 테라스

반 고흐 코스 이정표

반 고흐 작품엽서

프랑스 아를, 반 고흐의 도시

역사 관광 역사 교육의 중요성이 증대되고, 개인의 역사의식에 대한 가치 형성을 중요시하는 이들이 늘어나면서 한 나라의 문화유산이나 역사를 테마로 한 관광 형태가 등장하였다. 한편, 도시의 건물이 보존되어야 할 문화유산으로 이해되면서 도시민과 관광객에게 관심의 대상으로 떠오르기도 했다. 특히 홍콩의 블루하우스는 퇴거 위기에 놓인 낡은 건물에 정부가 도시재생 프로젝트를 진행하면서 시민사회와 협력하여 거주민이 사는 박물관으로 새생된 공간으로 유명하다.

③ OTA(Online Travel Agency)

국내에는 2010년까지도 OTA 사이트가 흔히 알려져 있는 편은 아니었다. 그러나 2013년 방영된 '꽃보다 할배'라는 인기 예능프로그램을 통해 OTA가 급부상하였고, 젊은층뿐만 아니라 패키지 관광의 주 고객이였던 중년층까지도 OTA를 통해 여행을 떠나기 시작하였다. OTA의 장점은 다양한 형태의 숙소들을 일정에 따라 손쉽게 예약할 수 있다는 점이다.

OTA의 성장 배경은 비약적인 기술의 발전이다. 온라인·모바일 환경이 발전함과 함께 여행자 스스로 쉽게 여행을 떠날 수 있는 환경이 조성된 것이다. 2010년 이후 스마트폰의 급성장으로 여행의 패러다임이 바뀌었다고 해도 과언이 아니다. 소비자들은 스마트폰으로 언제 어디서나 여행정보를 검색하고 항공권 및 숙박 예약이 가능하게 되었고, 번역 어플 등을 통해 언어의 장벽도 쉽게 뛰어넘을 수 있어 국내·외 여행사를 넘나들며 더욱 스마트하게 여행 상품을 소비하게 되었다.

읽어 보기

OTA가 지역경제에 미치는 영향

온라인여행사(OTA)는 여행산업의 새로운 트렌드를 이끌면서 동시에 서비스 진화를 꾀하고 있다. 특히 아시아는 여행산업의 성장률이 GDP 성장률보다 더 크게 증가하고 있는 곳으로 인터넷 사용에 친숙하고 기술친화적인 소비자들은 보다 정교한 온라인 서비스를 원하는 것으로 분석된다. 이에 따라 온라인 여행업체들도 기술 혁신과 경제 구조적 변화를 이끌고 있다. 아시아 각 나라마다 규제환경이나 시장경쟁, 기업경영 환경이 다르고 소비자들이 원하는 여행도 지역마다 차이를 보이지만 온라인 서비스는 전 세계의 공통적인 현상으로 여행업계의 성장과 혁신을 이끄는 새로운 표준이 되고 있다. 유엔세계관광기구(UNWTO)에 따르면, 향후 10년간 아시아태평양 지역 여행객이 매년 4,300만 명 늘어나 2030년에는 전 세계 여행객의 30%인 약 5억 3,500만 명이 아시아태평양 지역을 방문할 것으로 전망된다. 아고다 등의 온라인여행사(OTA)는 이렇게 증가하는 여행수요와 다양한 소비자 여행패턴의 변화를 미리 예견하고 이에 맞춘 서비스를 준비하고 있다.

관광업 성장이 여행객들과 OTA에게만 기회가 되는 것은 아니다. 호텔과 개별 호스트 등의 숙박 제공자와 정부기관 또는 지자체들 또한 이러한 변화를 새로운 기회로 삼을 수 있다. 여행산업이 당면한 시장 변화와 새로운 트렌드를 다층적 관점에서 이해하고 상호 협력한다면 시장 참여자들 모두가 성장 이익을 함께 나눌 수 있다. 특히 다양화, 혁신, 문화교류 및 고용 창출이라는 네 가지 긍정적 측면에 주목해야 한다.

OTA는 '마케팅'에 강점을 갖고 이를 통해 여러 사회적 문제를 다른 방식으로 접근할 수 있다. 예를 들어 급속히 늘어난 여행객들로 인한 '오버투어리즘'의 폐해를 살펴보자. 알려진 여행지마다 적정 수용범위를 넘는 관광객들로 인해 경제적, 환경적인 문제가 발생하고 지역민들의 일상을 침해하거나 지역문화 보존에도 위협이 되고 있어 세계관광기구에서도 '여행제한지역'을 하나의 해결책으로 제안한 바 있다. 반면에 OTA는 다른 방법으로 문제 해결을 시도한다. OTA는 새로운 여행목적지에 주목, 여행지와 특별한 숙소를 여행객에게 소개하고 새로운 여행목적지로 여행 수요를 다양화하는 것이다.

여행객들의 모바일 숙박예약이 늘면서 모바일앱 서비스도 더욱 강화되고 있다. 아고다에서는 향후 수년 내에 모바일 예약이 90% 이상을 차지할 것으로 예상한다. 관광 리서치업체인 포커스라이트(Phocuswright)는 "아시아태평양 지역에서 OTA는 모바일을 통한 혁신, 개발, 마케팅 및 유통을 이끄는 역할을 하고 있다"고 분석했다. 이처럼 온라인 여행업체들이 기업가 정신을 고취시키고 인재 육성과 고용 창출 등 경제 분야에서 폭넓게 기여할 것이 기대된다.

여행업은 국제간에 문화교류 및 이해증진을 도모한다. 세계경제포럼(World Economic Forum)이 2017년에 발표한 여행 및 관광 경쟁력 보고서(Travel and Tourism Competitiveness Report)에서는 "여행객들은 체험하는 여행을 선호하고 있으며 현지 고유의 문화 체험이나 어드벤처 액티비티, 또는 남들과는 다른 자신만의 특별한 경험을 여행지에서 해보길 원한다"고 분석했다. 이런 추세에 따라 숙박예약도 현지 호스트 공유숙박 수요가 많아지고 있다. OTA에서는 이런 여행객들의 요구를 충족시킬 수 있도록 '여행지에서의 체험'을 제안하는 등 특별한 상품을 선보이고 있다. 실제로 트립어드바이저, 부킹닷컴, 에어비앤비 등은 '방콕 현지음식 배우기', '서울에서 쇼핑하기', '도쿄 종이공예 체험' 등의 여행 상품들을 추천한다. 각 나라와 도시들은 해외 관광객 유치를 위해 전 세계 수백만 명의 관광객들이 이용하는 OTA와 협업하고 마케팅 및 여행자 데이터 분석을 통해 지역의 고유한 문화와 가치를 홍보하는 것도 좋은 관광 선략이 될 것이다.

고용 창출에 있어서도 관광산업에 OTA가 기여하는 바가 매우 크다. 세계경제포럼(WEF)에 따르면 여행산업은 전 세계 GDP의 10%, 국제간 교역의 7%를 차지하며 11개의 일자리 중 하나는 관광산업이 창출하고 있다. 세계관광협의회(World Travel and Tourism Council) 자료를 보면 한국 관광산업은 2016년에 153만 개의 일자리(전체 고용의 5.8%)에 기여했으며, 2027년이 되면 여행업계에서의 일자리가 171만 개로 늘어나 전체 고용의 6.5%를 담당할 것으로 예측된다.

어느 비즈니스든 성장과 변화를 따라가려면 부단한 노력이 필요하다. OTA가 여행 시장에 가져온 변화를 숙박업체들과 규제기관이 함께 인식하고 수용할 때 관광업계뿐 아니라 지역 관광지, 도시, 국가적으로도 광범위한 경제적 혜택을 도모할 수 있다. 이들 모두가 관광산업 촉진과 지역 경제 활성화라는 공동의 목표를 달성하기 위해 함께 노력한다면 관광산업 전체에 이익이 될 거라 믿는다.

여행신문, 2018.9.3

http://www.traveltimes.co.kr/news/articleView.html?idxno=104895

피터 알렌 Peter Allen Managing Director of Agoda Outside

FIT(개인여행객) 이용자는 20~30대가 대부분이었으나 최근에는 40~50대 여행자의 비중도 높아졌다. 익스피디아, 아고다닷컴, 호텔스닷컴, 부킹닷컴과 같은 해외 여행·호텔사이트들의 등장과 스카이스캐너, 호텔스컴바인 등 항공 가격과 호텔 가격을 비교하는 플랫폼 사이트 및 앱(APP)의 이용도 전 연령대로 증가한 것으로 나타났다.

등장배경이나 주 소비층 등이 기존의 여행사와는 다르기 때문에 OTA의 행보 역시 일반적인 여행사와는 다르다. 가장 주목할 만한 점은 OTA의 마케팅·홍보 집중 전략이다. 또, 글로벌 OTA는 미래 소비자의 성향을 예측해 과감하게 인적구조를 재편하고 투자하여 수익률의 한계도 극복했다. OTA는 온라인 시스템 및 차세

그림 5-8 | 글로벌 OTA가 장악한 국내 온라인 여행시장

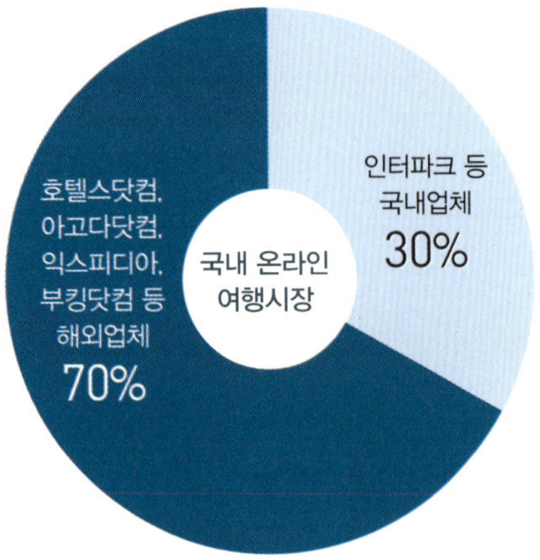

주: 온라인여행 시장점유율 추정치(모바일 포함), 2015년 기준
자료: 온라인여행업협회, NH투자증권 리서치본부

대 플랫폼 시스템 구축에도 과감하게 비용을 투자하고 항공과 호텔에만 업무 영역을 제한하지 않고 다양한 현지의 소규모 현지 투어 업체를 협력사로 끌어들여 수많은 현지 투어 상품을 온라인에 출시하였으며, 자국 내의 시장 수요만 바라보지 않고 빠른 속도로 세계에 진출한 것도 성공의 요인으로 볼 수 있다. 글로벌 웹표준화에 적용한 차세대 온라인 플랫폼은 어느 브라우저와 디바이스에서도 쉽게 호환되며 글로벌 OTA의 빠른 세계 시장 지배력을 이끌었다.

③ YOLO(You Only Live Once)

최근 유행중인 욜로족(YOLO)은 '한번뿐인 나의 인생을 현재 충실하고, 충분히 즐기자(You Only Live Once)'라는 새로운 개념을 제시하며 젊은 세대를 중심으로 급부상하고 있다. 욜로족은 지금 이 순간 나의 삶의 질을 중시하기 때문에 현재 지향적인 소비패턴을 추구한다. 이들은 새로운 소비주체로 떠오르며 여행시장을 이끌 새로운 소비자로 주목받고 있다.

시장조사 전문기업 엠브레인 트렌드모니터가 성인남녀 1,000명을 대상으로 한 조사에 따르면 욜로족이 소비를 많이 할 것 같은 분야로는 해외 여행(73.2%, 중복응답)이 압도적이었다. 특히 젊은 층일수록 해외 여행(20대 77.2%, 30대 77.2%, 40대 71.2%, 50대 67.2%)을 욜로족을 상징하는 소비 품목으로 바라봤다. '욜로'라는 용어가 상업적으로 가장 많이 이용되는 분야로도 해외 여행(61.2%, 중복응답)이 꼽혔다.

YOLO와 함께 떠오른 대표적인 여행 행태는 바로 '체험관광', '경험관광'이다. 다양하고 색다른 경험을 통해 자신의 삶을 더욱 다채롭게 하고자 하는 YOLO는 새로운 경험을 위해 기꺼이 여행을 택한다. 또, 이를 위해서는 다소의 불편 혹은 높은 가격대 등을 기꺼이 감수하는 등 문화·여가 생활을 위한 소비를 과감히 늘리는 경향이 있다.

그림 5-9 YOLO족의 주 소비품목 평가

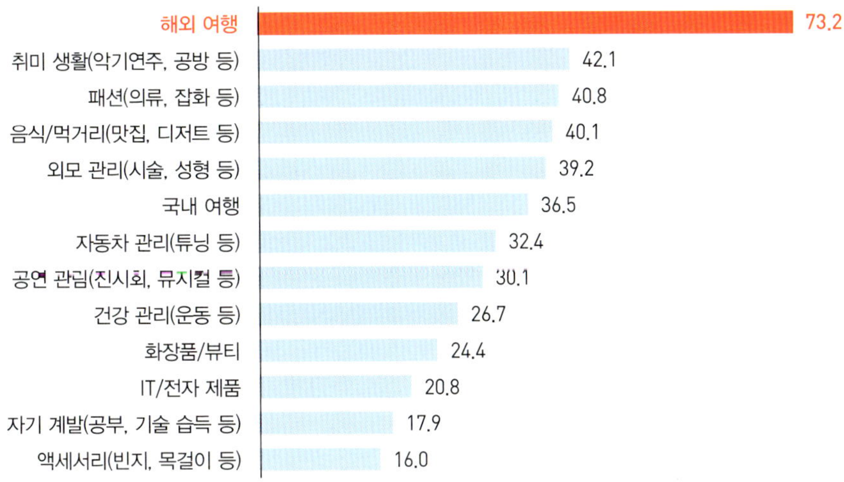

(Base: 전체, N=1,000, 주요 응답값 제시, 단위: 중복 %)

④ Babyboomer · Sliver Generation

사진: Pixabay

여행업에서 주목하고 있는 향후 해외여행 시장의 또 다른 핵심 성장 동력은 '실버' 세대이다. 전 세계적인 고령화 흐름과 함께 실버 세대와 중장년층 여행객은 앞으로도 지속적으로 늘어날 것으로 예상된다. 100세 시대에 걸맞게 실버세대는 은퇴 후 시간적, 경제적, 심리적 여유가 생겨 해외여행을 즐긴다. 이들은 편안함과 안전함을 주로 추구하고, 장거리 여행지를 선호하고 다소 가격대가 있더라도 질 좋은 여행 상품을 선호한다. 또한 중장년층은 FIT시장의 성장으로 시들어가던 패키지시장에 새로운 희망을 부여한 고객층이기도 하다. 상대적으로 기술의 장벽, 언어의 장벽에 의해 패키지 여행을 선호하는 이들을 주 타깃으로 패키지 여행 상품이 재편되고 있는 경우가 만다. 이처럼 실버 세대와 중장년층은 여행업의 성장력과 수익성 향상에 큰 영향을 미칠 동력으로 손꼽힌다.

3) 2017~2018 여행업 트렌드

① REFRESH(하나투어, 2017 여행업 트렌드)

Repeater 연간 해외 여행객이 2,000만 명에 육박하는 시대다. 단순히 해당지역을 방문하기보다는 여행을 '어떻게' 즐길지에 대한 고민을 하는 고객들이 많아졌다. 이에 따라 여행상품 차별화의 필요성이 더욱 커질 것으로 예상된다.

Expansion 국적기들의 증편이 장거리 지역까지 확대되면서 LA, 샌프란시스코, 시애틀을 비롯한 미서부 지역의 공급석이 증가되는 한편, 아키타와 북해도 아사히카와 등 일본 전세기 진행이 확대된다. 중국의 경우엔 지방공항인 청주, 양양 공항을 통한 전세기가 확대 진행돼 지방 거주자들의 해외여행의 수요 폭이 넓어질 것으로 기대된다. 이에 더해 내년에도 저비용항공사(LCC)들의 괌, 사이판 등 인기 휴양지로의 공급석 확대는 더욱 활발해질 것이다.

Fresh 신규지역에 대한 개발도 지속된다. 유럽의 경우, 인천-바르셀로나 구간이 신규 취항되면서 스페인에 대한 관심이 고조될 것이다. 인기휴양지를 다양하게 보유한 동남아 지역 역시 태국 끄라비, 베트남 다낭, 푸꾸억 등 끊임없이 여행 인프라를 개발하고 있다. 주요 여행사들은 앞으로 신규 여행지 홍보 및 마케팅에 더욱 박차를 가할 것이다.

Remind 과거 인기 여행지가 재조명되고 있다. 특히 호주나 뉴질랜드, 하와이 등 장거리 지역은 최근 항공 취항이 확대되면서 신혼부부들을 비롯한 중·장년층 수요가 다시금 치솟고 있다. 베트남과 태국은 각각 다낭이나 나트랑, 끄라비나 카오락과 같은 신규 관광지를 개발하면서 그 인기를 더욱 굳건히 다지고 있다. 중국의 대표 인기여행지 북경이나 상해도 교육과 문화체험을 위주로 하는 신규 관광일정을 통해 가족단위 여행객의 관심이 지속될 전망이다.

사진: Pixabay

Experience 경험의 가치를 높게 생각하는 최근의 트렌드에 따라, 직접 경험하는 여행의 가치도 덩달아 높아졌다. '나 자신'만을 위한 여행을 떠나고자 하는 수요가 늘어나면서 혼행족, 액티브 시니어 층의 수요 또한 지속될 것으로 예상된다. 또 여행의 경험을 소셜 미디어에 기록하고 공유하는 문화가 보편화되면서 여행업계에서는 스냅촬영 상품도 흥행하고 있다.

Self-Designed 셀프웨딩, 셀프인테리어 등 본인의 뚜렷한 주관을 가지고 진행하는 'SELF'가 라이프스타일 트렌드로 자리잡았다. 여행도 크게 다르지 않다. 스스로 습득한 현지 여행정보를 통해 나만의 상황에 따라 편하게 일정을 구성하는 여행자들이 많아지고 있다. 교통패스, 입장권, 자유여행에 필요한 최소한의 단품 상품을 구매하고 직접 여행을 디자인하는 수요층은 2030세대를 주축으로 더욱 증가할 전망이다.

Holiday 소위 '황금연휴'라 불리는 긴 휴가 기간, 국가적인 관광 장려 정책 등을 통해 소비자들이 사용할 수 있는 휴가 기간이 늘어났다. 또, 일과 여가의 균형을 중시하는 가치관이 떠오르면서 소비자들은 자신을 위해 기꺼이 시간을 할애하고 쉬어 가는 시간을 가지고자 한다. 황금 같은 연휴 기간을 활용하여 평소 워너비 여행지를 목적지로 계획하는 여행객 수요는 앞으로도 증가할 것이다. 이 같은 움직임에 맞춰 여행업계도 장기 휴가 기간 한참 전부터 적극적으로 다양한 여행상품을 선보인다.

② START(한국관광공사, 2018년 여행업계의 주목할 만한 트렌드)

Staycation 여행이 일상화되고, 근거리 여행이 증가하면서 여행이란 더 이상 특별한 날에 떠나는 '행사'가 아니라 일상 중 틈틈이 짧은 시간으로도 즐길 수 있는 것이 됐다. 국내 '당일치기' 또는 '1박2일 여행지'로는 부산, 제주, 서울이 가장 많이 언급됐다. 액티비티에 관해서는 최근 다이빙, 서핑, 패러글라이딩 등과 같은 레저 활동에 높아진 관심을 올림픽 시설을 활용한 다양한 동계 스포츠 체험상품 개발로 이어가는 것이 주목할 만한 점으로 손꼽힌다. 특히 평창-강릉-정선을 잇는 '올림픽 아리바우길' 홍보가 한창이다.

Travelgram 인스타그램이 1,000만 명에 달하는 국내 월간 활동 사용자 수에 힘입어 '대세 SNS'로 급부상하면서 여행 행위는 즉각적으로 사진 이미지로 편집·기록됐고, 여행자 개개인은 자신만의 스토리를 갖게 됐다. 또한 '인생샷(인생에서 찍은 사진 중 가장 잘 나온 사진)'을 찍기에 적합한 장소들이 밀집한 제주, 부산, 서울 일대가 핫 플레이스로 가장 많이 언급됐다.

이 같은 트렌드를 타고 등장한 신조어가 있다. 유럽권에서 떠오르고 있는 '브래기(Braggies)' 영어로 '브래그'(Brag), 즉 '자랑하다'는 뜻이다. 어감 자체는 긍정적이라기보다는 부정적인 쪽에 가깝다. 허풍이나 허세로 느껴질 때 주로 사용하기 때문이다. 브래기는 흔히 "친구나 지인의 질투를 불러일으키기 위해 소셜 미디어에 사진을 올리는 행위"를 의미한다. 비슷한 개념의 '셀피'(Selfie)나 '그루피'(Groufie)는 어감은 다소 다를 수 있으나 자신의 모습을 스스로 찍어 소셜 미디어를 통해 공유하는 여행족을 의미한다.

관광업계에서는 이러한 브래기, 셀피족을 겨냥해 다양한 프로그램을 만들고 있다. 호텔이나 관광청이 소셜 미디어를 활용해 사진 경연을 진행하는 것이 대표적인 예이다. 즉, 브래기가 고객의 충성도를 제고하고 홍보 효과를 낳는 마케팅 수단으로 이용되고 있는 것이다.

Alone 1인 가구 500만 시대, "혼밥(혼자 식사하기)'과 '혼술(혼자 술 마시기)'에 이

어 '혼행(혼자 여행하기)'까지 혼자라 누릴 수 있는 즐거움의 트렌드 확장이 두드러졌다. 특히 최근 '욜로 라이프(현재 자신의 행복을 가장 중시하자)'에 이어 '휘게 라이프(편안하게 함께 따뜻하게)' 인식이 젊은 층을 중심으로 급격히 확산하면서 아름다운 풍경 감상과 맛집 탐방, 레포츠 활동 등 다양한 힐링 체험이 가능한 여행지가 떠오르고 있다.

Regeneration 익히 알려진 유명 여행지가 아닌, 우리가 일상적으로 거니는 거리, 골목, 시장으로 이어지는 구도심에 문화, 예술, 역사 등이 적절히 배합된 지역 밀착형 도시 재생 모델인 '감천문화마을(부산)' '동피랑마을(통영)' 등이 Regeneration 트렌드를 대표하는 여행지이다. 잊혀진 거리, 시장 등이 다시 주목받기 시작하면서 이들도 변화를 꾀하고 있다. 특히 전통시장은 낡은 이미지에서 벗어나 푸드 트럭, 핸드메이드 마켓, 문화공연 등 색다른 즐길 거리, 먹거리를 제공하면서 지역 야(夜)시장으로 성공적으로 자리매김했다.

Tourist sites in TV programs tvN 인기 드라마 '도깨비'의 강원 강릉 주문진, JTBC 힐링 여행 프로그램 '효리네 민박'의 제주도 애월 등 촬영지 인기가 두드러졌다. 이 밖에도 먹방, 역사, 교양 등 다양한 테마를 결합한 tvN 교양 여행 프로그램 '알쓸신잡'의 인기로 대학교수, 맛 칼럼니스트, 작가 등 전문가가 인솔하는 전문 테마 여행 상품이 소비자 맞춤형 상품으로서 큰 인기를 끌 것으로 예상됐다.

읽어 보기

제주 관광객 끌어모은 '효리네 민박'..생산유발효과 연간 1조원 육박

한국은행 제주본부 보고서… 소길리 등 관광지 인지도 상승에 관광객 약 100만 명 증가 효과

가수 이효리·이상순 부부가 출연한 텔레비전 프로그램 '효리네 민박'이 연간 1조원에 육박하는 생산유발효과를 낸 것으로 조사됐다.

한국은행 제주본부 김광룡 과장, 김홍렬 조사역은 8일 발표한 '제주거주 유명인 방송노출이 제주관광에 미치는 영향: 효리네 민박을 중심으로' 보고서에서 효리네 민박 방송에 따른 경제적 파급효과를 분석했다.

보고서에 따르면 효리네 민박이 방송된 2017년 6월부터 2018년 5월까지 내국인 제주관광객은 사상 최고인 1,358만 명을 기록했다. 이 가운데 2017년 3분기부터 2018년 2분기까지 소득수준 증가, 국내선 왕복편수 등 영향을 제거한 방송에 따른 관광객 증가규모(방송효과)는 약 100만 7,000명으로 추정된다.

'한담해안산책로', '사려니숲길', '궷물오름', '금오름', '곽지해수욕장', '천왕사', '백양이오름', '애월읍 소길리' 등 상대적으로 생소했던 관광지가 방송에 소개되며 인지도가 급상승한 영향이다.

보고서는 "유명인의 제주 현지생활과 제주의 자연, 관광지, 음식점, 카페 등이 대중매체를 통해 노출되고 언론과 소셜네트워크서비스 등을 통해 재확산되면서 제주의 낭만적 이미지를 부각시키고 여행 욕구를 유발했다"고 분석했다.

방송에 따른 관광객수 증가규모에 관광객 1인당 지출경비를 감안한 효리네 민박의 생산유발효과(제주 지역경제 기준)는 6,251억원으로 추정된다. 2016년 기준 제주 지역 총산출액 30조 3,000억원의 2.1%에 해당한다.

효리네 민박의 생산유발효과는 제주 지역에만 그치지 않는다. 제주 지역에서 렌터카를 수리하면서 울산 등 타 지역에서 부품을 조달하는 경우 해당 지역에도 경제적 파급효과가 나타나기 때문이다.

보고서는 효리네 민박이 타 지역에서 낸 생산유발효과를 2,795억원으로 추정했다. 이를 감안, 효리네 민박이 전체 방송기간 중 전국적으로 창출한 생산유발효과는 9,046억원으로 1조원에 육박한다.

생산유발효과에 포함되는 부가가치유발효과는 제주 지역 내, 제주 외 지역에서 각각 3,034억원, 824억원으로 집계됐다.

효리네 민박의 취업유발효과는 제주 지역 내, 제주 외 지역에서 각각 8,693명, 1,829명으로 추정됐다. 관광객이 증가하면서 음식·숙박업, 도·소매업 고용에 긍정적인 효과를 냈다는 설명이다.

보고서는 "효리네 민박은 사드문제로 중국 관광객이 급감했던 기간 중 방송이 방영되며 내국인 관광객 증가를 유도하는 등 제주도 내 관광산업 안정에도 기여했다"고 평가했다.

이어 "대중매체를 통한 긍정적 마케팅 효과가 소멸되기 전에 관광객의 지속적인 재방문을 유도하고 관광부가가치를 높이기 위한 종합적이고 체계적인 정책노력이 필요하다"고 강조했다.

머니투데이, 2019.1.8

OTA의 성장에 영향을 미친 TV 프로그램

요약 Note

- 우리나라의 관광 진흥법에서는 여행업을 "여행자 또는 운송시설, 숙박시설 그 밖에 여행에 딸리는 시설의 경영자 등을 위하여 그 시설 이용 알선이나 계약 체결의 대리, 여행에 관한 안내, 그 밖의 여행의 편의를 제공하는 업"으로 정의한다.
- 여행업의 기능은 여행자에게 여행 정보와 상담을 제공, 운송수단이나 숙박의 예약·수배, 여행상품 판매 및 여권·사증을 받는 행위 및 수속 대리 등이 있다. 또, 여행 일정을 관리 해주고 정산을 책임진다.
- 여행의 형태가 발전함에 따라 여행업과 관련된 직업들이 다양해졌다. 여행사무원, 여행 상품 개발자, 여행 안내원, 투어 컨덕터, 관광통역안내원 등이 이에 해당하며, 최근에는 공정여행 기획자나 숲 해설가 등의 이색 직업도 떠오르고 있다.
- 여행업의 트렌드는 크게 FIT(Free Individual Tourist, 개별 자유여행), SIT(Special Interest Tourism, 특수목적관광) 그리고 OTA(Online Travel Agency)의 세 가지 형태로 나누어 볼 수 있다. 한편 YOLO(You Only Live Once)족 및 Babyboomer, Sliver Generation 세대 등 인구구조의 변화에 따른 여행 트렌드의 변화에 주목해야 한다.

과제 Assignment

- 여행업과 관련된 직업 중 한 가지를 선택하여 구체적인 직무와 역할, 그리고 갖추어야 할 자격 등에 대해 조사해 보라.
- 새로이 등장한 여행의 형태에 따라 등장한 여행업 관련 이색 직업은 무엇이 있는가?
- 국내 주요 여행사 중 한 곳을 선정하여 대표적인 상품 및 전략에 대해 알아보라.
- 국내 여행시장의 전망 예측 중 한 가지를 선택하고, 이에 대비하기 위한 방안에 대해 토의해보자.

테마파크 | ThemePark

<주요 관련 직무>
- 테마파크 매니저
- 디자이너/예술가
- 안전 감독자
- 기술자
- 인사 담당자
- 판매/마케팅 담당자

테마파크는 특정한 비일상적인 공간을 조성하고, 그에 따라 전체 공간의 시설 및 환경을 연출, 조성하여 방문객에게 위락을 제공하는 유희공간을 의미한다. 테마파크는 그 주체나 기능에 따라 다양하게 분류할 수 있으며, 최근에는 디즈니랜드나 에버랜드와 같이 다양한 테마가 통일적으로 어우러진 대규모 테마파크가 주목 받고 있다.

테마파크 트렌드

최첨단 기술과의 결합

테마파크는 끊임없는 첨단 기술 도입을 통해 변화를 꾀해야 한다. 이 중 단연 주목받고 있는 것은 AR(증강현실)·VR(가상현실) 기술이다.

테마파크의 복합화

세계 상위 테마파크의 대부분이 호텔을 포함한 다양한 부대시설을 보유하며 시설 복합화를 꾀한다.

안전성 문제 대두

테마파크에서 발생하는 사고는 브랜드 이름에 치명적인 영향을 미치고 재정적으로 심각한 결과를 초래할 수 있어 테마파크 업계는 이에 강력하게 대응하고 있다.

테마파크의 3차 산업화

테마파크는 점차 서비스 품질과 창의적인 아이디어가 더욱 필요한 3차 산업 요소가 더욱 요구되는 방향으로 변모하고 있다.

세계 테마파크 순위/방문객 수(천 명)

순위	테마파크	방문객 수
1	**디즈니 월드 매직 킹덤**	**20,395**
2	디즈니랜드	17,943
3	도쿄 디즈니랜드	16,540
4	유니버셜 스튜디오 재팬	14,500
5	도쿄 디즈니 씨	13,460
14	**롯데월드**	8,150
16	**에버랜드**	7,200

자료: 세계엔터테인먼트협회(EEA), 2016

아시아 테마파크 (아시아 순위/테마파크/세계순위), 세계엔터테인먼트협회(EEA), 2016

아시아 순위	테마파크	세계순위	아시아 순위	테마파크	세계순위
1	도쿄 디즈니랜드 (도쿄, 일본)	3	**6**	**에버랜드 (경기도 용인, 한국)**	16
2	유니버셜 스튜디오 재팬 (오사카, 일본)	4	**7**	홍콩 디즈니랜드 (란타우, 홍콩)	**17**
3	도쿄 디즈니 씨 (도쿄, 일본)	5	**8**	오션 파크 (홍콩)	18
4	창룽 오션 킹덤 (주하이, 중국)	13	**9**	나가시마 스파랜드 (미에현 구와나, 일본)	19
5	**롯데월드 (서울, 한국)**	14	**10**	상하이 디즈니랜드 (상하이, 중국)	21

Chapter 05

02

테마파크

테마파크의 정의 및 특성

1) 테마파크의 정의

테마파크는 복잡한 현대사회 속에 살아가고 있는 우리들에게 일상생활에서 벗어나 삶의 재충전과 자기성취를 구현할 수 있도록 개발하고 연출하는 여가문화공간이다. 일정한 주제에 따라 독특하고 매력적인 시설과 이벤트 프로그램을 인간의 창의력과 현대문화 및 첨단과학기술과 결합하여 환상의 세계를 연출한 현대문명의 종합체이다.

테마파크는 놀이기구 중심의 유원지가 아닌 일정한 주제로 전체 환경을 조성하면서 탑승시설, 건물, 공연과 이벤트, 식음료, 기념품, 서비스 등에 이르기까지 공통의 스토리를 가지고 공간 전체를 연출함으로써 방문객에게 비일상적인 공간분위기 안에서 일련의 즐거운 체험과 활동을 할 수 있도록 구성한 공원이라고 할 수 있다.

테마파크에 대해 국내·외의 여러 학자들이 정의를 하고 있지만 그 개념들을 정리해보면 다음과 같다. 첫째, 특정한 테마를 가질 것, 둘째, 비일상적일 것, 셋째, 일정한 공간을 가질 것, 넷째, 그 시설·운영 모두가 테마를 기본으로 할 것, 다섯째, 그 기본체계가 통일적이면서 배타적일 것이다.

따라서 테마파크란 "일정한 주제에 맞는 전체 환경과 환상을 유발시키는 분위기를 만들기 위하여 오락과 편익시설, 공연과 이벤트, 식음료 및 상품 등의 소재를 이용하여 주제에 따른 공통의 스토리를 연출함으로써 방문객에게 흥미와 즐거움을 제공할 수 있는 비일상적인 종합문화공원"이라고 할 수 있다.

2) 테마파크의 특성

① 본질적 특성

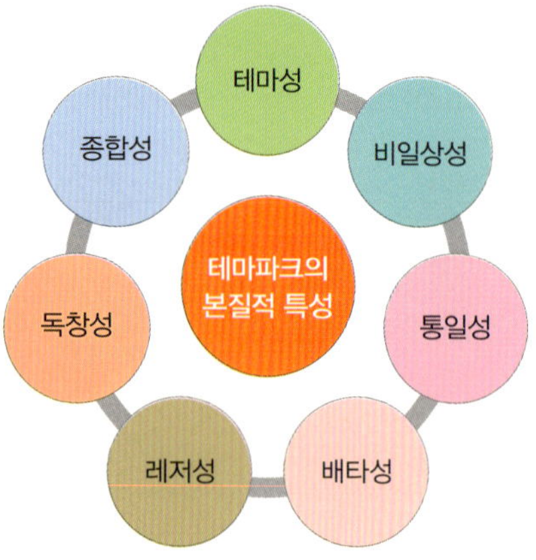

테마파크는 어뮤즈먼트 파크(Amusement park)와 일반 공원과 몇 가지 다른 특성을 가지고 있다. 그 특성들은 다음과 같다.

테마성 테마파크의 테마성은 일정한 공간에 독특한 성격과 질을 부여하여 테마를 조직화·그룹화 하는 분위기를 연출하고, 공원으로서 테마파크의 네이밍을 구성하는 대표성을 갖고 있다. 방문객들은 일상의 반복과 지루함에서 벗어나 새로운 세계를 이끌고 즐겁게 해 줄 수 있기를 바란다. 이러한 테마들은 테마파크의 어트랙션, 라이드 시설, 전시관람 시설, 공연과 이벤트 등을 통하여 테마의 특성을 전체적으로 구현시키고 그 결과를 방문객들에게 제공하게 된다.

테마가 명확해야 방문객이 테마파크에 쉽게 몰입할 수 있고, 매료될 수 있다. 이와 같이 테마파크는 하나의 중심적 테마 또는 연속성을 가지는 몇 개 테마들이 연합으로 구성되는 것이므로 테마성은 테마파크에 있어서 생명이라고 할 수 있다.

비일상성 하나의 독립된 완전한 공상세계로서 일상성을 완전히 차단한 비일상적인 종합문화공간이다. 따라서 방문객들은 테마에 의해 연출된 비일상적인 공간에서 그 공간에 맞는 비일상적인 사고와 행동으로 즐거움을 향유하는 것이다. 레크리에이션의 기능이 부여되어 있는 라이드 시설과 유희 시설 및 이벤트 쇼 중심의 참여형 테마파크의 경우는 끊임없는 새로운 시설과 새로운 이벤트 프로그램의 개발이 이루어지고 있다.

사진: Pixabay

테마파크가 대단한 각광을 받고 있기는 하지만 비일상화를 창출하기 위하여 무한의 설비투자를 계속하기에는 무리가 있기 때문에 전시 아이템과 이벤트 프로그램 연계·구성에 대한 투자와 관심이 매우 중요하다.

통일성 테마파크는 테마에 맞는 공간연출이라는 측면에서 방문객에게 통일감을 주어야 한다. 건축양식·조경·위락시설에서부터 캐릭터, 종사원의 복장, 서비스, 거리환경 시설물, 음악, 기념품에 이르기까지 테마에 알맞은 통일된 이미지를 만들어야 한다. 또한, 이러한 소프트웨어적인 요소와 하드웨어적인 요소가 균형과 조화를 이루어야 한다.

배타성 테마파크는 비일상적인 놀이공간으로 현실과의 차단이 얼마나 효과적으로 이루어지고 있느냐가 성공의 관건이다. 테마의 매력성·진기성·차별성을 위해서는 폐쇄된 공간의 연출이 핵심요소이다. 이러한 배타성을 유지하려면 넓은 공간, 독창적 시설, 충분한 인력 등이 필요하다. 그리고 기획 프로그램과 디자인 및 음악 등의 서비스가 어우러져 통일된 전체 이미지를 구현해내야 한다.

레저성 테마파크는 유희·구경거리·음식·쇼핑·쇼·이벤트 프로그램 등 놀이에서 체험·휴식까지 즐길 수 있어야 한다. 또한, 다양한 탑승시설·체험시설·놀이시설 등 하드웨어적인 위락공간과 공연·전시·이벤트·축제 등 소프트웨어적 프로그램을 방문객들에게 제공하여 즐거움을 향유할 수 있는 레저파크이다.

독창성 테마파크는 현대적 감각이나 현대인의 욕구와 트랜드에 부응해야 한다. 하지만, 테마파크 입지와 주제의 내용에 따라 지역적 특성이나 주제의 독창성이 표현되어야 한다.

종합성 현대 테마파크의 추세는 단일주제의 테마파크와 다양한 주제가 연속성을 가지면서 통일성을 유지하도록 하여 가족단위·남녀노소가 공유하는 공간이다. 이는 놀이·휴양·체험·교육을 종합적으로 즐기는 종합형·리조트형 어뮤즈먼트 파크이기도 하다.

종합성을 완벽하게 소화해내기 위해서는 디자인과 연출 등을 중심으로 테마파크 건설에 필요한 노하우를 모두 갖추어야 한다. 시설을 근간으로 하는 하드웨어 부분과 테마를 살리는 여러 가지 소프트웨어의 개발이 주제와 연관성을 가지고 종합적으로 결합되어야만 진정한 테마파크라고 할 수 있다.

테마파크가 대형화하는 이유는 초기투자가 거대한 장치산업이라는 점과 대형화함으로써 규모의 경제를 도모할 수 있다는 점에서 소비자들의 수요패턴 변화에 따른 다양한 선호를 충족시킬 수 있다.

무형의 테마를 유형의 소재를 이용하여 구현하고 이를 통해 테마파크의 독특한 정감을 연출하여 고객에게 비일상의 경험을 제공하면서 테마파크가 발전하였는데 테마라는 개념에서 기인한 특성과 이를 구현하기 위한 소재의 이용 및 이의 결과들이 복합적으로 작용하여 테마파크는 위와 같은 여러 가지 특성을 가지게 되었다.

3) 테마파크 관련 직종 · 직무

① 테마파크 디자이너

사진: Pixabay

테마파크 디자이너는 건축, 음향, 조명, 인테리어, 의상, 특수효과 등 다양한 분야의 전문가들과 의견을 조율하면서 더 멋지고 흥미로운 테마파크를 완성해 나가는 종합 환경연출가다. 또한 새로운 테마 연출을 위해 스토리작가가 되어 연출상황에 대한 스토리를 디자인한다. 이를 위해 우선 방문객을 사로잡을 '주제'를 각 분야의 전문가들과 함께 기획한다. 이후 테마파크 내 모든 시설과 물품을 해당 주제에 맞게 설계한 후 실제 건설과정에 직접 참여하여 테마에 상응하는 조형시설물 및 전시물을 구축하고 동선에 따라 배치하는 전 과정을 지휘한다. 뿐만 아니라 해당 주제에 맞게 세부적인 설계대로 공사가 진행되는지 감수하는 일도 테마파크 디자이너의 역할이다. 그 밖에 테마파크가 완성된 후에도 시즌별로, 또는 특정일을 주제로 변화를 줘야 하고, 새로운 시설물을 설치할 때도 주변적 환경 및 콘셉트, 그리고 고객의 안전을 고려하여 배치하고 설치해야 한다.

② 상품 · 공간 스토리텔러

상품·공간 스토리텔러는 제품 및 서비스, 공간 등과 연관된 이야기를 흥미롭게 펼쳐내면서 고객이 특정상품이나 공간을 소비할 수 있게 한다. 이들이 스토리텔링을 하는 대상이 상품이냐, 공간이냐에 따라서 각각 상품 스토리텔러, 공간 스토리텔러로 불린다. 상품 스토리텔러는 상품이 출시됐을 때 이를 알리기 위해, 상품의 신규 수요를 창출하기 위해 상품에 얽힌 스토리를 기초로 콘텐츠 기획 및 개발을 한다. 이를 통해 고객이 상품구매에 대한 의사결정을 할 수 있게 돕는다. 공간 스토리텔러는 특정 공간과 관련된 스토리를 만들고 이를 확산시켜 사람들의 공감을 이끌어낸다.

스토리텔러는 공간의 가치를 확실히 알리고 고객들이 공간과 관련한 상품을 소비할 수 있게 한다. 또 테마파크 등의 주요 동선 기획 및 퍼레이드 시나리오 개발, 스토리가 있는 미술 기획 등 신규 관광 상품 등도 개발한다.

세계의 테마파크

1) 세계의 테마파크

① 디즈니랜드

디즈니랜드는 월트 디즈니 컴퍼니의 자회사인 월트 디즈니 파크 앤 리조트가 운영하는 미국 캘리포니아 주 오렌지 카운티 애너하임에 위치한 테마파크이다. 1955년 7월 17일 언론 매체에게 예비로 공개하였으며, 다음 날 공식적으로 개장하였다. 월트 디즈니는 개장 당시 유일한 테마파크였던 디즈니랜드가 고유의 특징을 살릴 수 있도록 건물들을 설계하고 건축하였으며, 개장 후에도 특별한 운영을 지도하였다. 1955년 7월 17일 첫 번째 디즈니랜드가 개장한 이후 개장 50주년을 맞이하였고, 2005년 디즈니랜드는 미국에 6개, 일본과 프랑스에 각 2개씩 해서 모두 10개가 문을 열었다. 83년 일본 도쿄, 92년 프랑스 파리에 문을 연 데 이어, 2005년 9월에는 홍콩에 11번째의 디즈니랜드가 개장했다. 전 세계 10개의 디즈니랜드를 방문하는 인원은 하루 평균 30만 명 정도이다.

Disneyland Resort

최근까지 디즈니랜드에는 대통령과 왕족을 비롯한 다른 나라의 귀빈을 포함하여 개장 이래 5억 1,500만 명의 관광객이 방문하였다. 1998년, 관련된 더 큰 규모의 디즈니랜드 리조트와 구별을 두기 위하여 "디즈니랜드 파크"로 브랜드명을 바꿨다.

세계테마파크협회(TEA)와 미국 에이

컴(AECOM)사가 매년 공동 발표하는 '세계 테마파크 입장객 현황' 자료를 보면 지난 60년간 캘리포니아 디즈니랜드를 찾은 사람은 6억 2,000만 명에 달한다. 어린이는 물론 '디즈니 친구들'을 잊지 못하는 어른들까지 끊임없이 디즈니랜드를 방문한 덕분이다. 이에 더해 수십 년간 디즈니가 세계 제일의 테마파크 자리를 지킬 수 있었던 건 디즈니를 구성하는 수많은 캐릭터들 덕분이다. '신데렐라', '미녀와 야수' 등 전통적인 디즈니의 공주들은 물론 최근 가세한 '겨울왕국' 캐릭터들까지 실제로 만나고 만질 수 있다는 기대감이 사람들을 디즈니 왕국으로 끌어들인다. 이외에도 디즈니는 2012년 SF 영화 '스타워즈'와 '인디애나 존스' 저작권을 가진 루카스 필름을 인수해 '스타워즈 파크'를 확장하고, 2017년에는 영화 '아바타'를 테마로 한 '아바타 랜드'까지 건설 중이다. 이처럼 디즈니의 적극적인 콘텐츠 개발은 디즈니의 가장 중요한 성공 요인으로 손꼽힌다.

② 유니버설 스튜디오

유니버설 스튜디오는 미국의 영화 제작사로서, 컴캐스트의 자회사이면서 Universal Filmed Entertainment group의 자회사를 두고 있는 NBC 유니버설의 소유주이기도 하다. 칼 라밀리를 포함한, 8명의 사람들이 1912년에, Universal Film Manufacturing Company라는 이름으로 설립된, 세계에서 4번째로 가장 오래된 영화 스튜디오이다. 또한, 미국 영화 협회에도 가입되어 있는 할리우드 메이저 6대 스튜디오이기도 한다. 유명한 파크는 '유니버설 스튜디오 재팬'인데, 2001년 3월 개장하였다. 지금은 세계적인 오락산업 및 음료제조기업인 시그램 컴퍼니의 자회사로 되어 있는 '유니버설 스튜디오사(社)'가 1964년 미국 캘리포니아주 로스앤젤레스 교외의 할리우드에 개장된 '유니버설 스튜디오 할리우드', 1990년 플로리다주 올랜도에 개장된 '유니버설 스튜디오 플로리다'에 이어 세계에서 세번째, 미국 국외에서는 최초로 건설한 유니버설 스튜디오이다. '유니버설 스튜디오 재팬'은 할리우드의 유명한 영화를 테마로 한 탈것과 쇼, 어트랙션으로 어린이부터 어른에 이르기까지 흥

Universal Studio Japan

그림 5-10 세계 TOP 25 놀이공원/테마파크 순위(2018)

RANK	PARK, LOCATION	% CHANGE	ATTENDANCE 2017	ATTENDANCE 2016
1	MAGIC KINGDOM AT WALT DISNEY WORLD, LAKE BUENA VISTA, FL, U.S.	0.3%	20,450,000	20,395,000
2	DISNEYLAND, ANAHEIM, CA, U.S.	2.0%	18,300,000	17,943,000
3	TOKYO DISNEYLAND, TOKYO, JAPAN	0.4%	16,600,000	16,540,000
4	UNIVERSAL STUDIOS JAPAN, OSAKA, JAPAN	3.0%	14,935,000	14,500,000
5	TOKYO DISNEYSEA, TOKYO, JAPAN	0.3%	13,500,000	13,460,000
6	DISNEY'S ANIMAL KINGDOM AT WALT DISNEY WORLD, LAKE BUENA VISTA, FL, U.S.	15.3%	12,500,000	10,844,000
7	EPCOT AT WALT DISNEY WORLD, LAKE BUENA VISTA, FL	4.2%	12,200,000	11,712,000
8	SHANGHAI DISNEYLAND, SHANGHAI, CHINA	96.4%	11,000,000	5,600,000
9	DISNEY'S HOLLYWOOD STUDIOS AT WALT DISNEY WORLD, LAKE BUENA VISTA, FL, U.S.	-0.5%	10,722,000	10,776,000
10	UNIVERSAL STUDIOS AT UNIVERSAL ORLANDO, FL, U.S.	2.0%	10,198,000	9,998,000
11	CHIMELONG OCEAN KINGDOM, HENGQIN, CHINA	15.5%	9,788,000	8,474,000
12	DISNEYLAND PARK AT DISNEYLAND PARIS, MARNE-LA-VALLEE, FRANCE	15.0%	9,660,000	8,400,000
13	DISNEY CALIFORNIA ADVENTURE, ANAHEIM, CA, U.S.	3.0%	9,574,000	9,295,000
14	ISLANDS OF ADVENTURE AT UNIVERSAL ORLANDO, FL, U.S.	2.0%	9,549,000	9,362,000
15	UNIVERSAL STUDIOS HOLLYWOOD, UNIVERSAL CITY, CA, U.S.	12.0%	9,056,000	8,086,000
16	LOTTE WORLD, SEOUL, SOUTH KOREA	-17.6%	6,714,000	8,150,000
17	EVERLAND, GYEONGGI-DO, SOUTH KOREA	-9.5%	6,310,000	6,970,000*
18	HONG KONG DISNEYLAND, HONG KONG SAR	1.6%	6,200,000	6,100,000
19	NAGASHIMA SPA LAND, KUWANA, JAPAN	1.4%	5,930,000	5,850,000
20	OCEAN PARK, HONG KONG SAR	-3.3%	5,800,000	5,996,000
21	EUROPA-PARK, RUST, GERMANY	1.8%	5,700,000	5,600,000
22	WALT DISNEY STUDIOS PARK AT DISNEYLAND PARIS, MARNE-LA-VALLEE, FRANCE	4.6%	5,200,000	4,970,000
23	DE EFTELING, KAATSHEUVEL, NETHERLANDS	8.7%	5,180,000	4,764,000
24	TIVOLI GARDENS, COPENHAGEN, DENMARK	0.0%	4,640,000	4,640,000
25	UNIVERSAL STUDIOS SINGAPORE, SINGAPORE	2.9%	4,220,000	4,100,000
	TOP 25 TOTAL ATTENDANCE 2017		243,926,000	232,525,000
	TOP 25 ATTENDANCE GROWTH 2016–17	4.7%	243,926,000	233,057,000

* Adjustment versus the figure we published in last year's report

4.7% Top 25 amusement/theme parks worldwide attendance growth 2016–17

244.0m Top 25 amusement/theme parks worldwide attendance 2017

233.1m Top 25 amusement/theme parks worldwide attendance 2016

* 2016·2017년 입장객수 및 변동률

미진진하게 할리우드를 체험할 수 있도록 구성한 테마파크이다.

테마파크 시장에서는 비교적 후발 주자에 속하는 '유니버설 스튜디오(Universal Studio)'의 새로운 무기는 바로 '해리포터'이다. 플로리다의 유니버설 스튜디오는 지난 2010년과 2014년 영화 해리포터 시리즈에 나온 호그와트 성과 마법사 마을 다이애건 앨리를 재현한 테마파크를 선보이면서 입장객 수를 끌어올리고 있다. 소위 '미디오 공룡'이라 일컬어지는 유니버셜 스튜디오는 이처럼 다양한 미디어 기업들이 뭉친 덕분에 영화, TV, 만화, 비디오게임, 음악 등 다른 계열사들의 대중문화 콘텐츠까지 자산으로 둘 수 있게 되었다. 역시나 테마파크 산업에서 콘텐츠의 중요성을 보여주는 사례이다.

③ Six Flags

식스 플래그스(Six Flags Entertainment Corp., NYSE: SIX)는 세계 최대의 놀이공원 회사이며 2016년 기준 6위를 차지한 테마파크이다.

이 회사는 텍사스 주에 설립되었으며 식스 플래그스 오버 텍사스가 최초의 작품이다. 로스앤젤레스 북쪽에 있으며 로스앤젤레스에서 자동차로 1시간가량 소요된다. 같은 캘리포니아 주에 있는 디즈니랜드(Disneyland)와 노츠베리 팜(Knott's Berry Farm)보다 스릴 넘치는 놀이기구가 많은 것으로 유명하다. 인근에 있는 워터

그림 5-11 세계 TOP 10 테마파크 그룹

RANK	GROUP NAME	% CHANGE	ATTENDANCE 2017	ATTENDANCE 2016
1	WALT DISNEY ATTRACTIONS	6.8%	150,014,000	140,403,000
2	MERLIN ENTERTAINMENTS GROUP	7.8%	66,000,000	61,200,000
3	UNIVERSAL PARKS AND RESORTS	4.4%	49,458,000	47,356,000
4	OCT PARKS CHINA	32.9%	42,880,000	32,270,000
5	FANTAWILD	21.7%	38,495,000	31,639,000
6	CHIMELONG GROUP	13.4%	31,031,000	27,362,000
7	SIX FLAGS INC.	2.3%	30,789,000	30,108,000
8	CEDAR FAIR ENTERTAINMENT COMPANY	2.4%	25,700,000	25,104,000
9	SEAWORLD PARKS & ENTERTAINMENT	-5.5%	20,800,000	22,000,000
10	PARQUES REUNIDOS	-1.1%	20,600,000	20,825,000
TOP 10 ATTENDANCE GROWTH 2016–17		8.6%	475,767,000	438,267,000

8.6%
Top 10 theme park groups worldwide attendance growth 2016–17

475.8m
Top 10 theme park groups worldwide attendance 2017

438.3m
Top 10 theme park groups worldwide attendance 2016

* 2016·2017년 입장객수 및 변동률

파크(Water Park) 식스 플래그 허리케인 하버(Six Flags Hurricane Harbor)는 수영장과 각종 물놀이 기구를 갖추고 있으며, 식스 플래그 매직 마운틴과의 공통 이용권을 구매하여 이용할 수 있다.

④ Merlin Entertainments

세계의 테마파크 랭킹을 손꼽을 때는 언급되지 않지만, 테마파크 기업을 살펴본다면 반드시 알아야 할 것이 바로 '멀린 엔터테인먼트(Merlin Entertainments·이하 멀린)'이다. 테마파크 기업 순위로는 디즈니 바로 아래에 위치한 멀린 엔터테인먼트는 그 이름은 생소하지만 2014년 한 해 전 세계에서 끌어들인 입장객 수가 6,280만 명으로 디즈니 다음이다.

디즈니와 유니버셜이 캐릭터와 스토리로 승부한다면, 멀린은 대대적인 '물량 공세'를 펼친다. 멀린 엔터테이트는 우선 보유한 테마파크 브랜드 개수부터 많다. '레고랜드'와 '마담투소 밀랍인형 박물관', 영국의 '런던 아이(London Eye)', '앨턴 타워(Alton Towers)', '소프 파크(Thorpe Park)' 그리고 이탈리아의 '가르다랜드(Gardaland)'까지 각양각색의 테마파크가 모두 멀린 소속이다.

멀린의 창업자는 닉 바니(Nick Varney)라는 영국의 사업가지만 최대주주는 에이팩스 파트너스(1998), 에르메스 사모펀드(2004), 블랙스톤그룹(2005)으로 바뀌어 왔다. 2005년 멀린과 레고랜드가 합병하면서 레고그룹 일가 소유의 지주회사 '키르크비(KIRKBI) AS'가 멀린의 지분을 조금씩 사들였고, 현재는 29.9%로 최대주주가 됐다. 한편 멀린이 지금의 수준으로 성장할 수 있는 데에는 2007년 '투소(Tussauds)그룹' 인수가 결정적인 역할을 했다. 당시 투소그룹이 갖고 있던 마담투소 밀랍인형 박물관과 영국의 대관람차 런던 아이, 놀이공원 앨턴 타워, 소프 파크의 경영권을 모두 멀린이 갖게 되면서 유럽에서 테마파크 강자로 자리매김하게 되었다. 특히, 앨턴 타워와 가르다랜드, 레고랜드 윈저는 2014년 유럽권 테마파크 중 입장객 순위에서 모두 TOP 10에 드는 랜드마크이다.

2) 한국의 테마파크

① 에버랜드

에버랜드의 'EVER'는 영원과 활력을 의미하고, 'LAND'는 포근함을 상징하여 이를 합하여 꿈과 사랑과 희망을 표현하고자 하였다. 또한, 어트랙션, 사파리, 꽃축제, 워터파크, 자동차 경주시설인 모터파크 등을 갖추고 있으며 이는 종합 리조트의 성격을 띤다.

에버랜드는 5개의 테마지역으로 구성되어 있으며 각 테마지역에 따라 각기 다른 어트랙션과 식음료시설, 상품점, 이벤트가 개발되어 있다. 그리고 캐리비안베이는 중남미 카리브 해안을 주제로 했으며, 각종 슬라이드, 파도풀, 유수풀 및 사우나 등을 갖춘 실내외 복합형 테마파크이다. 이외에도 홈브리지, 스피드웨이, 액티바 파크, 글렌로스 골프 클럽, 호암미술관, 삼성교통박물관 등과 연계되어 있다. 에버랜드는 사계절 내내 각기 다른 축제를 기획하여, 고객들에세 다양한 경험을 선사하고 있다.

2013년 에버랜드는 아시아 두 번째이자, 아시아 토종 테마파크로는 최초로 누직 입장객 2억 명을 돌파했으며 연 평균 방문객은 850만 명에 이르렀다. 주된 강점은 동물원과 식물원, 놀이시설까지 겸비한 세계 유일 테마파크라는 점에 있다. 에버랜드는 약 40여 종의 놀이기구와 2,000마리가 넘는 200여 종 이상의 동물을 보유한 동물원, 사계절마다 바뀌는 식물원을 한데 모아 1년 내내 운영한다.

이를 기반으로 에버랜드는 국내 가족단위 방문객이 선호하는 경기 지역 1위 테마파크로 자리잡았다. 경기관광공사 '경기관광실태조사(2014)'에 의하면 '내국인 관광객의 가장 기억에 남는 경기지역 여행지 10선' 중 1위는 에버랜드가 차지했다. 조사대상자 13.8%가 에버랜드를 선호했으며, 4위를 차지한 케리비안베이(3.8%)의 선호도까지 합하면 17.6%에 이른다. 이는 선호지역 2위 아침고요수목원(6%), 3위 한국민속촌(5.4%)을 합한 수치보다 높다. 뿐만 아니라 에버랜드는 경기지역 외래 관광객 유치를 이끌고 있다. 한국문화관광연구원 '외래관광객실태조사(2014)'에 의하면 경기도 외국인 관광객 방문 비율은 13%인데, 이 중 상위 4개 관광지 에버랜드(41.4%), 수원화성·화성행궁(19.6%), 한국민속촌(18.4%), 통일전망대·임진각·제3땅굴·평화누리(10.7%)의 방문 비율만 89.9%가 넘는다.

그림 5-12 | 아시아-태평양 TOP 20 테마파크(2017)

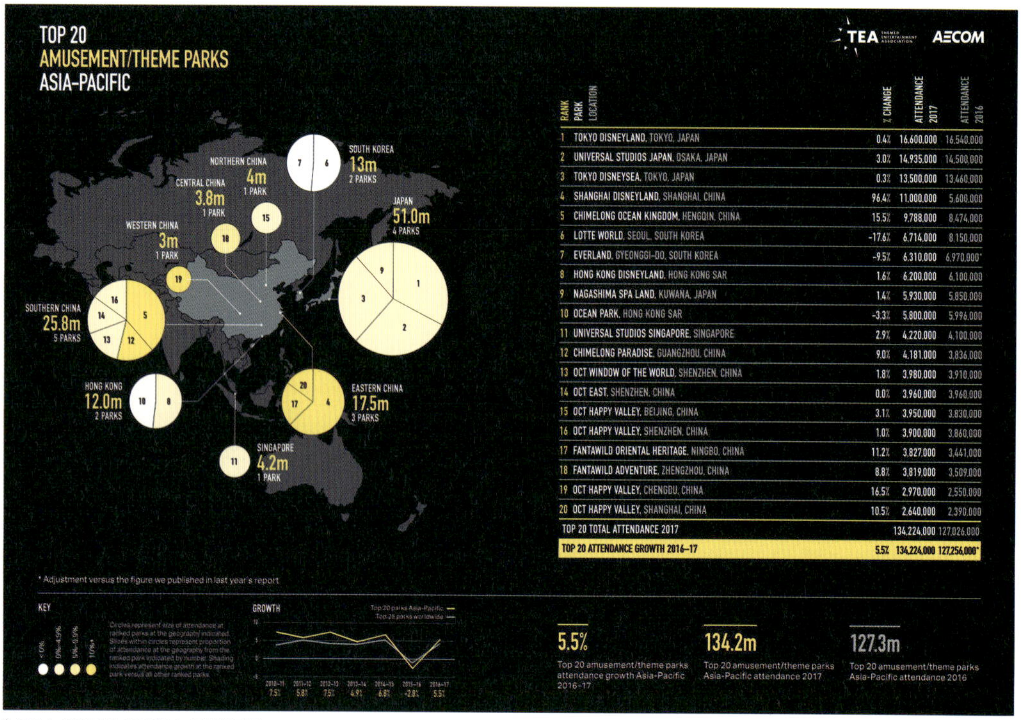

RANK	PARK, LOCATION	% CHANGE	ATTENDANCE 2017	ATTENDANCE 2016
1	TOKYO DISNEYLAND, TOKYO, JAPAN	0.4%	16,600,000	16,540,000
2	UNIVERSAL STUDIOS JAPAN, OSAKA, JAPAN	3.0%	14,935,000	14,500,000
3	TOKYO DISNEYSEA, TOKYO, JAPAN	0.3%	13,500,000	13,460,000
4	SHANGHAI DISNEYLAND, SHANGHAI, CHINA	96.4%	11,000,000	5,600,000
5	CHIMELONG OCEAN KINGDOM, HENGQIN, CHINA	15.5%	9,788,000	8,474,000
6	LOTTE WORLD, SEOUL, SOUTH KOREA	-17.6%	6,714,000	8,150,000
7	EVERLAND, GYEONGGI-DO, SOUTH KOREA	-9.5%	6,310,000	6,970,000*
8	HONG KONG DISNEYLAND, HONG KONG SAR	1.6%	6,200,000	6,100,000
9	NAGASHIMA SPA LAND, KUWANA, JAPAN	1.4%	5,930,000	5,850,000
10	OCEAN PARK, HONG KONG SAR	-3.3%	5,800,000	5,996,000
11	UNIVERSAL STUDIOS SINGAPORE, SINGAPORE	2.9%	4,220,000	4,100,000
12	CHIMELONG PARADISE, GUANGZHOU, CHINA	9.0%	4,181,000	3,836,000
13	OCT WINDOW OF THE WORLD, SHENZHEN, CHINA	1.8%	3,980,000	3,910,000
14	OCT EAST, SHENZHEN, CHINA	0.0%	3,960,000	3,960,000
15	OCT HAPPY VALLEY, BEIJING, CHINA	3.1%	3,950,000	3,830,000
16	OCT HAPPY VALLEY, SHENZHEN, CHINA	1.0%	3,900,000	3,860,000
17	FANTAWILD ORIENTAL HERITAGE, NINGBO, CHINA	11.2%	3,827,000	3,441,000
18	FANTAWILD ADVENTURE, ZHENGZHOU, CHINA	8.8%	3,819,000	3,509,000
19	OCT HAPPY VALLEY, CHENGDU, CHINA	16.5%	2,970,000	2,550,000
20	OCT HAPPY VALLEY, SHANGHAI, CHINA	10.5%	2,640,000	2,390,000
	TOP 20 TOTAL ATTENDANCE 2017		134,224,000	127,026,000
	TOP 20 ATTENDANCE GROWTH 2016–17	5.5%	134,224,000	127,256,000*

* 2016·2017년 입장객수 및 변동률

가족단위 여행객 인기 요인은 용인자연농원에 기반을 둔 '정원 축제'에 있다. 특히 지난해 30주년을 맞이한 장미축제는 1985년 시작한 이래 누적관람객 수만 5,000만 명에 이르며 국민 꽃 축제로 불린다. 또 세계 최대 낙하각도(77도)를 자랑하는 대표격 놀이기구 'T 익스프레스' 등이 있는 테마파크 에버랜드, 1996년 오픈한 국내 최초 워터파크 '캐리비안 베이' 등은 에버랜드를 견인하는 주요 어트랙션이다. 캐리비안 베이는 2008년 세계테마파크협회(IAAPA)에서 전 세계 최고 워터파크에 수상하는 '머스트씨(Must-See) 워터파크'에 선정돼 '오션월드'와 함께 워터파크 양대산맥으로 꼽힌다. 한편 에버랜드를 방문한 외국인 관광객은 특히 '사파리 월드'에 반응이 좋다. 세계 테마파크 최초로 수륙양용차를 타고 기린, 코뿔소 등을 볼 수 있는 '로스트 밸리'와 사자, 백호 등 맹수들을 관람할 수 있는 사파리 월드는 초식동물과 맹수가 공존하는 세계 유일 복합 사파리다. 2008년에 한·중 수교 15주년을 기념해 북경 동물원에서 도입한 중국의 1급 보호 동물 황금 원숭이도 중국 관광객들에게 큰 인기를 끌고 있다.

② 롯데월드

롯데월드의 개발 특징은 배후주거단지 및 석촌호수와 연계성을 극대화시키고, 유통부문의 롯대백화점 잠실점, 롯데월드점의 접근성·식별성을 위해 양 백화점 사이를 쇼핑몰로 연결하고 고객을 위한 보행자 공간으로 처리하여 공간을 형성하였다. 실내형 놀이공원이기 때문에 날씨에 구애받지 않고 즐길 수 있는 곳이다. 그리고 대부분의 테마파크가 도시 외곽지역에 위치하고 있어, 위치의 제약이 있는 편이지만 서울 시내에 위치한 롯데월드는 편리한 교통을 장점으로 가지고 있다. 또한 실내 이외에도 실외의 공간을 가지고 있어 두 유형의 장단점을 보완할 수 있다.

롯데월드는 1989년 7월 서울 송파구에 건설된 후, 도심에 위치했다는 지리적 강점으로 서울을 중심으로 여행하는 외래 관광객을 끌어들였다. 또 잠실역과 바로 연계되는 등 대중교통으로 쉽게 이동할 수 있고, 백화점, 면세점, 아이스링크 등 쇼핑, 레저 시설과 가까워 외국인 관광객이 꾸준히 증가하고 있다. 문화체육관광부 '2014 외래관광객실태조사보고서'에 의하면 롯데월드는 2010년부터 외래관광객이 꼽은 서울의 주요 방문지 10위권에 꾸준히 올랐다. 2014년에는 8위(23.6%)를 차지했다. 서울 인기 관광 명소가 명동(77.6%), 동대문시장(61.9%), 고궁(43.5%), 남산타워(42.5%) 등 강북지역에 집중 된 것에 비해 강남지역은 롯데월드와 강남역이 유일하다.

국내 최초 실내형 테마파크라는 점도 외래관광객의 발길을 잡는다. 롯데월드는 '작은 지구마을'을 콘셉트로 한 실내테마파크 어드벤처(Adventure)와 호수공원이 보이는 실외공간 매직아일랜드(Magic Island)로 구성돼 있어 시간과 날씨의 제약에서 자유롭다. 시간과 날씨로부터 자유로운 덕에 롯데월드는 국내 테마파크 최초 365일 야간 개장을 실시하며 한밤중의 테마파크를 구현했다. 늦은 밤부터 새벽까지 이어지는 레이저 쇼나 나이트파티 등은 실내 테마파크이기에 가능한 이벤트이다. 이 같은 강점을 살려 롯데월드는 에버랜드와 차별화된 콘텐츠를 개발해왔다.

2018년 롯데월드는 국내 테마파크 중 최초로 중국에 진출한다. 심양 북역 북출구 일대 150만m^2의 부지에 16억 달러(약 1조 7,000억원)를 투자해 실내 테마파크와 함께 멀티플렉스 영화관, 쇼핑몰, 호텔, 오피스, 주거단지 등이 한데 어우러진 일종의 '복합리조트' 콘셉트의 롯데월드가 건설된다. 이를 시작으로 롯데월드는 지속적인 테마파크 확장으로 국내외 사업 확장과 브랜드 경쟁력 강화에 박차를 가하고 있다.

읽어 보기

롯데월드·서울랜드·이월드 등 작년 두 자릿수 매출 성장률 달성 매년 5% 안팎 요금인상 적중 경쟁심화로 수익성은 여전히 부진

롯데월드와 서울랜드, 이월드 등 국내 주요 테마파크가 지난해 두 자릿수 매출 증가율을 달성했다. 저출산으로 인한 고객 기반 감소에도 불구하고 여가 소비가 늘어난 덕분이다. 매년 5% 안팎의 요금인상 전략이 고성장을 뒷받침했다. 다만 경쟁 심화에 따른 마케팅 비용 증가와 시설투자 부담 탓에 수익성은 여전히 부진한 것으로 나타났다.

국내 3대 테마파크 중 하나인 서울랜드의 2017년 감사보고서에 따르면 지난해 회사 매출은 645억원으로 전년 523억원 대비 23% 증가했다. 한일시멘트 계열사로 경기 과천시 서울대공원에서 테마파크와 외식매장을 운영하는 이 회사의 매출은 2015년 처음 500억원을 돌파한 뒤 2년 만에 600억원을 뛰어넘었다.

호텔롯데의 월드사업부 매출도 두 자릿수 증가세를 나타냈다. 서울 잠실 '롯데월드어드벤처'와 '롯데워터파크 김해'(2014년 개관) 등을 운영하는 월드사업부는 지난해 1~9월 2,211억원의 매출을 올려 전년 같은 기간 1,976억원 대비 11% 증가했다. 수도권을 제외한 지방 최다 입장객을 자랑하는 대구 이월드 매출은 지난해 350억원으로 전년 대비 18% 늘어났다. 이월드는 이랜드그룹의 유일한 상장 계열사다.

삼성물산 리조트사업도 매출 증가를 달성했다. 롯데월드와 함께 국내 양대 테마파크로 꼽히는 '에버랜드'와 '캐리비안베이'를 포함해 골프장, 조경사업 등을 총괄하는 사업부다. 매출이 지난해 약 6,900억원으로 1년 전 6,768억원에서 2%가량 증가했다. 경기 부천에 있는 레저·스포츠 테마파크인 웅진플레이도시 매출은 지난해 287억원으로 약 5% 증가했다.

소비·표값 인상이 견인

국내 주요 테마파크의 매출 증가는 꾸준히 여가 소비가 늘어나고 표값이 오른 덕분이다.

한국레저산업연구소의 레저백서(2017)에 따르면 전국 테마파크 입장객 수는 2016년 2,473만 명(연간 25만 명 이상 입장 13개사 기준)으로 2012년(2,480만 명) 이후 매년 비슷한 수준에 머물고 있다. 주요 고객 기반인 유·아동 인구는 줄고 있지만 주5일 근무제 정착과 대체휴일제 도입 등에 따른 여가 소비 증가가 입장객 수 감소를 방어한 결과다. 한국은행에 따르면 국내 민간 소비는 지난해 2.6% 증가해 2011년(2.9%) 이후 6년 만에 최고 증가율을 나타냈다. 입장객이 크게 변동하지 않는 상황에서 매년 5% 안팎의 이용권 인상은 매출 증가에 직접적인 견인차 역할을 하고 있다.

서울랜드는 지난해 자유이용권 가격을 42,000원(이하 성인 기준)으로 2,000원 올렸다. 입장권은 25,000원으로 5,000원 인상했다. 롯데월드는 2016년 이용권을 48,000원에서 52,000

원으로 8% 올린 데 이어 지난해 55,000원으로 5% 추가 인상했다. 에버랜드는 2016년 이용권을 52,000원으로 기존 48,000원에서 8% 올렸다. 캐리비안베이 이용권은 2015년 74,000원으로 4,000원 올렸다. 이월드도 자유이용권 가격을 기존 33,000원에서 2016년 37,000원으로 인상했다. 지난해 소비자물가지수가 전년 대비 1.9%, 2016년엔 1.0% 오른 것과 비교하면 가파른 인상이다.

경쟁 탓에 수익성은 부진

매출 증가에도 불구하고 테마파크업체의 수익성은 뚜렷한 개선 추세를 보여주지 못하고 있다. 지방자치단체와 대형 쇼핑몰의 적극적인 복합리조트 사업 진출과 다양한 축제 기획, 인건비 상승 등 경쟁환경 악화로 집객 비용 부담이 커지고 있어서다.

서울랜드는 작년 영업이익이 4억원 수준에 그쳤다. 순손익은 4억원 적자로 전환했다. 2016년 영업이익과 순이익은 각각 5억원과 7억원이었다. 2014년 이후 워터파크와 아쿠아리움, 키즈카페 등 신사업을 늘리고 있는 호텔롯데 월드사업부는 지난해 1~9월 92억원의 영업손실을 냈다.

삼성물산 리조트사업부는 지난해 1~9월 전년 같은 기간 대비 77% 늘어난 572억원의 영업이익을 냈지만 테마파크 사업의 기여도는 미미한 것으로 추정된다. 조경사업 매출을 추가하기 직전인 2015년(당시 레저사업부) 골프장·테마파크 사업은 4,260억원의 매출에 185억원의 영업손실을 냈다.

시설 개선·보수 비용도 큰 부담이다. 최근 놀이기구에 가상현실(VR) 기술 접목을 확대하고 있는 호텔롯데 관계자는 "테마파크의 경쟁력을 유지하려면 서비스와 식음료, 안전성까지 종합적으로 고객을 만족시켜야 한다"며 "지속적인 놀이기구(어트랙션) 투자도 필수"라고 말했다.

한국경제, 2018.4.2

읽어 보기

수도권 3대 놀이공원 평가, 1위는?

수도권의 3대 놀이공원으로 꼽히는 서울랜드, 에버랜드, 롯데월드에 대해 고객만족도 중간 평가를 한 결과 시설 경쟁력은 에버랜드가, 편의성 및 가격 경쟁력은 서울랜드가 높은 것으로 나타났다.

읽어 보기

VR기구 타고, 사파리 돌고… 이런 테마파크 韓이 처음이지
롯데월드·에버랜드, 세계 10위권 중반 개별자유여행 늘면서
2030 몰려 싱가포르 등 동남아 관광객 급증

실내 놀이기구·야생동물원 등 차별화

테마파크는 복합 엔터테인먼트 레저시설의 집약체로 미국이나 일본 등 선진국에서는 일찌감치 주요 관광코스로 자리잡았다. 디즈니랜드나 유니버셜스튜디오 등은 각종 놀이기구를 비롯해 캐릭터나 스토리를 가미해 전 세계에서 관광객을 끌어모으고 있다. 세계테마파크협회에 따르면 지난해 전 세계 상위 10대 테마파크그룹의 입장객은 1년 전보다 8.6% 증가해 4억 7,580만 명에 달하는 것으로 나타났다.특히 2016년 6월 문을 연 중국 상하이 디즈니랜드는 개장 첫 해 560만 명을 모은데 이어 지난해 1,100만 명으로 입장객이 두 배 가까이 늘었다. 베이징에서는 2020년 개장을 목표로 아시아 최대규모의 유니버셜 스튜디오도 짓고 있다. 사업비만 9조 2,000억원이 투입된다. 국내 대표 테마파크인 롯데월드(16위)나 에버랜드(17위)는 전 세계 테마파크 가운데 10위권 중반을 유지하고 있지만 최근 아시아나 중동지역에 대규모 투자가 예정돼 있어 관광객 유치경쟁은 한층 달아오를 전망이다.

최근 테마파크가 다시 조명받는 건 한국을 찾는 외국인의 관광패턴이 바뀌고 있기 때문이다. 고고도미사일방어체계(THAAD·사드)로 중국 정부가 한국행 단체관광을 전면 금지하면서 개별 자유여행이 크게 늘었고 외국인 여행객이 자주 찾는 곳도 점차 바뀌는 추세다. 한국관광공사에 따르면 지난해 방한 외래관광객 가운데 개별자유여행 비중은 88.4%(에어텔 포함)로 1년 전보다 13%포인트 이상 늘었다.

단체관광객이 면세점 등 쇼핑시설이나 고궁 같은 서울 인근 유적지를 찾는 정형화된 패턴이 있는 반면 개별여행객은 테마파크나 한류스타와 관련한 명소를 찾아가는 경향이 강하다. 특히 최근 20, 30대 젊은 세대의 경우 인스타그램이나 페이스북 같은 사회관계망서비스(SNS) 활용도가 높아 입소문이 빠른 점도 테마파크 인기에 한몫하고 있다. 업계 한 관계자는 "각 여행지마다 상징적인 코스에서 사진을 찍고 SNS로 이를 공유하는 방향으로 활성화되고 있다"면서 "테마파크는 이러한 관광객의 취향을 잘 반영할 수 있는 상징적인 공간으로 주목받고 있다"고 덧붙였다.

지난해 사드 여파로 국내 주요 관광지 상당수가 외국인 발길이 줄어든 반면 테마파크는 찾는 이가 꾸준했다. 관광지식정보시스템에 따르면 지난해 경복궁을 찾은 외국인 입장객은 116만 8,321명으로 앞서 1년 전보다 60%가량 줄어들었다. 반면 에버랜드의 지난해 외국인 입장객은 69만 536명으로 앞서 1년 전보다 소폭 늘었다. 경복궁이나 에버랜드는 내국인은 물론 외국인 입장객이 많아 해마다 주요 관광지점 조사에서 1, 2위(입장객수)를 다투는 곳이다. 에버랜드는 올해 들어서도 1·4분기까지 외국인 입장객이 13만 2,946명에 달해 지난해와 비슷한 수준을 유지하고 있다. 에버랜드의 이 같은 외국인 관광객유치는 춘천 남이섬(－20%), 제주 성산일출봉(－71%), 가평 쁘띠프랑스(－35%) 등 여타 관광지와 비교해도 두드러진다. 싱가포르 관광객이 한국에 와 테마파크를 찾는 비중은 2015년 11.5%(중복 포함)에서 지난해 20.8%로 늘었다. 같은 기간 태국(9.3% → 22.6%), 말레이시아(18.6% → 25.3%), 필리핀(8.3% → 23.4%), 인도네시아(8.3% → 13.9%) 등 동남아지역을 중심으로 상승세가 뚜렷했다.

개별관광객이 여행지에서 즐길 수 있는 콘텐츠를 비교하고 예약할 수 있도록 돕는 온라인 여행 플랫폼 클룩(KLOOK)은 이미 롯데월드, 에버랜드와 파트너십을 맺고 외국 관광객을 위한 입장권 판매 등을 대행하고 있다. 이 회사를 설립한 에릭 녹 파 대표는 최근 한국을 찾아 에버랜드와 업무협약(MOU)을 맺고 동남아 관광객 확대와 세계시장 공략을 목표로 공동 마케팅을 전개하기로 했다. 에버랜드가 위치한 경기도 용인지역 관광지와 연계한 상품도 플랫폼에 제공할 계획이다.

에릭 대표는 "롯데월드는 '민속관'에서 한국 전통문화 체험을 할 수 있고 실내에서 롤러코스터 같은 놀이기구를 즐길 수 있다는 점도 이색적인데 접근성 좋은 도심 한 가운데 있는 게 특징"이라고 말했다. 이어 "에버랜드는 '사파리 투어'라는 독특한 야생 동물원이 매력적이고 방대한 규모의 녹지와 꽃, 식물 등 자연환경이 돋보인다"면서 "외국인 입장에서는 만화나 영화를 통해 익숙한 테마파크보다 한국에서만 경험할 수 있는 시설들이 훨씬 흥미롭다"고 말했다.

아시아 경제, 2018.6.1

테마파크 주요 동향 · 트렌드

1) 테마파크 산업 동향

Mintel 보고서에 의하면, 2005년 기준으로 전 세계에는 약 1,400여 개의 테마파크가 있다. 이 중 미국의 테마파크가 현재 전체 시장의 50% 이상을 차지하고 있고, 아시아 지역의 테마파크 시장은 성장세가 돋보인다. 전체 지역별 테마파크 분포도를 살펴보면 아시아·태평양 지역이 39%, 북미시장이 33%, 유럽 ·중동·아프리카가 24%, 중남미가 4%를 차지한다. 역시 아시아·태평양 지역의 비중이 가장 높게 나타난다. 아시아 내에서도 특히 중산층이 빠른 속도로 성장하고 있는 중국에서 성장세가 두드러진다. 한편 2004년 세계 50대 테마파크의 입장객은 2억 5천만 명으로 전년 대비 2.4% 성장하였다. 입장객 수 추이에서도 마찬가지로 상위 50위 안에 랭크된 테마파크 중 아시아 지역의 테마파크가 유치한 입장객 수가 2004년 약 6천 9백만 명으로 전체의 27.7%에 달하며 돋보인다.

세계의 테마파크는 시장 성숙으로 인하여 2.9% 수준의 완만한 성장세를 유지하고 있으나, 이와 별개로 규모적인 성장세는 유지되고 있다. 해외여행의 일반화, 게임 문화의 발달 등 일상 엔터테인먼트 소재가 발달하면서 테마파크의 유인효과가 과거에 비하여 감소하였고, 유원시설을 대체할 수 있는 다양한 여가 거리들(녹시공원, 복합쇼핑몰, 각종 전시회 등)의 등장으로 인한 국민들의 여가 생활 패턴이 변화하였다. 이처럼 대형 테마파크에 집중화된 수요는 사회의 다양성 및 개인화 욕구가 증대되면서 더욱 분산될 것이다. 하지만 홍콩, 스페인, 싱가포르, 두바이와 같이 소득이 증가하는 지역에서는 대형 테마파크 체인들의 추가 개장에 따른 효과로 규모적인 성장세를 유지하고 있다.

이 같은 테마파크 산업의 수익성 하락을 타파하기 위하여 세계의 테마파크는 기반 체제를 복합화함으로써 부가적인 수익을 창출하려는 방향으로 변화하고 있

그림 5-13 아시아 태평양 TOP 20 워터파크 순위(2017)

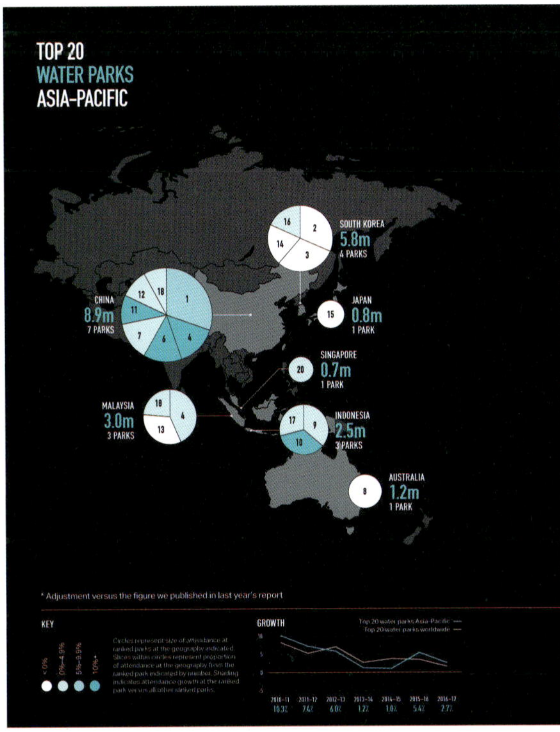

TEA AECOM

RANK	PARK, LOCATION	% CHANGE	ATTENDANCE 2017	ATTENDANCE 2016
1	CHIMELONG WATER PARK, GUANGZHOU, CHINA	6.0%	2,690,000	2,538,000
2	CARIBBEAN BAY, GYEONGGI-DO, SOUTH KOREA	-3.5%	1,380,000	1,430,000*
3	OCEAN WORLD, GANGWON-DO, SOUTH KOREA	-9.7%	1,330,000	1,473,000
4	SUNWAY LAGOON, KUALA LUMPUR, MALAYSIA	2.4%	1,300,000	1,270,000
	KAIFENG YINJI WATER PARK, KAIFENG, CHINA	46.1%	1,300,000	890,000
6	WUHU FANTAWILD WATER PARK, WUHU, CHINA	17.6%	1,204,000	1,024,000
7	SHENYANG ROYAL OCEAN PARK — WATER WORLD, FUSHUN, CHINA	2.6%	1,200,000	1,170,000
8	WET 'N' WILD GOLD COAST, GOLD COAST, AUSTRALIA	-5.0%	1,180,000	1,242,000
9	SUNWAY LOST WORLD OF TAMBUN, PERAK, MALAYSIA	0.0%	1,000,000	1,000,000
10	THE JUNGLE WATER ADVENTURE, BOGOR, WEST JAVA, INDONESIA	11.7%	910,000	815,000
11	ZHENGZHOU FANTAWILD WATER PARK, ZHENGZHOU, CHINA	12.0%	898,000	802,000
12	PLAYAMAYA WATER PARK, SHANGHAI, CHINA	2.3%	890,000	870,000
13	ATLANTIS WATER ADVENTURE, JAKARTA, INDONESIA	-20.3%	885,000	1,110,000
14	WOONGJIN PLAYDOCI WATERDOCI, GYEONGGI-DO, SOUTH KOREA	-2.1%	881,000	900,000
15	SUMMERLAND, TOKYO, JAPAN	-5.8%	812,000	862,000
16	LOTTE WATER PARK, GIMHAE, SOUTH KOREA	2.4%	798,000	779,000
17	OCEAN PARK WATER ADVENTURE, JAKARTA, INDONESIA	3.1%	722,000	700,000*
18	LEGOLAND WATER PARK, JOHOR, MALAYSIA	0.0%	700,000	700,000
	PLAYAMAYA WATER PARK, WUHAN, CHINA	1.4%	700,000	690,000
20	ADVENTURE COVE WATER PARK, SINGAPORE	3.0%	680,000	660,000
TOP 20 TOTAL ATTENDANCE 2017			21,460,000	20,925,000
TOP 20 ATTENDANCE GROWTH 2016–17		2.7%	21,460,000	20,895,000*

2.7%
Top 20 water parks Asia-Pacific attendance growth 2016–17

21.5m
Top 20 water parks Asia-Pacific attendance 2017

20.9m
Top 20 water parks Asia-Pacific attendance 2016

* 2016·2017년 입장객수 및 변동률

다. 테마파크의 집객력을 좌우하는 어트랙션은 주기적인 재투자가 필요하기 때문에 수익성이 떨어지는 반면, 리조트와의 연계를 통한 복합 상품의 판매는 입장객들의 체류시간을 높여 주변 상권 내에서의 쇼핑·영화·뮤지컬 등 문화 소비활동으로의 유도로 높은 수익을 창출할 수 있기 때문이다.

이에 더해 시각 매체가 중심이 된 대중문화의 폭발적인 성장, 인터넷과 해외여행을 통한 국제적인 다양한 테마파크에 대한 정보의 습득으로 인해 대중들이 지니고 있는 여가 및 관광지에 대한 기대치도 함께 상승하여 테마파크 분야에도 긍정적인 전망이 보인다.

현재 세계의 테마파크 시장은 미국과 일본이 주류를 이루며 계속 발전하고 있는 추세이다. 특히 디즈니랜드의 영향력은 미국뿐만 아니라 전 세계 테마파크 시장에서 가장 강력하다. 세계 상위 25개 테마파크 내에 디즈니 계열 업체만 10개소에 달한다. 이는 디즈니가 뚜렷하고 대중성 있는 콘텐츠를 토대로 원소스 멀티유즈(One source-multi use)를 통해 유기시설을 조성하고, 대규모의 투자가 이루어지고 이로 인한 수익이 발생하는 선순환 구조를 이루기 때문인 것으로 보인다.

2) 한국의 테마파크 산업

2009년 관광사업체 기초통계 조사에 의하면 전국의 유원시설업 사업체 수는 277개로 전체 관광사업체 수의 2.2%를 차지하며, 2008년 대비 37.8%(76개) 증가하였다. 업종별로는 종합유원시설업 38개(13.7%), 일반유원시설업 147개(53.1%), 기타유원시설업 92개(33.2%)가 있다.

2006년부터 2008년에 이르기까지 전반적인 관광활동들이 상승세를 나타냈으나 테마파크·놀이공원가기는 두드러진 상승세를 보여주고 있다. 2009 국민여행실태조사에 따르면 국내 관광여행 방문지에서의 주요활동으로 테마파크, 놀이시설,

표 5-2 2009년 여행지 주요활동 중 테마파크 방문율 (단위: %)

구분	국내관광여행			해외여행
		숙박여행	당일여행	
테마파크, 놀이시설, 동·식물원 방문	5.2	5.2	5.1	3.4

주1: 2009년 8월부터 12월까지 국내 및 해외여행에 대한 조사결과
주2: 국내여행은 관광여행만을 대상으로, 해외여행은 관광여행과 기타여행 모두를 대상으로 분석한 결과임
자료: 한국문화관광원(2010)의 자료를 토대로 연구자 작성

동·식물원 방문은 5.2%로 5위를 차지하며, 해외여행 방문지에서의 주요활동에서도 3.4%로 7위를 차지하고 있다.

이처럼 테마파크와 놀이공원의 경험률이 높은 것은 대형 리조트의 복합화와 가족중심의 여가패턴의 영향이다. 리조트의 복합화로 워터파크뿐만 아니라 골프장 혹은 미술관 등을 리조트라는 한정된 공간 내에서 다양한 여가활동을 즐길 수 있는 것은 큰 장점이다. 가족 중심적 여가를 지향하는 최신 트렌드를 보면, 가족 구성원 모두의 기호에 맞는 여가활동을 위해 자연히 다양성을 추구하게 될 것이며 이러한 사람들의 필요를 복합형 리조트에서 충족시켜 주고 있다. 한편, 가족단위의 여가 생활이 늘면서 실버세대/어린이 세대를 겨냥한 새로운 형태의 테마파크도 늘어나고 있다. 예를 들어 사회적으로 노령인구의 비율이 상승하면서 어뮤즈먼트 중심형 테마파크들은 감소세로 전환되고, 대신 이들이 접근할 수 있는 형태로서 노인 복지형 테마파크가 등장할 것이다. 이는 체험 시뮬레이션형보다는 음식, 외국 모방, 자연 체험뿐만 아니라 실버타운, 은퇴 농장 등 복지 리조트 형태의 테마파크로 구성될 가능성이 높다.

국내 대규모 유원시설업은 서울과 경기 등 수도권 지역에 집중되어 있다. 최근 지역경제 활성화를 목적으로 지역의 문화 특성, 자연을 활용한 테마파크 사업의 추진이 활발하게 이루어지고 있다. 서울·경기지역이 54개소로 가장 많은 유원

그림 5-14 | 테마파크 지역별 현황

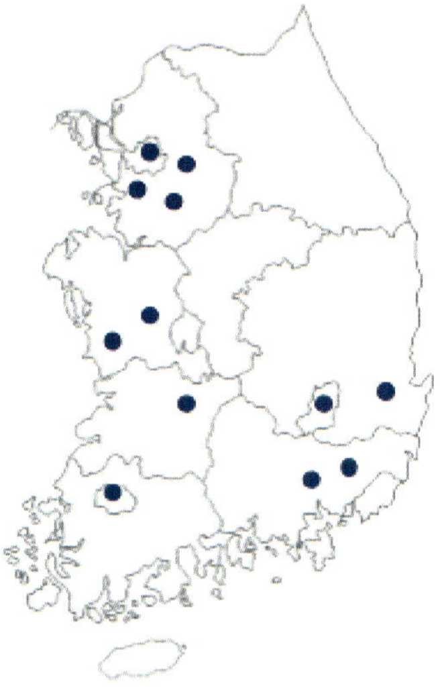

지역	업체명
수도권	에버랜드
	롯데월드
	서울랜드
	한국민속촌
대전	대전꿈들이랜드
	대전동물원
경상도	우방랜드
	경주월드
	통도환타지아
전라도	부곡하와이랜드
	금호패밀리랜드
	전주드림랜드

시설을 보유하고, 그 다음으로는 강원도 지역이 24개소, 충남 21개소, 부산 18개소를 보유하고 있다. 테마파크가 집객산업의 성격을 지닌 산업이기 때문에 대규모 인구 도시를 배후로 하는 것이 특징이므로, 입장객 100만 명 이상의 대규모 유원시설업 5곳 중 3곳이 수도권 지역에 위치하고 있는 것이다. 또 해외 유명 테마파크와는 달리 리조트시설이 잘 갖춰져 있지 않아 대부분 입장객이 하루 일정으로 방문하는 경우가 많아 관람객을 확보하기 위해서 인구수가 많고 교통이 편리한 수도권 및 대도시 지역으로 집중되고 있다.

한국 테마파크 시장의 또 다른 특징은 상위 2개 업체가 과점하며 시장을 선도하고 있다는 점이다. 주요 8개 테마파크 중 에버랜드와 롯데월드, 상위 2개 파크의 점유율이 2008년 81.7%로 80%를 돌파하였다. 상위 업체가 시장을 선도하는 독과점 구조가 고착화되고 있고 이들이 시장 지배력을 강화하는 반면, 나머지 파크는 틈새시장(지역적, 시장 계층적)을 대상으로 차별화 전략을 구사하며 이원화 구도를 형성하고 있는 것이 한국 테마파크 시장의 현 상황이다.

최근 다국적영화사 테마파크의 수도권 진출이 줄곧 화두가 되고 있으나, 글로벌 테마파크의 건립 전망은 그다지 밝지 않다. MGM 스튜디오, 파라마운트 스튜디오, 유니버설 스튜디오 등이 인천·경기·수도권 지역에 테마파크의 설립을 계획 중인 것으로 알려졌으나, 일부에서는 국내 시장규모가 충분히 크지 않다는 우려의 목

그림 5-15 | WTO가 예측한 2020 세계의 관광환경

- 태마관광상품은 3Es(Entertainment, Excitement, Education)를 지향할 것임
- 많은 관광 목적지들이 이미지의 창출 및 관리에 중점을 둘 것임
- 컴퓨터 및 전자통신기술이 관광목적지의 선택에 큰 영향을 미칠 것임
- 전자지도, 인터넷, E-Mail 등과 같은 컴퓨터 및 정보통신기술에 더불어 새로운 기술이 개발됨으로써 더욱 편리한 관광여행을 할 수 있게 됨(예: 여행 수속과정의 단축)
- 안락함을 추구하는 동시에 모험을 즐기는 여행특성을 보일 것이며, 우주관광의 시대가 도래할 것임
- 지속가능한 개발개념의 확산으로 인해 환경을 저해하는 대규모 개발이 지양될 것임
- 2016년 중국으로 향하는 외래 관광객의 수가 1억 명에 이를 것임

소리도 있다. 비록 수도권에 인구가 밀집되어 있고 고객 수가 증가한다 하더라도 대규모의 테마파크 3~4개를 수용할 만큼의 수요가 형성되기는 어렵다는 것이 일반적인 전망이다.

3) 테마파크 산업 트렌드

1999년 WTO는 이미 2020년대의 세계 관광환경을 다음과 같이 내다보았다.

놀랍게도 2017년 예측의 대부분이 현실이 되었다. 2018년 새로운 트렌드도 이 같은 예측에서 크게 벗어나지 않을 것으로 보인다. 국내외를 불문하고 테마파크의 트렌드는 다음과 같다.

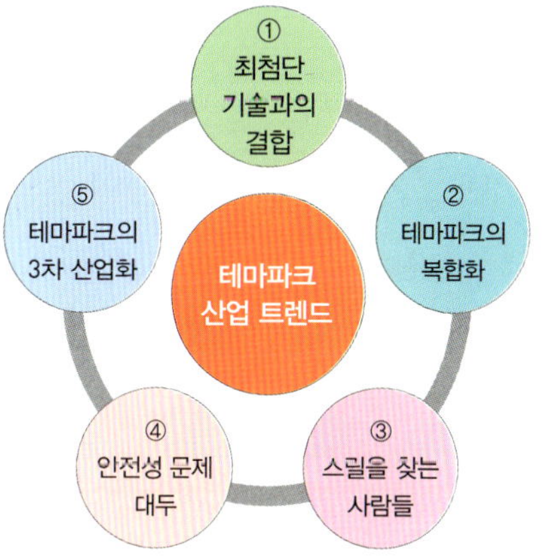

① 최첨단 기술과의 결합

테마파크는 필연적으로 장소불변의 특성을 안고 있으므로 끊임없는 첨단기술 도입을 통해 변화를 꾀해야 한다. 테마파크에 적용 가능한 최첨단 기술 중 단연 주목받고 있는 것은 AR(증강현실) · VR(가상현실) 기술이다.

가상현실(Virtual Reality: VR)은 사람들이 일상적으로 경험하기 어려운 환경을 직접 체험하지 않고서도 실제 주변 상황과 상호작용을 하는 것처럼 만들어주는 과학기술이다. 실제와 유사하지만 실제가 아닌 어떤 특정한 환경이나 상황 혹은 그 기술 자체를 의미한다. 만들어진 가상의 환경이나 상황 등은 사용자의 오감을 자극하며 실제와 유사한 공간적, 시간적 체험을 하게 함으로써 현실과 상상의 경계를 자유롭게 드나들 수 있게 하는 인간-컴퓨터 간 인터페이스이다. 이는 가상현실 기기를 통해 놀이기구의 몰입감을 높이고 테마파크의 비일상성을 극대화할 수 있다는 점에서 테마파크 산업의 주요 이슈가 되고 있다.

이미 미국과 유럽에는 VR 기술을 적용한 테마파크가 오픈했고, 기존의 대형 놀이공원들도 기존시설의 하이테크화에 박차를 가하고 있다. 2016년 오픈한 The Void와 2015년 호주에 오픈한 Zero Latency는 오큘러스 기반의 VR 게임장으로, VR 기술을 전면에 내세운 테마파크이다. 유니버셜스튜디오와 디즈니랜드에서도 VR 도입을 준비 중이며, 삼성은 식스플래그(롤러코스터 테마파크)에 기어VR을 착용한 경험을 제공하고 있다. 국내에서도 에버랜드는 '기어VR'을 활용한 어드벤처관을 오픈하였으며, 롯데월드는 VR 롤러코스터를 도입·설치할 예정이다.

또, AR과 VR 이외에도 모션 시뮬레이션, 3D 극장 등을 통해 테마파크는 새로운 오락요소를 도입하고자 한다.

② 테마파크의 복합화

현재 테마파크 시장에서는 시설의 복합화가 활발히 진행되고 있다. 세계 상위 테마파크의 대부분이 호텔을 포함한 다양한 부대시설을 보유하고 있다. 복합상업시설, 수족관, 마리나, 콘서트홀, 온천, 아웃렛, 골프장, 가든파크, 컨벤션센터, 원형극장, 호수, 테니스코트 등으로 시설이 복합화된다.

테마파크 복합화의 선두주자 역시 디즈니사이다. 디즈니계열은 운영사가 직접 파크 이외에 다양한 복합시설을 동시에 운영하고 있다. 도쿄 디즈니 리조트는 호텔, 엔터테인먼트 센터, 극장 등을, 파리 디즈니는 호텔, 엔터테인먼트 센터, 골프장 등을, 홍콩 디즈니는 호텔 등 파크 이외에 다양한 시설을 동시에 운영하고 있다.

사진: Pixabay

하지만 이 같은 테마파크의 복합화는 매출증대효과는 있으나 이익률이 감소할 위험이 있는 만큼 신중한 투자와 조정이 필요하다.

③ 스릴을 찾는 사람들

전 세계적으로 스릴 있는 경험을 하고자 하는 사람들이 늘어나면서, 이들의 욕구를 충족시켜줄 수 있는 완전히 새로운 테마파크가 등장하고 있다. 놀이기구는 점점 더 빨라지고 높아지며, 액티비티는 점점 더 무섭고 위험해지고 있다.

이러한 트렌드가 떠오르면서 가장 인기가 높아진 것은 유니버셜의 워킹 데드(Walking Dead)이다. 유니버설 테마파크는 공원은 할로윈 호러 나잇 이벤트에서 워킹 데드 미로(The Walking Dead mazes)를 이미 선보였다. 이들은 제작사와 함께 인기 있는 TV 시리즈를 기반으로 Dark ride, Walking Dead 서바이벌 배틀 액티비티, 증강현실, 동작기반 좌석 극장 등의 요소를 추가할 예정이다.

④ 안전성 문제 대두

사진: Pixabay

테마파크에서 발생하는 사고는 브랜드 이름에 치명적인 영향을 미치고 재정적으로 심각한 결과를 초래할 수 있다. 지난 몇 년 간, 세계적으로 몇 번의 치명적인 사고가 전 세계의 헤드 라인을 장식하며 테마파크 인전에 대한 우려를 제기했다. 이에 대해 테마파크 업계는 안전 프로토콜 및 운영 교육에 대한 지속적인 의지, 새로운 기술 통합 및 모범 사례 공유를 위한 포럼을 통해 강력하게 대응했다.

특히 세계테마파크협회(IAAPA)가 주관하는 '2017 안전 컨퍼런스'는 국내에서 처음으로 삼성 에버랜드에서 진행되었다. IAAPA 안전 컨퍼런스는 2008년 시작돼 올해로 10회째를 맞은 테마파크 안전분야 최고 권위의 행사다. 컨퍼런스에서는 세계 각국의 안전관리 노하우과 모범 사례를 공유하고 글로벌 안전 문화를 정착하고자 한다. 에버랜드는 고객들의 안전한 놀이시설 이용을 위해 안전관리 시스템 강화에 앞장서고 있다. 매일 아침 개장 전 2~3시간을 활용해 40여 개의 모든 놀이시설을 점검하며 스릴 넘치는 재미를 안전하게 지키기 위해 정기적인 비상훈련, 상시 모니터링 체계 가동 등 종합적인 안전 시스템을 운영 중이다. 이에 에버랜드는 테마파크 업계 최초로 안전·보건(OHSAS 18001), 환경(ISO 14001), 에너지(ISO 50001) 분야에 대한 국제 인증 3개를 모두 취득해 보유하고 있다.

테마파크의 안전성에 대해 언급할 때 가장 먼저 떠오르는 것은 놀이기구(Ride) 사고이다. 가장 흔한 문제는 탑승객이 어지러움을 호소하거나 메스꺼워하는 것이다. 일시적인 목과 허리 통증처럼 가벼운 부상을 입는 경우도 있지만, 우리가 사고라고 여기는 심각한 부상은 매우 드물게 발생한다. 더욱 심각한 문제는 놀이기구의 고장과 관련이 있다. 일부 사건이 매년 발생하고는 있지만, 현대의 테마파크는 하네스(추락시 충격을 분산시키는 등반용 벨트), 안전 기능 및 운전자 교육 등을 더욱 정교화하여 문제를 줄이거나 없애기 위해 노력하고 있다. 대규모 군중 관리 역시 중요한 안전 항목이다. L.A. 타임즈에 따르면 디즈니와 유니버설 스튜디오는 공개 행사에서의 몇가지 폭력 사건(테러 등)을 계기로 보안을 강화했다. 금속

탐지기 설치, 보다 적극적인 게스트 검열 및 눈에 잘 띄는 보안 장치 등 적극적인 조치가 취해졌다.

이처럼 테마파크의 운영상 안전 점검 항목은 굉장히 다양하다. 유지 보수 및 안전 일정, 주요 비상 사태 관리, 위험 관리, 워터파크 안전 표준 준수, 기술 승차 검사 등 놀이기구가 더욱 정교해짐에 따라 안전에 대한 관리 감독 또한 더욱 복잡해졌다.

가시적인 보안과 비즈니스 관행, 그리고 테마파크가 창안하고자 하는 비현실성·비일상성 사이의 균형을 맞추기란 쉽지 않다. 관객은 더 빠르고 더 높은 경험을 요구하는 반면, 디자이너는 즐거움과 안전성의 균형을 맞추어야 한다. 매번 더 익스트림한 기록을 세우는 것은 모든 사람들을 안전하게 지켜주는 동시에 즐겁게 해 줄 수 있어야만 진정한 가치가 있다.

⑤ 테마파크의 3차 산업화

테마파크는 복합산업으로서 기본적으로 막대한 자본이 필요한 장치산업의 성격을 띠고 있으나 점차 서비스 품질과 창의적인 아이디어가 더욱 필요한 3차 산업 요소가 더욱 요구되는 방향으로 변모하고 있다. 소득 수준의 상승과 함께 여가 시간의 증대는 스포츠, 여행, 게임 등 특정 테마를 중심으로 한 독특한 테마로의 수요 확대가 가속화될 것이다. 이에 따라 캐릭터, 영화 등 테마파크의 소재가 될 수 있는 요소에 대한 지적 재산권·판권의 중요성이 커지고 있다.

디즈니는 올랜도와 애너하임에서 개최 될 스타워즈 테마 랜드와 올랜도의 토이 스토리(Toy Story) 랜드, 제임스카메론 감독의 영화 아바타를 배경으로 한 The World of Avatar-Pandora의 오픈을 발표했다. 또 유니버설 파크 앤 리조트(Universal Parks & Resorts)는 올해 초 유니버설 스튜디오 재팬(Universal Studios Japan)에서 새로운 미니언 파크(Minion Park)를 개장했고, 올랜도의 해리포터 호그스미드(Hogsmeade)에 2019년까지 새로운 롤러코스터를 완성할 것이라고 발표했다.

요약 Note

- 테마파크는 일정한 주제로 전체 환경을 조성하여 탑승시설, 건물, 공연과 이벤트, 식음료, 기념품, 서비스 등에 이르기까지 공통의 스토리를 가지고 공간 전체를 연출함으로써 방문객에게 비일상적인 공간분위기 안에서 일련의 즐거운 체험과 활동을 할 수 있도록 구성한 공원이라고 할 수 있다.
- 테마파크는 테마성, 비일상성, 주제 및 분위기의 통일성, 배타성, 레저성, 독창성 및 종합성의 특징을 가진다.
- 현재 세계의 테마파크 시장은 미국과 일본이 주류를 이루며 발전하고 있는 추세이다. 특히 디즈니랜드의 영향력은 미국뿐만 아니라 전 세계 테마파크 시장에서 가장 강력하다. 디즈니랜드는 뚜렷하고 대중성 있는 콘텐츠를 토대로 원소스 멀티유즈를 통해 수익을 창출한다. 한편 테마파크 산업의 떠오르는 신흥 시장으로는 중국을 비롯한 아시아 지역이 주목받고 있다.
- 테마파크 산업의 주요 트렌드로는 시설의 대규모화 및 복합화가 있다. 세계 상위 테마파크의 대부분이 호텔을 포함한 다양한 부대시설을 보유함으로써 매출 증대를 꾀한다. 또 AR, VR 등의 최첨단 기술에 더불어 독특한 테마와 캐릭터 등 창의적인 콘텐츠의 중요성이 높아지면서 테마파크의 3차 산업화가 가속화되고 있다.

과제 Assignment

- 세계의 주요 테마파크 중 한 곳을 선정하여 대표적인 특징 및 성공요인에 대해 조사해보자.
- 테마파크 산업 관련 직업은 무엇이 있는가? 구체적인 직무는 무엇인가?
- 변화하는 트렌드에 발맞추어 새롭게 등장한 테마파크의 양식에는 무엇이 있는가? 창의적인 아이디어가 돋보이는 테마파크에 대해 조사해보자.
- 테마파크와 호텔업, 외식업 등 타 산업과의 복합화 사례에 대해 조사해보자.

항공업 | Airline Service

<주요 관련 직무>
- 객실 승무원
- 지상직 승무원
- 면세점 직원

항공서비스의 주 목적은 공기를 이용해서 설정된 항공노선을 따라 비행하면서 승객을 친절하고 안전하게 그들의 목적지까지 운송해주는데 있으며, 비행 중 승객은 항공사가 제공하는 여러 형태의 서비스를 경험하게 된다. 승무원들이 제공하는 정중한 서비스와 비행경험으로 고객이 느끼게 되는 안락함 및 편리성 등의 서비스가 주된 속성이고 여기에 항공기, 비행시간, 중간 기착지 등의 부가적 서비스가 수반된다. 이는 단순히 여객과 화물을 실어 나르는 운송의 개념이 아닌 21세기의 국가 경쟁력을 대표하는 복합적 서비스 산업이다.

국내외 항공사 현황

2017년 세계 10대 항공사(종합), skytrax

순위	항공사	전년도 순위(변화)
1	Qatar Airways	2
2	Singapore Airlines	3
3	ANA All Nippon Airways	5
4	Emirates	1
5	Cathay Pacific	4
6	EVA Air	8
7	Lufthansa	10
8	Etihad Airways	6
9	Hainan Airlines	12
10	Garuda Indonesia	11

자료: 2014 스카이트랙스 세계 항공대상 시상식

항공동맹

항공동맹은 여러 항공사 간의 연합체를 말한다. 항공사 동맹 간 다양하고 최적화된 운항계획으로 승객들에게 좀 더 편리하고 편안한 비행을 제공한다.

- 마일리지 공유
- 공동운항을 통한 노선 확충 효과
- 비용 절감 효과

세계 3대 항공동맹

01 **스타얼라이언스** 아시아나항공, 에어 캐나다, 싱가포르 항공, 유나이티드 항공, 에어차이나 등 28개사 (STAR ALLIANCE)

02 **스카이팀** 러시아 항공, 에어프랑스, 델타항공, 중국남방항공, 베트남 항공 등 20개사 (SKYTEAM)

03 **원월드** 아메리칸 항공, 브리티시 항공, 케세어퍼시픽, 일본항공 등 15개사 (oneworld)

국내 주요 항공사 브랜드

- 대한 항공 (KOREAN AIR)
- 아시아나 항공 (ASIANA AIRLINES)
- 진 에어 (JINAIR)
- 에어 부산 (AIR BUSAN)
- 제주 항공 (JEJUair)
- 티웨이 항공 (t'way)
- 이스타항공 (EASTAR JET)

항공업 트렌드

조인트벤처
조인트 벤처는 기존 얼라이언스보다 한 단계 진화한 형태로, 모든 좌석을 공동 판매하고 운영 수익도 나눈다. 대한항공과 델타항공이 미국 LA에서 조인트벤처 MOU를 맺었다.

다구간 여행
여행방식이 다양해지면서 한 번 여행으로 여러 도시를 이동하는 '다구간 여행'이 새로운 여행 트렌드로 주목 받고 있다. 스케줄의 편의를 활용한 다구간 여행 추천지로는 대만과 일본이 대표적이다.

얼리버드 항공권
얼리버드(Earlybird) 항공권은 최근 저렴한 할인 항공권을 제공하는 항공사 마케팅에서 자주 언급되는 표현이다. 특히 저비용항공사(LCC, Low Cost Carrier)들은 항공편 출발일을 기준으로 일찍 항공권을 구입하면 할 수록 값싼 항공권을 구입할 수 있는 서비스를 제공하고 있다.

업게이징
업게이징(upgauging)이란 기존 여객기에 좌석을 추가하고 소형 기종을 대형 기종으로 바꿔 수용 능력(capacity)을 늘리는 방법이다.

Chapter 05

03 항공업

항공업의 정의

1) 항공업의 정의

사진 : Pixabay

항공운송업이란 타인의 수요에 맞추어 항공기를 사용하여 유상으로 여객이나 화물을 운송하는 사업을 일컬으며, 항공운송서비스(air transport service)란 항공기를 이용한 공간적 이동으로 경제적 가치를 창출하는 서비스를 말한다. 항공사의 항공서비스는 항공좌석 구매 후 목적지까지 수송하는 것뿐만 아니라 예약·발권·공항·기내 서비스 모두에 있어 다양한 서비스를 포함하는 프로세스이다.

21세기 항공시장의 환경변화와 이를 이용하는 소비자들의 기호가 빠르게 변화함에 따라 국내외 항공업계에서는 이를 만족시키며 동시에 경영성과를 높이기 위해 끊임없이 노력하고 있다. 항공이용객 입장에서 항공사를 선택하는 경쟁변수에는 안전성, 요금, 스케줄, 서비스, 마일리지, 기업이미지, 국적 항공사 등 여러 가지가 있겠지만 그중에서 제일 활발하게 이용되고 있는 경쟁수단은 바로 서비스이다. 또한 항공사 입장에서 볼 때도 개선에 한계가 있는 하드웨어부문, 즉 안전성과 요금, 국적항공사 등과 같은 경쟁변수보다는 소프트웨어부문에 해당하는 서비스가 훨씬 더 개선하기 쉽고 발전시킬 수 있는 경쟁수단이다.

항공운송사업과 관련된 산업 분야는 〈표 5-3〉과 같다.

① 기내(객실) 서비스

항공사 기내 서비스란 기내에서 승객들에게 제공되는 물리적·인적 서비스의 계획

표 5-3 국내 항공운송 관련 사업

국내 항공운송사업	국내 정기편 운항: 국내공항-국내공항 사이 일정한 노선을 정하고 정기적인 운항계획에 따라 운항하는 항공기 운항
	국내 부정기편 운항: 국내에서 이루어지는 국내 정기편 운항 외의 항공기 운항
국제 항공운송사업	국제 정기편 운항: 국내공항과 외국공항 사이 또는 외국공항과 외국공항 사이에 일정한 노선을 정하고 정기적인 운항계획에 따라 운항하는 항공기 운항
	국제 부정기편 운항: 국내공항과 외국공항 사이 또는 외국공항과 외국공항 사이에 이루어지는 국제 정기편 운항 외의 항공기 운항
소형 항공운송사업	국내항공운송사업 및 국제항공운송사업 외의 항공운송사업
도심공항 터미널업	공항구역이 아닌 곳에서 항공여객 및 항공화물의 운송 및 처리에 관한 편의를 제공하기 위하여 이에 필요한 시설을 설치·운영하는 사업
항공 레저스포츠 사업	타인의 수요에 맞추어 유상으로 비행선, 활공기, 경량항공기 또는 초경량비행장치를 사용하여 조종교육, 체험 및 경관조망, 항공레저스포츠를 위하여 대여, 경량항공기 또는 초경량비행장치에 대한 정비, 수리 또는 개조 등의 서비스를 제공하는 사업

자료: 국토부 항공산업과, 서울지방항공청, 부산지방항공청, 제주지방항공청

그림 5-16 기내 서비스의 종류

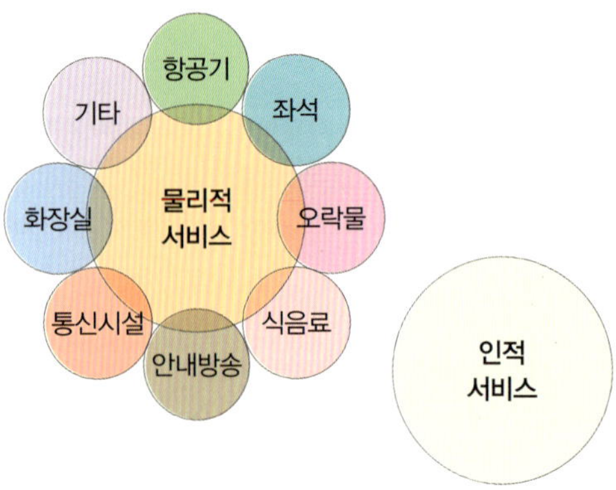

에서부터 생산에 이르기까지의 모든 업무를 총칭한다. 일반 개념으로서의 물리적 서비스는 승객이 객실 내에서 필요로 하는 각종 시설물과 서비스 물품(좌석, 화장실 용품, 기내 담요, 비디오, 오디오 시스템, 제공되는 편의 용품 등)을 기내에 장착 또는 탑재하여 승객에게 편의를 제공하는 업무를 말한다. 한편 인적 서비스 업무란 장착된 설비와 탑재된 물품을 사용하여 승객들이 보다 안전하고 편안하게 여행할 수 있도록 객실 승무원들에 의해 수행되어지는 업무이다. 따라서 넓은 의미의 객실업무는 승객들이 탑승하기 이전부터 기내 시설물이나 기내용품의 설치 및 탑재와 관련된 여러 준비 과정업무를 포함하게 되나, 좁은 의미의 객실 업무는 "승객들이 항공기에 탑승하는 시점부터 시작하여 안전하게 도착하는 시점까지 객실 승무원에 의해 이루어지는 제반 업무"로 한정지을 수 있다.

(1) 물리적 서비스

항공이용객이 여행목적을 달성하는 동안에 이용하거나 제공받게 되는 각종의 시설물 및 장비로서 항공기, 좌석, 식음료, 잡지 등의 독서물, 기내 영화, 음악 및 오락

기구 등 기내에서 제공되는 상품과 온도, 습도, 기압, 소음, 진동 등에 관련된 운항 환경 및 서비스 전달체계로 구분된다.

대부분의 항공사들이 제공하는 물리적 서비스는 차이가 거의 없을 정도로 흡사하였으나 최근 경쟁이 점차 과열되면서 새로운 아이디어로 물리적 서비스의 차별화와 고급화 전략으로 고객을 유치하려는 움직임이 활발하며 끊임없이 개발되고 있다.

항공기 항공기는 항공사를 상징하는 가장 대표적인 물적 요소로 세계 항공사들은 주로 보잉사, 유럽의 에어버스사, 맥도널 더글러스사에서 제작되는 항공기를 도입하여 각 항공사의 특색에 맞추어 고안된 디자인으로 항공기 외장을 도장하여 사용하고 있다. 항공기의 시각적 외형 이미지와 내부 인테리어는 승객이 느낄 수 있는 기업이미지의 인지도 및 관심도를 유발하게 되는 중요한 마케팅의 요소가 되기도 한다. 예를 들면, 대한항공의 경우 1984년 창립 15주년을 기점으로 새로운 경영 체계를 구축하고, 제2의 도약을 상징하는 새로운 이미지를 위하여 심벌 마크를 비롯 항공기의 외장을 현재의 모습으로 변경한 적이 있다.

사진: Pixabay

좌석 항공기의 좌석은 보통 일등석인 퍼스트 클래스(First Class), 준일등석인 비즈니스 클래스(Business Class)와 일반석인 이코노미 클래스(Economy Class) 3종류로 나뉜다. 좌석 등급은 좌석 간의 간격과 크기 및 제공되는 기내식의 차이에 따라 구분되는데 근래에 들어와서 이 좌석 간격을 늘림으로써 보다 편안한 여행을 고객에게 제공하여 고객유치에 힘쓰는 항공사가 많아지고 있다. 또 3종류의 좌석 등급 이외에 항공사의 독특한 클래스를 운영하는 경우도 있는데, 이러한 복합적인 클래스 운영은 항공여행객의 기호가 다양해지는 요즘 추세에 있어 편안함과 경제성을 동시에 충족할 수 있는 장점이 있기 때문에 많은 호응을 얻고 있다.

객실 내 오락물 항공사에서는 국제선 노선에서 승객들의 여행에 즐거움을 주기 위해 고전, 모던 재즈, 주요 국가의 대중음악 및 자국의 대중가요 등 10개 안팎의

사진: Pixabay

음악채널과 최신영화 프로그램을 노선과 비행시간에 따라 차등을 두어 서비스하고 있다. 그 외 뉴스, 스포츠 등의 프로그램도 영어, 자국어, 취항국의 언어로 서비스하고 있다. 아울러 기내 면세품 쇼핑도 즐거움을 주는 하나의 구성요소로서 넓은 의미의 기내 오락물로 포함할 수 있다.

객실 내 식음료 최근 객실 내 식음료는 과거에 좌석등급과 노선의 길이에 따라 규격화되고 일관된 메뉴로 제공되던 것과 달리 점점 더 고급화되고 차별화되고 있다. 요즘은 국내에 취항하는 외국항공사들도 국내 고객의 비중도를 감안해 고추장을 곁들인 한식과 면류의 식사를 제공하고 있으며, 중국민항의 경우는 한국인 승객들을 위하여 기내식으로 김치를 서비스하고 있다. 내용면에 있어서는 자체 개발한 고급화된 음식으로 경쟁적 서비스를 하고 있다.

통신시설 대부분의 선진 항공사들은 제한적이지만 일부 기종에 한해 최신설비인 기내 전화를 장착하여 통신 위성을 이용, 비행 중에 전 세계 어디로나 전화통화가 가능하도록 하고 있으며, 이 외에 팩스와 인터넷 등도 운영하고 있다.

안내방송 및 비행정보 대부분의 항공사들은 항공기의 항로, 고도, 외부온도와 습도, 잔여시간 등 다양한 종류의 비행관련 정보를 컴퓨터 그래픽 화면으로 처리하여 승객이 보다 편안하고 즐거운 여행이 되도록 스크린을 통해 안내해 주고 있으며, 비행 중 안내 방송을 통해 운항관련 정보를 다양한 언어로 적절하게 제공하고 있다.

화장실 과거 항공기 객실 내 화장실은 거의 동일한 형태로 제공되었으나 항공사 간 경쟁이 치열해지면서 고급화, 차별화의 전략으로 화장실을 포함한 화장실 용품까지도 서비스품목에 추가되고 있다. 대한항공의 경우 에어버스 300기종 이상의 중대형 항공기에 여성전용 화장실을 설치하였고, 여성용 화장품을 비치해 놓고 있어 여성고객들로부터 좋은 평가를 받고 있다

읽어 보기

환승관광

우리나라 공항에서 환승을 하는 외래객들을 환승관광객으로 유치하여 인바운드 수요 및 관광수입을 증대시키고자 '환승관광 무비자 입국' 및 '환승관광 프로그램 개발' 등 환승관광 활성화 정책이 시행되고 있다.

인천공항 무료환승투어 소개

'환승관광 무비자입국' 프로그램은 중국에서 국내공항으로 입국하여 제주도로 환승하는 승객이 비자 없이도 환승공항 인근지역에서 72시간 동안 머물 수 있도록 허용하는 제도로, 이에 따라 중국인 단체관광객은 비자 없이도 강원, 춘천, 호남 지역 중 1곳과 수도권 및 제주도를 패키지 상품으로 연계시켜 총 15일간 한국에 체류하면서 관광이 가능해졌다. 인천국제공항을 경유하여 제3국 혹은 본국으로 여행하기 위해 환승하는 외국인 중 법무부, 문화체육관광부, 인천국제공항공사가 인정하는 환승관광 프로그램에 참여한 외국인도 무사증 입국 및 72시간 체류가 가능하다.

문화체육관광부는 법무부의 환승관광 무비자제도를 활용하여 환승관광 활성화하기 위해 총 93개 여행사를 지정하여 환승관광 프로그램을 발굴 및 판매하도록 하였다.

인천국제공항은 환승여객에 대한 관광수요 창출을 위해 영어가이드 및 투어버스가 포함된 환승투어를 무료로 진행하고 있으며, 가이드의 동의하에 자유투어 형식으로 운영되고 있다. 인천국제공항 홈페이지 내에 환승투어 사이트를 별도로 운영하며 환승관광에 대한 정보를 제공하고 있으며, 홈페이지 내에서 예약도 가능하다. 또, 장거리 여객을 위한 건강검진, 성형수술, 치과진료, 한방, 스파 등의 의료투어 프로그램도 있다.

인천공항 무료환승투어

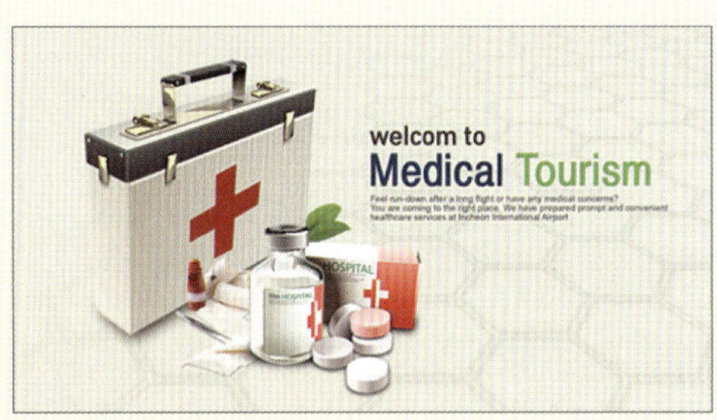

인천공항 환승관광 – 의료

기타 이외에 항공사마다 객실 내 첨단 의료장비를 설치하기도 하며 신문이나 잡지를 비치, 승객들의 편안한 휴식과 숙면을 위한 베개, 이어 플러그나 아이 마스크 등을 서비스하고 있다. 또한 탑승하는 어린이에게 탑승 기념품도 제공하면서 고객만족 서비스로 잠재적 수요고객에게도 친숙한 이미지로 다가서고 있다.

(2) 인적 서비스

항공사 서비스 중 객실 내에서의 인적 서비스는 객실승무원이 담당하게 되는데 승객이 안전하고 쾌적하게 목적지까지 무사히 도착할 수 있도록 이를 수행하는 중요한 역할을 맡고 있다. 또한 가장 오랜 시간 동안 가까운 거리에서 직접적인 서비스를 제공하기 때문에 그들은 곧 항공사의 이미지로 연결된다.

그러므로 객실승무원은 업무수행과 관련된 전문지식 및 서비스 기술과 함께 효과적인 승객 응대를 위하여 올바른 인사법과 맑은 미소, 바른 자세, 대화법, 승객에 대한 호칭법 및 불만 승객 대응법에 이르기까지 반복되는 훈련을 통해 서비스가 제공될 수 있도록 끊임없이 노력하고 있다. 객실승무원이 물리적 요소들로 정해진 절차에 맞춰 제공하는 서비스는 항공사 간에 거의 차등이 없기 때문에 이들 객실승무원이 가지고 있는 인적서비스 요소(서비스 마인드, 진심어린 태도 등)를 가지고 고객감동을 실현한다.

2) 항공업과 관광

① 항공업과 관광

항공은 국제관광을 가능하게 하는 기본적 교통수단이다. 항공기술의 발달은 국제관광 수요의 비약적 성장을 견인하였다. 상트페테르부르크-탬파 에어보트 항공사(St. Petersburg-Tampa Airboat Line)가 1914년 1월 1일 미국 플로리다주 탬파베이를 횡단하는 최초 상업비행을 한 이래 항공운송은 크게 발전한다. 이후 항공기술 발달, 항공노선 확대, 저비용항공 운항 등의 요인으로 1950년 2,500만 명 수준이던 국제 관광수요는 2013년 10억 8천여 명으로

사진: Pixabay

비약적인 성장을 한다.

사진: Pixabay

유엔세계관광기구(UNWTO)는 2020년에 연간 국제관광 수요는 약 18억 명에 달할 것이며, 이 중 52%의 관광객이 항공편을 이용할 것으로 전망하였다. 세계민간항공기구(ICAO) 역시 국제관광 활성화에 따라 민간항공기 운항편수는 2012년 3천만 편에서 2030년 6천만 편으로 증가할 것으로 예측하였다. 이처럼 국제관광객 수요와 항공여객 수요는 상호 의존적 관계를 갖고 있다. 결국 국제관광객과 항공여객은 동일한 의미이며, 상호 공동가치를 추구하고 있는 것으로 볼 수 있다는 것이다.

관련 산업 및 주요 직종

1) 항공사

① 국내외 주요 항공사

국내 또는 국제 항공운송사업은 대한항공, 아시아나항공, 제주항공, 진에어, 에어부산, 이스타항공, 티웨이항공, 에어인천으로 8개 사업체가 있다.

국제항공 업종의 NBCI(국가브랜드경쟁력지수)에 따르면 대한항공이 전년보다 1점 상승한 78점으로 1위를 유지했다. 1점 상승한 76점의 아시아나항공이 2위를 차지했다. 싱가포르항공, 캐세이패시픽항공, 타이항공이 각각 69점, 68점, 67점으로 뒤를 이었다. 국내 항공사를 대표하는 대한항공은 여전히 가장 높은 수준의 브랜드 경쟁력을 갖고 있는 것으로 평가됐다.

표 5-4 국제항공 NBCI(2016) (단위: 점)

구분	통합	주이용	비이용
대한항공	78	81	74
아시아나항공	76	82	72
싱가포르항공	69	81	69
캐세이퍼시픽항공	68	80	67
타이항공	67	80	67

대한항공은 창사 50주년이 되는 오는 2019년 글로벌 초일류 항공사로 도약하기 위해 새로운 항공기 및 좌석 등 기재에 대한 과감한 투자와 함께 지속적인 변화와 혁신을 진행하고 있다. 아시아나항공은 경쟁 브랜드 대비 주이용 고객의 평가에서 가장 우위

를 차지했다. 아시아나항공이 주이용 고객으로부터 높은 평가를 받은 원동력은 고객 편의성 향상을 위해 지속적으로 노력했기 때문으로 보인다.

표 5-5 국내 주요 항공사

<table>
<tr><td rowspan="2">Full Service Carrier</td><td>대한항공
KOREAN AIR</td><td>• 슬로건: Excellence In Flight
• 주요 허브공항: Incheon International Airport
• 특징
- 1962년 설립된 한국에서 가장 큰 항공사이자 국가를 대표하는 플래그 캐리어이다.
- 인천국제공항을 베이스로 국내 및 국제적으로 광범위한 노선을 보유하고 있다.
- 항공사의 화물 부분인 'Korean Air Cargo'는 세계 항공화물 시장에서 3번째로 크다.
- 스카이팀 얼라이언스의 창립멤버이다.
• Alliance: Sky Team</td></tr>
<tr><td>아시아나항공
ASIANA AIRLINES</td><td>• 슬로건: 아름다운 사람들
• 주요 허브공항: Incheon International Airport, Kimpo International Airport
• 특징
- 대한민국 정부에서 추진한 제2의 민간정기항공운송사업자로 금호그룹이 선정되어 1988년 2월 17일에 서울항공으로 설립되었으며, 이후 1988년 8월 11일 사명을 아시아나항공으로 변경하였다.
- 2008년 창사 20주년을 맞이하여 항공기의 도색 디자인을 현재와 같이 변경하였다.
- 세계 최대의 공항 및 항공사 서비스 평가 사이트인 스카이트랙스(영어: Skytrax)로부터 2007년부터 2013년까지 7년 연속 5성 항공사 인증을 받았다.
• Alliance: Star Alliance</td></tr>
<tr><td rowspan="2">Low Cost Carrier</td><td>제주항공
JEJUair</td><td>• 슬로건: Refresh!
• 주요 허브공항: Incheon International Airport, Jeju International Airport
• 특징
- 제주특별자치도와 애경그룹이 공동 설립한 대한민국 최초의 저비용 항공사이다.
- 정기 항공운송사업 면허는 대한항공과 아시아나항공에 이어 3번째로, 저비용 항공사 최초로 획득하였다.
- 2009년 3월 대한민국 내 저비용 항공사로는 처음으로 국제선에 취항하였다.
- 2017년 1월 현재 국내 저비용 항공사 중 가장 많은 국제 정기편을 취항하고 있다.
• Alliance: Value Alliance</td></tr>
<tr><td>진에어
JINAIR</td><td>• 슬로건: Fly, Better Fly
• 주요 허브공항: Incheon International Airport, Kimpo International Airport
• 특징
- 2008년 7월 17일 김포~제주 간 노선에 취항했다.
- 일본, 중국, 그리고 동남아시아 지역을 운항 중이며, 국내 저비용 항공사 중 최초이자 유일하게 미국령 괌에 취항하였다.
- 승무원들은 청바지를 입으며, 국내선에서 자유좌석제를 도입하여 운영 중이었으나, 2014년 8월 1일부로 자유좌석제는 폐지되었다.</td></tr>
</table>

<table>
<tr><td></td><td>에어부산
AIR BUSAN</td><td>• 슬로건: Fly Smart
• 주요 허브공항: Gimhae International Airport
• 특징
- 에어부산은 부산, 경남 향토기업들과 아시아나항공이 출자하여 설립한 저비용 항공사로서 대한민국 부산광역시를 거점으로 하고 있다.
- 현재 국내선 부산~서울(김포), 부산~제주, 서울(김포)~제주 노선을 운항 중이며, 일본, 중국, 동남아시아 각지에 국제선 노선을 운항 중이다.
- 2012에는 서울~부산 노선에서 시장점유율 1위를 달성하며 이 구간의 리딩 캐리어(Leading Carrier)로 등극하였다.
- 2014년 김해국제공항에서 대한항공을 제치고 점유율 1위에 올랐으며, 부산발 국제노선 또한 가장 많이 보유한 항공사가 되었다.
- 2016년 9월 부산발 국제선이 아닌 대구발 국제선을 신설하여 사실상 포화상태인 김해에서 대구로 취항지를 늘리고 있다.</td></tr>
<tr><td></td><td>이스타항공
EASTAR JET</td><td>• 슬로건: 짜릿한 가격으로 추억을 파는 국민항공사
• 주요 허브공항: Incheon International Airport, Cheongju International Airport
• 특징
- 2008년 8월 7일 국토해양부로부터 부정기 항공운송 사업면허를 취득하였으며, 2009년에 보잉 737-600 항공기1대, 보잉 737-700 5대를 임대 도입했다.
- 2009년 12월 국내, 국제선 정기항공운송면허(AOC)를 얻어 현재 국내선 4곳(김포, 청주, 군산, 부산~제주)와 중국노선(닝보, 지난, 선양, 상하이, 옌지, 하얼빈, 다롄 등), 국제선(도쿄, 오사카, 오키나와, 후쿠오카, 타이페이(송산/타오위안), 코타키나발루, 방콕, 씨엠립) 정기편 및 다수의 중국 부정기편을 운항하고 있다.
- 초기의 국제선은 인터넷 직거래를 통한 항공권 구매보다는 발권대리점을 통한 패키지 판매가 주를 이루어서 LCC로서 아직 본격적인 궤도에 오르지는 못한 측면도 있었다. 그러나 현재는 모든 국제·국내 노선을 홈페이지에서 직접 예약이 가능하다.
- 현재는 티웨이 항공과의 코드셰어로 주 7회 취항 중이며 후쿠오카와 오키나와, 삿포로 노선 등 다양한 코드셰어를 운항중이다.
• Alliance: U-Fly Allinance</td></tr>
<tr><td></td><td>티웨이 항공
t'way</td><td>• 슬로건: Happy T'way, It's yours
• 주요 허브공항: Incheon International Airport, Daegu International Airport
• 특징
- 2003년 5월 19일 충청항공(주) 설립 후 2004년 9월 ㈜한성항공으로 상호 변경, 2010년 8월 ㈜티웨이 항공으로 사명을 변경하였다.
- 티웨이 항공은 2010년 8월 재취항했으며, 당시 항공기 2대로 시작하였다. 그 해 9월 대한민국에서 국내항공운송사업 운항증명(Air Operator's Certificate)을 획득함과 동시에 김포~제주 운항을 개시했다.
- 티웨이 항공은 2011년 한국소비자원이 주관한 '저비용 항공사 소비자 만족도 평가' 6개 평가지표 중 5개 항목에서 가장 우수한 점수를 받았으며 2012년 한국교통연구원이 시행한 '항공교통서비스 시범평가'에서 저비용 항공사 중가장 우수한 평가를 받았다. 그 결과 티웨이항공은 2013년, 설립 3년 만에 항공기 5대만으로 흑자를 달성했다.
- 티웨이항공은 대한민국 저비용항공사 최초로 대구 및 광주에 취항하였으며 대구~제주 노선은 2014년 3월 30일부터 매일 4회운항, 광주~제주 노선은 2014년 9월 4일부터 매일 4회 운항하고 있다.</td></tr>
</table>

② 항공협정과 항공동맹

항공협정 항공협정이란 국가 간의 국제 항공 서비스의 허용범위와 조건을 규정하여 국제항공 서비스 수행을 위한 법적 기반을 제공하는 것이다. 일반적으로 항공사의 지정, 노선의 설정, 운항횟수, 항공운임 등에 관하여 규정하여 협정국가 간의 정기 민간항공 노선개설과 운영을 보장하며, 항공사의 수에 따라 복수제와 단수제로 나뉜다.

국제항공은 목적지로의 이동과정에서 여러 국가의 영공을 통과해야 하는데, 영공주권은 국가의 배타적 영역으로 인정받기 때문에 항공운송에서는 다자간 협약이 필요하다. 일반적으로 항공협정은 당사국 정부가 항공기 기종, 운항횟수, 운임 등 공급력에 관하여 규정하고 운임에 대해서는 IATA를 통해 규정한다. 대부분의 국제정기항공운송은 양국의 항공회담을 통한 협정, 조약, 외교문서(diplomatic notes)의 교환 등을 통한 양자 간 항공운송협정에 근거하여 체결됨을 원칙으로 하고 있다.

2012년 7월 기준 우리나라가 항공협정을 체결한 국가는 전 세계 93개국이다.

항공동맹 항공동맹이란 항공사의 운송능력을 증대시키고, 운항지역을 확대시킴으로써 제휴 항공사들의 이익창출을 도모하고 공동자원을 활용하기 위한 만들어진 전략적 제휴의 일종이다. 세계시장 및 국내시장에서 비슷한 경쟁력을 가진 항공기

표 5-6 주요 항공동맹

Star Alliance	Sky Team	One World
1997년 설립 28개 항공사	2000년 설립 20개 항공사	1998년 설립 15개 항공사
• 세계 최초, 세계 최대 타이틀의 항공동맹. • 한국의 아시아나를 비롯, 독일 루프트한자, 싱가포르 항공, 스칸디나비아 항공, 유나이티드 항공, 에어 캐나다 등 28개 항공사 • 193개국 1,356개의 도시 연결(2014년 1월 기준)	• 스타 얼라이언스의 후발주자이지만 현재는 더 많은 회원사 유치 • 동방항공, 남방항공, 샤먼항공, 상하이항공 등 내수만으로도 영향력이 큰 중국 항공사 다수가 회원사. • 한국의 대한항공, 에어프랑스, 델타항공, 중화항공, KLM 항공이 대표적 회원사 • 178개 나라 926개 공항 연결	• 스타 얼라이언스나 스카이팀에 비하면 비교적 작은 항공동맹이나 세계 항공동맹 중에서는 세번째 규모. • 란항공, 아메리칸 항공, 영국항공, 일본항공, 캐세이퍼시픽 항공, 핀에어가 대표적 회원사
STAR ALLIANCE THE WAY THE EARTH CONNECTS	SKYTEAM	oneworld

업들이 늘어나면서 기업 내부의 자원만으로는 경쟁우위를 확보하기가 점차 어려워졌고, 기술의 거대화, 첨예화, 복잡화에 따라 투자규모와 위험도가 급증하자 항공사들은 기업의 외부 자원의 활용이 필요함을 인지하였으나, 하나의 항공기업이 모든 분야에서 우위를 유지하는 것은 사실상 불가능하다. 따라서 항공사 간 제휴를 통해 수요 창출 및 수익성 증대를 향상하고자 하는 것이다.

항공동맹을 통해 항공사는 타 항공사의 노선망을 이용한 운항횟수 및 운항노선의 증대(Code share 등), 경쟁우위를 통해 타 항공사의 시장진입 견제, 항공사의 수익증대와 비용절감, 기존고객 유지 및 고객 수용 창출을 통한 수익증대, 그리고 항공사의 브랜드 이미지 강화 및 마케팅 능력 강화 등의 이점을 누릴 수 있게 되었다. 한편 소비자 측면에서도 여러 항공사의 마일리지를 적립하여 마일리지를 더 효율적으로 사용하거나, 주로 이용하는 항공사에 노선이 없을 경우 동맹 내 다른 항공사의 공동운항편을 이용할 수 있게 되는 등의 편리성이 높아졌다.

한편 대형항공사(FSC)의 전유물이었던 항공 동맹이 최근 저비용항공사(LCC)에까지 퍼졌다. 국내 최초의 저비용항공사인 제주항공은 아시아·태평양 지역 저비용항공사 7곳과 함께 '밸류 얼라이언스(Value Alliance)'를 만들었고, 이스타항공도 중국 하이난 항공 계열사인 웨스트에어와 홍콩 익스프레스, 우루무치항공, 럭키에어가 있는 '유플라이 얼라이언스(U-FLY Alliance)'에 합류했다. 다만 저비용항공사 동맹은 업체마다 기내식 등 부가서비스 편차가 심해 인터넷에서 회원사의 항공권을 함께 사는 정도의 서비스에 머물고 있다.

③ 항공 승무원의 분류

그림 5-17 항공 승무원의 분류와 주 업무

2) 공항

공항의 정의는 항공기 이·착륙뿐 아니라 여객과 화물을 처리할 수 있는 시설이다. 또한 공항은 민간항공용으로 여객과 화물을 취급하기 위한 일체의 시설로서 항공기 이·착륙만을 지원하는 비행장과 구분된다. 국제민간항공기구(ICAO)는 "공항이란 항공기의 도착, 출발이나 지상이동을 위하여 일부 또는 전체가 사용되는 건물, 시설물 등이 포함된 육지나 수상의 일정구역"으로 정의하고 영어로는 Aerodrome이라 표기했다. 미국 연방항공청(FAA)은 공항을 "여객이나 화물을 항공기에 싣거나 내리기 위해 정기적으로 이용되어지는 착륙지역"으로 정의하고 Airport라 표기한다.

공항의 기능은 (1) 항공기본시설 및 항공보안시설, 공항터미널을 갖추고 항공수송을 원활하게 하는 것, (2) 다른 교통수단과의 교환지점으로서의 기능, (3) 여객, 화물, 우편물 등이 지상교통수단과 항공수송기관에 원활하게 하는 기능 등 세 가지로 정리할 수 있다.

그림 5-18 국내 공항 입지 현황

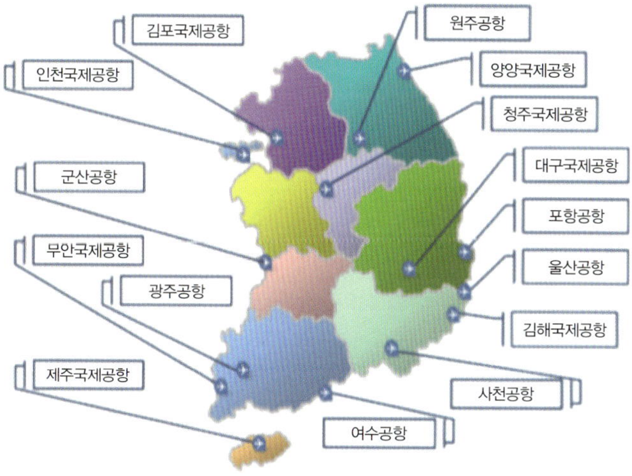

한편, 최근에는 세계적으로 공항의 안전대책이 중요한 이슈로 떠오르고 있다. 전 세계인이 매일 오가는 공항은 세계적 교차로인 동시에 분쟁을 위한 장소가 되기 때문이다. 따라서 공항 측은 부안 보조요원을 배치해 폭탄, 충격, 비행기 공중납치 등을 방지하기 위한 여객서비스 점검에 집중하고 있으며, 훈련견을 도입해 냄새로 폭발물을 찾아내도록 훈련하는 등 더욱 강화된 예방조치를 취하는 공항도 늘어나고 있다.

우리나라에는 총 15개의 국제 및 국내선 공항이 운영되고 있으며, 국제공항은 8개이고 국내선 전용공항은 7개이다. 국제공항은 인천, 김포, 김해, 대구, 청주, 제주, 양양, 무안공항이며, 국내공항으로는 원주, 군산, 여수, 울산, 광주, 포항, 사천공항이 있다.

인천국제공항의 여객운송 및 화물처리량은 세계 상위 수준으로, 9년간 연속하여 공항서비스 평가 세계 1위를 차지하고 있는 인천국제공항의 화물처리량 및 국제여객 운송량은 2012년을 기준으로 각각 세계 2위 및 9위를 차지하고 있는 것으로 조사되는 한편 인천국제공항의 국제여객 운송량 비중은 국내 공항 중 국제선 이용객 총량의 약 80%에 이르는 것으로 파악되었다. 우리나라의 경우 인천국제공항 허브화 정책으로 인해 대부분의 국제노선이 인천국제공항에 취항하고 있기 때문에, 인천국제공항에 국제선 항공여객 수요가 집중되는 것이다.

인천국제공항 외 김포국제공항, 김해국제공항, 제주국제공항 등을 제외한 기타 지방 국제공항의 경우 정기 노선보다는 비정기 전세기의 운항 비중이 높은 양상을 보인다. 또 한국공항공사가 운영 중인 공항의 수익구조를 조사한 결과, 김포, 김해, 제주공항은 흑자상태이나 양양 및 무안은 적자상태인 등 지방 유휴공항 간의 이용 및 수익 양극화가 심화되고 있다.

한편 세계 공항에서 가장 권위 있는 상으로 알려진 SKYTRAX의 World Airports Awards에 따르면 세계에서 손꼽히는 주요 공항은 〈그림 5-19〉와 같다. 특히 인천국제공항은 2009년 세계 최고의 공항으로 뽑히기도 했으며, 2012년에는 올해의 국제공항 1위에 올랐다. 또 김포국제공항은 2012년 지역공항 아시아부문 4위를 기록하기도 했다. 2017년에는 싱가포르 창이국제공항이 5년 연속 세계 최고의 공항으로 선정되었고, 인천국제공항은 지난해보다 1계단 하락해 3위에 위치하였다. 김포국제공항 또한 최고의 지역 공항 부문에 이름을 올렸다. 이처럼 국내의 주요 공항들도 매년 세계적 수준의 공항들과 경쟁하며 서비스의 품질을 높이는 데 이바지하고 있다.

그림 5-19 2018 세계 최고의 공항/세계 최고의 항공사 순위

국내외 항공산업 동향 및 전망

1) 항공산업의 동향

항공은 이제 일상과 많이 가까워졌다. 10년 전만 해도 비행기 타는 사람에 대해 국민 한 사람당 수치 계산이 불가능했지만, 지금은 여객수가 1년에 6,200만 시대가 되었다. 이 중 4,200만 명이 국제노선으로, 국민 한 사람이 비행기를 타고 해외로 나가는 횟수가 평균 1회가 되는 시대가 곧 올 것이다.

항공분야 전반에 걸친 경쟁체제와 저비용항공사의 등장으로 저운임에 따른 여객 수요 증가는 지속될 것으로 전망된다. 다만, 지정학적 불안, 테러, 보호무역주의의 확산 등 수요 감소 요인의 발생가능성이 다소 상승함에 따라 사업환경의 불확실성이 높아지는 시기가 될 것으로 전망된다. 산업 내 경쟁심화로 공급은 지

그림 5-20 | 2018년 11월 항공운송시장 동향

그림 5-21 | 국제선 여객 점유율(%) 추이

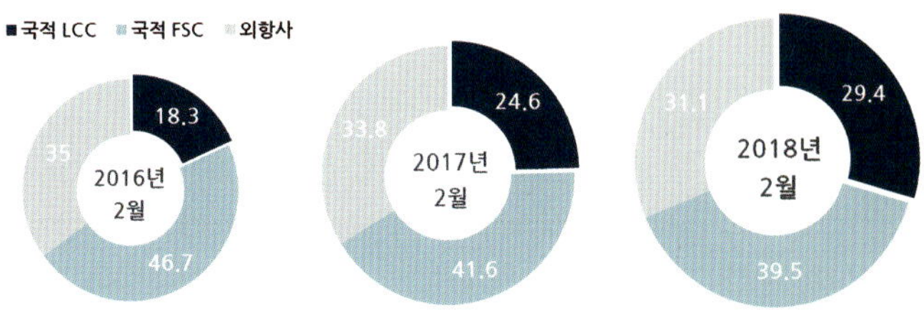

그림 5-22 | 국내선 여객 점유율(%) 추이

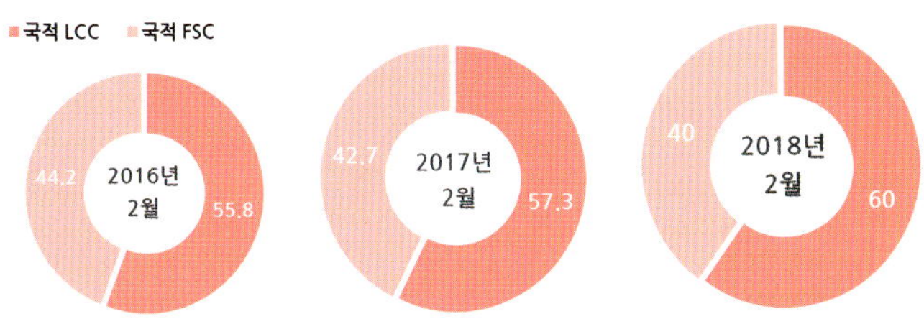

속적인 성장세를 유지할 것으로 판단되나, 과거대비 기단 구성에서의 변화가 관찰될 것으로 예상된다. 과거 고유가체제하에서 고효율, 신기종의 대형항공기로 기단을 구성해오던 항공사들은 최근 저유가에 힘입어 소형항공기 및 저효율의 항공기 가동을 시작했다. 또한 북미나 국내 항공사들에서 관찰할 수 있듯이 항공기 up-gauge 프로그램(좌석수 많은 항공기 도입, 기존배치에 좌석 추가)을 통해 동일 기종 내 좌석 수 증가를 꾀하며 프리미엄 여객 수 제고보다는 전반적인 여객 탑승률 제고에 초점을 둘 것으로 전망된다.

국내외 항공운송업계는 저유가 기조가 지속됨에 따라 운임 하락, 항공여객 수요 확대, FSC(Full Service Carrier) 및 LCC(Low Cost Carrier)의 공급력 증가의 특징을 나타냈다. 경기둔화 영향 및 인지도 개선 등으로 전 세계적인 트렌드가 된 LCC의 성장세는 계속될 전망이고, 국내외 대형 항공사들에게 중요한 위협요인이 되고 있다. 특히 국내 항공시장은 LCC(Low Cost Carrier) 및 외국항공사의 시장진입이 확산되면서 경쟁이 심화되는 양상이다. 특히 국내선 및 중단거리 국제노선을 중심으로 한 여객부문의 경쟁강도가 빠르게 높아지고 있으며, 이에 따라 FSC(Full Service Carrier)의 시장 점유율은 감소세를 나타내고 있다.

① 대형 항공사 VS 저가항공사

저가항공사(LCC)의 성장 LCC는 항공자유화와 항공교통화의 진행으로 나타난 항공사 비즈니스 모델로 기존 항공사의 높은 수준의 서비스, 고비용과 반대되는 실용적인 비즈니스 모델을 모색하고 낮은 비용 부담을 강점으로 항공시장의 틈새를 개척하였다. LCC가 항공시장에 진입함에 따라 소비자로 하여금 항공교통수단이 귀족적인 교통수단으로 인식되던 과거의 패턴이 점차 대중적인 교통수단으로 전환할 수 있게 하는 계기가 되었다. LCC는 기내 서비스 등 부가 서비스가 없다는 점에서 No Frills carrier, 비용이 낮다는 점에서 저가(Low Fare)항공, 운임비용을 낮췄다는 점에서 저비용(Low cost)항공 등 다양한 명칭으로 사용된다.

전 세계적으로 저가항공의 효시를 꼽는다면 PSA(Pacific Southwest Airlines)이다. 현재 세계 최대의 저비용항공사인 사우스웨스트항공의 핵심 전략은 출장이 잦은 비즈니스 승객들을 대상으로 저렴하고 안전한 중·단거리 항공서비스를 제공하는 것으로, 미국 항공시장에 37년 넘게 항공운송의 새로운 비즈니스 모델로 정착

표 5-7 저가항공사의 장/단점

장점	단점
저렴한 가격 저가항공사는 서비스를 간소화하여 가격을 줄인다. 덕분에 불과 몇 년 전까지만 해도 비싼 항공료 때문에 부담스럽던 해외여행은, 2009년 진에어와 제주항공이 처음 국제선 운항을 시작하며 그 인식에 변화가 생기기도 하였다. 다양한 노선 저가항공사가 제공하는 노선은 더욱 다양해지고 있다. 물론 대형항공사에도 있는 노선이지만, 저렴한 가격으로, 다양한 시간대에 갈 수 있는 도시가 늘고 있다는 것이 큰 특징이다. 또 LCC 항공 동맹인 '밸류 얼라이언스(Value Alliance)'가 출범하며 그 영역을 넓혀가고 있다. 편리한 교통수단 여행 중 다른 도시로 이동할 때에도 LCC는 유용하다. 버스나 기차로는 한참 걸리는 곳도 비행기를 타면 금세 도착할 수 있고, 상대적으로 가격 부담이 줄었다. 물론 다른 이동수단보다는 조금 더 비쌀 수도 있지만, 편리함과 시간 여유를 생각한다면 LCC는 합리적인 선택지이다.	부족한 서비스 서비스를 줄여 가격을 낮췄다고는 하나, 아무래도 아쉬운 것이 단점이다. 해외 LCC의 경우 무료 위탁 수화물 서비스를 제공하지 않고, 물 한 잔도 직접 사서 먹어야 하는 경우가 많다. 국내 LCC의 경우는 조금 더 후한 편이지만 기내식은 미리 주문해야 하고, 생수 외 기타 음료와 간식을 유상 판매된다. 또, 담요나 쿠션도 따로 구입해야 하는 경우가 대부분이다. 정시성이 떨어짐 단거리 노선을 반복하여 이동하다 보니 제시간에 출발하면 다행이고, 비행 스케줄이 지연되더라도 감수해야 하는 경우가 많다. 좁은 좌석 국내 LCC 항공기는 대부분 200석이 되지 않는 소형비행기이다. 대형항공사에서도 사용하는 항공기이기도 하지만 가장 작은 항공기에 속한다. 가까운 곳을 갈 때는 괜찮지만 장거리 비행의 경우 다소 힘들 수가 있다.

하였다. 유럽에서도 10년이 넘는 기간 동안 많은 LCC가 등장하여 시장에서 성공함에 따라 LCC의 사업구분은 더욱 확실해졌으며, 아시아에서도 최근에 LCC들이 시장에 진출하고 있다. 하지만 아시아지역 항공운송시장의 환경은 북미와 유럽지역과 달리 충분한 항공수요를 기반으로 높은 비용경쟁력과 함께 부가서비스를 제공하거나 두 개 이상의 좌석 등을 운영하기도 한다. 또 아시아지역 LCC들은 허브공항을 주로 이용하여 소형기뿐만 아니라 대형기도 운영하고, 단거리 Point-to-point 노선뿐만 아니라 장거리의 다양한 노선을 운영하고 환승편을 제공하기도 한다.

현재 우리나라에서 LCC모델을 가지고 항공시장에 진출한 항공사들은 항공사를 이용하는 고객의 요구에 맞춰 기존 LCC의 개념과도 다르고, FSC와도 다른 형태의 기내 서비스를 제공하고 있어, LCC보다는 No-frills carrier와 비슷한 형태가 되어 가고 있다.

대한항공과 아시아나항공이 구축한 국내 항공시장 양강 체제는 저비용항공사(LCC) 제주항공 출범으로 변화하기 시작했고, 10여년 새 총 8개 항공사로 증가하였다. ICAO가 최근 발표한 자료에 따르면 2015년 전 세계 정기항공 승객 중 LCC

를 이용한 승객이 약 28%를 차지한다. 우리나라가 속해 있는 아시아태평양 지역에서는 그 점유율이 31%로, LCC란 용어가 처음 생겨난 유럽(30%)이나 북미(26%)보다 높다. 제주항공, 진에어, 에어부산, 티웨이, 이스타, 에어서울 등 국내 6개 LCC는 신규 항공기 도입을 계획하여 탄력적인 기재 운용을 가능케 하고, 노선 운용 효율성을 높여 비용 절감 효과를 누리고자 한다. 또, 신규 항공기의 도입은 곧장 노선 확대로 이어진다. 홍콩·중국·방콕·일본 등 중·단거리 위주로 운항을 이어온 LCC는 최근 하와이 노선까지 취항하며 장거리 시장에도 진출했다. 제주항공은 LCC 중 처음으로, 그리고 대형항공사(FSC) 대한항공에 이어 두 번째로 러시아 블라디보스토크에 취항하기로 하였으며, 또 진에어는 국내 LCC 업계에서 중 유일하게 393석 규모의 중대형 항공기를 들여와 하와이, 호주 케언스 등 장거리 노선에 투입하고 있다.

대형 항공사(FSC)의 변화 LCC의 개념과 반대되는 개념인 Full-Service Carrier는 대형 항공사로 광범위한 노선망을 운영하며 항공사에서 제공할 수 있는 모든 서비스를 제공하는 항공사이다. FSC는 LCC의 성장에 따라 대형화, 고급화, 차별화 등의 전략을 세워 변화에 대응하고 있다.

표 5-8 대형 항공사의 장/단점

장점	단점
Full-Service 좌석 등급에 따라 차이는 있겠지만 기내식부터 기내 어메니티, 위탁 수화물(무료 기준 초과 시 비용 부과) 등을 추가 비용 없이 제공받을 수 있고, 채식주의자 전용 기내식이나 임산부 전용 서비스 등 좀 더 세심하고 다양한 서비스가 준비되어 있다. 다양한 항공기 기종 대형 항공사는 다양한 항공기 기종을 보유하여 보다 편안하고 안락한 여행을 누릴 수 있다. 대형 항공기일수록 비행 가능 거리가 늘어나 유럽, 아메리카까지 직항으로 갈 수 있어 시간을 절약할 수 있다는 것도 장점이다. 항공동맹을 통한 추가 이득 항공동맹을 통해 고객들은 마일리지 적립이 쉽고 더 다양한 나라와 도시를 여행할 수 있다. 대형 항공사는 대부분 항공동맹에 가입되어 있기 때문에 이를 통해 마일리지를 한곳에 모을 수도 있고, 코드셰어를 통해 더 많은 곳으로 떠날 수 있다.	높은 가격대 FSC의 유일한 단점이자 가장 큰 단점은 가격이 비싸다는 것이다. 비수기와 성수기의 가격 차이가 2배 이상 차이 나기도 하는 등 여행지에서의 지출에 민감한 여행객들에게는 FSC가 부담스러울 수밖에 없다.

사진: Pixabay

대한항공과 아시아나항공이 비용 문제로 저가항공사들이 쉽게 들여오지 못하는 장거리 노선 확대를 위해 대형기를 점차 늘려가는 추세이다. 또 대형 여객기 내 프리미엄 서비스로 고급화·차별화에 역점을 둔다. 대한항공 A380 여객기는 전 세계 항공사 중 최초로 2층 전체를 비즈니스석으로 운영하고, 기내에서는 면세점, 바(Bar) 등의 부대시설을 이용할 수 있게끔 했다. 아시아나항공도 지난 2012년 호텔의 스위트룸을 구현한 일등석 '퍼스트 스위트'를 도입했다.

이에 외국 항공사들은 비즈니스와 이코노미석의 중간에 해당하는 '프리미엄 이코노미석'으로 맞서고 있다. 해당 좌석은 이코노미석보다 좌석이 넓고 편안하면서도 비즈니스석보다 가격이 저렴하다는 것이 특징이다. 독일 루프트한자는 2014년부터 인천과 독일을 오가는 프랑크푸르트 노선, 에어캐나다는 2015년 인천과 밴쿠버를 오가는 노선에 프리미엄 이코노미 좌석제를 도입했다.

한편 취항 도시를 늘리는 것 또한 저가항공사를 견제할 수 있는 대형 항공사의 주요 경쟁력이다. 2015년 5월 기준 대한항공은 국내선 12도시, 국제선 46개국 128개 도시에서 여객기를 운항 중이고, 아시아나항공은 국내선 11도시, 국제선은 24개국 75개 도시를 연결하고 있다. 이에 더해 대한항공은 중국 노선 확장에 열을 올리고 있고, 대한항공에 비해 단거리 국제선 비중이 높은 아시아나는 로마 외에도 미주나 유럽 지역에 장거리 노선을 추가 취항해 사업을 확장할 계획이다.

저가항공사에서는 제공되지 않거나 유상으로 제공되는 기내식은 대형 항공사의 강점 중 하나이다. 게다가 기내식은 단순히 먹는 음식을 뛰어넘어 외국인의 국가 평가에 결정적 영향을 주는 '문화 전도사' 역할을 하고 있어 항공사들은 기내식 개발에 엄청난 비용을 들인다. 아시아나항공은 지난 2006년부터 퍼스트 클래스에서 기내 셰프 서비스를 시작했고, 2008년부터는 승무원 셰프로 구성된 특화팀이 기내 셰프 서비스를 제공하고 있다. 특히 한식의 정통성을 추구하고자 궁중음식연구원과 업무 제휴를 통해 퍼스트 클래스에 한식 궁중 정찬을 내놓아 높은 호응을 얻기도 했다. 대한항공은 기내식 부문에서 비빔밥을 최초로 개발해 1998년 업계 최고 권위의 '머큐리상'을 수상한 바 있다. 한식 정찬 코스(항정살 묵은지찜, 연어만두 등)를 비롯해 영양밥, 동치미국수, 갈비찜, 불고기 덮밥, 곤드레밥 등 지속적으로 한식 메뉴를 선보이고 있다. 대한항공 역시 저염식이나 채식을 별도로 주문할 수 있다. 이에 더해 대형 항공사들은 와인 선정에도 심혈을 기울이고 있고, 기내식 외에도 대한항공은 삼각김밥과 컵라면 등을 제공하기도 한다.

LCC VS FSC LCC의 급성장이 계속되고 있고, 이에 맞선 FSC는 차별화 방안 고심을 이어가고 있는 상황에서 장기적으로 국내외 항공업계는 새로운 경쟁력을 갖추는 과정에 있다.

표 5-9 LCC와 FSC의 비즈니스 모델 비교

특징	LCC	FSC
브랜드	단일 브랜드: 저운임	운임과 서비스
요금체계	단순요금	복잡한 요금 구조
판매	주로 온라인	다양한 판매(여행사, 온라인, 전화판매 등)
탑승 수속	Ticketless	IATA 항공권, Ticketless
노선	Point-to-Point	Interlining, Codeshare Alliance
좌석등급	동일 등급 좌석	다양한 등급 좌석
항공기 운용	매우 높음	중급 정도(노조 협약)
Turnaround time	평균 25분	다양함(공항 혼잡, 인력 문제)
항공기단	단일 기종	여러 종류
좌석	좁은 좌석	넓은 좌석
고객 서비스	General service	Full service
운용 전략	여객 운행에 집중	화물 운송도 포함

2) 항공산업의 트렌드

① 조인트벤처

오랜 시간 '항공 동맹체'를 중심으로 진화한 항공업계의 최근 트렌드는 '조인트 벤처'(Joint Venture)이다. 대한항공과 델타항공이 미국 LA에서 조인트벤처 설립에 대한 양해각서(MOU)를 맺고, 2017년 7월 국토교통부에 "델타항공과 조인트 벤처를 맺고 아시아·태평양~미국 노선에서 항공 동맹체보다 적극적인 경영에 나서겠다"는 내용의 인가 신청서를 제출했다. 태평양노선 최대 항공사이자 아시아 노선이

그림 5-23 항공사간 협업의 진화

	코드쉐어 (좌석 일부 공유)	➡	항공 동맹 (얼라이언스)	➡	조인트 벤처 (합작 동맹)
개념	특정 항공기의 좌석 일부를 제휴사에 위탁판매	➡	코드쉐어+마일리지, 라운지, 탑승 수속 창구 등 공유	➡	2개 이상 항공사가 자사가 보유한 노선을 서로 광범위하게 공유, 수익 배분
현황	대한항공은 35개, 아시아나항공은 29개 항공사와 코드쉐어 중	➡	스카이팀, 스타 얼라이언스, 원월드 등	➡	일본항공-아메리칸에어 등 전 세계 20여 건

풍부한 대한항공과 세계 최대 항공사이자 미국 내 네트워크가 풍부한 델타항공의 조인트 벤처 체결로 여행객들은 미국~한국~아시아를 잇는 노선망이 늘어 항공권 선택 기회가 늘어나고, 두 항공사의 연결편 일정을 조절해 환승 시간을 절약할 수 있게 된다.

2000년대 후반부터 등장한 조인트 벤처는 기존 얼라이언스보다 한 단계 진화한 형태이나. 기존의 '코드셰어(좌석 일부 공유)'가 항공기 내 좌석 일부를 제휴사와 공유한다면, '항공 동맹(얼라이언스)'은 여기에 마일리지·라운지 공유 등을 추가한 연합체다. 조인트 벤처는 한발 더 나아가 모든 좌석을 공동 판매하고 운영 수익도 나눈다. 즉 별도의 가시적 회사를 설립하는 것은 아니지만, 마치 한 회사처럼 공동영업을 해 수익과 비용을 공유하는 방식으로 항공사끼리 수익 배분 방식을 정하고 항공사 전용터미널도 공유하는 등 보다 밀접한 관계를 가진다. 함께 엮인 항공사가 많을수록 승객들도 훨씬 많은 노선과 일정을 더 저렴하게 제공받을 수도 있다.

조인트 벤처에 대한 국내외 항공사의 시각은 상반된다. 미국~대서양 노선에서 큰 비중을 차지하는 두 항공사의 조인트 벤처가 사실상 '공룡 항공사'의 출현으로 이어질 것이라고 우려하는 시선이 가장 우세하다. 자칫 항공사의 독과점으로 이어질 수도 있다는 지적도 있다. 미국 항공업체들도 비슷한 지적을 했다. 결국 조인트 벤처를 통해 국민의 편익이 얼마나 늘고, 국내 항공사가 얼마나 이익을 낼 수 있는지 등 항공시장에 끼치는 영향에 대한 판단이 조인트 벤처의 도입에 주요 요인이 될 것이다.

② 다구간여행

그림 5-24 제주항공 다구간 항공권 이용객수

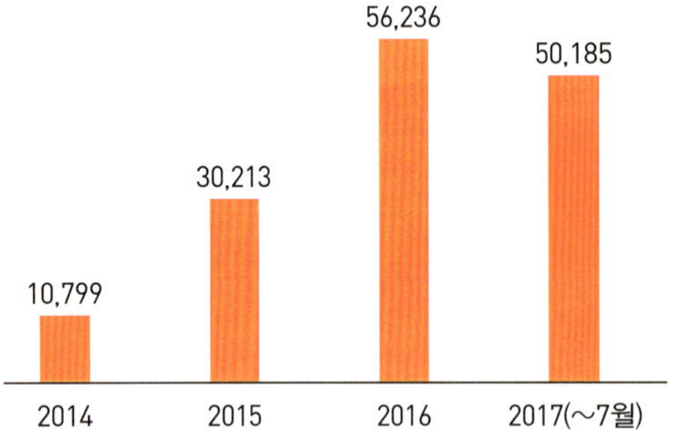

해외여행을 떠나는 사람 가운데 자유여행이 급속하게 늘어나는 등 여행방식이 다양해지면서 이젠 한 번 여행으로 여러 도시를 이동하는 '다구간 여행'이 새로운 여행 트렌드로 주목 받고 있다.

제주항공(대표이사 최규남)의 항공권 판매현황에 따르면 해외 도착도시와 출발도시가 다른 이른바 '다구간 여행' 이용객수가 2014년 1만 799명이었던 것이 2015년에는 3만 213명, 2016년에는 5만 6,236명 등 연평균 128% 증가하고 있으며, 2017년 7월에는 무려 5만 185명이 이용한 것으로 나타났다.

스케줄의 편의를 활용한 다구간 여행 추천지로는 대만과 일본이 대표적이다. 대만의 경우 타이베이와 가오슝을 연계한 다구간 항공권을 이용하면 여행스케줄에서 편의성이 한층 올라가는 장점이 있다. 한편 일본 여행객들 사이에서는 도쿄와 오사카를 연계한 다구간 여행이 새롭게 뜨고 있다. 일본은 철도나 버스 등을 이용한 도시 간 이동이 수월하다는 장점으로 지난 3년간 가장 많은 여행자가 도쿄와 오사카를 다구간 여정으로 이용했다.

이처럼 해외 도착도시를 중심으로 왕복여행하는 이른바 '똑딱이 여행' 대신 다양한 도시를 한방에 여행하고 싶어 하는 모험심 넘치는 젊은 여행자 사이에서 '다구간 여행'이 주목받고 있다.

③ 항공권 구매 트렌드의 변화

얼리버드(Earlybird) 항공권은 최근 저렴한 할인 항공권을 제공하는 항공사 마케팅에서 자주 언급되는 표현이다. 특히 저비용항공사(LCC, Low Cost Carrier)들은 항공편 출발일을 기준으로 일찍 항공권을 구입하면 할수록 값싼 항공권을 구입할 수 있는 서비스를 제공하고 있다. 미리 항공권을 구입하면 값싼 요금으로 항공기를 이용할 수 있지만, 대개 환불이 안 되고, 일정/여정변경이 불가능하다는 단점이 있다. 국내에서는 제주항공을 필두로 얼리버드 요금제를 통한 항공사 마케팅이 적극적으로 이루어지고 있다.

실제로 2016년 1년간 항공권 예약 업종의 키워드를 분석해보면 비행기 좌석배치, 얼리버드 항공권, 땡처리 항공권, 비행기 좌석등급 키워드의 유입이 높은 편이었다. 즉, 목적지+항공권 키워드보다 할인, 특가, 땡처리 관련 키워드들이 상당수 상위에 분포된 것을 알 수 있다.

2016년 항공권 예약 업종 키워드

얼리버드 요금제와 비슷한 개념으로 얼리버드 체크인(Early Bird Check-in)이 있다. 얼리버드 체크인은 승객에게 따로 좌석번호를 배정하지 않고, 약간의 요금을 더 지불하거나 혹은 먼저 도착해 온라인 탑승수속을 하는 순서대로 좌석 선택권을 주는 것이다. 얼리버드 요금제가 '먼저 구입하면 할수록 저렴한 항공권을 구입'하는 게 목적이라면, 얼리버드 체크인은 '비록 요금은 조금 더 들더라도, 편안한 좌석에 앉아 가겠다'라고 하는 여행객들에게 적합한 서비스라고 할 수 있다. 예를 들어 미국의 사우스웨스트항공은 승객에게 좌석번호를 배정하지 않고, 항공기에 탑승하는 순서대로 승객의 선호도에 따라 무작위로 좌석을 선택하도록 한다. 여기서 약간의 요금을 더 지불하였거나, 정해진 시간 내에 온라인 탑승수속을 할 경우 선착순으로 좌석 선택의 우선권을 준다.

이 같은 특가 항공권은 저가항공 노선의 증가, 스마트 컨슈머 급증 등의 요인과 함께 앞으로도 주목받을 것이다. 성수기 항공권을 비수기에 판매할 수 있게 되

그림 5-25 혼행/즉행 설문

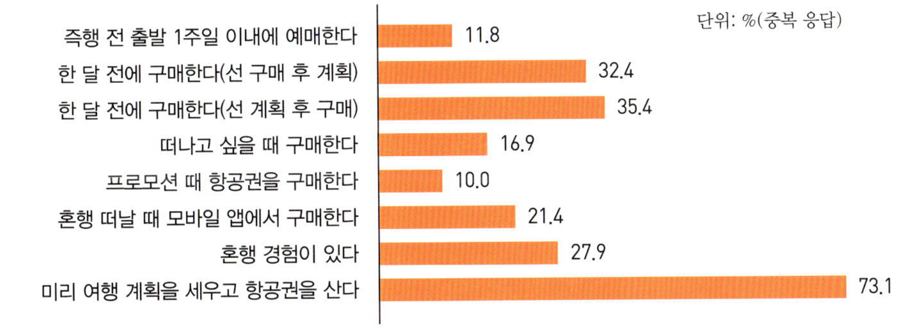

자료: 제주항공, 2007

면서 항공권 구매의 항공권 구매의 비수기가 사라지는 추세로 이어질 수 있다.

한편, 얼리버드와 정반대의 개념으로 즉석에서 항공권을 예매하고 여행을 떠나는 여행자들도 늘고 있다. 즉흥적으로 여행을 떠나는 '즉행족'이라 불리는 이들은 항공업계에서 새 트렌드로 주목받고 있다. 2030 젊은 세대 위주로 혼자 여행을 떠나는 '혼행', 틀에 박힌 여행 방식을 거부하는 '자유여행' 트렌드와 맞물려 미리 계획을 세우지 않고 상황에 맞춰 항공권을 예매하고 여행하는 것이다.

제주항공의 조사에 따르면 항공권 구입 성향을 묻는 질문에 전체 응답자의 26.9%는 '미리 여행 계획을 세우지 않았다'고 답했다. 이들은 떠나고 싶을 때 바로 항공권을 구입(16.9%)하거나 항공권이나 여행상품 프로모션이 있을 때 구입(10%)한다고 답했다. 미리 여행 계획을 세우고 항공권을 구입한다는 답은 73.1%였다.

읽어 보기

2019년 글로벌 항공사들 순이익 40조원… 10% 성장 전망

국제항공운송협회(IATA)는 '2019년 항공산업 전망' 발표를 통해 내년 항공업계가 355억 달러의 순이익을 내 올해 잠정치(323억 달러) 대비 9.9%의 성장을 이어갈 것으로 내다봤다.

성장 견인 요인으로는 여객수요 증가와 저유가를 꼽았다. 알렉산드르 드 주니악 IATA 사무총장은 이날 스위스 제네바에서 열린 기자회견에서 "지속적인 여객수요 증가와 저유가가 항공산업 성장세를 견인하는 역할을 하게 될 것"이라고 말했다. "역사상 어느 때보다 견고한 재무구조를 갖추고 있다는 점도 고무적"이라고 평가했다.

다만 보호무역주의와 브렉시트(영국의 유럽연합 탈퇴)로 인한 혼란 등 정책 요인들이 성장의 저해 요인이 될 수 있다고 우려했다. IATA 금융담당인 브라이언 피어스는 보호무역과 브렉시트를 둘러싼 불확실성 때문에 경기가 후퇴하지는 않겠지만 장기간에 걸친 성장 속도 둔화가 나타날 수 있다고 전망했다. 그러면서 "관세 전쟁이 제로섬 게임이며 누구에게도 이익이 되지 않는다는 점을 각국 정부가 이해해야 할 것"이라고 촉구했다.

항공사들의 수익과 직결되는 유가와 관련해서는 "유가 하락으로 연료 유류비가 떨어졌지만 임금 압박과 달러화 강세로 인한 다른 고정비 상승으로 수익성 부담이 계속될 것"이라고 봤다. 내년 유가 전망에 대해서는 "산유국들이 감산에 나선다고 해도 전반적으로 공급이 과잉 상태라 유가가 오를 것 같지는 않다"고 봤다.

항공업계가 배출하는 이산화탄소 배출량은 사상 최대가 될 것이라는 전망도 나왔다. 2013년까지 7억 톤을 밑돌았던 항공업계 이산화탄소 배출량은 2018년 8억 9,500만 톤을 기록하고 내년에는 9억 2,700만 톤에 이를 전망이다.

아시아경제, 2018. 12. 13

즉 여행객 4명 중에 1명은 즉행에 나서는 것으로 풀이된다.

모바일 등 스마트 기기 확산과 어플리케이션 성능 향상 등으로 인해 수시로 저렴한 항공권이나 여행 상품을 검색하고 즉시 결제할 수 있는 조건이 형성되어 항공권의 즉흥적 예약현상은 증가할 것으로 예상된다.

④ Upgaging

업게이징(upgauging)이란 기존 여객기에 좌석을 추가하고 소형 기종을 대형 기종으로 바꿔 수용 능력(capacity)을 늘리는 방법이다. 승객들 입장에선 항공사의 업게이징에 대한 장단점이 모두 있다. 대형 항공기를 이용하면 대체로 더 빠르고 더 편안한 여행을 할 수 있는 반면 운항 편수 감소로 여행 일정 선택에 제약이 따른다. 항공기의 좌석 숫자가 늘어났다는 것은 레그룸(다리를 뻗을 수 있는 공간)이 줄어들었다는 뜻이기도 하다. 또 좌석 배치가 빽빽해졌다는 것은 곧 캐리온(기내에 들고 탑승한 수하물)을 오버헤드 빈에 넣기가 더 힘들어진 것과도 같다. 심지어 항공사들은 더 많은 좌석을 만들기 위해 갤리(기내 조리실)나 화장실을 때때로 없애기도 한다. 물론 새로운 좌석은 좁아진 공간으로 인한 승객의 불편함을 최소화하도록 좌석 등받이 포켓과 접는 테이블 등이 더 가볍고 슬림하게 디자인되었다.

이 같은 업게이징 기술은 미국의 대형 항공사들에서 두드러진다.

미국의 대형 항공사들은 수익을 늘리기 위한 방편으로 좌석수를 늘리는 대신 항공편수는 줄이는 방식으로 변화하고 있다. 월스트리트저널(WSJ)에 따르면 2015년 7월 기준 미국 항공사들의 좌석수는 2년 전에 비해 12%나 증가했으나 운항편수는 4.4% 감소한 것으로 나타났다. 미국항공운송협회(AFA)에 따르면 5년 전에는 95석이었던 국내선 여객기 평균 좌석수는 현재 107석으로 늘어났다.

항공사 관계자들은 '업게이징'이 덜 위험하고 더 현명한 성장 방법이라고 표현한다. 업게이징을 하면 단위 비용(unit cost, 좌석 1개를 1마일 운행하는 데 드는 비용을 뜻하는

그림 5-26 미국내 항공사의 항공기 좌석수 및 기체수 변화

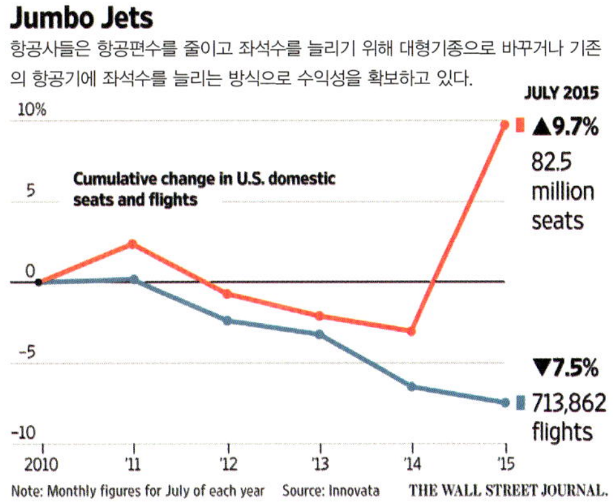

항공업계 용어)이 절감된다. 또 항공사 측에서 프리미엄 좌석이나 와이파이 서비스 같은 아이템을 판매할 수 있는 기회도 늘어난다. 이용객이 많이 붐비는 공항의 경우 혼잡(congestion)이 줄어들 것이며 악천후에 항공편 도착이 지연되거나 취소되는 것도 줄일 수 있다. 하지만 무엇보다도 중요한 점은 항공사들이 운행량을 늘리기 위해 신규 여객기를 구입하거나 리스할 필요가 없다는 점이다.

읽어 보기

거침없는 LCC, 올해도 일자리 창출에 앞장 … 작년 수준 신규채용 전망

국내 LCC 항공기 보유대수, 2018년 도입 계획

일자리 창출 효자인 저비용항공사(LCC)가 올해 약 1,300여 명을 신규 채용할 계획이다. LCC는 항공기를 한 대 도입할 때마다 40~50명의 인원이 필요한 만큼 올해도 신규 채용에 적극 나선다는 방침이다.

8일 관련 업계에 따르면 국내 6개 LCC는 올해 26대의 항공기를 도입할 계획이다. 업체별로 △제주항공 8대 △티웨이항공 6대 △진에어 4대 △이스타항공 4대 △에어부산 3대 △에어서울 1대를 들여올 방침이다.

대형항공사인 대한항공과 아시아나항공이 각각 17대, 2대의 항공기를 도입하기로 한 것을 넘어서는 수치다.

통상 LCC가 운영 중인 B737-800(186~189석 규모) 항공기는 1대를 도입할 때마다 조종사와 객실승무원이 약 35명이 필요하다. 더불어 일반직과 항공기 정비사 등까지 포함하면 항공기 1대당 40~50개의 일자리가 만들어진다. 이에 전년과 비슷한 수준인 1,000~1,300명의 신규 채용이 있을 전망이다.

항공업계 관계자는 "LCC 업체들이 최근들어 회사가 안정되고, 안정적으로 수익을 창출하고 있다"라며 "항공기를 도입할수록 자연스럽게 인력 수요가 창출돼 일자리 창출에도 앞장서고 있는 것"이라고 말했다.

업계에 따르면 6개 LCC 업체들은 최근 1년 동안 약 1,555명의 신규 직원을 채용하며 일자리 창출에 앞장섰다.

지난 3분기(2016년 10월 1일~2017년 9월 30일) 기준 항공사별로 △제주항공 535명 △진에어 198명 △티웨이항공 262명 △이스타항공 190명 △에어부산 170명 △에어서울 200명(지난해 12월 기준) 등을 채용했다. 4분기 신규 입사자가 많았다는 점을 감안하면 지난해 신규 입사자는 약 2,000명에 육박한다.

LCC 업계는 올해도 약 26대의 항공기 도입하며 공격적인 경영에 나서고 있다. 업계는 사드

국내 LCC 항공기 보유대수, 2018년 도입 계획 (단위: 대)

	현재 보유수	2017년 도입	2018년 도입계획
제주항공	31	5	8
진에어	26	3	4
티웨이항공	19	4	6
에어부산	23	5	3
이스타항공	18	3	4
에어서울	6	3	1
합계	123	23	26

해빙으로 중국 노선 운항이 재개를 기대하는 가운데, 일본과 베트남 등 동남아 노선을 늘리고 있다.

기존 LCC는 신규 LCC가 진입하기 전에 몸집을 최대한 키워 경쟁력을 만들기 위해 최근 더욱 공격적인 행보를 나타내고 있다. 에어로케이와 플라이양양 등 신규 LCC의 면허 허가가 최근 불발됐지만, 면허를 받고 운항을 시작하면 LCC 채용규모는 더 커질 수 있다.

업계는 다음달 평창올림픽이 있고, 한국인의 여행 수요가 증가하고 있어 경쟁 심화에도 불구하고, LCC의 성장이 당분간 이어질 것으로 내다봤다.

최창우 한국여행업협회 부장은 "LCC의 공급 증가로 항공권의 가격이 저렴해졌고, 20~30대 젊은층이 단기 해외 여행을 자주 가는 등 여행 문화가 바뀌고 있다"라며 "지난해 한국인이 해외로 간 아웃바운드 수요가 약 2,600만 명인데, 향후 3,000만 명까지 늘어날 것으로 전망하고 있다"고 말했다.

news.airportal.go.kr:8000/response/jsp/newsletter/newsletterView.jsp?news_seq=52373&publish_seq=4112

요약 Note

- 항공운송업이란 타인의 수요에 맞추어 항공기를 사용하여 유상으로 여객이나 화물을 운송하는 사업이며, 항공운송서비스(air transport service)란 항공기를 이용한 공간적 이동으로 경제적 가치를 창출하는 서비스를 말한다. 항공사의 항공서비스는 항공좌석 구매 후 목적지까지 수송하는 것뿐만 아니라 예약·발권·공항·기내 서비스 모두에 있어 다양한 서비스를 포함하는 프로세스이다.
- 항공사 기내 서비스란 기내에서 승객들에게 제공되는 물리적·인적 서비스의 계획에서부터 생산에 이르기까지의 모든 업무를 총칭한다. 각종 시설물과 서비스 물품을 통해 승객에게 편의를 제공하는 물리적 서비스와 승객들이 보다 안전하고 편안하게 여행할 수 있도록 하는 인적 서비스로 분류된다.
- 항공교통은 국내외 관광객들을 여행목적지까지 신속·편리하게 운송하는 역할을 수행한다. 이 같은 항공기술의 발달은 국제관광 수요의 비약적 성장을 견인하였다. 즉 국제관광객 수요와 항공여객 수요는 상호 의존적 관계를 갖고 있으며, 상호 공동가치를 추구한다.
- 항공업 트렌드 중 눈여겨 보아야 할 것은 저가항공사(LCC)의 성장이다. LCC는 항공자유화와 항공교통화의 진행으로 나타난 항공사 비즈니스 모델로, 기존 대형 항공사와 대비되는 실용적인 비즈니스 모델을 모색하고 낮은 비용 부담을 강점으로 항공시장의 틈새를 개척하였다. LCC가 항공시장에 진입하면서 항공교통수단은 더 이상 귀족적인 교통수단이 아닌 대중적인 교통수단으로 전환할 수 있게 하는 계기가 되었다.

과제 Assignment

- 관광산업의 측면에서 항공업이 갖는 중요성은 무엇인가? 항공업의 변화가 관광산업에 미칠 영향은 무엇인가?
- 국내외 대표 항공사 중 한 곳을 선정하여 기업의 특징 및 주요 전략에 대해 알아보자.
- 항공동맹 혹은 조인트 벤처 전략을 통해 항공사와 소비자가 얻을 수 있는 편익은 무엇인가?
- 항공 여행 트렌드의 변화에 따른 대형 항공사와 저가 항공사의 대응 방안은 무엇인지 조사해보자.

카지노 | Casino

<주요 관련 직무>

- 카지노 딜러
- 플로어 퍼슨(Floor Person)
- 핏 보스(Pit Boss)
- 게임 매니저
- 플로어 매니저
- 카지노 매니저

오늘날 **게임 산업**(Gaming Entertainment)은 크게 경마, 카지노, 경륜/경정, 복권, 스포츠 게임, 그리고 컴퓨터게임으로 구분할 수 있으며, 다른 관광자원과 마찬가지로 독립된 관광산업이다.

최근 **카지노산업**은 단순히 게임만을 제공하는 차원에서 벗어나 가족여행객을 포함한 대중관광객을 유치하기 위해 다양한 볼거리를 제공하는 리조트 형태(복합리조트)로 바뀌어가고 있다. 또한 카지노는 자연관광자원의 대체/보완 상품으로서 여가활동을 하기 힘든 계절이나 시간에 주로 여흥을 돋우고 소비를 촉진시키는 관광활동으로 이용되고 있다.

카지노의 구성

카지노의 핵심부분은 관광객의 게임욕구를 직접 충족하며, 연관부분은 관광객의 여가욕구를 극대화하도록 돕는다.

핵심부문
- 게임시설
- 인적서비스(딜러)

\+

연관부문
- 숙박시설
- 교통수단
- 이벤트 및 쇼

카지노의 특징

게임, 오락시설의 제공은 카지노산업의 기본적 기능이다. 이외에도 카지노산업은 다음과 같은 특징을 가진다.

- 게임/오락시설의 제공
- 큰 경제적 파급효과
- 높은 고용창출 효과
- 계절/기후의 제약 적음
- 높은 외화가득효과
  - -외래 관광객 1인당 체류시간/지출액 확대
- 양면성
  - -긍정적 경제효과
  - -사회적 부작용

국내 주요 카지노 운영현황(2015.06 기준)

*국내 카지노 중 강원랜드가 유일하게 내/외국인 출입 모두 가능하며, 이외의 모든 카지노는 외국인 전용으로 운영되고 있다.

	업체명	등록년월		업체명	등록년월
서울	워커힐호텔 카지노	1968. 3	제주	그랜드호텔 카지노	1990. 9
부산	파라다이스호텔 카지노	1978. 10		신라호텔 카지노	1991. 7
인천	올림포스호텔 카지노	1967. 8		오리엔탈호텔 카지노	1990. 11
강원	설악 파크호텔 카지노	1980. 1		롯데호텔 카지노	2001. 12
경북	경주 힐튼호텔 카지노	1979. 4		크라운 플라자호텔 카지노	1990. 9
제주	제주 칼호텔 카지노	1975. 10		서귀 칼호텔 카지노	1990. 9
				퍼시픽호텔 카지노	1995. 12

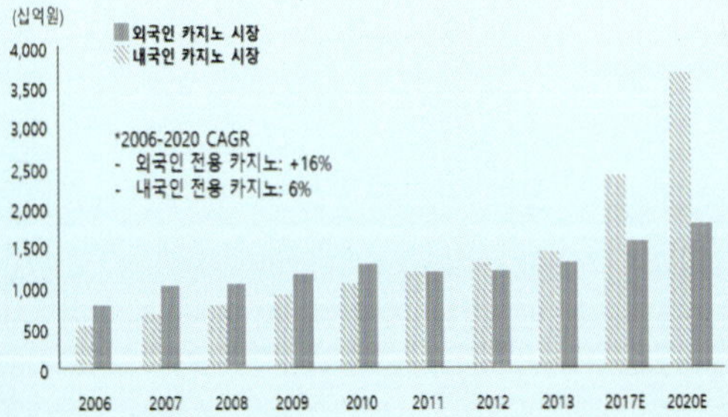

방한 외국인 관광객의 수가 증가함에 따라 카지노 시장의 규모도 매년 성장하여 최근 5년간(2010~2014년) 국내 카지노 시장은 연평균 5.5%씩 성장하여 왔다.

한국 카지노시장 규모 및 성장률
(LIG 투자증권)

Chapter 05

04 카지노

카지노산업의 정의 및 특징

1) 카지노산업의 정의

사진: Pixabay

카지노는 게임산업 중 유희와 사교적 행사의 대명사로 인식되어 왔다. 카지노의 어원은 도박·음악·쇼·댄스 등 여러 가지 오락시설을 갖춘 연회장이라는 의미의 단어인 라틴어 'Casa'로부터 유래되었다. 카사는 르네상스시대의 귀족이 소유했던 사교·오락용의 별관을 뜻했으나, 지금은 해변·온천·휴양지 등에 있는 게임장을 의미한다. 이러한 의미에서 카지노는 일반적으로 사교나 여가선용을 위한 공간을 뜻한다.

카지노산업은 관광·레저 산업에서 중요한 부분을 차지하고 있으며, 특히 매출액을 살펴보면 단일항목으로는 가장 높은 부분을 차지하는 산업이다. 이러한 카지노산업은 "관광객의 게임욕구와 다양한 여가욕구를 충족시켜 줄 유·무형의 서비스를 제공하는 사업과 이를 간접적으로 지원해주는 카지노 관련 사업"이라고 정의되어진다.

2) 카지노산업의 특징

① 다른 산업에 비해 고용창출효과가 높다.

카지노산업은 일정한 시설만 갖추고 연중무휴로 영업하는 순수한 인적 서비스 상품이다. 고용효과가 수출산업인 섬유·가죽 산업, TV부문, 반도체 산업, 승용차 산업에 비해 훨씬 높은 것으로 나타났다.

그림 5-27 카지노산업의 특징

① 다른 산업에 비해 고용창출효과가 높다.
② 자연관광자원의 기후에 대한 한계성을 극복하기 좋다.
③ 경제적 파급효과가 매우 크다.
④ 외화가득효과가 매우 높다.
⑤ 외래 관광객 1인당 지출액을 늘리고 체류기간을 연장시킨다.
⑥ 양면성이 있다.

② 자연관광자원의 기후에 대한 한계성을 극복하기 좋다.

카지노산업은 실내공간에서 이루어지는 여가활동이므로 기후에 영향을 받지 않는다. 또한, 24시간 영업을 하기 때문에 야간 관광 상품으로 이용될 수 있다는 장점이 있다.

③ 경제적 파급효과가 매우 크다.

연관 산업에 대한 생산 및 부가가치 창출효과, 지역주민에 대한 소득 및 고용창출의 효과, 중앙 및 지방자치단체에 대한 재정수입 창출효과 등 다양한 경제적 파급효과를 발생시킨다. 김종범(2013)에 따르면 카지노산업은 타 관광산업 대비 3배 이상의 고용창출효과를 보이고, 카지노 호텔의 경우 호텔 전체 매출의 59%를 차지할 정도로 큰 경제적 효과를 가진다.

④ 외화가득효과가 매우 높다.

카지노산업의 외화가득률과 수출산업의 외화가득률을 비교하여 수출 가치를 평가해보면, 카지노 이용객 1명의 유치는 약 반도체 56개, 컬러 TV 3대를 수출한 것과 동일할 정도로 그 수치가 높다.

⑤ 외래 관광객 1인당 지출액을 늘리고 체류기간을 연장시킨다.

카지노 이용객 1인당 지출액은 외래 관광객 1인당 지출액의 약 64%를 차지할 정도로 단일지출항목으로는 매우 높은 비중을 차지하고 있으며, 호텔에서 카지노이용객의 숙박 및 레스토랑 지출비용이 차지하는 비중도 높다. 그리고 라스베이거스와 같은 리조트 카지노에서는 쇼핑과 테마상품의 지출비용 역시 크다.

⑥ 양면성이 있다.

긍정적인 효과와 사회적 부작용을 일으킨다는 양면성을 가지고 있다. 카지노로 인한 긍정적인 효과는 앞에서 설명하였듯이 경제적 파급효과, 고용효과 등이 있으나, 도박중독, 재산탕진, 과소비, 사행심 조장, 폭력조직과의 연루, 불법고리대금, 돈세탁 등 여러 가지의 사회적 부작용을 가져올 수 있다. 그러나 대부분의 국가에서는 이러한 부작용들을 최소화시키기 위해서 카지노감독위원회를 조직하여 관리·감독하고 있다.

3) 카지노산업과 관광

현대에 와서 관광에서 카지노는 빼놓을 수 없는 키워드가 되었다. 외래 관광객들 중에서 오로지 '카지노'만을 위해 관광하는 관광객들도 있고, '카지노'가 부수적인 관광 장소로 선정되어 방문하는 관광객들도 있다. 〈표 5-10〉을 보면 카지노산업은 관광에 있어 관광수입 대비 카지노 수입이 꾸준한 점유율을 유지하고 있다는

표 5-10 관광 수입 대비 카지노 수입 현황(1993~2016)

연 도	관광 수입(A)	성장률(%)	카지노 수입(B)	성장률(%)	A 대비 점유율(%)
1993	2,929,500	8.9%	173,176	27.0%	5.9%
1994	33,16,500	13.2%	250,763	44.8%	7.6%
1995	5,060,200	52.6%	286,342	14.2%	5.7%
1996	4,855,400	−4.0%	265,560	−7.2%	5.5%
1997	4,710,200	−3.0%	243,013	−8.5%	5.2%
1998	6,865,400	45.8%	203,877	−16.1%	2.9%
1999	6,801,900	−0.9%	251,787	23.5%	3.7%
2000	6,811,300	0.1%	301,153	20.0%	4.4%
2001	6,373,200	−6.4%	296,355	−0.8%	4.6%
2002	5,918,800	−7.1%	327,075	10.4%	6.2%
2003	5,343,400	−9.7%	334,335	2.2%	6.3%
2004	6,053,100	13.3%	378,576	13.2%	6.2%
2005	5,793,000	−4.3%	423,413	11.8%	7.5%
2006	5,697,400	−1.7%	501,928	18.5%	8.8%
2007	6,071,400	6.6%	659,634	31.4%	10.7%
2008	9,696,100	59.7%	684,263	3.7%	7.1%
2009	9,767,200	0.7%	720,520	5.3%	7.4%
2010	10,290,500	5.4%	869,679	20.5%	8.5%
2011	12,347,200	20.0%	1,015,982	16.8%	8.2%
2012	13,356,700	8.2%	1,110,244	9.3%	8.3%
2013	14,524,800	8.7%	1,250,093	12.6%	8.6%
2014	17,711,800	21.9%	1,307,776	4.6%	7.2%
2015	15,091,700	−14.8%	1,098,778	−16.0%	7.3%
2016	17,087,600	13.2%	1,100,139	0.1%	6.4%

것을 알 수 있다. 〈표 5 - 11〉을 살펴보면 전체 방한 외래 방문객 중에서도 카지노를 이용하는 비율은 약 15~20%로 꽤 높은 비율을 점유하고 있으며, 관광목적의 외래객 대비 카지노 이용객의 비율 역시 최대 약 30%를 차지할 만큼 관광객들의 카지노 이용 비율이 매우 높다. 현대 관광에 있어 카지노는 빼놓을 수 없는 부분이 되었고, 우리의 관광 산업에서도 중요한 역할을 하고 있다는 사실을 알 수 있다.

카지노와 쇼핑·레스토랑·레저활동 등의 위락 시설을 접목해 관광지로 한층

표 5-11 방한 외래객 대비 카지노 이용현황(1993~2016)

연도	방한 외래객					카지노 이용객			
	전체 외래객 (A)	성장률 (%)	관광목적 외래객 (B)	성장률 (%)	A 대비 점유율 (%)	인원(C)	성장률 (%)	A 대비 점유율 (%)	B 대비 점유율 (%)
1993	3,331	–	1,901	–	57.1%	650	−4.4%	19.5%	34.2%
1994	3,580	7.5%	2,040	7.3%	57.0%	626	−3.8%	17.5%	30.7%
1995	3,753	4.8%	2,477	21.4%	66.0%	633	1.2%	16.9%	25.6%
1996	3,684	−1.8%	2,328	−6.0%	63.2%	515	−18.2%	14.1%	21.8%
1997	3,908	6.1%	2,580	10.8%	66.0%	518	0.1%	13.1%	20.1%
1998	4,250	8.8%	3,065	18.8%	72.1%	689	33.0%	16.0%	22.0%
1999	4,660	9.6%	3,454	12.7%	74.1%	695	0.8%	14.9%	20.1%
2000	5,322	14.2%	3,874	12.3%	72.8%	636	−8.4%	12.0%	16.4%
2001	5,147	−3.3%	3,769	−2.7%	73.2%	627	−1.4%	12.1%	16.6%
2002	5,347	3.9%	3,844	2.0%	71.9%	648	3.3%	12.1%	16.8%
2003	4,753	−11.1%	3,217	−16.3%	67.7%	630	−2.6%	13.2%	19.5%
2004	5,818	22.4%	4,185	30.1%	71.9%	677	7.4%	11.6%	16.1%
2005	6,022	3.5%	4,347	3.9%	72.2%	574	−15.2%	9.5%	13.2%
2006	6,155	2.2%	4,365	0.4%	70.9%	989	72.2%	16.0%	22.6%
2007	6,448	4.8%	4,388	0.5%	68.1%	1,176	19.0%	18.2%	26.8%
2008	6,891	6.9%	4,642	5.8%	67.4%	1,277	8.5%	18.5%	27.5%
2009	7,818	13.4%	5,685	22.5%	72.7%	1,676	31.2%	21.4%	29.4%
2010	8,798	12.5%	6,367	12.0%	72.4%	1,946	16.0%	22.1%	30.5%
2011	9,795	11.3%	7,203	13.1%	73.5%	2,101	8.0%	21.4%	29.2%
2012	11,140	13.7%	8,657	20.2%	77.7%	2,384	13.5%	21.4%	27.5%
2013	12,176	9.3%	9,076	4.8%	74.5%	2,707	13.6%	22.2%	29.8%
2014	14,202	16.6%	10,927	20.4%	76.9%	2,962	9.4%	20.9%	27.1%
2015	13,232	−6.8%	10,135	−7.2%	76.6%	2,614	−11.8%	19.8%	25.8%
2016	17,242	30.3%	13,933	37.5%	80.8%	2,363	−9.6%	13.7%	17.0%

성숙해질 수 있는 계기가 된다. 라스베이거스는 이미 단순히 카지노의 도시에서 벗어나 연 4,000만 명의 관광객이 찾는 리조트·컨벤션 도시로 거듭났고, 마카오는 연간 3,000만 명의 관광객을 유치해 카지노 포함 450억 달러의 관광수입을 올리고 있다. 초기 관광시장에서는 눈에 띄지 않던 싱가포르도 2017년 기준 싱가포르 인구의 3배가 넘는 1,700만 명이 찾는 동남아의 대표적인 관광도시로 자리매김했다.

국내외 주요 카지노산업

1) 세계의 주요 카지노 도시

카지노의 대표 도시라는 명성을 가진 라스베이거스와 아틀란틱 시티를 포함하여 미국은 현재 45개주에서 카지노를 합법적으로 운영하고 있다. 〈표 5-12〉에서 보듯이 라스베이거스가 있는 네바다 주에 334개의 사업장을 포함해 미국 내에 총 1,000개가 넘는 카지노 사업장이 있으며, 10조원에 가까운 수익을 기록하고 50만 개가 넘는 직접 고용을 창출하고 있다. 그러나 거대 카지노 자본의 아시아 진출에 힘입어 마카오는 2005년부터 2015년까지 10년간 연평균 21.0% 성장을 기록했다. 또한 카지노가 포함된 복합리조트의 성공에 힘입은 싱가포르와 함께 동아시아 카지노 시대를 본격적으로 개막했다.

표 5-12 미국 주별 카지노 사업장 현황(2018)

순위	주	카지노 수	순위	주	카지노 수
1	Nevada	334	26	Illinois	10
2	Oklahoma	134	27	Alabama	9
3	California	62	28	Georgia	9
4	Colorado	40	29	Kansas	9
5	South Dakota	39	30	Massachusetts	8
6	Florida	35	31	New Hampshire	8
7	Mississippi	35	32	Idaho	7
8	Arizona	34	33	Kentucky	7
9	Washington	32	34	Montana	5
10	Michigan	30	35	West Virginia	5
11	North Dakota	29	36	Maine	4
12	Louisiana	28	37	North Carolina	4
13	New Mexico	28	38	South Carolina	4
14	Oregon	24	39	Delaware	3
15	Iowa	23	40	Rhode Island	3
16	New Jersey	23	41	Wyoming	3
17	New York	22	42	Arkansas	2
18	Wisconsin	22	43	Connecticut	2
19	Minnesota	20	44	Hawaii	2
20	Nebraska	20	45	Texas	1
21	Ohio	16	46	Alaska	0
22	Maryland	14	47	Tennessee	0
23	Indiana	13	48	Utah	0
24	Missouri	13	49	Vermont	0
25	Pennsylvania	12	50	Virginia	0

카지노 업계보고서에 의하면 2016년 마카오, 싱가포르, 호주, 필

그림 5-28 | 미국과 마카오의 커머셜 카지노 사업체 수

미국의 커머셜 카지노 사업체 수(2005~2017)

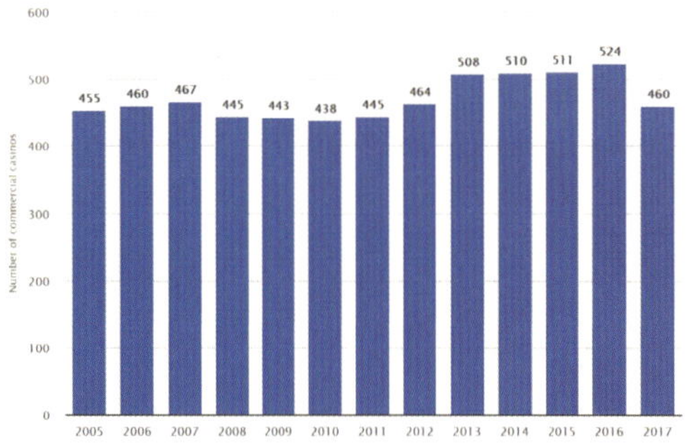

마카오 커머셜 카지노 사업체 수(2008~2018)

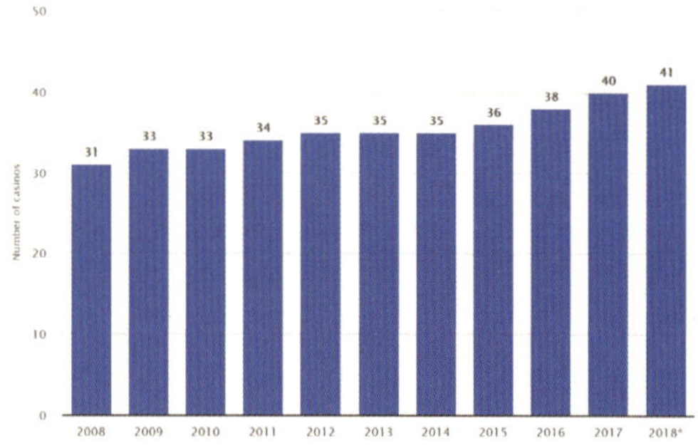

* 커머셜 카지노(commercial casinos): 직접 또는 임대가 가능한 사업체를 말함. 미국의 경우 460개의 허가받은 사업체가 다수의 도시에서 카지노를 운영하므로 총 1,000개 이상의 사업장이 운영중이다.
자료: www.statista.com

리핀, 한국, 베트남, 러시아 등 7개국의 카지노 시장 규모는 411억 달러(약 46조 320억원)에 이른다. 여기에 2020년 개장 예정인 일본 카지노는 최근 관광수요가 증가하며 향후 시장 규모가 250억 달러(약 28조원)에 달할 것으로 전망했다. 다른 동아시아 국가와 일본을 합하면 총 661억 달러(약 74조 320억원)에 이르는 거대 시장이 될 것으로 세계 카지노 협회는 예상했다. 여기에 필리핀, 러시아, 대만과 일본, 한국도 영종도에 카지노 시설을 포함한 복합 리조트를 개장하며 외국인 관광객 유치에 박차를 가하고 있다.

라스베이거스는 약 150개의 호텔과 13만 2,000개의 객실(모텔을 포함하면 15만개)을 갖추고 있는 반면 마카오에는 약 75개 호텔과 3만 5,000개의 객실만이 있다는 것이다. 카지노 시설은 라스베이거스에 104개의 사업장이 있는 반면(〈표 5-12〉에서 1위를 기록한 네바다주는 라스베이거스가 포함된 클라크카운티 외에 여러 지역에 카지노 사업장을 운영하고 있다) 마카오에는 41개가 운영 중이다(〈그림 5-28〉 참조). 이처럼 규모 면에서는 라스베이거스가 마카오보다 훨씬 크다. 방문객 규모면에서는 2017년에 3,300만 명이 마카오를 방문했지만 라스베이거스에는 3,900만 명이 다녀갔다. 하지만 아시아의 성장과 함께 마카오의 성장률은 매우 가파르며 매출액 규모면에서는 압도적 우위에 있다. 〈그림 5-29〉에서 보듯이 마카오의 2017년 총 매출액은 331억 3,000만 달러이고 라스베이거스는 7,092만 달러를 기록했다.

방문객 대비 총수익의 차이는 바로 방문목적에 따른 차이가 크기 때문이다.

그림 5-29 2007~2017년 라스베이거스 카지노의 수익과 마카오의 수익비교

Las Vegas Gross Gaming Revenue (Downtown Vegas and Strip)		Macau Gross Gaming Revenue	
Year	Million $	Million MOP	Million $
2007	7461	83022	10378
2008	6709	108772	13597
2009	6074	119369	14921
2010	6270	188343	23542
2011	6566	267867	33483
2012	6716	304139	38017
2013	7006	360749	45093
2014	6884	351521	43940
2015	6890	230840	28855
2016	6923	223210	27901
2017	7092	265743	33217

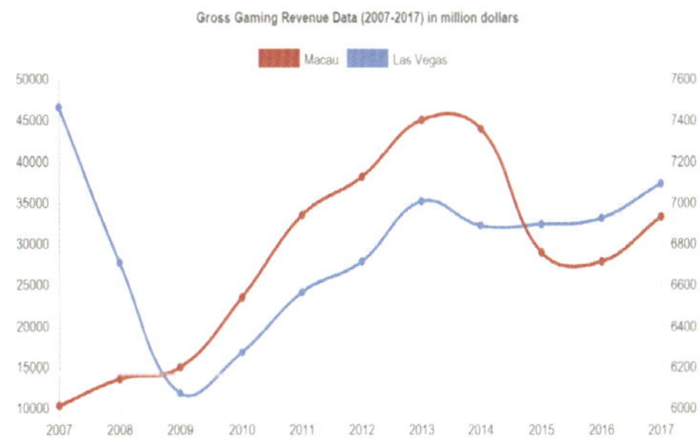

자료: www.casinonewsdaily.com

2000년대 이후 라스베이거스는 카지노 매출이 관광수입으로 인한 총매출의 절반에 미치지 못하고 다변화되었다. 이에 비해 마카오는 카지노에서만 총매출의 80%를 넘는 수익구조를 갖고 있다([그림 5-30] 참조). 첨단 시설과 장치가 있는 하드웨어와 엔터테인먼트의 다양성은 라스베이거스를 카지노의 중심지이자 국제회의에 적합한 다목적 관광도시로 발전시켰다.

그림 5-30 마카오와 라스베이거스 수익원 비교

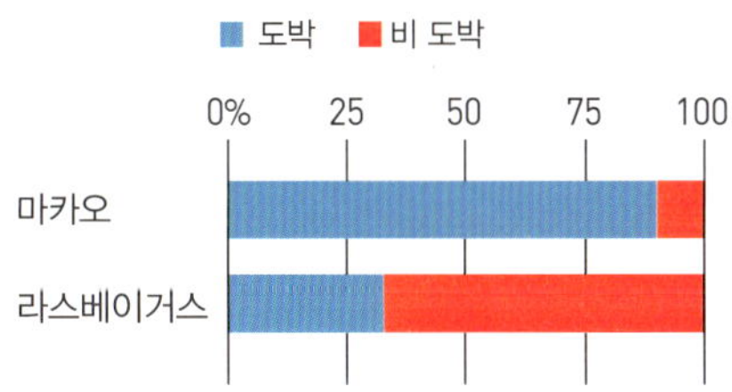

자료: DSEC

마카오 카지노는 복합리조트가 들어서기 시작한 2000년대 중반부터 빠르게 성장하다가 2015년부터 매출이 급감했다. 중국이 반(反)부패 정책을 펴면서 카지노를 방문하는 고객이 감소했다. 2013년 마카오는 451억 달러(한화 약 50조)가 넘는 수익을 내며 라스베이거스의 6배가 넘는 성장을 기록했다. 2015년 중국 정부의 반부패정책으로 급격하게 하락한 마카오는 2016년 이후 회복세로 돌아서며, 2017년 대비 14%의 성장률을 보이며 2018년도 376억 달러를 기록하였다.

사진: Pixabay

① 라스베이거스

1960년대 라스베이거스 인구가 64,405명으로 늘어나면서 네바다 주 인구의 22%를 차지하게 되었고, 급성장하는 라스베이거

그림 5-31 라스베이거스 방문자 추이

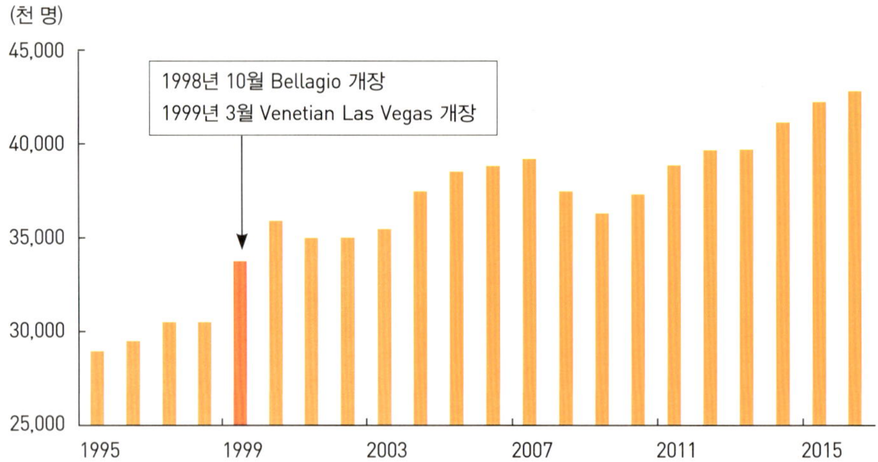

자료: Bloomberg

스에 Howard Hughes는 카지노와 호텔을 도입하면서 본격적으로 게이밍 산업을 발전시키기 시작했다. 하워드 휴즈의 성공에 이어 1970~80년대까지 라스베이거스에 많은 투자사들이 호텔과 카지노를 신축하기 시작했고, 많은 고용창출을 유발하였다. 하지만 눈부신 성장에도 불구하고 라스베이거스는 도박과 환락의 이미지로만 비춰지면서 한계에 다다르게 된다.

1980년대 중반 이후 라스베이거스의 대명사가 되어 버린 스티브 윈의 등장으로 라스베이거스는 테마를 가진 엔터테인먼트의 도시로 변화한다. 가족이 함께 즐길 수 있는 도시로의 변신에 성공한 라스베이거스는 세계 최고의 관광도시로 성장하였다.

라스베이거스 카지노산업은 Las Vegas Strip 기준으로 2010년부터 2014년까지 10.3% 성장률을 보였으나 최근에는 동아시아 지역 카지노산업의 가파른 성장세에 비해 상대적으로 둔화되었다. 미국 카지노 업계는 고객을 보다 많이 유입하기 위한 전략으로 첨단기술을 적극 도입하는 추세이다. 첨단기술 도입의 선두주자는 하라스(Harrah's) 그룹이었으나, 라스베이거스의 하드락(Hard Rock) 카지노에서 RFID(무선

사진: Pixabay

주파수 신분 증명) 장치가 장착된 첨단칩을 도입하였다. RFID 칩은 칩마다 고유코드가 있어 위조가 불가능하고, 칩에서 보내는 신호를 수신하여 고객이 보유한 칩의 액수와 베팅액, 선호 게임, 게임 실적 등을 실시간으로 파악할 수 있어 슬롯머신뿐만 아니라 테이블 게임에서도 정확한 정보 수집이 가능해졌다.

② 마카오

마카오 Gaming의 역사는 16세기부터 시작된다. 마카오에 첫 항구가 생긴 이후 중국 대륙으로부터 온 건설노동자와 잡부들 사이에 Gaming이 성행했고, 마카오의 포르투갈 정부는 1847년 조세수입을 늘릴 목적으로 게이밍을 합법화했다. 카지노산업에서 첫 독점권을 소유한 회사는 후탁얌(Fu Tak Yam)의 '태흥유한공사(The Tai Xing company)'였지만, 마카오에서 카지노가 본격적으로 발전하기 시작한 것은 이후 STDM의 'Dr. 스탠리 호'가 독점면허를 획득하면서부터이다. 스탠리 호는 1970년 마카오의 상징적 카지노 '리스보아'를 개장한 이래 40년 넘게 카지노산업을 이끌며 마카오가 '동양의 몬테카를로'가 되는 데 기여했다.

그림 5-32 카지노 업체의 마카오 시장 점유율 (2017. 11)

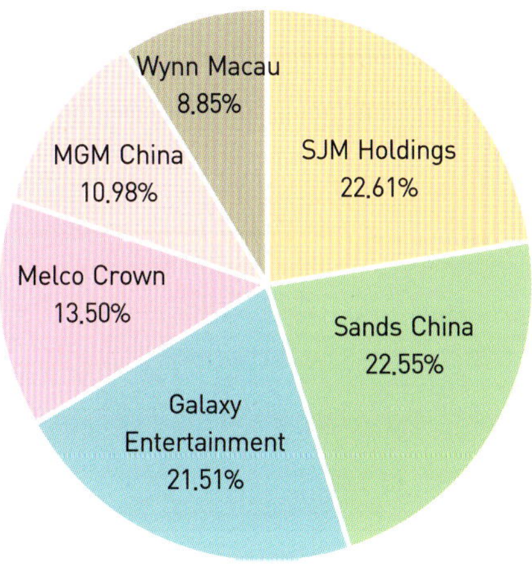

마카오의 주권이 다시 중국으로 넘어온 1999년 이후 STDM의 독점이 해소되고, 중국정부는 해외자본을 적극적으로 유치하며 카지노산업에 경쟁체제를 도입한다. 이 때 홍콩과 미국의 합작 회사인 Galaxy 그룹, 라스베이거스 단독 자본인 Wynn Resort가 추가 라이선스를 얻었고, MGM, Melco & PBL 등도 서브 라이선스를 취득한다. 이 같은 해외자본의 적극적인 투자로 인해 마카오 카지노는 빠른 속도로 성장 국면에 진입하게 되었다.

2010년 상반기에 마카오의 카지노 매출액은 전년 동기 대비 66.9% 증가한 110억 달러를 기록한 반면, 같은 기간에 라스베이거스 카지노 매출액은 2.6% 성장에 그친 28억 달러를 기록했다. 이처럼 마카오의 카지노 매출액은 지난 2006년부터 라스베이거스를 추월하기 시작했다.

마카오 내 6개 카지노 사업자는 Sands China, Galaxy, Wynn Macau, SJM Holdings, MGM China Holdings, Melco Crown Entertainment이다. 마카오 카지노 산업의 매출은 2010년부터 2014년까지 86.6%의 증가세를 보였으나, 2014년 하반기부터는 침체기에 들어섰다. 2016년 마카오 카지노 감찰국(Macau Gaming Inspection and Coordination Bureau) 발표에 따르면 2016년 8월 마카오 카지노산업은 188억 파타카(한화로 약 2.6조원 규모)의 수입을 내며 26개월 연속 마이너스 성장에서 벗어나 전년 동기 대비 소폭 증가(1.1% 증가)세를 보였다.

이와 같은 회복세의 이유로는 Wynn Macau의 Wynn Palace리조트와 Sands China그룹의 Parisian 리조트 신규 개장에 따른 것으로 분석된다. 여기에 한국~마카오 항공편 증편이 맞물려 마카오에 체류하면서 역으로 홍콩을 여행하는 한국 관광객도 증가하는 추세이다. 또한 카지노 리조트 밀집지역에 위치한 타이파(Taipa) 페리 터미널이 2017년 상반기에 증설되고, 2018년까지 광저우 고속철(Guangzhou Rail Link)이 연결되며, 2019년에는 카지노 시설 주변을 연결하는 마카오 경전철이 완공되는 등 각종 교통 인프라가 대거 확충될 예정이다.

2) 세계의 카지노산업

① 라스베이거스 MGM 그랜드(MGM Grand)

'스스로 도시'라고 부를 만큼 MGM 그랜드는 규모면에서 웅장함을 자랑한다. 5,005개에 달하는 객실, 각종 스포츠를 즐길 수 있는 실내체육관, 극장·카지노·컨벤션센터 등 헤아릴 수 없이 많은 시설이 MGM 그랜드라는 하나의 거대한 도시를 형성한다. MGM 그랜드는 우리나라의 500개 객실을 보유한 특급호텔을 기준으로 비교해 볼 때, 10배에 달하는 객실 수로 놀라지 않을 수 없다.

사진: Pixabay

객실은 크게 딜럭스 룸과 스위트 룸으로 구분된다. MGM 그랜드의 카지노장은 풋볼 경기장 4개를 합친 것과 같은 크기로 라스베이거스에서는 최대 규모이다. 어마어마한 크기도 그렇지만, 그 안의 각종 시설 또한 만만치 않다. 총 2,500여 대에 달하는 슬롯머신과 비디오 게임 기계들이 갖추어져 있다. 또한 제임스 본드가 가장 좋아한다는 바카라, 숫자 맞추기 게임의 일종의 일종인 키노, 포커, 블랙잭, 룰렛, 크랩, 빠이가우, 빠이가우 포커, 카리비언 스터드 포커, 렛잇라이드 등 다양한 게임들을 호화롭게 장식된 카지노에서 즐길 수 있다. 또한 그랜드 가든이라 불리는 원형경기장이 있어서 복싱과 테니스 경기 및 로데오를 비롯한 많은 운동경기를 관람할 수 있을 뿐만 아니라, 직접 참가할 수도 있다.

현재 MGM-Miragc는 Bcllagio, Mgm Grand, The Mirage, Treseare Island, New York-New York, Mgm Grand Detroit, Boardwalk, Bufflo Bill's, Whiskey Pete's 등 미국 국내에 12개의 카지노를 갖고 있다.

② 라스베이거스 미라지(The Mirage)

1989년에 개장한 이후 미라지 호텔의 '화산폭발' 장면은 라스베이거스를 상징하는 또 다른 명물이 되었다고 해도 과언이 아니다. 17m에 이르는 화산에서 뿜어져 나오는 마그마와 화산재, 연기, 그리고 30m까지 솟아오르는 불기둥 등 누구라도 이 광경을 보기만 하면 금방이라도 덮쳐 올 것만 같은 마그마 때문에 몸을 움츠리게 된다.

미라지 호텔의 볼거리는 화산 폭발 장면만이 아니다. 미라지 호텔은 자연 속의 호텔이다. 사막 속의 도시 라스베이거스, 그리고 그 도시 속의 푸른 세상 오아시스가 바로 미라지 리조트이다. 사막 속의 도시 라스베이거스, 그리고 그 도시 속의 푸른 세상 오아시스가 바로 미라지 리조트이다. 미라지 리조트의 곳곳에는 거대한 폭포수가 떨어지며 장관을 이루고, 코코아 야자나무와 바나나나무 등 하늘 높이 치솟은 나무들이 우거져 열대우림을 만들어낸다. 또한 빼놓을 수 없는 곳이 바로 미라지의 수족관이다. 하와이·호주·홍해·피지 등 세계 곳곳에서 상어·열대어·돌고래 등 각종 바다생물을 자연모습 그대로 옮겨 놓은 이 수족관은 디자인 구성에서부터 수질관리·통제에 이르기까지 전 부분을 전문생물학자들이 관리하고 있어 그 생태학적인 가치를 인정받고 있기도 하다.

사진: Pixabay

미라지 호텔의 카지노에서는 블랙잭, 크랩, 룰렛, 바카라, 포커, 슬롯, 키노, 렛잇라이드, 빠이가우, 빠이가우 포커, 카리비언 스터드 포커 등의 게임을 할 수 있다. 특히 미라지 호텔의 레이스·스포츠북은 좋은 시설과 완벽한 시스템으로 아주 유명하다. 이 곳에서는 경마·축구·야구·농구·권투·하키 등 거의 전 종목에 걸친 스포츠경기를 커다란 스크린을 통해 관람하며 내기를 걸 수도 있다. 이 레이스 시스템은 라스베이거스의 다른 호텔 카지노의 레이스·스포츠북을 지원하기도 한다.

③ 라스베이거스 벨라지오(Bellagio)

사진: Pixabay

1998년 10월에 개관한 세계 최고급 VIP 호텔 카지노이다. 지금까지 낮은 객실료를 제공해 온 다른 카지노 호텔과는 달리 벨라지오 호텔 카지노에서는 카지노시장을 차별화하기 위하여 고가정책으로 호텔을 건설했다. 다시 말하면 고가정책을 이용하여 고급손님을 유치하겠다는 차별화전략이었다.

다행스럽게도 벨라지오 호텔 카지노의 이 고가정책은 성공을 거두었으며, 라스베이거스를 찾는 방문객 중에는 저렴한 객실만을 선호하는 것이 아니라, 고가시장도 존재하고 있다는 사실을 입증해 주었다. 벨라지오 호텔 카지노에는 유명브랜드만 모아 놓은 쇼핑센터와 음악의 선율에 맞춰 연출하는 '춤추는 분수대(Dancing Fountains)'는 새로운 명물거리로 등장했다.

④ 마카오 베네시안(Venetian Hotel & Casino)

사진: Pixabay

1999년 5월 건설된 Venetian Hotel & Casino는 이탈리아 베니스풍을 자아내며, 4,000실의 객실과 슬롯머신 3,000여 대, 그리고 테이블게임 120여 대를 보유하고 있다. 또한 베네시안 호텔 카지노는 2004년부터 마카오에서 대형 샌즈(sands) 카지노와 베네시안 마카오를 운영하고 있다.

⑤ 싱가포르 샌즈(Sands)

사진: Pixabay

싱가포르의 랜드마크로 자리 잡은 복합리조트 건물이다. 창이국제공항에서 차량으로 남쪽으로 20분가량의 거리에 있다. 마리나베이는 전망 좋은 호텔과 고급 레스토랑, 명품 브랜드가 입점한 쇼핑몰이 즐비하였으며, 싱가포르를 대표하는 관광지다. 싱가포르의 남쪽 끝, 넓은 바다와 높은 빌딩들이 어우러진 지역으로 마리나베이의 산책로를 따라 걷다 보면 싱가포르의 핵심 볼거리를 볼 수 있다. 플러턴 호텔 앞은 싱가포르의 상징인 '머라이언 상'을 배경으로 기념촬영을 하려는 관광객들로 북적이고, 바다 건너편에는 '마리나베이 샌즈 호텔'이 웅장하게 서 있다.

배 모양의 수영장을 머리에 얹은 200m 높이의 빌딩 세 개로 이루어져 있다. 호텔로 유명해졌지만 MBS는 프리미엄 쇼핑몰, 카지노, 컨벤션을 한 공간에서 즐길 수 있는 복합 리조트인 싱가포르 샌즈는 글로벌 NO.1 카지노이자 카지노산업의 선두주자인 Las Vegas Sands로부터 개발되었다. Las Vegas Sands는 이처럼 미국뿐 아니라 마카오와 싱가포르에도 성공적으로 투자를 감행했고, 2013년 실적발표에서 베트남, 한국, 일본 복합리조트 산업 진출을 긍정적으로 고려하고 있다고 밝혔다.

3) 한국의 카지노산업

한국은 2018년 12월말 기준 총 17개의 카지노(외국인 전용 카지노 16개, 내국인 출입허용 카지노 1개)를 운영 중이다.

① 세븐럭 카지노

세븐럭 카지노는 2006년 정부가 설립해 운영하는 외국인 전용 카지노이며, 세븐럭 코엑스센터점이 서울특별시 강남구 삼성동에 개장하였다. 세븐럭 코엑스센터점 카지노는 2,839m²[859평]의 영업장에 슬롯머신 130대·게임 테이블 45대를 갖춘 곳으로 개장 당시 국내 외국인 전용 카지노 중 가장 대규모였다. 내부에 식당·바 등의 편의시설을 갖춘 휴게 편의형 카지노이다.

표 5-13 국내 카지노 운영 현황(2018년 4월 기준)

시·도	업체명(법인명)	허가일	운영형태(등급)	대표자	종사원 수(명)	2017년 매출액(백만원)	2017년 입장객 수(명)	허가증 면적(m²)
서울	파라다이스카지노 워커힐지점 【(주)파라다이스】	1968.3.5	임대(5성)	박병룡	813	271,515	434,834	2,685.86
	세븐럭카지노 서울강남코엑스점 【그랜드코리아레저(주)】	2005.1.28	임대(컨벤션)	이기우	837	198,891	404,908	2,151.36
	세븐럭카지노 서울강북힐튼점 【그랜드코리아레저(주)】	2005.1.28	임대(5성)	이기우	513	207,210	601,854	1,728.42
부산	세븐럭카지노 부산롯데점 【그랜드코리아레저(주)】	2005.1.28	임대(5성)	이기우	345	85,387	197,384	1,583.73
	파라다이스카지노 부산지점 【(주)파라다이스】	1978.10.29	임대(5성)	박병룡	393	72,391	143,297	1,483.66
인천	파라다이스카지노(파라다이스시티) 【(주)파라다이스세가사미】	1967.8.10	직영(5성)	박병룡	698	175,864	191,844	8,726.80
강원	알펜시아카지노 【(주)지바스】	1980.12.9	임대(5성)	박주언	32	50	729	632.69
대구	호텔인터불고대구카지노 【(주)골든크라운】	1979.4.11	임대(5성)	안위수	187	17,126	75,618	1,485.24
제주	공즈카지노 【길상창휘(유)】	1975.10.15	임대(5성)	양타오	204	32,764	21,447	2,328.47
	파라다이스카지노 제주지점 【(주)파라다이스】	1990.9.1	임대(5성)	박병룡	216	33,647	59,427	2,756.76
	마제스타카지노 【(주)마제스타】	1991.7.31	임대(5성)	윤덕태	113	11,197	7,971	2,886.89
	로얄팔레스카지노 【(주)건하】	1990.11.6	임대(5성)	박성호	125	19,816	15,232	1,353.18
	파라다이스카지노 제주롯데 【(주)두성】	1985.4.11	임대(5성)	박병룡	115	15,972	19,390	1,205.41
	제주썬카지노 【(주)지앤엘】	1990.9.1	직영(5성)	이성열	148	8,136	19,81	2,802.09
	랜딩카지노(제주신화월드) 【람정엔터테인먼트코리아(주)】	1990.9.1	임대(5성)	송우석	607	40,544	10,982	5,581.27
	메가럭카지노 【(주)메가럭】	1995.12.28	임대(5성)	우광수	139	16,727	12,461	1,528.58
12개 법인, 16개 영업장(외국인대상)			직영: 2 임대: 14	–	5,485	1,207,237	2,216,459	40,866.72
강원	강원랜드카지노 【(주)강원랜드】	2000.10.12	직영(5성)	문태곤	1,548	1,523,102	3,114,948	12,792.95
13개 법인, 17개 영업장(내·외국인대상)			직영: 3 임대: 14	–	7,033	2,730,339	5,331,407	53,659.67

자료: 문화체육관광부

2009년도의 입장객은 70만 9,225명인데, 일본 41만 3,319명[58.3%], 중국 10만 431명[14.2%], 대만 5만 3,475명[7.5%], 기타 14만 2,000명[20%]이다. 2000년 이후에는 외국인 전용 카지노의 관광객 증가율이 낮아지는 추세를 보이고 있다. 그러나 세븐럭 카지노 주변 대규모 호텔과 연결한 관광 상품 개발로 도약을 위한 발판이 마련되었다.

한편 세븐럭 카지노의 모회사인 GKL(Grand Korea Leisure, 그랜드 코리아 레저)는 한국에서 가장 신뢰받는 카지노 회사로 긍정적 이미지를 갖고 있다. 2015년 영업장을 확장하고 카지노 신규 라이선스를 획득하는 등 성장세를 이어온 GKL의 가장 큰 장점 중 하나는 공기업이기 때문에 신뢰성이 높고 정부에서 경쟁력 있는 위치에 카지노를 허가할 가능성이 높다는 점이다. 또 이에 그치지 않고 GKL은 선상 카지노 진출, 힐튼점 증설, 제주 복합리조트형 카지노 진출 등 다양한 신규사업을 펼치며 성장 잠재력을 키워가고 있다.

② 파라다이스 카지노

파라다이스의 주력 사업은 외국인 전용 카지노 및 호텔 등 호스피텔리티(Hospitality) 사업이다. 서울(파라다이스 카지노 워커힐), 부산(파라다이스 카지노 부산), 인천(파라다이스 카지노 인천), 제주도(파라다이스 카지노 제주 그랜드, 파라다이스 카지노 제주 롯데) 등 5개소의 외국인 전용 카지노를 운영중이다. 호텔 사업으로는 부산 해운대에 위치한 특1급 관광호텔 '파라다이스호텔 부산'과 해외 사업장으로 케냐 나이로비에 위치한 '파라다이스 사파리파크 호텔'을 운영하고 있다. 카지노 분야 매출이 전체 매출액의 85.5% 이상을 차지한다.

파라다이스 카지노는 전략적 마케팅을 통해 외국인 전용 카지노의 핵심이나 마찬가지인 중국인 VIP시장을 효과적으로 선점하였다. 경쟁사 대비 현저히 높은 중국인 VIP 비중은 파라다이스 카지노의 주요 성장 동력이 되고 있다. 이에 더해 2012년 제주 그랜드 카지노 통합, 2014년 부산 카지노, 2015년 제주 롯데 카지노, 2016년 인천 카지노를 통합하며 순이익이 점차 늘었다. 또 인천 영종도의 복합리조트형 카지노 파라다이스 시티는 도심형 카지노의 한계에서 탈피하면서도 확대된 시장에서 선점효과를 누릴 수 있다는 점에서 긍정적으로 평가받고 있다.

읽어 보기

파라다이스·시저스와 3축 형성
영종도, 대규모 컨벤션 타운으로 …

글로벌 영화사 파라마운트 픽처스 테마파크와 함께 5성급 호텔, 외국인 전용 카지노 시설을 갖춘 인스파이어 복합엔터테인먼트 리조트(IR)가 내년 인천국제공항 국제업무지구(IBC) Ⅲ 지역에 첫 삽을 뜬다. 인스파이어 복합리조트 가세로 인천 영종도는 토종 최대 복합리조트 파라다이스시티와 외국계 시저스코리아, 인스파이어가 둥지를 튼 한국판 라스베이거스 MICE(Meeting·Incentives·Convention·Exhibition) 타운으로 탈바꿈할 전망이다.

인천국제공항공사는 6일 그랜드 하얏트 인천 호텔에서 인스파이어 인티그레이티드 리조트, 파라마운트 픽처스와 인천공항 복합리조트 개발을 위한 협력약정서를 체결하고 인스파이어 복합리조트의 성공적 개장을 위해 상호 협력하기로 합의했다고 밝혔다.

인스파이어는 미국 동부 최대 규모 카지노리조트 운영기업인 MGE가 100% 출자한 특수목적법인으로 인천공항 IBC-Ⅲ 지역에 테마파크와 리조트 시설을 갖춘 인스파이어 복합리조트 개발을 진행하고 있다.

미션임파서블 시리즈와 스타트렉 시리즈 등 세계적인 흥행작을 보유한 파라마운트는 이번 협약을 통해 인스파이어 복합리조트 단지 내에 조성되는 파라마운트 테마파크에 총 1조 2,000억원을 투자해 글로벌 흥행작을 바탕으로 한 다양한 콘텐츠와 시설을 선보인다는 구상이다. 정일영 인천국제공항공사 사장은 "인스파이어와 파라마운트 픽처스는 글로벌 경쟁력을 갖춘 세계적 수준의 테마파크와 복합리조트를 조속히 선보일 방침"이라며 "영종도에는 토종 복합리조트인 파라다이스시티와 함께 인스파이어, 시저스코리아 등 세계적인 규모의 3개 복합리조트가 한꺼번에 들어서게 돼 명실상부한 한국판 라스베이거스로 도약하게 됐다"고 강조했다.

인천국제공항공사는 2016년 8월 인스파이어와 실시협약을 체결하고 인천공항 IBC-Ⅲ 지역 437만㎡ 용지에 한국형 복합리조트인 인스파이어 복합리조트 개발을 추진하고 있다. 5성급 최고급 호텔과 패밀리 호텔 등 숙박시설 1,256실과 1만 5,000석 규모의 아레나(다목적 공연장) 시설, 실내 테마파크, 컨벤션, 외국인 전용 카지노 등 국내 최대 규모의 엔터테인먼트 공간이다.

인스파이어는 2조 8,000억원을 들여 내년 착공에 들어간 뒤 5성급 호텔과 1만 5,000석의 다목적 공연장, 테마파크와 컨벤션 시설 등 국내 최대 규모의 복합리조트를 2021년 말까지 완료하고, 2022년 6월 개장한다는 계획을 세워두고 있다.

인천국제공항공사는 인천공항에 인스파이어 리조트를 중심으로 한 신규 관광클러스터를 구축해 1만 개가 넘는 양질의 일자리 창출과 함께 연간 300만 명 이상의 신규 외국인 관광객과 60만 명 이상의 환승객을 유치하는 등 국내 관광산업의 양적·질적 성장을 견인한다는 복안이다.

구분	❶ 파라다이스시티	❷ 인스파이어 복합리조트	❸ 시저스 코리아
개발지역	인천공항 IBC-1	인천공항 IBC-3	미단시티
연면적	470,000㎡	550,000㎡	159,000㎡(1단계)
운영시기	2017년 4월	2022년 상반기	2021년(미정)
주요시설	호텔(769실)·카지노·컨벤션·스파·플라자·쇼핑·K-컬쳐마켓 등	호텔(1,256실)·카지노·워터파크·테마파크·아레나 등	호텔·카지노·콘도·쇼핑·테마파크 등

2년 전 복합리조트 사업자 선정 이후 본격적인 착공 소식이 들려오자 영종도 주민들도 반색하고 있다. 신기대 씨(33)는 "영종도에 세계 1위 공항인 인천공항이 있고 육지와 2개의 다리가 연결돼 있지만 위락시설과 병원 등 도시 인프라스트럭처가 미흡해 정주 여건이 부족했던 것도 사실"이라면서 "국내 최대 규모의 복합리조트가 건설되면 당장 가족과 휴식할 공간이 생기고 미니 글로벌 도시로 발전하는 데 큰 도움이 될 것 같다"고 기대감을 표시했다. 추민부 신공항부동산 대표 공인중개사(56)는 "부동산 경기 침체 국면에서 복합리조트가 본격 착공되면 작업 근로자 등이 대거 들어와 지역 건설 경기 분위기가 달라질 것 같다"면서 "특히 복합리조트가 완공되면 영종도 핵심 시설이 돼 부동산 경기 활성화에도 도움이 될 것으로 기대된다"고 말했다.

류기욱 시저스코리아 대외협력담당 이사는 "세계적인 규모의 복합리조트 3곳이 한곳에 모였다는 것 자체가 대단한 일"이라며 "향후 영종도는 한·중·일 관광대전에서 MICE 산업을 선점하는 동시에 싱가포르, 마카오, 라스베이거스 등 세계적인 관광도시와 어깨를 견주는 글로벌 관광도시로 발전할 수 있게 됐다"고 평가했다.

http://news.mk.co.kr/newsRead.php?year=2018&no=763822

③ 강원랜드

백운산의 해발고도 883m 고원지대에 위치하고 있으며, 한국에서 유일하게 내국인이 출입할 수 있는 카지노이다. 폐광지역 발전과 국가경쟁력 제고를 위해 정부와 강원도가 주도한 범국가적 사업인 '탄광지역개발 촉진지구 개발계획'의 일환으로 조성되었다. 1994년 '지역균형개발 및 지방중소기업육성에 관한 법률'의 제정·공포 이후 1995년 12월 '폐광지역개발지원에 관한 특별법'을 제정·공포하여 내국인 출입 카지노 건설에 대한 근거를 마련하였다. 1998년 6월 강원랜드(주)를 설립하였고, 1999년 9월 스몰카지노 호텔을 착공하여 2000년 10월 개장하였다.

4) 카지노의 조직 구성 및 주요 직무

카지노의 조직은 관리부서, 판촉부서, 영업부서, 출납부서, 안전관리부서, 환전상, 전산 전문 요원 등으로 구성된다. 관리부서는 인사·경리·총무·노무·기획 등을 포함하며, 영업장 지원 업무와 외부에서 발생하는 모든 사항을 관장한다.

관리부서와 판촉부서는 서로 영업을 지원한다는 점에서는 동일하지만, 관리부서의 경우는 고객과 직접적으로 접촉을 하지 않는다는 차이점이 있다. 고객이 카지노를 방문했을 때 가장 먼저 접하게 되는 직원은 판촉 직원이다. 그러므로 이들의 역할은 카지노 전체의 이미지를 전달하는 매개체이다. 또한 게임방법을 모르는 고객들에게 이를 설명해 주고, 고객들의 불평·불만도 처리해준다.

영업부서는 카지노 영업장 내의 각 게임 테이블 및 머신에 배치되는 인력을 관리하며, 출납부서는 자금의 운영을 관리한다.

안전관리부서는 영업장을 포함한 호텔과 카지노 전체를 감시하고 고객과 종업원을 보호하는 부서이다. 안전관리와 운영관리로 나뉘며, 안전관리 부서의 직원은 영업장과 영업장 이외의 지역을 감시하며, 칩이나 현금의 이동시 항상 동행하는 역할을 한다. 운영관리 직원은 영업장, 특히 테이블 게임 및 머신게임 주변에 설치된 카메라를 통해 종업원의 부정행위나 고객의 속임수 등 이상한 행동을 주시하며 감시한다.

사진: Pixabay

환전상은 고객이 제시하는 외화를 원화로 환전해 주고, 게임종료 후 남아 있는 원화나 게임결과 획득한 칩을 외화로 재환전해 주는 업무를 담당한다. 전산 전문요원은 카지노 전산 시설을 관리·운영하는 업무를 담당한다.

① 관련 직무의 종류

카지노 담당 부사장 테이블 머신, 머신 게임, 키노, 포커, 스포츠북 등을 포함한 모든 카지노영업에 대해 책임을 진다. 또한 고액의 신용대출을 제공하는 최종권한을 갖는다.

시프트매니저(Shift Manager) 카지노는 24시간 영업을 하기 때문에 일반적으로 3교대를 하는 경우가 많다. 이러한 각 근무시간을 시프트라고 하며, 그 근무시간에 일어나는 모든 사항에 대해 관리와 책임을 진다. 또한 일반고객에게 신용대출을 해 주거나 증액시켜 줄 수 있는 권한이 있고, 특정고객에게 베팅한도를 부여할 수 있다.

피트보스(Pit Boss) 게임 종목에 따라 2~24개 정도의 테이블이 모여 있는 피트를 관리하며, 피트에 필요한 종업원의 근무스케줄을 관리한다. 또한 특정 테이블 개장과 테이블 칩 재고를 조사하고 칩 필(Chip Fill)과 칩 크레딧(Chip Credit)에 최종 서명하게 된다. 테이블 게임에 대한 전문 지식뿐만 아니라 고도의 관리 능력이 요구되어진다.

플로어퍼슨(Floor Person) 테이블 게임을 관리하는 1차 중간관리자로 고객과 직접 접하며, 딜러와 함께 고객 서비스 측면에서 가장 중요한 임무를 담당한다. 보통 2~6개의 테이블을 관리하며, 칩의 이동 여부, 딜러의 실수, 고객들의 속임수 방지 등을 파악한다. 또한 고객에게 콤프(Complimentary, 무료의 약자) 티켓을 제공하는 기준이 되는 평균 베팅액·게임시간 등의 평가를 담당한다.

사진: Pixabay

딜러(Dealer) 고객의 현금을 칩으로 교환

해 주고 게임을 진행한다. 보통 테이블에는 1명의 딜러가 있지만, 게임에 따라서 2명 이상의 딜러가 필요한 경우도 있다. 메인 바카라 게임의 경우 3명이 필요하다.

피트 클럭(Pit Clerk) 피트 안에서 고객의 마커(외상칩) 사용 및 상환을 관리하고 고객평가를 컴퓨터에 입력한다.

카지노산업 동향 및 트렌드

1) 세계 카지노산업의 동향

오랜 역사를 통해 카지노 게임은 항상 고객을 위한 엔터테인먼트의 독창적인 원천으로 자리해왔다. 세계 경제의 불확실성으로 소비 지출이 다소 억제되었으나 카지노산업은 꾸준히 성장세를 이어왔다. 2010년 카지노산업에 대한 글로벌 지출은 9.6% 증가하였다. 미국, EMEA(유럽, 중동 및 아프리카), 아시아·태평양, 라틴 아메리카 및 캐나다 전역의 글로벌 카지노 게임 수익은 2010년부터 2015년까지 5년간 9.2%의 복합 연간 성장률을 보이며 2010년 117.6달러, 2015년에 1,820억 달러가 될 것으로 예상된다.

한편 세계에서 가장 큰 카지노시장인 미국의 매출은 2013년 처음으로 아시아·태평양 지역에 추월당했다. 2010년 전후부터 극적으로 도약한 아시아·태평양 지역은 2009년 한 해에만 49.7%의 성장률을 보이며 중요한 카지노 복합리조트의 목적지로 떠오르고 있다. 하지만 아시아·태평양 지역 역시 시장이 성장하고 수요가 늘어남에 따라 점차 평준화될 것이다. 일본, 한국, 태국, 베트남 등이 마카오와 싱가포르의 성공으로 연이어 카지노산업에 뛰어들며 경쟁이 치열해지고 있다.

표 5-14 카지노산업의 세계적 추세

최근 추세	주요 내용
민영화 / 규제완화	민간기업 운영, 정부 규제 완화, 합법화 추세
카지노 리조트화	호텔, 테마파크 컨벤션 등의 복합화된 리조트형 카지노 확산
고객의 대중화	VIP 고객 중심에서 카지노 고객의 대중화 추세
게임의 다양화	소액 카지노 고객을 위한 게임 다양화 추세

자료: 이정철, 신철호(2008), 한국 카지노산업의 발전 방안, 한국콘텐츠학회 8(9)

표 5-15 세계 지역별 카지노 수익 현황 (단위: 100만 달러)

Region	2006	2007	2008	2009	2010	2011	2012	2013	2014	2015	2010-15 CAGR
United States	57,470	60,440	59,433	57,368	57,488	59,500	62,315	65,497	69,110	73,320	
% Change	8.4	5.2	−1.7	−3.5	0.2	3.5	4.7	5.1	5.5	6.1	5.0
EMEA	20,783	20,894	19,959	17,567	16,307	16,175	16,250	16,751	17,350	18,343	
% Change	2.8	0.5	−4.5	−12.0	−7.2	−0.8	0.5	3.1	3.6	5.7	2.4
Asia Pacific	13,687	17,714	21,379	22,898	34,280	47,042	58,124	66,961	73, 429	79,266	
% Change	16.3	29.4	20.7	7.1	49.7	37.2	23.6	16.2	9.7	7.9	18.3
Latin America	2,584	2,959	3,269	3,601	3,800	4,096	4,370	4,757	5,165	5,614	
% Change	25.6	14.5	10.5	10.2	5.5	7.8	6.7	8.9	8.6	8.7	8.1
Canada	5,354	5,685	5,694	5,874	5,704	5,597	5,621	5,743	5,986	6,230	
% Change	10.7	6.2	0.2	3.2	−2.9	−1.9	0.4	2.2	4.2	4.1	1.8
Total	**99,878**	**107,692**	**109,734**	**107,308**	**117,579**	**132,410**	**146,680**	**159,709**	**171,040**	**182,773**	
% Change	8.7	7.8	1.9	−2.2	9.6	12.6	10.8	8.9	7.1	6.9	9.2

① 아시아 카지노시장의 부상

아시아 국가 간 경쟁적인 카지노 증설로 인해 카지노산업의 경쟁이 심화되었다. 현재 아시아 지역 내 카지노는 마카오, 말레이시아, 필리핀, 호주, 한국 등을 중심으로 분포되어 있는데, 이 중 마카오, 호주, 말레이시아 3개국이 아시아 역내 전체 외국인 총 이용객의 대부분을 수용하고 있다. 이들 3개국을 포함한 주요 카지노 대부분은 불특정 다수의 고객 유치를 지향하는 매스 마케팅(Mass Marketing)전략을 적극 추진하고 있다. 겜블링산업 전문 컨설팅 업체인 '제이포트(Jyport) 그룹의 마이클 고어 사장은 언론 인터뷰에서 아시아 겜블링 산업 규모가 2020년까지 매년 6% 이상 성장할 것이라고 예상하였다.

동아시아 카지노 전성시대를 불러올 키 플레이어는 일본이다. 일본 의회가 '카지노 설치 허가를 포함한 리조트시설 정비추진 법안'을 통과시키면서 일본이 라스베이거스·마카오와 더불어 세계 카지노시장의 3대 축으로 성장할 다크호스로 떠올랐다. 현재 사업자로는 라스베이거스의 MGM과 샌즈, 마카오의 갤럭시 엔터테인먼트 그룹 등이 경쟁 중이고, 늦어도 2023년에는 카지노 복합리조트가 본격적으로 들어설 것으로 보인다. 또 관광 입국(立國)을 경제성장의 중요한 축으로 세운 일본 정부는 2021년까지 공항·도로·항만 등 인프라를 정비하고 관광가이드·조리사 등 관광 전문 인력을 육성할 계획이다.

한편 필리핀 정부는 전 세계에서 손꼽히는 카지노산업을 양성하는 것을 목표로 관광산업을 육성하고 있다. 크레딧스위스투자은행(Investment bank Credit Suisse)은 필리핀 카지노산업이 2018년까지 전 세계 카지노 단지 중 4위권 규모인 60억 달러(7조 1,500억원)의 이익을 낼 것이라고 전망했다. 필리핀의 카지노 및 관광산업은 최근 중국 경제 위기에 잠시 주춤하고 있지만, 성장세는 계속될 것으로 보인다. 말레이시아에서는 겐팅-하이랜드에 대한 대대적인 투자와 설비 확충으로 세계 최대의 카지노 호텔을 건설하고 있다. 주요 타깃 시장은 중국과 중동지역으로, 2004년 방문객 수가 840만 명에 이르러 전년보다 14% 증가하였고 전체 호텔의 객실점유율도 평균 80%를 상회하였다. 말레이시아 카지노산업을 이끌고 있는 겐팅 그룹은 카지노 리조트 이외에도 8개 선단의 초호화 여객선을 운항하고 있는 "스타 크루

그림 5-33 아시아시장 IR(복합 리조트) 개발 경쟁 구도

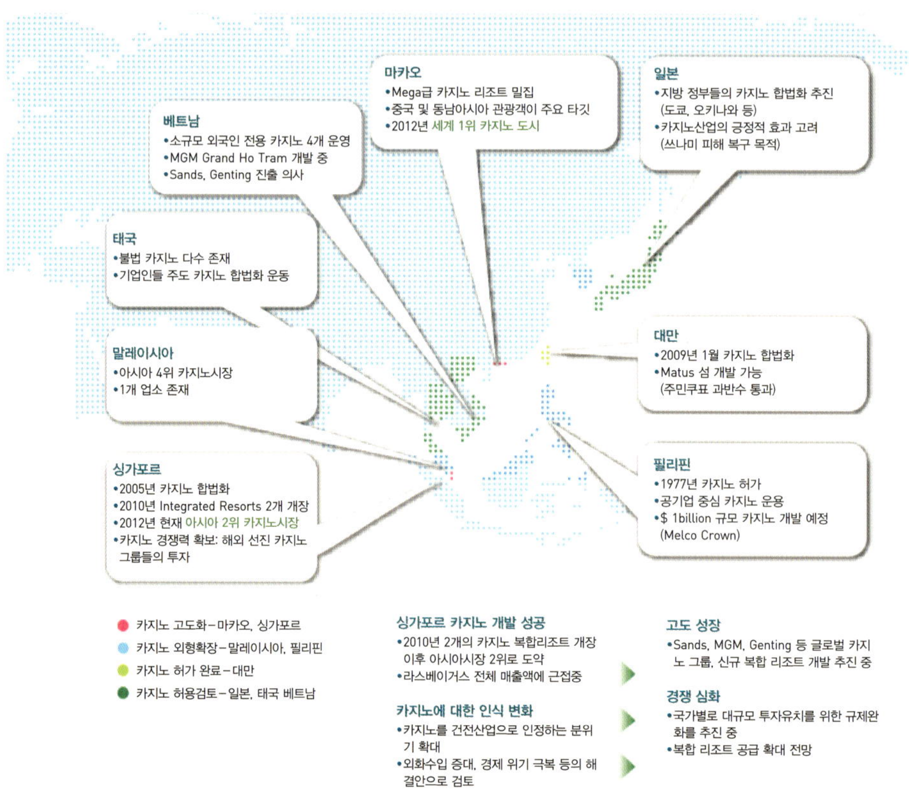

표 5-16 아시아 국가 카지노산업의 경쟁현황

	연 방문객 (만 명)	연 매출액 (달러)	주 이용 고객	주요 고객유치 전략	추진 방향
마카오	2,939	25억	내국인, 외국인	매스 마케팅	라스베이거스형 카지노 리조트
호주	2,550	17억	내국인, 외국인	매스 마케팅	대형 리조트화
말레이시아	1,839	8억 2천만	내국인, 외국인	매스 마케팅	대형 카지노시설을 바탕으로 한 리조트화
한국 (강원랜드)	90	4,539	내국인	매스 마케팅	종합 리조트단지
한국 (외국인 전용)	63	2억 9천만	외국인	VIP 마케팅	고급화, 차별화 전략, 대형 리조트 추진

자료: 2016 한국카지노업관광협회 및 (주)강원랜드 등 업계 자료 참조

즈"와 필리핀 수빅 만의 카지노, 그리고 국내외 다수의 특급호텔을 운영하고 있다.

이 같은 아시아의 카지노 붐은 동남아시아로도 확산되고 있다. 불교·이슬람 문화권인 동남아에서는 그동안 도박을 금기시해 왔으나, 최근 카지노 유치 경쟁이 날이 갈수록 치열해지고 있다. 베트남은 세계 문화유산으로 지정된 호이안에 약 40억 달러 규모의 카지노 복합리조트를 2019년 개장 예정이고, 대만·캄보디아·스리랑카 등지에서도 카지노의 도입·확대를 검토 중이다.

② 한국 카지노산업의 동향

방한 외국인 관광객의 수가 증가함에 따라 카지노시장의 규모도 매년 성장하고 있다. 방한 외국인 추이, 국내 경기상황 등에 따라 카지노 매출은 다소 변동하였으나, 최근 5년간(2010~2014년) 국내 카지노시장은 연평균 5.5%씩 성장하여 왔다. 특히 방한 중국인 관광객 수가 급증하면서 외국인 전용 카지노 방문자 수도 크게 증가하였다(2010~2014년 입장객수 연평균 11.1% 증가). 2014년 말 기준 국내 카지노 시장규모는 2조 8천억원이며, 이 중 50% 수준의 매출은 내국인 출입이 가능한 강원랜드에서 발생하였다.

한국 카지노사업의 특징은 몇 가지로 정리할 수 있다. 먼저 국내 카지노사업은 허가권 사업으로 진입장벽이 높은 편이다. 카지노사업은 문화체육관광부로부터 사업허가를 받아야 영위할 수 있다. 두 번째로 카지노는 외국인 인바운드 관광과의 상관관계가 큰 편이다. 강원랜드를 제외한 국내의 타 카지노에는 내국인의 출입이 법적으로 금지되어 있어 산업 전반이 외국인 전용 카지노 중심으로 성장해

그림 5-34 방한 외국인 수와 외국인 전용 카지노 실적 추이

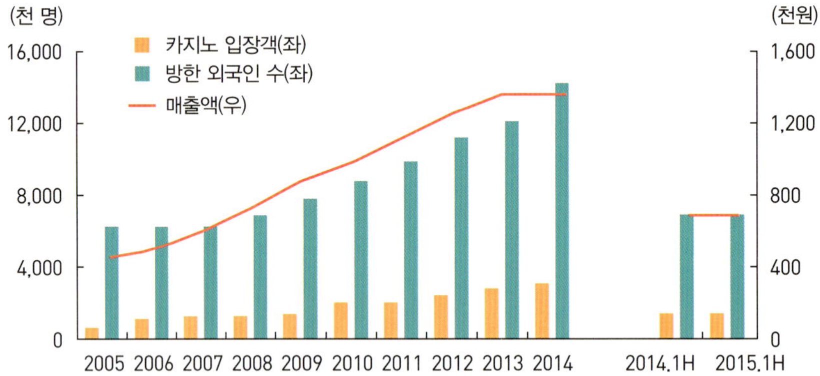

자료: 한국카지노업관광협회, GKI, 파라다이스 사업보고서 및 분반기보고서

그림 5-35 한국 카지노시장 규모 및 성장률

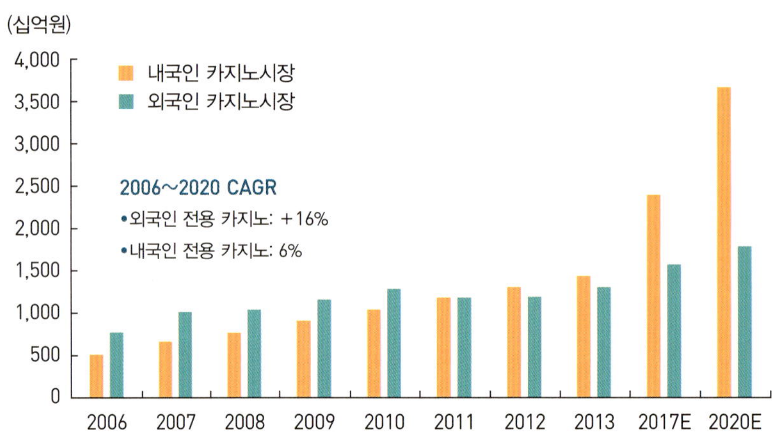

자료: LIG투자증권

왔다. 2005년 이후 방한 외국인 수와 외국인 전용 카지노의 실적 추이를 살펴보면, 방한 외국인 증가에 힘입어 카지노 입장객 수가 증가하면서 국내 외국인 전용 카지노시장 규모가 성장하였음을 알 수 있다.

특히 주요 방문객인 일본과 중국 고객의 연휴에는 방문객이 크게 증가한다. 1~2월의 중국의 춘절, 5월 일본의 골든위크 및 중국의 노동절, 8월 일본 오봉연휴, 10월 중국 국경절 등이 대표적인 장기 연휴기간이자 국내 외국인 카지노의 성수기라 볼 수 있다. 세 번째로 국내 외국인 전용 카지노는 대부분 VIP 위주의 시장

그림 5-36 파라다이스 시티 개장 전후 외국인 전용 카지노시장 현황

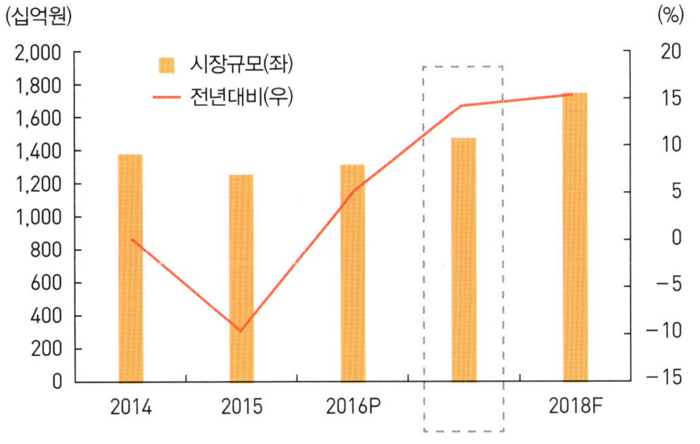

자료: 문화체육관광부, 신영증권 리서치센터

으로, 소수의 VIP가 Drop(고객의 칩 구매액, 카지노산업의 외형을 보여주는 지표 중 하나)의 대부분을 차지하고 있다. 파라다이스의 경우 20% 내외의 VIP 고객이 전체 Drop의 90%가량을 차지하고, GKL은 10% 내외의 VIP가 전체 Drop의 약 80%를 점유한다. 이처럼 VIP 고객(초청고객)의 비중이 전체 매출액의 85%를 차지하고 있는 만큼 카지노 측에서는 항공료, 호텔숙박비, 식음료비 등 많은 비용을 부담하여 고객을 초청하고, 또 연중 수차례의 각종 이벤트를 개최하여 고객을 관리하고 있다. 마지막으로 한국의 카지노는 '도심형 카지노'의 형태로 발전해왔다. 외국인 전용 카지노는 제주 썬카지노를 제외하고 모두 호텔을 임대한 부속시설 개념의 카지노 형태로, 대부분 호텔의 부대영업장으로서의 성격이 강하다. 카지노 이용객들은 주로 그 호텔의 객실이나 식음료업장, 기타 부대시설을 이용한다.

최근 한국의 카지노산업에서는 내국인 카지노시장을 웃도는 수준의 외국인 전용 카지노시장의 성장이 돋보인다. 지난 10년간 우리나라 외국인 전용 카지노는 연평균 11.1% 성장했고, 같은 기간 외국인 전용 카지노 입장객은 연평균 16.2% 증가했다. 이 같은 시장의 성장에는 세븐럭 카지노를 운영하는 GKL의 영향이 컸다고 볼 수 있다. 2006년 GKL의 개장을 통해 카지노 공급이 확대되고, 특히 중국 카지노시장이 확대되었으며 서울과 부산의 지역독점이 해소되었다.

한편, 인천 영종도에 위치한 '파라다이스시티'의 개장 역시 국내 외국인 전용

카지노의 역사에 한 획을 긋는 사건이다. 파라다이스 시티는 ㈜파라다이스세가세미(지분율 55%)가 건설하는 대형 복합리조트(IR)로서 축구장 46배 크기를 자랑한다. 특히 카지노가 호텔 부속시설 정도의 소규모 운영방식에서 탈피해 외국인 관광객을 적극적으로 유치하고, 나아가 국내 외국인 전용 카지노시장을 확대하는 데 크게 기여할 것으로 기대된다. 파라다이스시티의 개장을 시작으로 영종도 북쪽의 미단시티에 LOCZ 복합리조트가 착공 예정이고, 2020년에는 인스파이어 복합리조트가 공사를 시작한다. 접근성이 뛰어난 영종도는 카지노의 한국 카지노산업의 부흥을 이끌 것이란 기대를 받는 곳이다.

하지만 아직 한국의 카지노시장을 성공적이라고 평가하기는 어렵다. 내국인 출입이 허용된 강원랜드를 이용하는 외국인은 상당히 미미한 수준이고, 국내 외국인 전용 카지노를 이용하는 외국인 이용객 수도 아시아 전체 수준과 비교해보면 극히 낮은 수준에 그친다. 또, 카지노산업을 사행성, 부정적으로 여기는 인식이 아직도 강한 만큼 이를 극복하는 것이 최우선 숙제이다.

③ 카지노산업의 복합리조트화

IR(Integrated Resort, 복합리조트)은 싱가포르 정부에 의해서 규정된 용어이다. 기존의 카지노 중심형 Casino Complex를 복합 리조트의 한 구성요소로 진화시킨 형태로 레저, 엔터테인먼트, 쇼핑, MICE 등을 One Property에서 이용할 수 있는 시설로 정의할 수 있다. 최소 100억 달러에서 최대 수천억 달러의 투자가 들어가기 때문에

그림 5-37 카지노의 복합리조트화 특징

- IR은 기존 카지노 중심에서 벗어나 General Tourists를 타기팅
- 컨벤션, 쇼핑 등 IR 내 복합기능을 이용하게 하여 최소 1박 이상의 체류형 관광을 유도, 부가가치 창출 및 수익성 증가
- 관광상품의 대형화, 복합화, 고부가가치화라는 세계 관광 개발 트렌드에 부합
- 2010년을 기점으로 싱가포르 '마리나베이 샌즈'와 마카오 개발이 완료되어 카지노시장의 패러다임이 크게 전환, 세계 카지노산업의 성장흐름이 아시아로 이동
- IR에서는 카지노 외에 쇼핑, 공연 등의 비도박 콘텐츠도 중요

그림 5-38 카지노 복합리조트, IR(Integrated Resort) 개념 정의

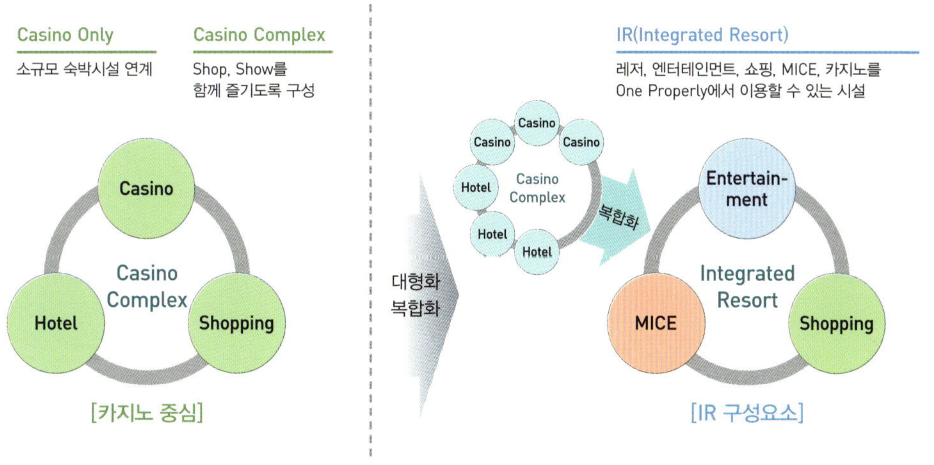

주로 자본 규모가 크고 레저 사업에 경험치가 높은 글로벌 업체들이 참여한다.

전 세계적으로 카지노산업의 경쟁이 심화되자 특히 아시아 지역의 카지노를 중심으로 라스베이거스 형태의 테마화, 차별화를 통한 대형 리조트형 카지노로의 변화가 일어나고 있다. 이러한 메가 리조트화 추세는 다국적·불특정 다수의 고객 유인, 가족단위 휴양지 지향을 통해 카지노의 확산과 대중화를 유도하고 시장 수요 다변화, 호텔·테마파크·컨벤션 등을 연계한 시설의 복합·다양화 지향 등을 목적으로 한다.

카지노가 종합 위락산업을 지향하는 복합리조트로 변화하는 추세는 앞으로도 지속될 전망이다. 호주 크라운 카지노의 경우 15만 평 규모에 24억 호주달러를 투자하여 호텔, 카지노, 테마파크, 쇼핑몰, 온천장, 극장식당, 극장, 레스토랑 등의 시설을 갖춘 대규모 복합리조트를 조성하였고, 말레이시아 역시 겐팅 하이랜드 리조트 14만 평의 면적에 5개 호텔(총 객실 수 3,000개), 카지노, 테마파크, 컨벤션센터 등을 구성하였다. 필리핀은 Entertainment City 프로젝트를 통해 복합리조트 단지를 형성하여 본격적으로 관광업을 육성하고자 한다. 일본은 자국 내 카지노 설립을 위해 카지노를 포함한 복합 리조트 정비 촉진법안, 일명 '카지노 해금(解禁)법'을 가결했다. 향후 법안의 최종 적용 여부에 따라 이르면 2020년~2023년쯤에는 일본에도 복합리조트가 들어설 것으로 예측된다. 국내에서는 영종도 지역에 3개의 복합리조트가 추진되고 있다. 이 중 파라다이스시티가 가장 먼저 개장하여 한국 카지노산업의 새로운 국면을 열었다.

요약 Note

- 카지노산업은 관광객의 게임욕구와 다양한 여가욕구를 충족시켜 줄 유·무형의 서비스를 제공하는 사업과 이를 간접적으로 지원해주는 카지노 관련 사업이다.
- 카지노산업은 타 산업에 비해 고용창출효과가 높으며, 외화 가득 효과 등의 경제적 파급효과가 매우 크다. 특히 외래 관광객 1인당 지출액을 늘리고 체류 기간을 연장시킨다는 특징이 있다. 하지만 긍정적인 효과와 더불어 사회적 부작용을 일으킬 수도 있다는 양면성 또한 가지고 있다.
- 아시아 카지노시장이 부상하고 있다. 아시아 국가 간 경쟁적인 카지노 증설로 인해 카지노산업의 경쟁이 심화되었다. 주요 카지노 대부분은 매스 마케팅(Mass Marketing) 전략을 통해 적극적인 전략을 추진하고 있다. 이 같은 아시아의 카지노 붐은 동남아시아로도 확산되고 있다.
- IR(Integrated Resort, 복합리조트)은 기존의 카지노 중심형 Casino Complex를 복합 리조트의 한 구성요소로 진화시킨 형태로 레저, 엔터테인먼트, 쇼핑, MICE 등을 One Property에서 이용할 수 있는 시설로 정의할 수 있다.

과제 Assignment

- 카지노산업과 관련된 직무에 대해 알아보고, 해당 직무를 수행하기 위해 필요한 자질은 무엇인지 알아보자.
- 카지노산업이 관광산업에 미치는 영향은 무엇인가? 관광산업에 대해 카지노산업이 가지는 중요성은 무엇인가?
- 카지노산업의 트렌드 중 대형 리조트형 카지노, 복합 리조트로의 변화를 통해 얻을 수 있는 이점은 무엇인가? 대표적인 사례와 함께 알아보자.
- 한국의 카지노산업의 문제점은 무엇이며, 선행적으로 해결해야 할 과제는 무엇인가?

MICE산업 | Meeting, Incentive, Convention, Exhibition

<주요 관련 직무>

- 컨벤션 기획자
- 국제회의 통역사
- 행사/회의 기획자

MICE 산업은 컨벤션 센터나 호텔 등의 대규모 시설을 이용하여 국제회의, 전시회, 포상관광 등을 유치하는 산업이다. 이 과정에서 각종 서비스를 통해 관광, 레저, 숙박, 식음 등이 복합적으로 결합하여 고부가가치의 경제적 이익을 실현한다.

MICE 산업 트렌드

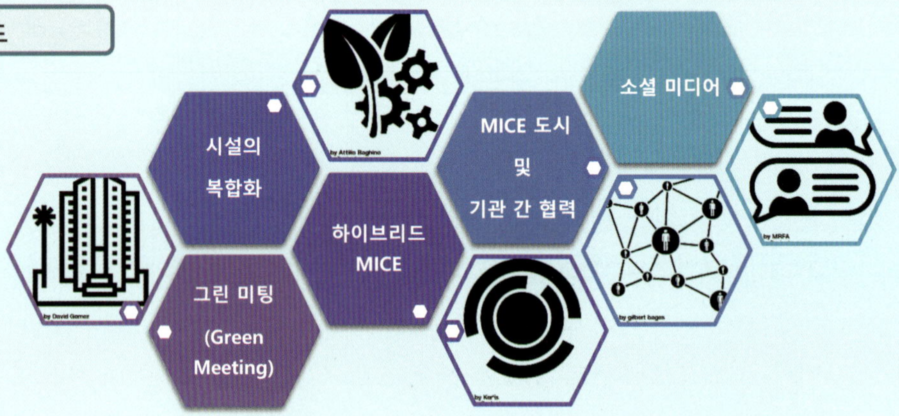

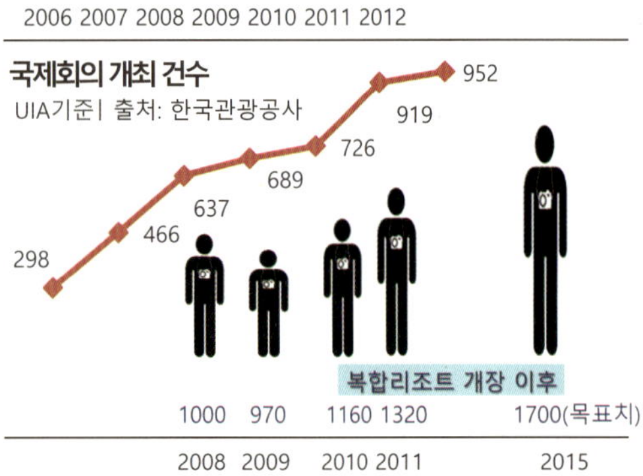

Singapore

Business Travel+MICE를 결합한 'BTMICE'에 집중하고 있는 싱가포르는 두 개의 복합리조트 건설과 적극적인 정부 지원 정책으로 국제 컨벤션 협회(ICCA)에서 세계 5대 컨벤션 도시 중 한 곳으로 선정하기도 하였다.

싱가포르는 국가 경제발전과 컨벤션 산업 육성 전략이 가장 잘 연계된 성공적인 케이스로 손꼽힌다. 싱가포르 관광청의 적극적 지원정책과 복합리조트의 조성을 기반으로, MICE산업은 싱가포르 관광산업의 성장세를 이끎은 물론 국가 이미지 제고에도 큰 역할을 하고 있다.

**복합리조트: 일정 규모 이상의 부지에 숙박시설과 레저 스포츠·시설, 테마파크, 게이밍 시설 등이 선택적으로 포함되어 있는 목적지 리조트 -한국문화관광연구원*

US

연중 미국 전역에서 개최되는 전시는 약 5000회이며, 그 부문 또한 다양하다. 도시 별 개최순위로는 라스베가스 시카고, 뉴욕 순으로 전시 개최 건수가 가장 많다. 미국 정부에서는 전시 산업에 대한 자금 지원 및 전시 컨벤션 시설에 대한 세제감면의 혜택을 제공하는 등 MICE산업의 육성을 지원하고 있다.

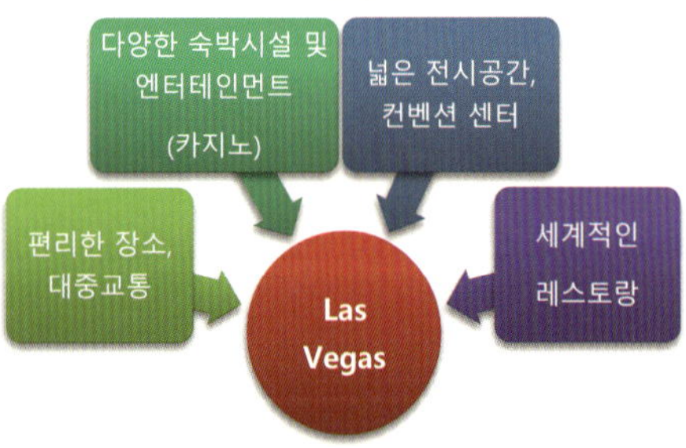

주요 마이스 도시 국제회의 건수

단위: 건 수 | 출처: 국제협회연합(UIA)

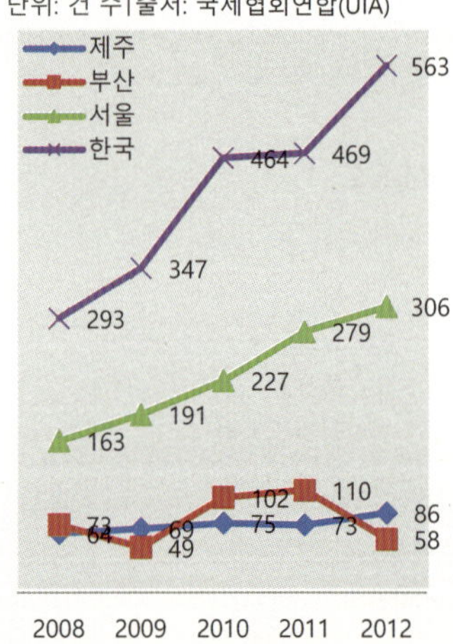

Korea

한국 정부는 17대 신성장동력산업으로 MICE 산업을 선정한 바 있다. MICE산업이 지식창출을 기반으로 고부가가치를 창출하고 경제파급효과는 물론 국가브랜드 이미지 상승에 큰 기여를 하고 있기 때문이다.

경제적 파급효과(2012)

출처: 한국관광공사 2012 MICE 산업통계 조사/연구

- 생산유발효과: 10조 9,728억 여원
- 부가가치유발효과: 4조 798억 여원
- 취업유발효과: 96,810명
- 고용유발효과: 62,169명

Chapter 05

05 MICE

MICE 산업의 정의 및 특징

1) MICE 산업의 정의

MICE란 기업회의(Meeting), 포상여행(Incentive tour), 컨벤션(Convention), 전시와 이벤트(Exhibition & Event) 산업을 의미한다. MICE 산업은 세계적인 규모 행사인 엑스포, 스포츠 이벤트 유치 등을 계기로 국가 브랜드를 알리며 발전하기 시작했다. 따라서 MICE 산업이 발전하려면 컨벤션·숙박·관광·교통 인프라가 집적돼 있는 대규모 복합지구가 필수적이다.

MICE라는 용어는 주로 홍콩이나 싱가포르 등 동남아 지역에서 먼저 쓰이기 시작했고, 21세기에 들어서며 국가 간의 장벽이 무너지고 상호 교류가 활발해짐에 따라 다양한 이유로 국제회의 및 전시회가 증가하며 대중적인 용어가 되었다.

MICE 산업은 국제회의와 이벤트, 관광, 전시회 등을 모두 포함하지만 각각의 행사가 복합적으로 발생하고 있음을 포함한다. 그리고 넓은 의미에서는 비즈니스 관광으로 간주하기도 한다. MICE 산업은 많은 사람들의 이동이 요구되어지기 때문에 산업 자체의 발전뿐 아니라, 숙박·식음료·교통·통신·관광 등 다양한 산업이 연관되어 발전한다. 즉, MICE 산업은 지역 경제의 활성화, 내수 확대, 고용 창

표 5-17 MICE 산업 구성요소

구분		
1차 분류 (MICE 기획, 준비, 진행, 관리 관련업)	• MICE 기획업 • 통번역 서비스 • 교통관련 서비스업 • 통신업 • 장식 관련업	• MICE와 관련한 각종 장비의 임대 • 출판·인쇄업 • 이벤트업 • 금융업 • IT 소프트웨어 관려업
2차 분류 (체류 관광객을 위한 서비스업)	• 호텔업 • 쇼핑산업	• 여행업 • 외식사업(식음료업)

자료: 박창수, 〈컨벤션 산업론(2003)〉, 재구성

표 5-18 레저관광과 MICE 관광의 비교

	Leisure Tourism	MICE
관객	소비자	기업 및 단체
참가자	레저 관광객	비즈니스 관광객
공급망	• 인바운드 여행기획자 • 아웃바운드 여행기획자 • 여행사 • 개별 여행 조언자 • 온라인 사이트 및 여행사	• 비즈니스/MICE 여행기획자 • 인센티브 여행 단체 • PCO • 전시/이벤트 기획사 • 기업 여행 기획자 • DMO(Destination Marketing Organizations) • 컨벤션 뷰로
상품	• 숙박 • 어트랙션 • 여행 • 운송 • 소풍 단체 • 음식점 • 쇼핑	• 숙박 • 미팅 시설 • 특별한 장소(스포츠 시설, 박물관 등) • 기술 • 운송 • 케이터링 • 엔터테인먼트
동기	• 목적지의 매력 • 즐거움 추구/자아 만족	• 인프라와 수용력 • 전문적인 개발

출, 개최지의 글로벌 이미지 고양, 관련 산업의 파급 효과 등 경제적, 사회적, 문화적으로 많은 긍정적인 효과들을 지닌 산업이다.

2) MICE 산업의 분류

MICE 산업은 각각 Meeting, Incentive tour, Convention, Exhibition/Event를 의미한다. 각각의 내용에 의한 분류는 다음과 같다.

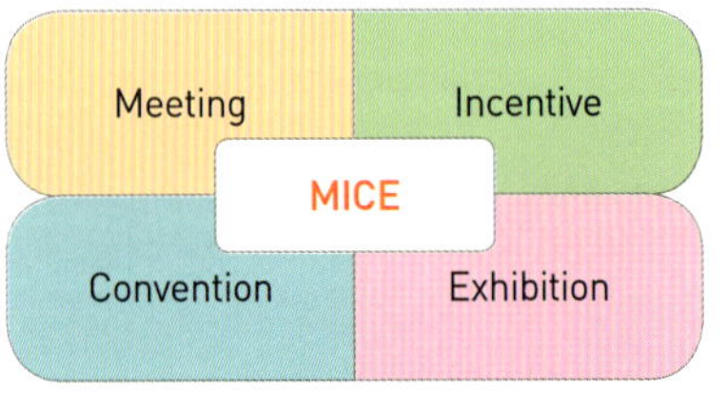

표 5-19 내용에 의한 MICE 산업의 분류

Meeting (기업회의)	Meeting은 아이디어 교환, 사회적 네트워크 형성, 정보교환, 사업 등 MICE 목적으로 설립된 유료 시설을 사용하는 모든 회의를 말함
Incentive (포상관광)	Incentive는 회사에서 비용의 전체 또는 일부를 부담하는 조직원들의 성과에 대한 보상 및 동기를 부여하기 위한 순수 포상여행을 말함
Convention (컨벤션)	Convention은 아이디어 교환, 사회적 네트워크 형성, 토론, 정보교환, 사업 등 MICE 목적으로 설립된 유료 시설을 사용하는 회의이며, Meeting보다 규모가 크며 국제적 성격을 지님
Exhibition / Event (전시/ 이벤트)	Exhibition & Event는 제품, 기술, 서비스를 특정 장소인 전문 전시시설에서 판매, 홍보, 마케팅 등의 활동을 함으로써 유통업자, 무역업자, 소비자, 관련 종사자 및 전문가, 일반인 등을 대상으로 정보를 교환하거나 거래 및 마케팅 활동을 하는 각종 전시를 말함

① 관련 직업 및 직무

CVB (Convention & Visitor's Bureau) 국제회의 유치에 필요한 모든 업무를 지원하는 전담팀으로, 국제회의 유치 추진 절차에서부터 행사장 선정, 예산 분석, 유치 제안서 작성, 현지 설명회 개최, 마케팅, 국제기구 임원을 대상으로 한 활동까지 모든 업무를 지원하는 공공조직이다.

이곳은 도시 자체를 판매하는 것이 목적이며 비영리로 운영되는 조직이고, 전 세계 18곳에 있는 관광공사 해외지사도 국제회의 유치에 간접적 지원 역할을 감당하고 있다.

그림 5-39 컨벤션 뷰로의 기능

① 관광목적지 및 컨벤션 개최지 마케팅
② 회의 개최를 위한 서비스 제공
③ 도시 이미지 창출
④ 국제회의 유치 및 개최 정보 수집
⑤ 이벤드 기획 및 관리
⑥ 방문객 및 컨벤션 시설 관리

PCO－국제 회의 기획업(Professional Convention Organizer) 정부나 기업에서 자체적으로 컨벤션을 담당하는 부서가 없거나 미비할 때 국제회의 개최와 관련한 다양한 업무를 행사 주최 측으로부터 위임받아 부분적 또는 전체적으로 대행해 주는 영리업체이다. PCO는 풍부한 경험과 회의장, 숙박시설, 여행사 등 회의 관련 업체들과 긴밀하기 때문에 업무 대행을 원활히 수행할 수 있다.

통역, 번역업 참가자들의 의사소통을 원활하게 할 수 있도록 순차통역 및 동시통역을 활용한다.

A/V 장비 임대업체 음향 영상 설비를 필요로 하므로 동시 통역기, 빔 프로젝트, 실물투사기, LCD, VCR, 멀티큐브, 각종 음향기기 등의 서비스를 활용한다.

시설 매니저 호텔 및 컨벤션 관리자들로 장소 내 모든 행사를 관리 및 감독하여 개최지에 대한 전반적인 지역정보를 제공받도록 한다.

3) MICE 산업의 특징

① 공공성

MICE 산업은 개최에 있어 정부와 지역사회의 적극적인 참여가 필요하기 때문에 공공성을 띤다. 컨벤션 센터의 경우 건립하는 비용만 해도 막대하게 필요하며, 건립 이후에도 꾸준한 지원을 필요로 한다. 또한, 이 산업을 활성화시킬 수 있는 교

사진: Pixabay

통이나 통신, 법적인 지원 등이 필요하다.

② 지역성

MICE 산업은 지역의 고유한 관광, 문화, 자연 자원 등을 바탕으로 다른 산업들과의 연계를 통하여 이루어진다. 지방정부가 MICE 산업을 발전시키려고 하는 이유는 독특한 문화적 이미지와 브랜드를 창출하고, 지역 홍보수단이 되기 때문이다.

③ 경제성

MICE 산업은 경제적으로 높은 파급 효과가 있으며, 관련 시설의 건설과 투자, 생산 및 고용 유발 등의 효과가 있다. 고용 및 소득의 증대, 지역의 세수증대는 곧 지역 경제의 활성화를 의미한다. MICE 관광객은 기본 여행경비를 회사 등에서 지원받기 때문에 일반 관광객에 비해 씀씀이가 크다.

문화체육관광부와 한국문화관광연구원이 2015년 발표한 '외래관광객 실태조사'에 따르면 기업이 비용을 대고 입국하는 MICE 참가자의 1인당 평균 지출경비는 3,127달러(약 352만원), 평균 체류기간은 7.7일로, 일반관광객 소비 지출액 1,715달러보다 1.8배 많은 수치다. 또, MICE 산업은 관광 산업이 포함하고 있는 숙박, 교통, 식음료, 쇼핑 분야에 대한 직접적인 효과 외에도 IT, 통신, 인쇄출판, 광고, 건축, 금융, 의료, 교육 분야 등 다양한 산업과 유기적으로 연결돼 고부가가치를 창출하는 융복합 산업으로 발전가치가 높다.

④ 관광연계성

MICE 산업은 관광과의 연계성이 매우 높은 산업이다. 그리고 관광 비수기 타개책으로 활용이 가능하다.

4) MICE 산업과 관광

MICE 산업은 일반 관광산업과는 조금 다르게 대규모 그룹을 대상으로 하기 때문에 고부가가치 산업이다. 그리고 호텔, 쇼핑, 이벤트 등 관광 및 다양한 산업과 상호의존성이 강하며, 매우 밀접하게 연계된 구조로 고소비, 고양질의 관광객을 유지

표 5-20 MICE 참가자(외국인)의 관광활동과 소비패턴

			내용				
Meeting & Convention	관광활동 유형	개최지 내	관광지방문 (66.4%)	쇼핑(60.4%)	식도락관광 (48.7%)	문화, 역사, 유적 관광 (42.0%)	전통문화체험 (21.0%)
		개최지 외	관광지방문 (64.3%)	쇼핑(50.9%)	식도락관광 (34%)	문화, 역사, 유적 관광 (37.8%)	전통문화체험 (15.5%)
	소비패턴 (1인 평균 소비액)		회의등록비 (600,855원)	숙박비 (883,714원)	쇼핑비 (416,370원)	식음료비 (259,285원)	개인여행비 (176,569원)
Incentive Tour	관광활동 유형		쇼핑(75.3%)	관광지방문 (73.8%)	식도락관광 (56.9%)	테마파크 (37.1%)	유흥/오락+ 카지노 (29.0%)
	소비패턴 (1인 평균 소비액)		쇼핑비 (256,570원)	스포츠활동비 (67,800원)	개인여행비 (61,327원)	유흥비 (60,785원)	식음료비 (55,873원)

* 관광활동 유형은 중복응답 결과임
** Incentive Tour에서 1인 소비액은 순수 개인 부담금액이며, 회사 지원금액 등은 포함되지 않은 것임
자료: 2013 MICE 참가자조사(한국관광공사) 통계자료 재구성

할 수 있는 유망 산업이기도 하다. 또한, 지식 집약적 산업이기 때문에 미래형 산업이며, 세계적으로 국가 이미지 제고도 기여하기 때문에 국가 홍보산업이기도 하다. MICE 사업은 관광사업의 효과에 있어 아주 거대하다. 국가들이 MICE 산업에 관심을 두고 있는 이유는 MICE 방문객이 지출하는 금액이 단순 레저나 관광 목적의 일반 관광객보다 높기 때문이다. MICE 관광객들의 체류 기간은 일반 관광객의 1.4배에 불과하지만, 1인당 평균 소비액은 3.1배에 이를 만큼 그 비율이 크게 차지한다. 또한 관광지·숙박 업체· 음식점 등 다양한 산업과 전·후방으로 연계되며 파생되는 부가가치가 크기 때문에 관광에 있어 중요한 부분으로 자리잡고 있다.

특히 호텔들은 MICE 관광객의 숙박시설로 이용되어 새로운 수익원이 되므로, 특급호텔들은 컨벤션 산업을 유치하기 위해 다양한 마케팅 전략을 추진하고 있다. 호텔의 MICE 산업 유치는 단순한 수익 창출뿐만 아니라 개최지로서의 홍보효과와 참가자들의 추후 호텔 방문까지 기대할 수 있으니 상당히 좋은 기회이다.

사진: Pixabay

5) 세계의 주요 MICE 도시

사진: Pixabay

세계에서 주목받는 MICE 도시로는 베이징, 베를린, 브뤼셀, 부에노스아이레스, 코펜하겐, 이스탄불, 파리, 마드리드, 런던, 서울, 싱가포르, 시드니, 도쿄, 벤쿠버, 비엔나 등이 있다. 특히 싱가포르는 작은 도시국가라는 제약을 계획도시로 극복하며 세계 최고의 국가경쟁력을 유지하고 있다. 안전하고 위생적인 친환경도시라는 이미지와 국가의 통합적 네트워크 강화 전략, 정부의 적극적인 지원과 글로벌 수준의 서비스 문화가 함께 아시아의 마이스 허브(hub)의 입지를 구축할 수 있었던 성공요인이다.

또한 The Beijing Convention & Visitors Bureau (BCVB)는 베이징 시 관광 개발위원회의 주도로 2012년에 개발되어 중국이 더 큰 규모의 국제 회의, 행사 및 컨벤션을 갖도록 한다. 중국 경제와 함께 중국의 MICE 산업은 빠르게 성장하고 있으며 연간 1,500억 달러의 가치가 있는 것으로 보인다. 특히 베이징은 회의 인프라를 강화하고 있다. 국제 회의 및 컨벤션 협회(ICCA)가 집계한 2016년 ICCA 통계 보고서에 따르면 베이징은 2016년에 113회의 국제 회의를 주최했는데 이는 세계 15위 수준이다. 파리는 탁월한 문화 유산, 역사와 근대성, 예술 및 이벤트가 풍부하고 낭만적인 이미지가 결합된 환경에서 전문 인프라를 제공하는 MICE 도시이다. 파리는 2016년 ICCA 순위에서 1위를 차지하며 196회의 국제 회의를 주관했다. 시드니에 위치한 The International Convention Centre Sydney(ICC Sydney)는 도시의 성격과 에너지를 반영하여 설계된 '혁신의 허브'로 간주되는 핵심 요소이다. ICC 시드니는 이미 최소 네 가지의 주요 국제 행사를 확보했다. 이를 바탕으로 시드니는 2016 ICCA 랭킹에서 호주 도시 중 가장 높은 41위를 차지했다. 이처럼 시드니는 미래의 비즈니스 이벤트를 위한 많은 기회를 제공하는 새로운 인프라 개발을 통해 끊임없이 변화하고 있다.

캐나다의 밴쿠버는 아름다운 태평양의 풍광에 더해 수차례 수상 실적이 있는 훌륭한 컨벤션 센터, 일류 호텔 및 뛰어난 요리를 제공하여 다양한 이유로 기획자 및 참석자들 사이에서 인기 있는 국제 회의 장소이다. 또한 전 세계 목적지로부터의 접근성, 다양한 참석자 수 및 취향을 수용할 수 있는 회의 공간, 회의 후 모임을

사진: Pixabay

위한 연중 무휴 활동 옵션 간에 균형을 이루며 세계 회의 무대에서 빠르게 중심점이 되었다. 오스트리아에서 가장 큰 도시인 비엔나는 예술과 문화의 도시로, 제국 시절의 매력과 현대적인 분위기가 독특하게 조화된 매력적인 도시이다. 또 유럽의 중심부라는 이상적인 위치에 있고, 호델, 개최지 및 건벤션 센터와 관련하여 인프라가 잘 관리되어 있다. 더불어 다국어로 제공되는 서비스의 전문성과 열정, 과학적·학문적·국제적 배경은 세계 최고의 회의 장소로서 비엔나의 명성을 높인다. 비엔나는 2016년 186 회의 회의를 개최하여 세계에서 두 번째로 많은 회의를 개최했다.

한국의 경우 88올림픽 이후 국제회의와 컨벤션 산업이 성장하기 시작했으며, 역사가 짧은 것에 비해 급속도로 성장을 이뤘다. 한국은 현재 UIA 국제회의 건수 기준으로 2010년 464건으로 세계 8위를 기록 중이며, 서울도 세계 5위권 컨벤션 도시로 발돋움하였다. 특히 전체 MICE 개최건수 중 단순 미팅(국내, 국제회의 포함)이 5,077건, 인센티브 여행이 2,860건을 차지하여 새로운 MICE 산업 수요로 부상하고 있다. 이처럼 국내외 MICE 시장에서 기업회의, 인센티브 여행 등 신규산업 수요가 차지하는 비율이 높고 개최건수가 매년 증가하고 있다.

또, 국제회의와 전시회의 복합화 경향에 따라 최근 국제회의의 부대행사로 전시회가 동시 개최되거나, 전시회의 부대행사로 국제회의가 개최되는 건수가 최근 3~4년간 약 25% 증가하였다. 국제회의와 전시회의 병행개최 추세는 향후 보다 확산될 것으로 전망되며, 이를 통해 행사의 양적, 질적 성장이 이루어지고, 회의 및 전시회 참 관객의 참가만족도가 증대될 것으로 보인다.

표 5-21 국제 회의 개최 국가 순위

순위	국명	회의 개최 건수
1	싱가포르	993
2	미국	799
3	한국	635
4	일본	58
5	벨기에-동률	505
6	스페인-동률	505
7	독일	428
8	프랑스	408
9	오스트리아	398
10	영국	349

자료: 싱가포르 관광청(Singapore Tourism Board)

서울에서는 '2018년까지 세계 3대 MICE 도시 도약'을 목표로 다각도의 노력을 기울이고 있다. 체계적이고 전략적인 MICE 유치를 위한 조직 신설과 지원금·관광프로그램 확대에 집중하고 있으며, 서울관광마케팅(주) 내에 팀 단위 'MICE 리서치 센터'

사진: Pixabay

를 신설하였다. 이 팀은 국내외 MICE 시장 동향 조사 연구, 국제 MICE DB 분석을 통해 유치 가능한 회의를 선제적으로 파악한다. 이외에도 MICE를 유치하는 단체에 대한 지원금도 확대하여 국제회의의 경우 기존 최대 1억 원에서 최대 1억 5천만원으로 향상, 기업회의·인센티브 관광은 기존 최대 5천만원에서 최대 1억원으로 향상시켰다. 그리고 회의 참가들의 관광활동을 촉진해 체류기간 연장을 유도하는 특화 관광(Specialized Tour) 프로그램을 20개에서 30개로 확대하고, MICE 투어 코디네이터를 별도로 두어 주최 측이 원하는 맞춤형 관광프로그램 설계를 도우며 투어 프로그램 운영 시 비용의 일부를 지원한다. 서울 외에도 부산, 제주, 광주, 대구 등에서 컨벤션 센터 건립 및 각종 인프라를 확충하여 MICE 도시로 성장하기 위해 노력하고 있다.

표 5-22 국내 MICE 산업의 특징

Meeting	국내 MICE 산업은 기업이 MICE 행사의 활성화를 주도하여 기업·경영 및 교육을 주제로 다루는 MICE행사의 비중이 확대되고 있다. 또 참가자 규모 250명 미만의 소규모 MICE 행사 비중이 확대되고, 1,000만원~2,500만원 이하의 중소형 MICE 행사의 비중이 증가하고 있다. MICE 행사 중에서는 회의(Meeting) 비중이 빠르게 증가하고, 특히 2~3일간 진행되는 행사가 일반화되고 있다. 개최건수 기준 회의(Meeting)의 비중은 2009년 58.3%에서 2011년 93.9%로 급증하였다.
Incentive tour	국내 MICE 산업 중 가장 눈에 띄는 분야는 '인센티브'(Incentives·단체포상관광)다. 한국관광공사에 따르면 1,000명 이상의 대형 관광객 유치 건수는 2012년에는 14만 2,111명, 2013년엔 16만 229명, 2014년엔 21만 1,540명으로 매년 증가해왔다. 역대 최대의 인센티브 관광객은 2014년 방한한 중국·대만 암웨이로, 중화권 단체로는 사상 최대인 1만 7,500명이 입국했다. 기업 인센티브여행 목적지로서 한국은 한류와 사계절, 다양한 명소와 편리하고 저렴한 쇼핑, 맛있는 음식과 같은 관광요소 등의 경쟁력이 있다.
Convention	국내의 대표적인 컨벤션 센터로는 서울의 COEX, SETEC, 일산의 KINTEX, 부산의 BEXCO, 제주의 ICC JEJU, 대구의 EXCO, 송도의 컨벤시아 등 전국에 10여 개의 주요 회의시설이 운영되고 있다. 또한 정부는 하드웨어적 관광 인프라 구축 외에도 한국관광공사의 코리아 MICE 뷰로, 서울관광마케팅의 서울컨벤션뷰로 등 각 담당기관을 운영하여 한국의 MICE 산업을 알려나가는 활동을 펼치고 있다.
Exhibition	한국전시산업진흥회가 실시한 통계에 따르면 2014년 기준 전국 13개의 전시관에서 개최한 전시회 수는 총 697건으로 20% 이상의 성장률을 보였다. 전시면적을 기준으로 한 세계 순위도 2006년 25위에서 2011년 18위로 뛰어올랐다. 하지만 이 같은 양적 성장에 비해 질적 성장에 있어서는 다소 아쉬운 점이 있다. 산업 전체의 규모는 커졌지만 유사전시의 중복이 많아 새로운 콘텐츠와 소스 개발은 부진해 한국을 대표할 만한 브랜드 전시의 부재에 대한 아쉬움이 크다. 또, 단일 전시장의 개발뿐만 아니라 이를 뒷받침할 수 있는 인프라의 증축이 필요하다.

그림 5-40 한눈에 보는 국제회의 지표

2017년 TOP 5 컨벤션 개최국가 순위

Worldwide ranking: number of meetings per country

Rank	COUNTRY	# MEETINGS
1	U.S.A.	941
2	Germany	682
3	United Kingdom	592
4	Spain	564
5	Italy	515
6	France	506
7	Japan	414
8	China-P.R.	376
9	Canada	360
10	Netherlands	307
11	Portugal	298
12	Austria	281
13	Republic of Korea	279
14	Australia	258
	Tourism Australia	www.australia.com/businessevents/
15	Sweden	255
16	Brazil	237
17	Switzerland	230
	Switzerland Convention & Incentive Bureau (SCIB)	www.MySwitzerland.com/meetings
18	Poland	216
19	Belgium	208
20	Denmark	203

2017 세계 국가순위에서 한국은 279건을 개최하며 13위를 기록했다.

Worldwide ranking: number of meetings per city

Rank	CITY	# MEETINGS
1	Barcelona	195
	Barcelona Convention Bureau	www.barcelonaconventionbureau.com
2	Paris	190
	Paris Convention Bureau	http://en.convention.parisinfo.com
2	Vienna	190
	Austria Center Vienna	www.acv.at/index.en.html
	HOFBURG Vienna Congress Center	www.hofburg.com/en
	Vienna Convention Bureau	www.vienna.convention.at
4	Berlin	185
	Liberty International Tourism Group	www.liberty-int.com/our-destinations/germany/
5	London	177
6	Singapore	160
	Singapore Exhibition & Convention Bureau	www.visitsingapore.com/mice
★	My Advertorial	Appendix on page nr. 75
7	Madrid	153
	Madrid Exhibition and Congress Centre - IFEMA	www.ifema.es/convencionesycongresos_06
8	Prague	151
	Prague Congress Centre	www.praguecc.cz
9	Lisbon	149
	Turismo de Lisboa Visitors & Convention Bureau	www.visitlisboa.com
10	Seoul	142
11	Buenos Aires	131
12	Budapest	128
	HUNGEXPO - Budapest	www.event.hungexpo.hu/en

도시별 개최 순위에서 1위 바르셀로나가 195개를 개최하였고 서울은 142건으로 세계 10위를 기록했다.

Asia Pacific: number of meetings per city

Rank	CITY	# MEETINGS
1	Singapore	160
2	Seoul	142
3	Hong Kong	119
4	Bangkok	110
5	Tokyo	101
6	Beijing	81
7	Sydney, NSW	76
7	Taipei	76
9	Melbourne, VIC	67
10	Kuala Lumpur	65
11	Shanghai	61
12	New Delhi	59
13	Kyoto	46
14	Manila	42
15	Bali	40
16	Macao	39
17	Jeju	37
18	Busan	33
19	Brisbane, QLD	29
19	Ho Chi Minh City	29
21	Nagoya	25
22	Sapporo	24
23	Auckland	22

서울은 142건을 개최하며 싱가포르에 이어 아시아 도시로는 2위를 기록했다.

2017년 TOP 5 컨벤션 개최도시 순위

Worldwide ranking: Estimated total number of participants per country

RANK	COUNTRY	# PARTICIPANTS
1	U.S.A.	424,010
2	Spain	327,996
3	Germany	246,045
4	France	211,129
5	United Kingdom	192,544
6	Italy	172,274
7	Canada	168,223
8	Austria	139,187
9	Netherlands	134,510
10	Japan	133,025
11	China-P.R.	126,541
12	Portugal	120,226
13	Australia	111,589
14	Republic of Korea	110,446
15	Brazil	105,402
16	Switzerland	98,903

국가별 참가자수 순위에서 한국은 14위를 기록했다.

Asia Pacific: number of meetings per country

Rank	COUNTRY	# MEETINGS
1	Japan	414
2	China-P.R.	376
3	Republic of Korea	279
4	Australia	258
5	India	175
6	Thailand	163
7	Singapore	160
8	Chinese Taipei	141
9	Hong Kong, China-P.R.	119
10	Malaysia	112
11	Indonesia	89
12	Vietnam	64
13	Philippines	56
14	New Zealand	55
15	Macao, China-P.R.	39
16	Israel	37
17	Iran	20
18	Sri Lanka	19
19	Nepal	15
20	Cambodia	14
21	Myanmar	13

한국은 아시아태평양 지역에서 279건의 개최로 일본과 중국에 이어 3위를 차지했다.

http://www.kchn.kr/detail.php?number=93553&thread=01r04

읽어 보기

국제회의 개최 순위 세계 1위 K-마이스 … 기준 달리하면 13위

UIA 기준 총 997건 세계 1위 등극

ICCA 기준은 여전히 10위권 밖

통계는 통계일 뿐 확대 해석 말아야

한국이 UIA(국제협회연합)가 전 세계 158개국을 대상으로 집계한 2016년 국제회의 개최 순위에서 사상 첫 세계 1위(997건)에 올랐다. 지난 2006년(185건·16위) 이후 매년 꾸준한 증가세를 이어온 한국은 불과 5~6년 전까지만 하더라도 '넘사벽' 같은 존재였던 미국, 싱가포르, 벨기에를 앞질렀다. 또 한때 아시아 최고를 자랑하던 일본과의 격차를 두 배 가까이 벌리며 지난해에 이어 부동의 아시아 1위를 고수했다. 하지만 참가자 수 등 규모보다 행사의 '지속성'에 더 무게를 두고 있는 ICCA(국제컨벤션협회)가 집계한 순위에선 지난해에 이어 여전히 10위권 밖에 머물렀다. 오히려 ICCA 결과만 놓고 보면 각종 국제회의 유치전에서 치열한 경쟁관계에 있는 중국, 일본과의 격차가 더 벌어지는 상반된 양상이 나타났다. 최근 2~3년 전부터 질적 성장에 주목해 온 한국의 국제회의 등 마이스(MICE: 기업회의·포상관광·컨벤션·전시회)산업이 아직 샴페인을 터뜨리기엔 시기상조라는 우려의 목소리가 나오는 이유다. UIA는 벨기에 브뤼셀에 본부를 둔 비정부·비영리 국제기구로 전 세계 6만 6,000여 개의 국제협회와 단체가 회원으로 가입돼 있다. 매년 국가·도시별 국제회의 개최 순위를 발표하는 UIA는 국제회의를 A~C까지 3개 등급으로 구분하고 있다. A등급은 국제기구나 협회가 주최 혹은 후원하는 참가자 50명 이상의 회의가 포함된다. 국제기구의 국내 지부 또는 단체가 여는 5개국 이상이 참여하는 회의 중 참가자가 300명 이상, 해외 참가자 비중이 40% 이상, 기간이 3일 이상인 회의는 B등급이며 참가자 250명 이상, 해외 참가자 비중 40% 이상, 기간이 2일 이상인 회의는 C등급으로 분류된다.

2016년 국가·도시별 국제회의 개최 순위

국제협회연합(UIA) 기준					국제컨벤션협회(ICCA) 기준				
순위	국가	건	도시	건	순위	국가	건	도시	건
1위	한국	997	브뤼셀	906	1위	미국	934	파리	196
2위	벨기에	953	싱가포르	888	2위	독일	689	비엔나	186
3위	싱가포르	888	서울	526	3위	영국	582	바르셀로나	181
4위	미국	702	파리	342	4위	프랑스	545	베를린	176
5위	프랑스	523	비엔나	304	5위	스페인	533	런던	153
6위	(5위) 일본	523	도쿄	225	6위	이탈리아	468	싱가포르	151
7위	스페인	423	방콕	211	7위	중국	410	암스테르담	144
8위	오스트리아	404	베를린	197		일본	410	마드리드	144
9위	독일	390	바르셀로나	182	9위	네덜란드	368	리스본	138
10위	네덜란드	332	제네바	162	13위	한국	332	(10위) 서울	137

지난해 UIA 기준 국제회의는 총 1만 1,000건이 열려 전년 대비 1,350건(11%)이 줄었다. 각종 테러위협과 지카바이러스 등에 대한 공포감이 확산되면서 국제회의 시장 전반에 영향을 미쳤다는 분석이다. 하지만 한국은 전반적인 이 같은 악재 속에서도 지난해 총 997건의 국제회의를 열어 사상 첫 세계 1위에 이름을 올렸다. 891건으로 미국(930건)에 이어 세계 2위, 아시아 1위에 오른 2015년 대비 점유율은 2% 상승한 9.5%에 달했다. 벨기에가 953건(2015년 737건·3위)으로 2위를 차지했고, 싱가포르(736건·4위)가 그 뒤를 이었다. 2014년부터 지난해까지 2년 연속 1위에 올랐던 미국은 702건으로 3계단 하락한 4위에 머물렀다. 일본은 523건으로 프랑스와 함께 공동 5위를 차지했다.

http://news.hankyung.com/article/201706064951p

읽어 보기

중요한 국제회의는, 왜 전부 싱가포르에서 열릴까

MICE 강국의 비결

40년 계획 세워 준비한 이 나라 … 지리적 장점에 완벽한 인프라, 작년 국제행사만 877회

지난달 27일 응엥헨 싱가포르 국방장관은 앞서 싱가포르에서 열린 미·북 정상회담과 관련해 한 가지 사실을 털어놨다. 그는 "(싱가포르에서 열린) 1993년 중국-대만 당국자 간 회담이건, 2015년 시진핑-마잉주 회담이건, 최근의 트럼프-김정은 회담이건 간에 우리가 먼저 싱가포르를 회담장으로 삼으라고 권한 적이 없다"고 했다. 당사국들이 싱가포르에서 회담을 할 수 있게 해달라고 먼저 요청했다는 이야기였다.

미·북 회담을 유치하기 위해 한국은 물론 스위스, 스웨덴, 태국, 인도네시아, 몽골 등이 움직였지만, 정작 개최지로 낙점된 장소는 유치전에 나서지도 않았던 싱가포르였다. 싱가포르는 미·북 회담 개최를 위한 경호·경비와 교통 통제, 북한 대표단 숙박비 지원 등으로 1,630만 싱가포르달러(약 133억원)를 부담했다. 하지만 회담 관계자와 각국 취재진 등 4,000여 명이 싱가포르를 찾아와 돈을 썼고, 싱가포르는 회담 준비부터 개최까지 한 달에 가까운 기간 '싱가포르'라는 브랜드를 전 세계에 알렸다. 글로벌 미디어 정보 분석 업체인 멜트워터는 이번에 싱가포르가 거둔 홍보 효과가 7억 6,700만 싱가포르달러(약 6,300억원)에 달할 것으로 추산했다.

국제협회연합(UIA)에 따르면 싱가포르는 지난해 국제행사를 877차례 개최해 벨기에 브뤼셀(763회), 서울(688회), 일본 도쿄(269회) 등을 제치고 세계 1위에 올랐다. 지난해 싱가포르를 방문한 외국인은 1,742만 명에 달했다. 싱가포르 인구(561만 명)의 3배가 넘고, 세계적인 관광대국인 태국 관광객 수 3,538만 명의 절반에 육박한다. 이들이 싱가포르에서 쓰고 간 돈

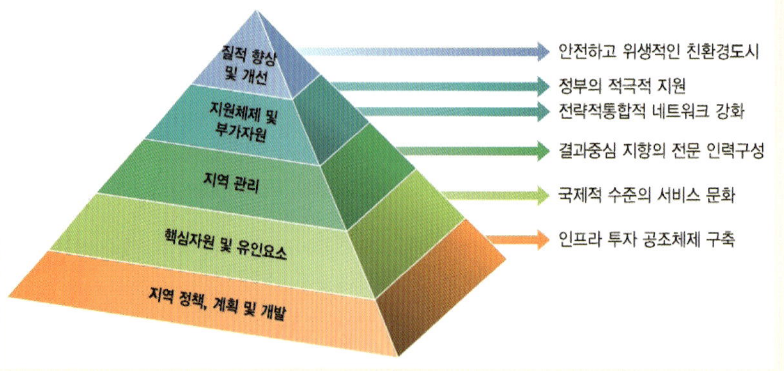

은 268억 싱가포르달러(약 22조 200억원)에 이른다. 여기에는 국제 행사와 기업 회의 참석을 위해 싱가포르를 방문한 이른바 'MICE(Meetings, Incentives, Conventions and Exhibitions: 기업 회의·포상 관광·국제회의·전시)' 방문객들이 포함돼 있다. 싱가포르는 어떻게 해서 세계적인 MICE(마이스) 산업국가가 됐을까?

편리한 교통·기업 하기 좋은 환경

싱가포르는 지리적 이점을 타고났다. 세계 물동량의 20% 이상이 지나는 전략 요충지인 믈라카 해협의 동쪽 입구를 차지하고 있다. 또 인구 6억 4,000만 명, GDP(국내총생산) 2조 5,500억 달러(약 2,848조 3,500억원)에 달하는 거대 시장 동남아시아의 한가운데에 있다. 인도네시아 자카르타, 태국 방콕, 베트남 호찌민, 미얀마 양곤 등 동남아 최대 도시들이 항공편으로 2시간 이내 거리에 있다.

여기에 싱가포르만의 각별한 노력이 더해졌다. 싱가포르는 도심에 있던 파야레바 국제공항이 포화 상태에 이르자 1975년 싱가포르 섬 동쪽 끝에 신공항 건설을 시작했다. 13억 싱가포르달러(약 1조 700억원)가 들어간 대형 건설 프로젝트였다. 이렇게 만들어진 창이공항은 1981년 개항하자마자 동남아 최대 공항이 됐다. 싱가포르는 이후 30여 년 동안 창이공항의 인프라와 서비스 개선을 위해 수십억 달러를 더 쏟아붓고, 공항과 도심을 자동차 전용도로와 MRT(지하철)를 통해 곧바로 연결시켜 창이공항을 세계적인 공항으로 만들었다. 오늘날 창이공항을 찾은 외국인들은 한 시간 내에 모든 입국 절차를 마치고 공항을 출발해 30분이면 도심에 도착할 수 있다. 동남아 각국 지사에 있던 임직원들이 각자 아침 항공편으로 출발해 점심때 한곳에 모여 회의를 하고, 당일 저녁에 각자 체류국으로 돌아가는 일은 동남아에서는 싱가포르에서만 가능하다.

도시 자체의 경쟁력을 끌어올리고, 특히 기업 하기 좋은 환경을 갖추기 위한 노력도 싱가포르를 세계 최고의 MICE 산업국가로 만들었다. 싱가포르는 지난해 세계은행의 '기업 하기 좋은 나라' 평가에서는 뉴질랜드에 이어 세계 2위, 세계경제포럼(WEF)의 국가 경쟁력 평가에서는 스위스·미국에 이어 3위를 기록했다. 법인세율은 아일랜드(12.5%) 다음으로 낮은 17%다. 자연히 글로벌 기업들이 싱가포르로 몰려들었다. 싱가포르 경제개발위원회에 따르면, 3만 7,400여 다국적기업이 싱가포르에 본사나 지역총괄본부를 두고 있다.

MICE 1등 만든 싱가포르 '40년 대계'

싱가포르는 일찍이 정부 차원에서 MICE 산업을 전략적으로 육성해왔다. MICE라는 개념을 만들고, 이 산업을 미래 먹거리로 삼아야 한다는 생각을 가장 먼저 한 것도 싱가포르였다. MICE 산업 육성을 진담하는 '싱가포르 전시·컨벤션국(SECB)'이 싱가포르관광청(STB) 산하에 처음으로 문을 연 것은 44년 전인 1974년의 일이었다. 전시·컨벤션국은 세계 20여 국에 사무실을 두고 기업 회의 및 각종 국제행사 유치 활동을 벌이고 있다.

싱가포르는 지난 2004년 중증급성호흡기증후군(SARS)의 유행으로 경제 위축을 경험하자 MICE 산업 육성에 더욱 힘을 쏟았다. 싱가포르 정부는 MICE 방문객들이 쓰고 가는 돈이 일반 관광객의 2.5배에 이른다는 사실을 파악하고, 곧바로 2015년까지 MICE 산업에서 세계 1위가 되겠다는 '관광 2015' 계획을 내놨다. 이 계획에 따라 오늘날 싱가포르의 랜드마크로 자리 잡은 객실 2,561실 규모의 '마리나 베이 샌즈' 호텔, 12만㎡(3만 6,300평) 규모의 샌즈 엑스포·컨벤션 센터, 초대형 식물원인 '가든스 바이 더 베이' 등 대형 시설물이 도심인 '마리나 베이' 일대에 집중적으로 건설됐다. 2008년에는 인기 모터 스포츠 경기인 '포뮬러 원(F1)'의 그랑프리 경기를 유치해 매년 개최하고 있다. 이런 집중적인 투자로 싱가포르를 찾은 외국인의 수는 2005년 894만 명에서 2015년 1,523만 명으로 10년 만에 70% 늘었다.

싱가포르 정부는 이어 2020년까지 MICE 산업 분야 세계 1위를 군히겠다며 민간 기업들과 함께 'MICE 2020' 계획을 내놨다. 싱가포르를 찾는 기업 방문객들이 싱가포르 내 어디서나 업무를 볼 수 있게 무료 무선 인터넷망을 확충하고, MICE 전문 기업을 육성하고, 관광 인프라에 대한 투자를 늘려 방문객들에게 '특별한 경험'을 선사해 싱가포르를 잊을 수 없게 만들겠다는 것이 핵심이다.

출처 : http://news.chosun.com/site/data/html_dir/2018/07/08/2018070802253.html

MICE 산업의 동향 및 트렌드

1) 세계 MICE 산업 동향

세계 MICE 시장 규모는 2013년 기준 1조 1,200억 달러 정도로 추산되며 2017년까지 약 1조 5,000억 달러, 연평균 7.5% 성장할 전망이다. 2015년 세계 전체 회의 건수는 1만 2,350건으로 전년 대비 1.1% 증가했으며 한국은 이 중 891건을 개최, 세계 시장 점유율 7.5%를 기록하면서 사상 처음으로 아시아에서 1위를 차지했다.

우리나라와 가장 비슷한 성격을 보이고 있는 싱가포르는 명실상부한 MICE 분야의 선두그룹으로, 핵심산업과 연계한 10대 중점 MICE 유치분야를 선정하고 집중 육성하고 있다. 10대 중점 분야로는 디자인, 교육, 헬스케어·바이오, 의학, 혁신, 미디어, 스포츠 등으로 싱가포르항공, 창이공항, 싱가포르관광공사가 합작 투자한 싱가포르 컨벤션 뷰로를 출범시켰다. 특히 국적항공사와 공항이 나선다는 점에서 한국에 시사하는 바가 크다.

일본의 경우 지난 2015년 MICE 분야 지원계획을 발표하면서 본격 시동에 나섰다. 싱가포르와 마찬가지로 일본도 '컨벤션뷰로'를 통해 유니크 베뉴에서 MICE 행사 개최 시, 특별자금을 지원한다는 점이 특징이다. 또 50여 곳의 지방도시를 국제회의도시로 인증해 연간 4조 7,300억 엔의 시장을 형성하고, 이로부터 11조 4,000억 엔의 경제적 파급효과를 올리고 있다. 태국은 MICE를 '경제회복 4대 주요 산업'으로 인식하고, TCEB(Thailand Convention and Exhibition Bureau)를 통해 주요 시장 및 각국 교육기관과 MOU를 체결하고 활동하고 있다. 또 유럽권 MICE 행사 유치를 위해 영국과 'Thailand CONNECT The World' 캠페인을 전개하고 있으며 친환경 MICE 산업을 위한 환경보호 마케팅에 관심을 기울이고 있다.

한편 중국은 전시·컨벤션 선진국인 독일의 전시기업들과 협력체계를 구축해

그림 5-41 | 국내외 MICE 시장 현황 및 전망

〈세계 MICE 시장 전망〉

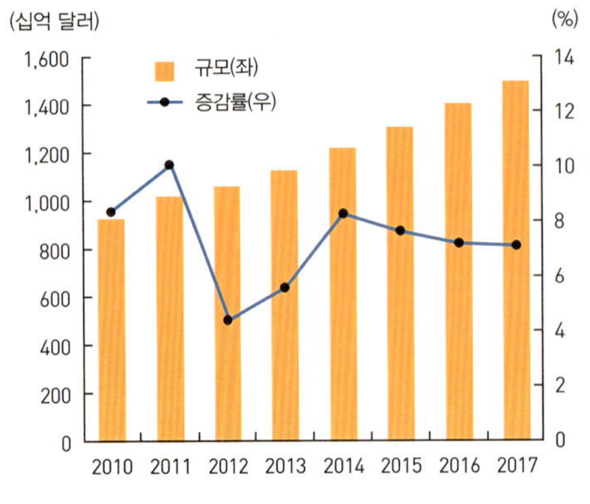

주: 증감률은 전년대비
자료: Global Business Travel Association

〈한국의 국제 회의 개최건수 및 비중〉

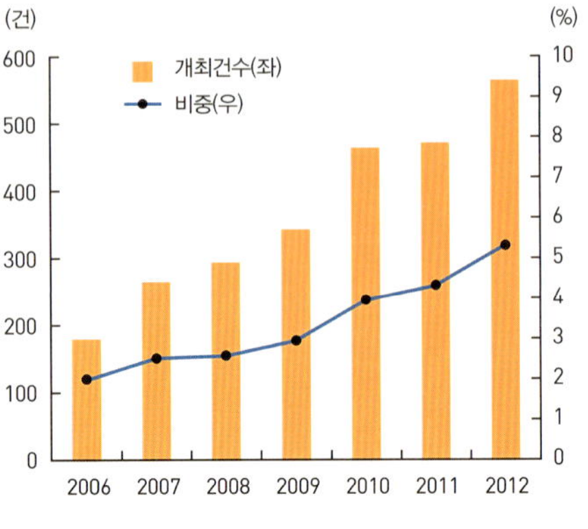

주: 비중은 전 세계 국제 회의 중 한국에서 개최된 국제 회의 비중
자료: UIA

관련 노하우를 빠른 속도로 흡수하고 있다. 광저우 국제 컨벤션 센터는 독일의 전시기업인 리드(Reed)와 전략적 제휴를 맺고 대규모 국제행사 유치에 적극적으로 나서고 있다. 상하이 국제전시센터 역시 독일의 메세(Messe)와 협력 체계를 구축했다. 중국의 전시·컨벤션 산업은 해마다 20% 정도의 지속적인 성장을 보이고 있어 많은 다국적 전시기업들의 중국 진출이 앞으로 더 활발해질 것으로 예상된다.

이외에도 홍콩은 실질적 지원에 집중해 MICE 참가자들에게 박물관 입장권, 음식 및 쇼핑 할인 등 쿠폰 지원책을 펼치고 있다. 풍부한 진시시설 이용활성과 캠페인 추진 역시 주목할 만한 점이다. 말레이시아 역시 '말레이시아 트윈 딜' 운영을 통해 MICE 관계자 대상 혜택으로 아이패드, 호텔 숙박권, 항공권 제공 등 실질적인 인센티브 지원을 하고 있다. 호주는 MICE 유치 시 집중 육성 산업과 연관사업을 우선 지원하며 호주 전역에서 컨벤션 센터 인프라 확충에 집중하고 있다.

세계 MICE 산업에 대한 전망은 매우 밝다. 실제로 세계 경제가 회복되기 시작하면서 MICE 산업 또한 꾸준히 발전하고 있음이 분명하게 나타나고 있다. 경제가 개선되면서 최신 제품을 선보이거나 고객 유치 등을 위해 전시회, 회의 및 행사에 대한 수요가 다시 한번 커지고 있다. 세계 각국은 이벤트를 유치하기 위해 자국을 MICE 개최지로 홍보하고 있으며, 일부 여행사는 전문화된 MICE 서비스 및 활동을 제공하고 있다. 앞으로 MICE 산업의 미래에 영향을 줄 수 있는 주요한 요인으로는 경제적 불확실성, 생생한 이벤트를 위한 더 질 좋고 경제성 있는 기술의 도입, 더 빠르고 짧아지는 비즈니스 주기, 아시아의 정치·경제적 영향 등이 있다.

2) 국내 MICE 산업 동향

한국 정부는 17대 신성장동력산업으로 MICE 산업을 선정한 바 있다. 앞서 살펴보았듯 MICE 산업이 지식창출을 기반으로 고부가가치를 창출하고 경제파급효과는 물론 국가브랜드 이미지 상승에 큰 기여를 하고 있기 때문이다.

우리나라의 MICE 산업은 그동안 외래객 수 기준 2011년 95만 명에서 2015년 156만 명으로, 1인당 소비 지출액은 일반관광객의 약 1.8배를 기록했다. 미팅·컨벤션 부문의 경우 2015년 기준 1인당 3,125달러 지출을 한 것으로 나타났으며 인센티브객의 경우 2015년 기준 1인당 2,000달러 수준을 유지하고 있는 것으로 나타났다. 국제회의 개최 순위에서도 세계 2위, 아시아 1위(2015년 국제협회연합(UIA)

기준) 수준이다. 주요 도시별로는 서울이 494건으로 세계 3위에 올랐으며 부산이 150건으로 11위, 제주가 112건으로 19위에 각각 랭크됐다.

그러나 한국은 아직 회의를 주최하기에 매력적인 국가이나 접근성이 떨어지고 인프라 구축이 약하다는 평가를 받고 있다. 이미 오랜 역사와 노하우를 축적한 다른 나라의 역량을 뛰어넘기란 결코 쉬운 일이 아니지만 한국의 MICE 산업 성장 가능성이 무궁무진하다는 것 또한 의심의 여지가 없다.

특히 서울시가 2014년 4월 코엑스~한전 부지~잠실운동장 일대를 서울의 국제교류복합지구로 조성하고 국제업무와 MICE, 스포츠, 문화엔터테인먼트 등 4대 핵심 기능을 유치 및 강화하겠다고 밝혔으며, 현대자동차 그룹이 한전부지에 지상 115층 높이의 초고층 사옥과 함께 업무시설, 전시컨벤션시설, 호텔 및 판매시설 건립 내용이 담긴 제안서를 제출하기도 했다.

또, 문화체육관광부는 MICE 산업 활성화를 위해 중앙박물관, 현대미술관, 국립극장, 예술의전당, 국립국악원 등 소관 공공시설부터 우선적으로 개방하고 점차 확대할 예정이다. 개최국의 역사와 고유의 매력을 느낄 수 있는 장소(유니크베뉴)는 MICE 유치 결정에 중요한 요인이기 때문이다. 이에 더해 MICE 분야의 지속가능한 성장과 선순환 구조 구축을 위한 'MICE(MICE) 산업 발전 방안'을 발표하며 MICE 산업의 성장을 적극적으로 지원할 것을 다짐했다. 2017년 문화체육관광부가 발표한 주요 전략 과제는 아래와 같다.

- 과열경쟁으로 시장이 레드오션으로 전락되지 않도록 지역 간 '공정경쟁 협약' 체결
- '공정거래 가이드라인' 제작 및 확산으로 업계 대상 불공정 계약 관행 개선
- 수도권–지역 상생 발전, 지역별 특화 발전을 위한 '통합 MICE 마케팅 계획' 수립
- 국제회의기획업, 국제회의시설업에 더해 국제회의서비스업까지 관광기금 융자 지원
- 국립중앙박물관, 예술의전당, 올림픽공원 등, 특별한 시설을 MICE 행사에 개방
- 국제회의, 인센티브 관광에 이어 기업회의(Meeting) 시장 발굴, 신시장 개척
- 코리아MICE엑스포(Korea MICE Expo)를 아시아대표박람회로 육성

읽어 보기

한국, 2017년 국제회의 개최 '2년 연속 세계 1위'

세계 도시별 개최순위에서 서울 3위 차지

한국관광공사(사장 안영배, 이하 관광공사)는 2017년 세계 국제회의 개최 순위에서 한국이 2년 연속 세계 1위를 차지하였다고 지난 17일 밝혔다.

국제협회연합(Union of International Associations, UIA)의 보고서에 따르면, 2017년 한 해 동안 전 세계에서 총 10,786건의 국제회의가 개최되었는데 한국은 1,297건의 국제회의를 개최하여 세계 1위를 기록하였다.

세계 시장 점유율도 9.5%에서 12.6%로 3.1%p 상승하였으며 지난 2016년에 이어 2년 연속 1위 자리를 유지하였다.

한편, 세계 도시별 개최 순위에서는 877건의 국제회의를 개최해 세계 1위를 차지한 싱가포르, 763건을 개최한 2위인 브뤼셀에 이어 서울은 688건의 국제회의를 개최해 3위를 차지하였다.

주요국가, 도시별 국제회의 개최 건수 및 순위

국가명	2017년 개최건수	3개년 순위			도시명	2017년 개최건수	3개년 순위		
		2017	2016	2015			2017	2016	2015
대한민국	**1,297**	**1**	**1**	**2**	싱가포르	877	1	2	1
싱가포르	877	2	3	4	브뤼셀	763	2	1	2
벨기에	810	3	2	3	**서울**	**688**	**3**	**3**	**3**
오스트리아	591	4	7	10	빈	515	4	5	5
미국	575	5	4	1	도쿄	269	5	6	6
일본	523	6	5	5	파리	268	6	4	4
스페인	440	7	6	7	방콕	232	7	7	7
프랑스	422	8	5	6	**부산**	**212**	**8**	**14**	**11**
독일	374	9	8	8	베를린	198	9	8	8
태국	312	10	10	12	바르셀로나	193	10	9	9

자료제공 : UIA, International Meeting Statistics Report, 매년 6월 발표

그동안 관광공사는 '한국 MICE 육성 협의회(Korea MICE Alliance, KMA)'를 구성해 한국 MICE 경쟁력 강화를 위하여 지역 컨벤션뷰로 등 MICE 관련 기관, 업계와 함께 긴밀히 협력하여 왔으며, 국내 최대 MICE 산업전인 '코리아 마이스 엑스포(Korea MICE Expo)'를 개최하여 한국 MICE 유치 활성화에 주력하고 있다.

관광공사 민민홍 국제관광본부장은 "작년에 이어 한국이 국제회의 개최 세계 1위를 달성하게 되어 기쁘다. 고부가 MICE 산업의 지속적인 발전을 도모하기 위하여 현재 정부에서는 국제회의 육성 5개년 계획을 수립 중에 있다"고 전했다.

3) MICE 산업 트렌드

① 시설의 복합화

MICE와 동시에 다른 관광활동이 가능한 복합시설을 조성하는 것은 전 세계적인 추세이다. MICE에 필요한 컨벤션 시설, 전시 공간, 숙박 시설 등만이 아니라 쇼핑, 테마파크, 박물관, 극장, 카지노 등 다양한 관광 프로그램을 제공할 수 있는 시설 혹은 도시가 MICE 개최지로서 각광받고 있다. MICE 참가자들 역시 MICE 활동이 이루어지는 시간 외에 즐길 수 있는 프로그램이 다양한 도시를 개최지로서 선호한다.

싱가포르, 마카오, 요코하마 등이 MICE 시설을 복합화한 대표적인 사례이다. 예를 들어 요코하마의 경우 차이나타운, 테마파크, 쇼핑몰 등의 도시 인프라와 MICE 시설을 집적화하여 MICE 산업의 경쟁력 강화를 도모하였다.

② 그린 미팅(Green Meeting): MICE의 환경적 영향을 고려

전 세계 전 산업분야에 불고 있는 온실가스 감축 노력이 MICE 산업에까지 영향을 미치고 있다. 그린 미팅(Green Meeting)은 환경에 대한 부정적인 영향을 최소화하기 위하여 환경을 고려하는 회의 또는 행사를 의미한다. 회의 기획자들은 그린 미팅을 통해 환경적인 의무 이행뿐만 아니라 금전 절약을 통한 경제적 이익까지 얻을 수 있다.

Simon Anholt(2003)은 관광산업이 국가 브랜드 향상에 중요한 역할을 하는 동시에 환경의 관점에서 엄청난 생태학적 폐해를 줄 수도 있는 산업이라고 경고하였다. 또 컨벤션 업계 최대의 단체인 CIC(Convention Industry Council)은 이러한 컨벤션의 환경적 문제점을 인식하고 MICE 장소 선정에서부터 부스의 재질, 만찬에 제공되는 음식에 이르기까지 전 분야에 걸쳐 친환경의 개념을 도입한 그린 미팅을 권고하였다.

사진: Pixabay

일부 선진국에서는 이미 그린 미팅의 실천방안에 대해서 논의하고 그 방법을 모색하는 단계이다. 한국도 Green Meeting의 실천방안을 회의 및 전시 시설에 적극적으로 도입하고 있다. 2008년 완공된 송도 컨벤시아가 친환경 목적으로 건설된 국내 컨벤션 센터의 효시로, 송도는 570만m^2 규모의 단지 전체가 미국 친환경 건물 인증 시스템인 LEED 인증을 획득하였다.

③ MICE 도시 및 기관 간 협력: 통합 브랜드 구축 및 정보 교류

국내외 MICE 도시들은 MICE 개최지로서 경쟁력을 강화하고 MICE 유치 증대를 통해 지속적으로 성장하기 위해서 전 세계 주요 도시와 활발하게 상호협력관계를 구축해야 한다. 이를 통해 각 도시는 선진화된 노하우 습득 및 관련 정보 교류의 활성화를 도모할 수 있다.

대표적으로 독일의 Magic Cities Germany는 베를린, 라이프치히, 뮌헨 등 독일 내 10개 도시의 글로벌 마케팅을 위한 전략적 통합 마케팅 협의체로 활발히 활동하고 있으며, Best Cities Global Alliance는 5개 대륙, 8개의 세계 최고 수준의 컨벤션 도시들로 구성된 글로벌 조직체로 가장 성공적으로 운영되고 있는 컨벤션 도시 간 협력체계로 평가받고 있다. Best Cities Global Alliance는 2000년에 설립되어 운영되고 있으며 회원도시는 케이프 타운, 코펜하겐, 두바이, 에든버러, 멜버른, 산후안, 싱가포르, 벤쿠버 등 8개 도시로 구성되어 있다. 이들 회원도시는 최소 만여 개의 호텔 룸과 빠르고 안전한 대중교통시스템을 보유하고, 국제 주요 공항을 통한 접근성이 매우 용이하며 회의시설, 숙박 및 편의시설 간 거리가 도보 가능한 수준이어야 한다.

④ 하이브리드 MICE(Hybrid MICE)

2015년 MICE 업계의 가장 영향력 있는 25인에 선정된 미국 MICE 컨설팅 기업 Event MB의 줄리어스 솔라리스(Julius Solaris) 대표는 "실제 오프라인 행사 현장과 가상의 공간이 ICT 기술로 결합된 새로운 형태의 '하이브리드 MICE(Hybrid MICE)'가 증가하고 있다"고 강조하였다. MICE에 적용될 수 있는 첨단 기술로는 ICT, 빅데이터, 증강현실(AR) 및 가상현실(VR), 3D 기술 등이 있다.

사진: Pixabay

ICT 기획 관점의 MICE 관련업에서 ICT 기반 기술을 활용은 MICE 전시기획 및 운영 지원을 위한 서비스, 예약서비스, 안내 서비스, 광고/마케팅 등에 활용이 가능하다. 특히 사물인터넷 센서를 기반으로 한 데이터 수집·관리·분석과 편의 제공 등의 지능화 서비스를 제공할 수 있고, 현장관리 및 전시참가자 편의제공 서비스 분야에 사물인터넷(IoT)을 활용하여 전시편의 서비스를 제공할 수 있을 것으로 기대된다.

빅데이터 현재 빅데이터는 공공 분야 및 다양한 산업에 적용되어 필수적인 정보를 적시에 제공함으로써 효율성 제고와 고객 경험 향상에 기여하고 있다. MICE 산업에서는 빅데이터를 활용한 전시 운영 지원, 원스톱 통합정보 정보 제공, 맞춤형 관광연계 등의 서비스 제공을 통해 생산성 향상을 도모하고, 방문자의 편의를 도모하며 국제회의 산업을 선도할 수 있는 품질 관리를 가능하게 한다.

증강현실(AR) 및 가상현실(VR) 모바일에 이은 차세대 플랫폼으로 주목받고 있는 증강현실(AR) 및 가상현실(VR)은 가상의 유물이나 건물을 복원하여 보여주는 것 외에 다양한 사료에 기초한 정보를 통해 시공간을 넘어 육체적 능력과 지적 능력을 확장하는 등 실감형 체험을 가능하게 한다. 증강현실(AR)이나 가상현실(VR)을 활용한 전문적인 전시사례는 아직 없지만, 최근 주목받고 있는 기술이므로 전시회 효과를 극대화할 수 있는 창의적인 스토리텔링 기획 및 콘텐츠 발굴 환경이 조성된다면 전시회 첨단 이미지 제고에 큰 역할을 할 것이다. 뿐만 아니라 가상현실은 MICE로의 접근성을 향상시키고 사용자 친화적인 환경을 조성한다. 라이브 스트리밍 혹은 전체적인 이벤트 공간을 실체화시키는 것은 이벤트 행사에 빗물리적 출석을 가능하게 하여 주최자 및 참석자의 비용을 절감시킬 수 있다.

3D 기술 3D 기술은 소프트웨어와 기술 간의 협업을 통해 3D 홀로그램을 통한 체험서비스나 3D프린터를 통한 맞춤형 서비스 등으로 활용도를 높이고 있다. 특히 MICE 산업에서는 전시디스플레이와 마케팅 분야에 3D기술을 활용하여 보다 생생한 전시서비스를 통해 관람객의 체감도를 더욱 높일 수 있을 것이다.

⑤ MICE 사전/사후 이벤트 연결 증가

페이스북, 트위터, 소셜 앱과 같은 소셜 미디어의 힘과 비즈니스 세계에서 더욱 중요한 LinkedIn 덕분에 사람들은 이벤트, 컨퍼런스의 사전 미팅을 준비하고 더 나은 포스트 이벤트를 유지하기 위해 노력하고 있다. 이는 행사의 진행 과정 및 참석자들에게 발생할 수 있는 문제를 미리 해결함으로써 보다 의미 있고 긴 회의를 가질 수 있게끔 한다.

사진: Pixabay

⑥ 사회적 · 지역적 영향의 증대

수년간 MICE 산업의 사회적 영향에 대한 논의가 있었고, 주요 업체의 경우 이벤트를 개최할 때 사회적으로 책임감 있는 방식를 선택하면서 최대한의 이익을 얻도록 노력하는 것이 중요한 고려 사항이 되었다. 특히 이벤트 활동을 구성할 때 방문자가 자신이 있는 지역을 보다 잘 이해하고 고유한 문화를 경험할 수 있게끔 하는 것을 더욱 강조하고 있다.

⑦ 비전통적 모임 공간의 등장

대부분의 다른 업계와 마찬가지로 끊임없이 변화하는 트렌드에 따라 MICE 산업도 독특하고 색다른 인상을 주고자 한다. 특히 이는 이벤트 주최자가 일반적인 이벤트 공간의 틀을 넘어서 생각할 때 두드러지게 나타난다. 평범한 회의장에서 벗어나 사용하지 않는 축사나 빈 공간을 활용하고, 사람들의 놀라움과 호기심을 증대시키는 팝업 이벤트가 증가한다. 이 같은 트렌드는 주최자가 주어진 공간에서 매우 독창적으로 활동할 수 있게 만든다.

⑧ 소셜 미디어

소셜 미디어는 모든 사람들을 실시간으로 연결되게 하고, 이벤트 주최자와 참석자가 효과적으로 상호작용할 수 있게 만든다. 페이스북, 트위터 등의 소셜 미디어 플랫폼은 지난 몇 년 동안 사람들이 이벤트에 참여하게 하는 주요한 유인 요소가 되어왔다. 또 이러한 소셜 네트워크의 활용은 참석자에 대한 유용한 데이터 분석을 수집하려는 모든 이벤트 주최자에게 큰 자산이 될 수 있다. 예를 들어 이벤트 전반에 걸쳐 질문을 하고 즉각적인 반응을 얻음으로써 어떤 세션이 가장 인기가 있을지 알아내고 현장에 적용할 수 있다. 또, 프로그램 변경 등의 변동 사항 및 알림 사항이 생겼을 때 참석자에게 즉각적으로 안내 메시지를 보낼 수 있다.

요약 Note

- MICE란 기업회의(Meeting), 포상여행(Incentives), 컨벤션(Convention), 전시(Exhibition)를 융합한 새로운 산업을 의미한다. MICE 산업은 세계적인 규모 행사인 엑스포, 스포츠 이벤트 유치 등을 계기로 국가 브랜드를 알리며 발전하기 시작하였다.
- MICE 산업은 지역 경제의 활성화, 내수 확대, 고용 창출, 개최지의 글로벌 이미지 고양, 관련 산업의 파급 효과 등 경제적, 사회적, 문화적으로 긍정적인 효과를 가지는 산업이다. MICE 산업이 지식창출을 기반으로 고부가가치를 창출하고 경제파급효과는 물론 국가브랜드 이미지 상승에 큰 기여를 하고 있다는 점을 고려하여 한국 정부는 17대 신성장동력산업으로 MICE 산업을 선정하였다.
- CVB(컨벤션 뷰로)는 국제회의 유치에 필요한 모든 업무를 지원하는 전담팀으로, 국제회의 유치 추진 절차에서부터 행사장 선정, 예산 분석, 유치 제안서 작성, 현지 설명회 개최, 마케팅, 국제기구 임원을 대상으로 한 활동까지 모든 업무를 지원하는 공공조직이다. PCO(국제 회의 기획업)은 국제회의 개최와 관련한 다양한 업무를 행사 주최 측으로부터 위임받아 대행해 주는 영리업체이다.

과제 Assignment

- MICE 산업이 관광산업 내에서 중요한 의미와 파급효과는 무엇인가?
- MICE 산업 직종에 대해 조사하고, 갖추어야 할 자격 및 능력에 대해 알아보자.
- MICE 산업의 트렌드 중 '하이브리드 MICE'가 무엇인지 설명하고, 구체적인 사례를 들어 설명하라.
- 세계 MICE 산업의 대표 도시 중 여러분이 생각하는 가장 매력적인 도시는 어디이며 그 이유는?
- 한국 MICE 산업의 발전을 위한 방안은 무엇인가? 다른 국가의 성공 요인을 참고하여 제안해보자.

참고 자료

- 〈여행사 경영론〉, 대왕사, 이선희
- 〈여행상품기획〉, 정윤조
- 〈관광학원론〉, 한올출판사, 김병용
- 〈여행업 관련 종합적인 법·제도 개선연구〉, 문화관광부, 2006
- 〈산업분석〉, True Friend 한국투자 증권, 최민하, 2017
- 〈2017년 사회조사 결과 - 복지, 사회참여, 문화와 여가, 소득과 소비, 노동〉, 통계청, 2017
- 〈여행산업 보고서 13호〉, 한국여행협회, 2017
- 〈2017년 10월 국내관광 동향 분석〉, KATA, 2017
- 〈10월 인바운드 시장별 관광동향〉, KATA, 2017
- 〈외국인 의료관광객 분포〉, 보건복지부, 2010; 그래픽 위클리공감
- 〈2017년 소비자 전망 조사〉, 컨슈머인사이트, 2017
- 〈여행산업 여행의 길 위에서 길을 묻다〉, NH투자증권, 2017
- 〈ITB WORLD TRAVEL TRENDS REPORT 2014/2015〉, Messe Berlin, 2014
- 〈여행패턴의 변화, 관광공간의 진화〉, 강원발전연구원, 2015
- 〈여행: 늘어나는 해외 여행 수요, 커지는 시장〉, 한국투자증권, 2017
- 〈한국 여행 시장의 미래 지도: 4대 핵심〉, amadeus, 2013
- 〈한국 인바운드 관광산업의 현황과 발전방향〉, KDB 산업은행,
- 워크넷 www.work.go.kr
- 한국여행업협회 www.kata.or.kr/index.asp
- 모두투어 http://www.modetour.com
- 하나투어 http://www.hanatour.com/
- 롯데관광 http://www.lottetour.com
- 네이버 지식 백과 http://terms.naver.com/
- 산업통상자원부 블로그 '경제다반사' http://blog.daum.net/mocie/15613286
- 〈Skyscanner presents the Future of Travel in 2024〉 https://www.youtube.com/watch?v=nOCzl1IYFQg

- 〈[싱글 정책이슈] 빅데이터 분석 2018 여행트렌드 'S·T·A·R·T'〉, 네이버 블로그 싱글리스트 http://m.post.naver.com/viewer/postView.nhn?volumeNo=11278122&memberNo=25041664
- 〈공정여행, 간단하게 이해하기〉, tistory 트래블러스맵 http://powertraveler.tistory.com/640
- 〈2014/2015년 ITB 세계 여행 및 관광 시장 트렌드 보고서〉, 해외투자진출정보포털 http://www.ois.go.kr/portal/page?_pageid=93,721498&_dad=portal&_schema=PORTAL&p_deps1=info&p_deps2=&oid=1150203161711379166
- 〈항공사경영론〉, 고선희 http://elearning.kocw.net/KOCW/document/2015/seowon/koseonhee/2.pdf
- 〈OAG punctuality report 2016 - On-time performance results for airlines and airports〉, OAG, 2016
- 〈2017년 산업전망-항공운송〉, 한국기업평가, 2016
- 〈항공기 객실서비스 품질과 항공사 선호도와의 관계 연구〉, 인하대학교 석사논문, 이신택, 2006
- 〈항공시장동향 - Ⅲ.항공산업·레저 동향〉, Airportal, 제 49호, 2016
- 〈항공시장동향 - Ⅲ.항공산업·레저 동향〉, Airportal, 제 64호, 2017
- 〈항공사 기내 오락물 구성요소의 선호도 및 중요도 분석에 관한 연구〉, 박동은·윤문길, 한국항공진흥협회, 2009
- 〈저비용 항공사 시장진입에 따른 영향평가 및 발전방안 수립 - Ⅱ.저비용 항공사(LCC)의 개념 및 특성〉, 한국항공진흥협회, 2009
- 〈항공운송 Airlines〉, 한국신용평가, 2017
- 〈관광산업 경쟁력 강화를 위한 항공연계정책 과제〉, 한국관광공사, 2014
- 인천국제공항 환승투어 http://www.airport.kr/pa/ko/t/2/3/5/index.jsp#a
- 항공정보포털/에어포털 http://www.airportal.go.kr/index.jsp#header
- 항공정보포털/SKY LEISURE http://www.airportal.go.kr/skyleisure/index.jsp
- 네이버 블로그 정박사의 항공/관광/항공화물 연구 http://blog.naver.com/PostList.nhn?blogId= eiplus&categoryNo=51
- 〈Best airports of 2017 unveiled at World Airport Awards〉, Skytrax http://www.airlinequality.com/news/best-airports-of-2017-unveiled-at-world-airport-awards/
- 〈World Airline Awards〉, Skytrax http://www.worldairlineawards.com/
- 〈[스페셜 리포트-공항 속 직업] '매력 가득' 공항직업 들여다보기〉, 한국경제매거진, 제 53호, 2014 http://magazine.hankyung.com/jobnjoy/apps/news?popup=0&nid=05&nkey=2014032500053055185&mode=sub_view
- 〈2017년 국제항공 업종 NBCI 보도자료〉, NBCI http://www.brand.or.kr/2014/knowledge/news_

view.asp?board_idx=1433&page=1&setListViewCnt=10&schField=&schValue=

- 〈항공협정의 이해〉, 국토교통부 http://www.molit.go.kr/USR/policyTarget/dtl.jsp?idx=443
- 〈항공 동맹이란 무엇인가?〉, tistory 블로그 http://ktskylife.tistory.com/588
- 〈Theme Index museum Index; Global Attraactions Attendance Report〉, AECOM · TEA, 2016
- 〈테마파크경영론〉, 김창수, 2007
- 〈가상현실 산업 육성 추진현황 및 향후계획〉, 기획재정부 · 미래창조과학부 · 문화체육관광부 · 산업통상자원부, 2016
- 〈테마파크산업은 블루오션인가?〉, 관광투자 뉴스레터, 주영민, 2010(겨울호)
- 〈유원시설업 진흥을 위한 정책방향 연구〉, 오훈성, 한국문화관광연구원, 2011
- 〈테마파크 산업 동향과 관광산업에서의 역할〉, 조빛나, 2005
- 〈국내 레저산업 현황 및 성장성 전망〉, 하나금융경영연구소, 2008
- 〈국내 테마파크 수요예측 및 트렌드 분석〉, 한림국제대학원대학교산학협력단, 2006
- 〈가상현실(VR)의 국내외 적용 동향〉, 한국전자통신연구원, 2017
- 에버랜드 홈페이지 http://www.everland.com/web/intro.html
- 롯데월드 홈페이지 http://www.lotteworld.com/index.asp
- 네이버 지식백과 〈유니버설 스튜디오〉
- 네이버 지식백과 〈디즈니 랜드〉
- 위키 백과 〈유니버설 스튜디오〉
- 위키 백과 〈디즈니 랜드〉
- 〈중국 테마파크 산업 동향과 전망〉, 임대근 http://csf.kiep.go.kr/issueInfo/M002000000/view.do? articleId =16100
- 〈테마파크theme-park의 현재와 미래〉, tistory 블로그 인밸리 테마파크 http://in-valley-themepark.tistory.com/entry/%EC%9D%B8%EB%B0%B8%EB%A6%AC%ED%85%8C%EB%A7%88%ED%8C%8C%ED%81%AC-theme-park%EC%9D%98-%ED%98%84%EC%9E%AC%EC%99%80-%EB%AF%B8%EB%9E%98
- 〈VR/AR 테마파크〉, 중소기업 기술로드맵, 2010 http://smroadmap.smtech.go.kr/0201/view/m_code/K31/id/1518/idx/927
- 2016.05.18., 〈The Newest Theme Park Trend is….Safety?〉, Entertainment Designer http://entertainmentdesigner.com/news/theme-park-design-news/the-newest-theme-park-trend-is-safety/
- 2017.09.20., 〈5 Top Theme Park Trends Dominating the Season〉, Skift https://skift.com/2017/09/20/5-top-theme-park-trends-dominating-the-season/

- 2017.01.06., 〈10 cool new theme park developments in the works〉, USA TODAY https://www.usatoday.com/story/travel/experience/america/theme-parks/2017/01/06/10-new-theme-park-developments-iaapa-2016/96215196/
- 2017.01.14., 〈The three biggest global trends in theme parks〉, saturn imagineering http://www.saturnimagineering.com/2017/01/14/the-three-biggest-global-trends-in-theme-parks/
- 〈카지노산업의 이해〉, 大王社, 이충기 · 권경상 · 김기엽
- 〈관광 수입 대비 카지노 수입현황 (1993~2016)〉, 한국카지노업협회
- 〈방한 외래객 대비 카지노 이용현황(1993~2016)〉, 한국카지노업협회
- 〈카지노산업 동향 및 전망〉, Korea Ratings, Market Trend, 2015
- 〈카지노산업〉, 신영증권, Industry Report, 2017
- 〈카지노산업의 대외환경 변화와 대응방향－외국인 전용 카지노산업을 중심으로-〉, 산업경제분석
- 〈관광산업 성장을 위한 역동요소는?－한국형 복합리조트(IR)의 성공 모델을 중심으로〉, Deloitte Anjin, Deloitte Anjin Review, no.1(April), 2014
- 〈국내 카지노업계 동향 및 경제효과〉, Tour.go, Hot Issue Brief, 2014
- 〈카지노〉, 신영증권, Industry Report, 2010
- 〈외국인 카지노산업 - Casino Big Cycle 5 마카오 풍선효과〉, 대신증권, 기업분석, 2015
- 〈Global Gaming Outlook〉, pwc, 2015
- 〈카지노산업〉, 우리투자증권, Industry Analysis, 2013
- 〈카지노 디자인 설계의 거장을 만나다 - 카를로스 S.프란시스코 HBA Partner〉, Hotel Avia, vol.33(May), 2017
- 〈Las Vegas Style〉, LV24 http://www.klasvegas.com/info/history.htm
- 〈2016년 마카오 카지노산업 현황 및 전망〉, 주홍콩 문화홍보관 http://kocis.go.kr/kocc/view.do?seq=7197&langCode=lang001&menucode=menu0150&menuType=Kocis_Board_Ovr_Ctr&ctrcode=CTR0013&searchType=menu0150&searchText=
- 〈마카오와 라스베이거스 카지노시장 비교분석〉, 네이버블로그 http://blog.naver.com/PostView.nhn?blogId=chunje0&logNo=220623161352&categoryNo=0&parentCategoryNo=0&viewDate=&currentPage=1&postListTopCurrentPage=1&from=postView
- 〈EBS 서비스경영자격 SMAT Module A〉, 케듀아이, 하승희
- 〈싱가포르, 세계 최대 MICE 산업국으로 부상〉, KOTRA, 정현 싱가포르 싱가포르무역관
- 〈한국 MICE 산업의 발전을 위한 정책 과제〉, 한국관광공사

- 〈MICE 산업의 트렌드 및 대응과제〉, 서울경제
- 〈G20 정상회의 개최를 계기로 본 MICE산업의 현 주소와 육성전략〉, Trade Focus 9(5), 한국무역협회, 2010
- 〈ICT 기반 활용 MICE 산업 수출화 방안 연구〉, Issue Papers, no.5, Institue for International Trade, 2016
- 〈산업이슈: 국내 MICE 산업 트렌드〉, 연금시장리뷰 98호, 현대증권·현대경제연구원, 2013
- 〈관광(MICE)산업의 새로운 패러다임 도입을 위한 산업 규제 완화 방안 - 복합리조트의 전략적 유치를 위한 제언〉, KERI Brief 15-05, 한국경제연구원. 2015
- 〈MICE 산업 인프라구축의 문제점과 개선과제〉, KERI Brief 16-09, 한국경제연구원. 2016
- KOREA, BEYOND MEETINGS https://k-mice.visitkorea.or.kr/convention_kor/guidehtml/mice01.jsp
- 〈MICE 산업이란〉, http://www.coex.co.kr/mice-coex/mice
- 〈MICE 산업과 관광〉, 네이버블로그, 데일리 증시정보 https://blog.naver.com/taeun21/220076103348
- 〈MICE – Trends and its Immediate Future〉, WORLD LUXURY TOURISM http://www.worldluxurytourism.com/mice/mice-trends-and-its-immediate-future.html
- 〈MICE 산업, 싱가포르 MICE 산업의 성공적 사례 살펴보기2〉, 네이버블로그 https://m.blog.naver.com/PostView.nhn?blogId=smartvl&logNo=220274725102&proxyReferer=https%3A%2F%2Fwww.google.co.kr%2F
- 2015.10.07., 〈배낭 메고 해외행,,, 자유여행 대세로〉, 뉴스핌 http://www.newspim.com/news/view/20151006000449
- 2016.03.04., 〈패키지여행 '지고' 자유여행 '뜨고'…여행업계, 트렌드 변한다〉, EBN http://www.ebn.co.kr/news/view/819543
- 2017.04.06., 〈2017년 3월 BSP 발권 시장 분석 '뭉치면' 모두투어·타이드스퀘어 순위 UP〉, 세계여행신문 http://gtn.co.kr/home/news/news_view.asp?news_seq=68217
- 2017.03.29., 〈'평화의 섬' 제주, 그리고 '다크 투어리즘'〉, 한겨레 신문 http://www.hani.co.kr/arti/culture/jejuand/788462.html#csidxf92d2c13a4e3d22b42964ff4c47d181
- 2016.09.13. 〈[월간분석 #1] OTA의 시장 장악, 현실로 다가왔다 #1.배경(Background)〉, http://www.ttlnews.com/article/travel_report/1437
- 2017.09.22., 〈욜로족에 확 바뀐 하반기 소비 시장... 음식, 패션 대신 여행과 리빙으로〉, 조선Biz http://biz.chosun.com/site/data/html_dir/2017/09/22/2017092200513.html#csidxcc97f350c4ed07ab385a438f335a58d
- 2015.03.11., 〈여행 트렌드① 지금 주목해야 할 9가지 코드〉, 이매진뉴스 http://www.yonhapnews.

co.kr/repere/2015/03/10/4097020000AKR20150310036500805.HTML

- 2015.12.14., 〈2016년 여행 트렌드의 6가지 주요 동향〉, 트립어드바이저 https://www.tripadvisor.co.kr/TripAdvisorInsights/n2670/2016nyeon-yeohaeng-teurendeuyi-6gaji-juyo-donghyang
- 2016.12.26., 〈"2017년 여행 시장 뉴 트렌드는 'REFRESH'"〉, Economic Review http://www.econovill.com/news/articleView.html?idxno=305583
- 2017.12.14., 〈2017~2018 한국인 여행 트렌드는 'START'…관광공사〉, 조선닷컴 http://travel.chosun.com/site/data/html_dir/2017/12/14/2017121401517.html
- 2014.04.10., 〈Skyscanner reveals the future of travel: learn how we will plan and book in ten years〉 https://www.skyscanner.net/news/future-of-travel2024
- 2017.02.13., 〈[브랜드평판] 여행사 브랜드 2월 빅데이터 분석...1위 하나투어 2위, 인터파크투어, 3위 모두투어〉, 한국기업평판연구소 http://www.rekorea.net/bbs/board.php?bo_table=repu6&wr_id=352&sfl=wr_subject&stx=%EC%97%AC%ED%96%89%EC%82%AC&sop=and
- 〈온라인마케팅동향-항공권예약〉, ACE TRADER http://www.openads.co.kr/trend/openTrend/marketingNews/article.nhn/1506
- 〈얼리버드 체크인을 아시나요?〉 블로그 마래바 http://hansfamily.kr/904
- 2016.10., 〈[양박사의 열려라! 하늘길] 치열한 경쟁의 항공 세계…RM의 중요성〉, 트래비 http://www.travie.com/mobile/board.php?bo_table=travie&wr_id=19319
- 2016.08.29., 〈저가항공사와 대형항공사를 비교해보자〉, Skyscanner https://www.skyscanner.co.kr/news/lcc-vs-fsc
- 2017.08.23., 〈'다구간 여행' 새로운 여행 트렌드출·도착 공항 다르게 정하는 여행수요 3년새 급증〉, 트래블데일리 http://www.traveldaily.co.kr/news/articleView.html?idxno=11262
- 2017.03.07., 〈떠나고 싶을 때 바로 떠나는 '즉행족' 새 트렌드〉, 부산일보 http://news20.busan.com/controller/newsController.jsp?newsId=20170307000380
- 2017.08.24., 〈[LCC 굴기]① 진화하는 LCC, 中 파고 넘어 새판 짜는 항공업계〉, 시사저널e http://www.sisajournal-e.com/biz/article/173111
- 2015.05.09., 〈[여행 트렌드] 대한항공 vs 아시아나 "어떤 비행기를 타시겠습니까?"〉, 데일리한국 http://daily.hankooki.com/lpage/life/201505/dh20150529140633138860.htm
- 2017.07.18. 〈항공업계 '합종연횡' 시대…시험대 오른 대한항공의 '조인트 벤처'〉, 한겨레 http://www.hani.co.kr/arti/economy/marketing/803274.html#csidxc8910d0f992416c82c95204f50c5b91
- 17.03.13, 〈저비용 항공사에 맞서… 대형 항공사들 '합작'〉, 조선Biz http://biz.chosun.com/site/data/html_dir/2017/03/12/2017031201639.html#csidx03d4dcec99d8c9496e3b753c0d22c1d

- 15.07.06, 〈항공사, 좌석수 늘리고 항공편수 줄여 수익〉, Hawaii News http://www.klife.tv/index.php?document_srl=870137&mid=board_hnews
- 15.07.16, 〈"좌석수 늘리고 운항편수 줄이고" 미국 항공사들 새 트렌드〉, WSJ http://kr.wsj.com/posts/2015/07/06/%EC%A2%8C%EC%84%9D-%EB%8A%98%EB%A6%AC%EA%B3%A0-%ED%8E%B8%EC%88%98-%EC%A4%84%EC%9D%B4%EA%B3%A0-%EB%AF%B8%EA%B5%AD-%ED%95%AD%EA%B3%B5%EC%82%AC%EB%93%A4-%EC%83%88-%ED%8A%B8%EB%A0%8C%EB%93%9C/
- 2016.09.01., 〈일본은 지금 테마파크 붐〉, KOTRA 해외시장뉴스 https://news.kotra.or.kr/user/globalBbs/kotranews/4/globalBbsDataView.do?setIdx=243&dataIdx=151652
- 2015.01.07., 〈중국 테마파크 시장의 성장과 도전〉, KFA 한국 프랜차이즈 산업 협회 http://www.ikfa.or.kr/04_notice/notice06.html?page=b_view&s_table=14&bd_idx=7853
- 2017.11.17., 〈중국 테마파크 시장, 2020년 세계 최대시장 부상 전망〉, 이코노뉴스 http://www.econonews.co.kr/news/articleView.html?idxno=12696
- 2014.02.28., 〈중국 테마파크시장 현황과 시사점〉, KOTRA 해외시장뉴스 https://news.kotra.or.kr/user/globalBbs/kotranews/4/globalBbsDataView.do?setIdx=243&dataIdx=128617
- 2017.08.03., 〈국내 최대 규모 도심형 VR 테마파크 '몬스터 VR' 오픈〉, Platum http://platum.kr/archives/85922
- 2015.10.12., 〈로봇으로 만들어낸 43명의 미국 대통령, 디즈니월드 매직킹덤〉, 로봇신문 http://www.irobotnews.com/news/articleView.html?idxno=5881
- 2017.09.10., 〈에버랜드, 세계 테마파크 '안전 컨퍼런스' 개최〉, 뉴데일리 http://biz.newdaily.co.kr/news/article.html?no=10140855
- 2015.09.23., 〈충격적이고 암울한 테마파크, Dismaland〉, 한국디자인진흥원 http://www.designdb.com/?menuno=680&bbsno=21446&act=view&ztag=rO0ABXQANzxjYWxsIHR5cGU9ImJvYXJkIiBubz0iNTg1IiBza2luPSJwaG90b19uYXRpb24iPjwvY2FsbD4%3D
- 2013.06.26., 〈롯데월드는 '소프트웨어'…에버랜드는 '하드웨어'〉, CBS노컷뉴스 http://www.nocutnews.co.kr/news/1057682#csidx6a8cd997dfd428287627fb82ed4b3ba
- 2016.03.17., 〈[테마파크도 산업이다 ②] 누적입장객 2억명 '에버랜드' 판다로 아시아 시장 겨냥〉, Economic Review http://www.econovill.com/news/articleView.html?idxno=284427
- 2016.03.14., 〈[테마파크도 산업이다 ①] 한국형 '수출 1호' 롯데월드 글로벌 공략 시동〉, Economic Review http://www.econovill.com/news/articleView.html?idxno=284075
- 2015.07.24., 〈디즈니·레고·유니버설…세계 3대 '테마파크' 부호들〉, 해럴드 경제 http://superich.heraldcorp.com/view.php?ud=20150724000139&sec=01-74-02
- 〈세계 카지노업계 현황 보고서와 시사점〉, 티스토리 http://seven00.tistory.com/entry/%EC%84%B8%

EA%B3%84-%EC%B9%B4%EC%A7%80%EB%85%B8%EC%97%85%EA%B3%84-%ED%98%84%ED%99%A9-%EB%B3%B4%EA%B3%A0%EC%84%9C%EC%99%80-%EC%8B%9C%EC%82%AC%EC%A0%90

- 2017.02.07., 〈10 CASINO TRENDS FOR 2017〉, CASINO https://www.casino-magazine.ro/en/10-casino-trends-2017.html
- 2016.02.25., 〈10 Of The World's Largest Casinos: The Biggest Casinos Ever!〉, Casino.org https://www.casino.org/blog/10-of-the-worlds-largest-casinos-the-biggest-casinos-ever/
- 2016.12.14., 〈Top 10 casino industry trends for 2017 identified by Spectrum Gaming Group〉, World Casino News https://news.worldcasinodirectory.com/top-10-casino-industry-trends-for-2017-identified-by-spectrum-gaming-group-39051
- 2017.04.03., 〈'제2의 마카오' 걸고 천문학적 베팅〉, 이코노미스트 https://jmagazine.joins.com/economist/view/315963
- 2014.05.22., 〈이제는 카지노도 대형 복합 리조트가 답이다〉, 코리아헤럴드 http://www.koreaherald.com/view.php?ud=20140522001638
- 2016.03.17., 〈필리핀 '카지노 관광대국' 꿈꾼다···현지정부 올해 관광객 60억명 유치 목표〉, The AsiaN http://kor.theasian.asia/archives/160558
- 2016.11.17., 〈[시장분석] 카지노산업...국내는 16개 외국인출입전용, 1개 내국인 출입가능〉, 미래한국 http://www.futurekorea.co.kr/news/articleView.html?idxno=33855
- 2017.05.20., 〈아시아로 전선 확장된 글로벌 카지노 전쟁〉, 중앙일보 http://news.joins.com/article/21590037
- 2017.01.23., 〈Top 8 Trends for the MICE Industry for 2017〉, top3meetings.com, http://top3meetings.com/2017/01/23/micetrends2017/
- 2013.05.04., 〈미국 올란도 MICE산업의 실버고용창출 효과〉, kotra 해외시장뉴스 https://news.kotra.or.kr/user/globalBbs/kotranews/7/globalBbsDataView.do?setIdx=245&dataIdx=120960
- 2017.03.17., 〈1인당 소비지출액 일반 관광객 1.8배··· 한국, 국제회의 개최세계 2위 마이스 强國〉, 조선경제 http://news.chosun.com/site/data/html_dir/2017/03/16/2017031602089.html
- 2017.02.04., 〈아시아 주요국 MICE 전략은?실질적 지원 마련이 세계적 추세〉, 트레블데일리 http://www.traveldaily.co.kr/news/articleView.html?idxno=8371
- 2010.11.08., 〈마이스산업이 뜬다 전 세계서 180여곳 추가 건립···컨벤션 경쟁〉, 한국경제 http://stock.hankyung.com/news/app/newsview.php?aid=2010110472591
- 2017.02.06., 〈[황금알 낳는 MICE] 한국, 싱가포르 뛰어넘는 'MICE산업 메카' 꿈꾼다〉, 매일경제 http://news.mk.co.kr/newsRead.php?no=82675&year=2017
- 2017.11.22., 〈MICE산업의 새로운 트렌드 '하이브리드 마이스'〉, 헤럴드경제 http://heraldk.

com/2017/11/22/mice%EC%82%B0%EC%97%85%EC%9D%98-%EC%83%88%EB%A1%9C%EC%9A%B4-%ED%8A%B8%EB%A0%8C%EB%93%9C-%ED%95%98%EC%9D%B4%EB%B8%8C%EB%A6%AC%EB%93%9C-%EB%A7%88%EC%9D%B4%EC%8A%A4/

- 2015.04.06., 〈[Theme Inbound] MICE(Meeting · Incentive · Convention · Exhibition) 마이스 관광객① 회의&컨벤션(Meeting&Convention)
- 한국, 국제회의 개최 강국으로 성장〉, Hotel&Restaurant http://hotelrestaurant.co.kr/news/article.html?no=853
- 2015.04.20., 〈[Theme Inbound] MICE(Meeting · Incentive · Convention · Exhibition) 마이스 관광객② 인센티브&전시(Incentive&Exhibition)
- 인센티브와 전시가 매력적인 관광지로!〉, Hotel&Restaurant http://hotelrestaurant.co.kr/news/article.html?no=894
- 2016.06.14., 〈[뜨거운감자 '마이스']② 마이스관광객, 1.8배 더 쓴다〉, 이데일리 http://www.edaily.co.kr/news/news_detail.asp?newsId=01364486612681720&mediaCodeNo=257
- 2016.06.14., 〈[뜨거운감자 '마이스']③ 지자체는 '마이스' 유치전쟁 중〉. 이데일리 http://www.edaily.co.kr/news/news_detail.asp?newsId=01361206612681720&mediaCodeNo=257
- 2017.08.18., 〈World Report: Global Top 15 International Meeting Cities〉, Smartmeetings https://www.smartmeetings.com/meeting-planning/12794/global-top-15-international-meeting-cities
- 2016.10.17., 〈What are the opportunities for MICE tourism from Europe?〉 CBI Ministry of Foreign Affairs https://www.cbi.eu/market-information/tourism/mice-tourism/

저자 약력

수원대학교 호텔관광학부 교수
수원화성융합문화센터장, 문화콘텐츠디자인연구소장
전문분야: 호텔관광산업연구 – 호텔경영전략, 호텔 브랜드관리 전략, 호텔홍보마케팅, 지역관광상품개발

학력

세종대 호텔관광경영학박사
University of Houston, College of Hilton Hotel & Restaurant Management (호텔MBA)
한양대 학사

저서

호텔기업 홍보전략, 일신사, 2000
호텔 기업의 홍보전략에 관한 연구, 한국학술정보, 2005
호텔, 외식 및 소규모 서비스산업의 실무자를 위한 전략적 홍보, 한국학술정보, 2006
현대관광여가론, 비앤엠북스, 2007 외 다수

주요논문

한국 복지관광의 개선분야 중요도 인식에 관한 탐색적 연구
지역축제 참여요인과 사회적 자본 간의 관계연구: 2017 화성 전곡항 뱃놀이 축제 참가자를 중심으로, 호텔경영학연구
Strategy and Competitive Advantage of Las Vegas Hotels, International Journal of Tourism 외 다수

주요경력사항

UNLV 호텔경영학과 초빙교수
대우개발 힐튼호텔 홍보실 실장, 기획실 과장
한국호텔관광경영학회 정회원
한국교직원공제회 호텔경영평가위원
한국관광공사, 인천관광공사 관광자문위원
화성시 관광자문위원, 인사위원회 위원

환대산업입문

초판 인쇄 2019년 2월 20일
초판 발행 2019년 2월 28일

지은이 우경진
펴낸이 박노일

총괄기획 김중용 · 최준규
편 집 심성보

펴낸곳 pnc publishing and culture 피앤씨 미디어
경기도 고양시 일산동구 강송로 153 310-1501
등록 제396-2012-000203호
전 화 070)7550-3758 팩 스 02)718-8554
홈페이지 www.pncmedia.co.kr 이메일 pnc@pncmedia.co.kr
ISBN 979-11-5730-610-7 93320

정 가 24,000원